Solution-Focused
Brief Therapy
A Handbook of
Evidence-Based Practice

エビデンスに基づく研究と実践

解決志向
ブリーフセラピー
ハンドブック

シンシア・フランクリン 長谷川啓三
テリー・S・トラッパー 生田倫子
ウォレス・J・ジンジャーリッチ 日本ブリーフセラピー協会
エリック・E・マクコラム 〔編訳〕
〔編者〕

金剛出版

Solution-Focused Brief Therapy
A Handbook of Evidence-Based Practice

Edited by

Cynthia Franklin, Terry S. Trepper, Eric E. McCollum, and Wallace J. Gingerich

Copyright © 2012 Oxford University Press, Inc.
Solution-Focused Brief Therapy: A Handbook of Evidence-Based Practice, First Edition was originally published in English in 2012. This translation is published by arrangement with Oxford University Press.

日本のみなさまへ

テキサス大学
シンシア・フランクリン Ph.D.

　この30年間で，解決志向ブリーフセラピー（SFBT）は，アメリカから日本を含む世界のさまざまな国々に広がり続けています。私は，日本の専門家がSFBTの研究と実践に貢献していることを知ることができてとても幸せです。
　数年前，日本の学者や実践家たちが北アメリカで行われたSFBTのカンファレンス（SFBT.org）にはるばる参加し，アメリカなどの研究者が行っていることを学び，また逆に日本の研究や実践を発表してくれました。来て下さった方々は，学術研究者，医師，セラピスト，ビジネスマンなどであり，それぞれの形で日本でのSFBTの学びに貢献している方だと聞いてとても光栄に思いました。北アメリカの研究者たちはそのときに，生田先生，三島先生のような日本の専門家と知り合い，縁ができたのです。
　また，生田先生を中心とする日本の研究者によって組織された日本ブリーフセラピー協会と出版社の皆様が，本書"Solution-Focused Brief Therapy: A Handbook of Evidence-Based Practice"を日本語に翻訳してくれました。この本が，解決志向アプローチ（Solution-Focused Approach：以下SFA）の実践が効果的に行われるための教育に活用されることを期待しています。

　インスー・キム・バーグとスティーブ・ド・シェイザーらは，さまざまな国でSFBTの研究が行われることを望んでいました。この本によって，SFBTがエビデンスに基づく実践であるという事実を示したのは2人の強い望みでもありました。
　インスーは亡くなる前まで，トレーナーとして日本にたびたび訪問しました。その縁で三島先生にこの本の一つの章の執筆をお願いし，日本の研究を本書に入れることができたことは，本書の初期段階において助けになりました。ただ，本書を企画した際に，私たちが日本の他のSFBT研究者の存在を知らず，それらの研究の知見を本書にいれることができなかったことは大変残念なことでした。
　本書が日本語訳されることで，北アメリカ，ヨーロッパ，オーストラリア，そして日本の研究者間での情報交換やコラボレーションが促進されることを望みます。すで

に述べた通り，本書の目的は世界の各国それぞれの最良の実践に，それぞれの国のSFBTの研究者がアクセスし，共に仕事をすることにあります。日本語に翻訳され，日本の研究者や実践者たちが他の国々のSFBTの実践と研究に触れることで，この本が目的に向かってまた一歩近づいたということになります。

　将来この本が改訂される際には，われわれが収録することができなかった日本の研究を複数その中に含めたいと思います。われわれは日本の研究を英語に翻訳することにより，言語の壁を越えたSFBTの実践と研究の普及と統一に向かって，共に協力できる日が訪れることを願っています。

　この本を翻訳してくれた日本ブリーフセラピー協会の研究者と実践家の皆様，そして出版社に，心より感謝いたします。そして，日本の解決志向ブリーフセラピーの実践者の皆様にこの本が役立てられますよう期待しています。

序

シンシア・フランクリン／テリー・S・トラッパー／ウォレス・J・ジンジャーリッチ／
エリック・E・マクコラム

　このハンドブックは，世界中から最先端の解決志向ブリーフセラピー（Solution focused brief therapy: SFBT）の実践と研究を集め，まとめたものです。アメリカ，ヨーロッパ，カナダ，日本の優れた専門家に協力していただきました。多様な研究や介入事例に関する報告により，セラピストと研究者の双方にSFBTのエビデンスを提供することができました。

　エビデンスに基づく研究の中には，臨床場面やそれ以外の場面も対象とし，基礎研究，実験研究，マイクロ分析，メタ分析，過去の研究のレビュー，プログラムの実践とその評価などが含まれます。これらの研究をまとめた本書は，SFBTが確かな根拠に根差したセラピーであることを示し，相当な支持を得ていることを示すハンドブックとなるでしょう。

　SFBTのエビデンスを求める姿勢は，ウィスコンシン州ミルウォーキーにある短期家族療法センター（Brief Family Therapy Center: BFTC）から始まりました。BFTCのセラピストと研究者は，組織的観察と質的手法を用いて，短期／家族療法の「何」がクライアントに作用するのか研究しました。これは現在も継続しています。そしてそれは世界に広がり，世界各地の多くの研究者が，結果としての変化とそのメカニズムを検討するようになりました。これにより，SFBTの効果的な実践に関する研究が世界に散在するようになりました。この本の出版により，それらの散在する研究をつなげ，実践に役立つリソースとしてまとめあげることができました。各章は，エビデンスに基づいた最高の実践と，実践を発展させる重要なリソースとなる研究が紹介されています。SFBTの実践と研究を統合する臨床家にとって最高の本になったと自負しています。

　この本のもともとの発案者は，SFBTモデルの開発者であるインスー・キム・バーグとスティーブ・ド・シェイザーでした。二人はセラピストがアクセスしやすいよう，SFBTのエビデンスとなる研究が一点に集約されることを望んでいました。二人はそれをSFBT発展の大きなビジョンとして抱いていたようです。この本が過去30年間におけるすべてのSFBTの研究を網羅し，再検討できているとは言えませんが，多くの

研究と実践のエビデンスを紹介できていると信じています。

本書の内容について

　本書は全 25 章で構成され，5 つのセクションに別れています。第Ⅰ部では，SFBT の起源およびその後の発展を要約し，解決志向ブリーフセラピー協会（SFBTA）の手続きマニュアルで説明されている構成要素について説明します。第Ⅱ部では，測定方法を網羅します。具体的には，解決志向の測定方法の開発，強みベースのアプローチの測定，実践での継続的調査を助けるインセッション評定尺度の使用法などについて触れていきます。第Ⅲ部では，系統的な調査とメタ分析，プロセス研究の要約などとともに，SFBT の主要な理論と構成概念を支えるマイクロ分析によるコミュニケーション研究を紹介します。第Ⅳ部では，さまざまな集団を対象とした SFBT の有効性を検討しています。第Ⅴ部では，医療，学校，社会福祉，企業，ライフコーチングやヘルスケアなど，さまざまな領域に拡張していく SFBT を紹介するため，各領域で行われた革新的な実践プログラムやそれらをサポートする取り組み，研究を網羅しています。そして，エピローグでは SFBT における最先端の研究やその調査を報告しつつ，研究の未来に展望を向けて締めくくられています。

　各セクションの内容や分量を均一にすることは難しく，かつ適切ではありませんでした。しかし編集者としては，読みやすく，章と章を比較しやすいように努めました。各章の著者には，各トピックに関する知見のレビュー，応用された実践についての説明，使用した調査法の網羅を依頼しました。さらに，研究の批評，将来に向けた課題の指摘，さらなる学びを求める方への学習資源となる参考文献リスト，そして，研究の鍵となる重要な発見と，そこから導き出される実践のためのガイドラインもお願いしました。著者たちはこの依頼に対して細心の注意と深い専門知識をもって取り組んでくれました。その結果，この本が知識を学ぶためにも，実践で使うガイドラインとしても最良のものになったと確信しています。

エビデンスに基づく実践に焦点を当てる理由

　今日，セラピーの専門家は，セラピーにおいて最良のエビデンスに基づく実践を要求されています。しかし多忙なセラピストは，論文を読む時間を十分に取れないこともあります。彼らが求めているのは，研究情報のガイドやその要約が迅速に手に入ることです。そのため，SFBT のエビデンスに基づく実践を示すこの本が必要とされていると思います。

　そもそもの「エビデンス」の定義は，医学研究におけるエビデンスの定義として主に用いられている「エビデンスに基づいた実践とは，最良の実証的な研究と臨床の専門的な知識，クライアントの価値観や好みや環境などの実際の場面と統合可能かどうかに焦点をあてたものである」（Sackett et al., 2000）を採用しました。この定

義は医療分野のものですが、アメリカ心理学会 APA と全米ソーシャルワーカー協会 NASW を含む主要な心理学研究、臨床実践家たちの組織に採用されています（Kim et al., 2009）。エビデンスに基づく実践の定義を言い換えれば、クライアントのための最良の治療を選ぶ際に、臨床家が実行できるプロセスを提供するということになりましょう。そのプロセスに、熟達したセラピストや彼らのクライアントの意見を取り入れることは、「実践に基づいたエビデンス」の信頼度を高めるために重要なことです。

本書にとって重要であるもう1つの点は、「経験的に支持された治療」というものが研究の質を高めるプロセスにかかわっているということです。「経験的に支持されている」のか「エビデンスに基づく」のか、SFBT の実践や研究の評価を検証するのです。一般的に、臨床現場では「クライアントに有効かどうか」が重要なことであり、その実践が「経験的な支持がある」のか「エビデンスに基づく」のかどうかは重要なこととはされないでしょう。しかし、この本が示すように、SFBT は当初から臨床のプロセスを集めて一つのエビデンスとし、そのエビデンスに基づいて新たな実践を行うことを続けてきました。その結果、今現在では多くの方からの経験的支持をいただき、一つのアプローチとして確立したと言って良いでしょう。

この本が提供しているのは、SFBT の研究と実践の在り様を見えるようにする「メガネ」なのです。

文献

Kim. J. S., Smock. S., Trepper, T., McCollum. E. E., & Franklin, C. (2009). Is solution focused therapy evidence based? Families in Society, 91(3), 301-305.

Sackett, D. L., Straus, S. E., Richardson, W. S., Rosenberg, W., & Haynes, R. B. (2000). Evidence-based medicine (2nd ed.), London: Churchill Livingstone.

謝辞

　インスーとド・シェイザーの2人のビジョンを実現するために，本書には世界各地から著名な研究者，セラピストたちに寄稿していただきました。その結果，SFBTが用いられるさまざまな実践分野と，多くの領域を網羅した内容になったことは幸いなことです。加えて，編集コンサルタントのグループから，本のビジョンや方向性の検討，アドバイスの提供やアナウンス，価値ある批評，最新原稿の紹介などの支援をいただきました。このグループには各国のセラピストや研究者が含まれ，その協力なしにはこの本を完成させることはできませんでした。

　また，ここでは述べきれないほど多くの人に協力していただきました。中でも特に，本書の出版に興味を持ってくれた皆様と，共同で作業をしてくれたSFBTの専門家たちに感謝いたします。また，この仕事を支援してくれたオックスフォード大学出版局のマウラ・ローズナーとそのスタッフ，このプロジェクトへの助言と手助けをしてくれたジョン・H・ボザートに最も深く感謝いたします。次に，ほしいときにほしい手を差し伸べてくれた編集コンサルタントと，各章に真摯に取り組んで下さいました著者の皆様に感謝します。特に，編集者の一人であるアラスデアー・マクドナルド博士に感謝いたします。博士はインスーと共にこの本の構想を描き，計画してくれました。そして，MSWのカサリーン・モンゴメリー，MSSWのクリスティ・ラグナ・リオーダンとティファニー・リアンおよびすべての方々に，原稿の作成と編集にご協力いただいたことに，御礼申し上げます。

　最後に，私たちはこの本を執筆・編集していた間，家族や友人のための時間を多くとることができませんでした。それを許してくれた家族と友人に感謝したいと思います。

解決志向
ブリーフセラピー
ハンドブック

エビデンスに基づく研究と実践

Solution-Focused Brief Therapy
A Handbook of Evidence-Based Practice

■ 日本のみなさまへ　シンシア・フランクリン iii

■ 序　シンシア・フランクリン／テリー・S・トラッパー／ウォレス・J・ジンジャーリッチ／
　　　エリック・E・マクコラム v

第Ⅰ部
SFBTの起源と治療マニュアル

■ 第1章　解決志向ブリーフセラピーの展開 3
　　　　　イブ・リプチック／ジェームズ・ダークス／マリリン・ラコート／
　　　　　エラン・ナナリー

■ 第2章　解決志向ブリーフセラピーマニュアル 26
　　　　　テリー・S・トラッパー／エリック・E・マクコラム／ピーター・ディヤング／
　　　　　ハリー・コーマン／ウォレス・J・ジンジャーリッチ／シンシア・フランクリン

第Ⅱ部
SFBT実践の測定

■ 第3章　解決志向の厳密な測定器具開発の
　　　　　パイロット・スタディ 45
　　　　　ピーター・リーマン／ジョイ・D・パットン

■ 第4章　標準化された解決志向評価尺度，
　　　　　および強み評価尺度に関するレビュー 64
　　　　　サラ・A・スモック

■ 第5章　SFBTにおける結果とセッションを組み合わせた
　　　　　評価尺度 80
　　　　　J・アーサー・ジラスピー／ジョン・J・マーフィー／ジョニー・S・キム

第Ⅲ部
研究のレビュー

| 第6章　SFBTの効果研究.. 101
　　　　ウォレス・ジンジャーリッチ／ジョニー・S・キム／グリート・J・J・M・スタムス／
　　　　アラスデイアー・J・マクドナルド

| 第7章　SFBTにおける
　　　　単一事例デザイン研究の系統的レビュー....................................... 117
　　　　ジョニー・S・キム

| 第8章　外在的問題行動を持つ児童および青年への
　　　　心理療法の効果に関するレビュー.. 127
　　　　ジャクリーン・コーコラン

| 第9章　SFBTではいったい何が効いているのか？
　　　　変化のプロセスについての研究レビュー....................................... 137
　　　　ジェイ・マッキール

| 第10章　実験室と面接室をつなぐ
　　　　マイクロ分析・共同構築・SFBT.. 147
　　　　ジャネット・ビービン・バーベラス

第Ⅳ部
SFBTの臨床的有用性

| 第11章　裁判所命令のDV加害者との
　　　　解決志向モデル... 163
　　　　モー・イー・リー／エイドリアナ・ウーケン／ジョン・シーボルド

| 第12章　カップル間の暴力問題に対する
　　　　合同カップル面接によるSFBT.. 177
　　　　エリック・E・マクコラム／サンドラ・M・スミス／シンシア・J・トムセン

| 第13章　服薬アドヒアランス向上における
　　　　SFBT導入の試み... 187
　　　　プラメン・A・パナヨトフ／ボヤン・E・ストラヒロフ／アネタ・Y・アニクキナ

| 第14章 | サインズ・オブ・セイフティと子どもへのソーシャルワーク 193
ジョン・ウィーラー／ヴィヴィ・ホッグ

| 第15章 | 家出や問題行動を起こす青年に対する解決志向ファミリー・セラピー 204
サナ・J・トンプソン／カザリーン・サンチェス

| 第16章 | 学校におけるSFBT 215
シンシア・フランクリン／ジョニー・S・キム／ケイトリン・スチュアート・ブリグマン

| 第17章 | 保護者になること
妊娠中・子育て中の思春期のための解決に焦点を当てたグループプログラム
.... 227
マリー・ベス・ハリス／シンシア・フランクリン

| 第18章 | アルコール治療におけるSFBT 242
ステファン・ヘンドリック／ルク・イザバート／イヴォンヌ・ドラン

第Ⅴ部
新たな実践プログラムについての研究

| 第19章 | 解決から記述へ
実践と研究 259
ガイ・シェナン／クリス・アイブソン

| 第20章 | 児童養護施設および医療施設の青年に対するSFBTの治療効果 275
リティス・パクロスニス／ヴィクトリア・セプキーン

| 第21章 | マネジメントにおける解決志向アプローチ 293
マーク・マッカーゴ

| 第22章 | 解決志向ライフコーチング 304
スージー・グリーン

■ 第23章　教師と児童・生徒のための解決志向型学級運営
　　　　　　WOWW コーチングの実践と研究 315
　　　　　　ミカエル・S・ケリー／ミッチェル・リッシオ／ロビン・ブルーストーン・ミラー／
　　　　　　リー・シルツ

■ 第24章　解決志向ハイスクールの研究と発展 332
　　　　　　シンシア・フランクリン／カザリーン・L・モンゴメリー／
　　　　　　ヴィクトリア・ボールドウィン／リンダ・ウェブ

■ 第25章　日本における健康相談への
　　　　　　解決志向アプローチの活用 348
　　　　　　三島德雄

■ エピローグ　解決志向ブリーフセラピー研究の展望 359
　　　　　　テリー・S・トレッパー／シンシア・フランクリン

　　　　　　エビデンスの哲学
　　　　　　『解決志向ブリーフセラピーハンドブック』の紹介にかえて 367
　　　　　　長谷川啓三

　　　　　　あとがき
　　　　　　生田倫子 371

■ 索引 373
　　　　　　編訳者・訳者略歴 381

EDITORIAL CONSULTANTS

Janet Beavin Bavelas, Ph.D.
Professor Emeritus
Department of Psychology,
 University of Victoria,
 Victoria, BC, Canada

Harry Korman, M.D.
Psychiatrist and Family Therapist
Private Practice, Malmo, Sweden

Stephen Langer, Ph.D.
Clinical Psychologist
Director
Northwest Brief Therapy Training
 Center, Olympia, WA

Günter Lueger, Ph.D.
Director
Solution Management Center,
 Vienna, Austria

Alasdair J. Macdonald, MB ChB, FRCPsych, DPM, DCH
Consultant Psychiatrist
Dorset Primary Care Trust,
 Dorchester, United Kingdom

CONTRIBUTERS

Aneta Y. Anichkina, M.D.
Psychiatrist
Freelance Practitioner
Sofia, Bulgaria

Victoria Baldwin
Founding Principal
Garza High School
Austin, Texas

Janet Beavin Bavelas, Ph.D.
Professor Emeritus
Department of Psychology
University of Victoria
Research Consultant
Victoria, British Columbia

Robin Bluestone-Miller, LCSW
Director
SFBT/WOWW Training Project
Family and School Partnerships
 Program
School of Social Work
Loyola University Chicago
Chicago, Illinois

Kaitlin Stewart Brigman, MSW
Social Worker
Valeo Behavioral Health
Lawrence, Kansas

Viktorija Čepukienė, Ph.D.
Clinical Psychologist
Family clinics "Bendrosios
 medicinos Praktika" (General
 Medicine Practice)
Lecturer
General Psychology Department
Vytautas Magnus University
Kaunas, Lithuania

Jacqueline Corcoran, Ph.D.
Professor
School of Social Work
Virginia Commonwealth
 University
Richmond, Virginia

Peter De Jong, Ph.D., ACSW
Emeritus Professor
Calvin College
Grand Rapids, Michigan

James Derks, LCSW
Posthumous, Psychotherapist
Fredonia, Wisconsin

Yvonne Dolan, MA Psychology
Director
Institute for Solution Focused
 Therapy
Highland, Indiana

Cynthia Franklin, Ph.D., LCSW, LMFT
*Stienberg/Spencer Family Professor
 in Mental Health*
School of Social Work
University of Texas at Austin
Austin, Texas

J. Arthur Gillaspy, Jr., Ph.D.
*Associate Professor of Psychology
 and Counseling*
Licensed Psychologist
University of Central Arkansas
Conway, Arkansas

Wallace J. Gingerich, Ph.D., LISW-S
Professor Emeritus
Mandel School of Applied
 Sciences
Case Western Reserve University
Cleveland, Ohio

Suzy Green, DPsyc (Clinical)
Adjunct Lecturer
Coaching Psychology Unit
University of Sydney
Sydney, Australia

Mary Beth Harris, Ph.D., LCSW
Clinical Associate Professor
School of Social Work
University of Southern
 California
San Diego, California

Stéphan Hendrick, Ph.D.
Clinical Psychologist and Family Therapist
Associate Professor
Director of the Systemic and Psychodynamic Department
Mons University

Viv Hogg, DipSW/Ed
Social Work Team Manager
Gateshead Council
Gateshead, England

Luc Isebaert, M.D.
Senior Consultant
Department of Psychiatry and Psychosomatics
St. John's Hospital
Head of Teaching Faculty
Korzybski International
Brugge, Belgium

Chris Iveson, BSc
Solution-Focused Brief Therapist
BRIEF
London, England

Michael S. Kelly, Ph.D., MSW
Assistant Professor
School of Social Work
Loyola University Chicago
Chicago, Illinois

Johnny S. Kim, Ph.D., LICSW
Associate Professor
School of Social Welfare
University of Kansas
Lawrence, Kansas

Harry Korman, M.D.
Child Psychiatrist and Family Therapist
Owner
SIKT
Malmo, Sweden

Marilyn LaCourt, AAMFT, CICSW
Personal Coach and Consultant
Bully Prevention Programs
Brookfield, Wisconsin

Mo Yee Lee, Ph.D.
Professor
College of Social Work
Ohio State University
Columbus, Ohio

Peter Lehmann, Ph.D.
Associate Professor
School of Social Work
University of Texas at Arlington
Arlington, Texas

Eve Lipchik, ACSW, LMFT, LCSW
Psychotherapist
ICF Consultants, Inc.
Milwaukee, Wisconsin

Michele Liscio, LMFT
Family and Marriage Therapist
Private Practice
Parkland, Florida

Alasdair J. Macdonald, MB ChB, FRCPsych, DPM, DCH
Consultant Psychiatrist
Dorset Primary Care Trust
Children's Services
Dorset, England

Eric E. McCollum, Ph.D., LCSW LMFT
Professor and Program Director
Marriage and Family Therapy Program
Virginia Tech
Falls Church, Virginia

Jay McKeel, MS
Therapist, Trainer, and Supervisor
Private Practice
Laurel, Maryland

Mark McKergow, Ph.D., MBA, MSc, BSc
Director
The Centre for Solutions Focus at Work (sfwork)
Cheltenham, United Kingdom

Norio Mishima, M.D., Ph.D.
Director
Ikemi Memorial Clinic of Mind-Body Medicine
Fukuoka City, Japan

Katherine L. Montgomery, MSSW
Doctoral Student
School of Social Work
University of Texas at Austin
Austin, Texas

John J. Murphy, Ph.D.
Professor of Psychology and Counseling
Licensed Psychologist
University of Central Arkansas
Conway, Arkansas

Elam Nunnally, Ph.D.
Posthumous
Professor Emeritus
Helen Bader School of Social Welfare
University of Wisconsin-Milwaukee
Milwaukee, Wisconsin

Rytis Pakrosnis, Ph.D.
Clinical Psychologist
Private practice
Consultant
UAB Smarta
Lecturer
General Psychology Department
Vytautas Magnus University
Kaunas, Lithuania

Plamen A. Panayotov, M.D.
Chief Physician
Rousse Regional Psychiatric Dispensary
Rousse, Bulgaria

Joy D. Patton, Ph.D., MSSW, MA
Assistant Professor
Counseling and Human Services
University of North Texas Dallas
Dallas, Texas

Katherine Sanchez, Ph.D.,
Assistant Professor
The University of Texas at Arlington,
School of Social Work,
Arlington, Texas

John Sebold, LCSW
Clinical Director
Plumas County Mental Health
Quincy, California

Guy Shennan, BA, MA, MA, CQSW
Solution-Focused Practitioner and Trainer
Guy Shennan Associates
London, England

Lee Shilts, Ph.D.
Professor
Family Therapy Department
Nova Southeastern University
Fort Lauderdale, Florida

Sara A. Smock, Ph.D.
Assistant Professor
Department of Applied and Professional Studies
Center for the Study of Addiction and Recovery
Texas Tech University
Lubbock, Texas

Geert J. J. M. Starns, Ph.D.
Professor
Department of Forensic Child and Youth Care Sciences
Faculty of Social and Behavioral Sciences
University of Amsterdam
Amsterdam, the Netherlands

Sandra M. Stith, Ph.D.
Professor Program Director
Marriage and Family Therapy Program
Kansas State University
Manhattan, Kansas

Boyan E. Strahilov, M.D.
Coach, Therapist, and Trainer
PIK Center
Sofia, Bulgaria

Sanna J. Thompson, Ph.D., MSW
Associate Professor
School of Social Work
University of Texas at Austin
Austin, Texas

Cynthia J. Thomsen, Ph.D.
Research Psychologist
Naval Health Research Center
San Diego, California

Terry S. Trepper, Ph.D.
Professor of Psychology
Department of Behavioral Sciences
Purdue University Calumet
Hammond, Indiana

Adriana Uken, LCSW
Trainer and Consultant
Chester, California

Linda Webb, Ph.D.
Principal
Garza High School
Austin, Texas

John Wheeler, BSc, MA
UKCP Registered Systemic Psychotherapist
Child and Adolescent Mental Health Unit
Queen Elizabeth Hospital
Gateshead, United Kingdom
Independent Trainer, Supervisor, and Consultant
John Wheeler Solutions Ltd
Ryton, United Kingdom

第 I 部

SECTION I

SFBTの起源と治療マニュアル

第1章
解決志向ブリーフセラピーの展開

イブ・リプチック／ジェームズ・ダークス／マリリン・ラコート／エラン・ナナリー

はじめに

解決志向ブリーフセラピー（Solution Focused Brief Therapy: SFBT）モデル（de Shazer, 1995; de Shazer et al., 1986; Walter & Peller, 1992）は，1978年から1984年にかけてブリーフセラピー（短期／家族療法：BFT）アプローチ（de Shazer, 1982）より発展したものである。SFBTは当初より，すなわちエビデンス・ベイスド・プラクティス（根拠に基づく実践）という言葉が医療やメンタルヘルスの領域で広く知られるずいぶん前から，治療効果をもたらす要因について研究を行ってきた。

解決志向アプローチの効果を明らかにするため，SFBTの実践家や研究者らは，さまざまな研究手法を用いてきた。こうした研究手法の一部は本書に示されているが，これらはSFBTに携わってきた人々の膨大な観察データに基づくものであり，努力の一端にすぎない。

短期家族療法センター（Brief Family Therapy Center: BFTC）のチームは，より有効な治療技法を見出すため，当時より面接の観察記録やクライアントのデータを用いて研究を行ってきた。効果研究，あるいは「エビデンス・ベイスド・プラクティス」といった視点で研究が行われるようになったのは，ごくごく最近のことである。

本章では，設立当時からのメンバーである私たちが，SFBTモデルを発展させるためにどのように根拠に基づくプロセスを用いてきたのか，さらに短期家族療法をどのようにしてSFBTアプローチに発展させてきたのかについて，順を追って述べていく。また，他のアプローチと一見似ているようで全く異なるSFBT独自の理論や介入技法についても概説する。

「根拠にもとづく実践」は，「①最良のリサーチエビデンス，②臨床的な専門性，③クライアント本人の価値基準を統合したもの」と定義されている。治療チームのメンバーとして，また臨床家として，私たちはクライアントの視点に寄り添いつつ，クライアントの問題を軽減させるリサーチエビデンスを生み出すアプローチの開発に尽力してきた。ここでは，私たちが設立時から大切にしてきた研究の類型という概念につ

いてより掘り下げて考えるために,「根拠に基づいた医療」の定義を借用する。序文で述べた通り,この定義は,本書で報告されている研究のみならず現在行われている研究においても重要さを失っていない。

> 最良のリサーチエビデンスは,基礎医学の視点からみても妥当性を有した臨床研究を意味しており,患者を中心とした臨床研究,診断のための検査(臨床検査を含む)の確度 accuracy や精度 precision,予後指標の予測力,治療の効率性や安全性,リハビリの計画や予防計画といったものまでを含む言葉である。こうした臨床研究から導かれた新たなエビデンスは,それまで正しいと信じられてきた検査や治療の説得力を失わせるとともに,より治療効果が高く,正確で,有効かつ安全なものに置き換えることとなる。
> また,臨床的な専門性とは,それぞれの患者の健康状態や診断名,リスク,介入によってもたらされるであろう利益,そして患者の価値観や治療に対する期待といったものを即座に見定めるための臨床技能や過去の経験を活用する能力を指す。
> さらに患者の価値基準とは,患者一人ひとりによって異なる好みや関心事,あるいは期待である。これらは,もし患者にとって有益な場合には,治療計画の策定においても十分に考慮されなければならない。
> これら3要素が統合されたとき,臨床家とクライアントは,診断的,治療的同盟を形成することになるとともに,治療の成果や生活の質も最良のものとなるのである。
> ——サケットら(Sackett et al., 2000, p.1)

SFBTの主要な治療の要素

SFBTの発展につながったこのエビデンス・ベイスド・アプローチは,SFBTの治療における中核的要素の明文化をもたらすこととなった。SFBTの臨床家たちによる実践を標準化し,モデルに従いきちんと治療がなされることを目的に開発されたこの治療マニュアルの中で,解決志向ブリーフセラピー協会(SFBTA)の研究委員会は,SFBTを象徴するものとして以下の3つの要素を取り上げている。

1. クライアントの関心事に焦点を当てた会話がなされていること。
2. その会話は,クライアントの関心事にまつわる新たな意味を構成することに焦点が当てられていること。
3. 問題の解消を支援するために,クライアントがより好ましい未来像を構築し,過去にうまくいったことや,あるいは強みを描きだせるよう,特定の技術を用いていること。
(Trepper et al., 2008)

SFBTの他の研究レビューでは,以下のような技法や中核的要素が挙げられている(de Shazer, 1997; Gingerich & Eisengart, 2000)。

1. ミラクル・クエスチョンを使うこと。
2. スケーリング・クエスチョンを使うこと。
3. コンサルティングのためのブレイクをとり，クライアントにコンプリメントを行うこと。
4. ホームワーク課題を出すこと。
5. 強みや解決について探索すること。
6. ゴールを明確にすること。
7. 問題の例外を探索すること。

SFBTを構成する要素を書き出してみることは，リサーチにとっても好都合である。SFBTの技法にせよ変化のプロセスにせよ，これまで広く応用され，また研究も行われてきたが，こうした技法がどのように形作られてきたのかについてはそれほど知られていない。そこで本章では，SFBTの創成期においてエビデンス・ベイスド・プロセスが果たした役割を示すとともに，臨床的，実証的エビデンスがどのようにしてBFTCの新たな技法や方法の評価に用いられ，そうした技法や方法を発展させてきたのかといったことに関して述べていきたい。

SFBTの黎明期

1970年代初頭，インスー・キム・バーグ，ジム・デークス，エラン・ナナリー（ウィスコンシン大学ミルウォーキー校のソーシャルワークの教授），ジュディス・ティッチェン，ドン・ノラム，その他数人のソーシャルワーカーたちは，ミルウォーキー家族サービスにおいて家族療法を実践していた。当時，家族サービスのセラピストの多くは，精神力動的心理療法に熱心に取り組んでいた。一方，インスー，ドン，ジムらは，精神研究所（Mental Research Institute: MRI）（Watzlawick & Weakland, 1977; Watzlawick et al., 1974）のブリーフセラピーに影響を受けたシカゴの家族研究所の研修修了生であり，70年代の半ば，彼らは家族サービス内にワンウェイミラーを設置し，MRIの理論に基づく実践を始めた。また1978年，マリリン・ラコート，イブ・リプチックらは，夫婦家族療法学会（AAMFT: American Association for Marriage and Family Therapy）によって認可されていた家族療法トレーニングプログラムの訓練生として，家族サービスにやってきた。

1970年代，やはりソーシャルワーカーで，MRIのアプローチに関心を持っていたスティーブ・ド・シェイザーも，カルフォルニアのパロアルトで仕事をしていた。インスーとジムがブリーフセラピーのトレーニングのためMRIを訪れた際，インスーとスティーブは出会い，互いの興味関心が全く同じで目標も共にしていること知った。結果，スティーブは彼の故郷であるミルウォーキーに戻り，インスーと結ばれることになり，スティーブはミルウォーキー家族サービスのインスーやその仲間たちのグループに加わることとなった。この先進的なグループは，J・ヘイリー（Haley, 1963; Haley & Hoffman, 1967）やMRI（Watzlawick et al., 1974），ミラノ派（Selvini Palazzoli et al.,

1978）が生み出した革新的な概念に触れ，それらについて学び始めた。そして，こうした中，彼らは，次のような疑問について深く考えるようになった。その疑問とは，「精神力動的なセラピーでは，クライアントの治療面接に至るまでに7回の面接が必要とされているが，1回目の面接が意味あるものであったかどうかについて，2回目の面接におけるクライアントの様子や語りから，私たちはどのようにして知ることができるのであろうか？」といった疑問である。

　ほどなくして，この新しいアイデアを体験し議論するため，小グループができ，グループのメンバーたちはインスーとスティーブの家に集まるようになった。このセラピーは効果のほどもわからないまさに実験的な目的で行われたため，私たちはこのセラピーを無償で行った。クライアントは，セラピーを受ける経済的余裕のない，もしくは愛他心や好奇心でこの実験に参加したいと考えた友人たちや，そうした友人たちのそのまた友人たちであった。私たちは，この面接を，「ブリーフ・ファミリー・セラピー（BFT）」と名付けた。MRIアプローチに似てはいたが，BFTはより広いコンセプトを持っていた。BFTは，一般システム理論や，等結果性の仮定に沿ったアプローチである。問題をシステミックなものの見方で考えるかぎり，介入は一つではなく，数多く存在することとなるのである。

　面接はインスーとスティーブの自宅のリビングで行われ，チームのメンバーたちはその面接を観察していた。面接者と観察者たちは，面接の終わりに，二階の寝室でブレイクをとり，観察された内容やクライアントに伝えるメッセージについてあれこれ話し合った。面接の様子は，観察者たちが二階の階段に座っている間に，マリリン・ラコートにより，リビングルームの隅に設置されたビデオカメラに録画された。MRIやミラノ派のモデルに従い，観察者と面接者は面接の終わりに二階のベッドルームで，彼らの印象や考え，クライアントに伝えるメッセージについて意見を出し合った。当初より，私たちのゴールは，どのような介入がクライアントに「変化に対する満足」をもたらすのかを知ることにあった。

　1978年，インスーとスティーブの自宅で催されたこの非公式のミーティングは，BFTCの設立をもって公式なものとなった。BFTCは，州によって認可された補助金受給資格を有する非営利団体で治療・研究・トレーニング機関である。このベンチャー事業の賛同者たちは，BFTC開設時，皆それぞれ1,000ドル近くの金額を寄付した。この新たなクリニックのスタッフの中心は，スティーブ，インスー，ジム・デークス，エラン・ナナリー，マリリン・ラコート，そしてイブ・リプチックであった。あいにく自宅で行われた実験的な面接に興味を持ったり，参加したりした人々の多くは，この時点では中心メンバーにはならなかった。クライアントが定着するまでは無給であることは最初から明らかであり，収入のある配偶者をもつ者のみが，何かが起こるのを待つという贅沢を享受できた。たとえば，1979年に，「クライアントは解決を持っている」（Norum, 2000）という論文を上梓した家族サービスのドン・ノラムや，積極

的にグループに参加していたジュディス・ティッチェンは，仕事を辞めBFTCに移ることはできなかった。なぜなら，彼らは一家の稼ぎ手だったからである。参加者のうち，唯一の内科医であったマーヴィン・ウィーナー博士も，この時点で，ミルウォーキーを去って行った。夫と自分自身の生活費を稼ぐ必要からBFTC設立後1年間は，インスーも家族サービスとかけもちだった。

予想されていたようにBFTCの設立当初，ビジネスは低調だった。しかし，この状況こそがケースをよりじっくり観察し，深く考えるための多くの時間をもたらしてくれた。スティーブとジム・デークスは，中心メンバーが常駐するようになるまでの間，BFTCオフィスの事務スタッフも兼ねていた。こうした状況が，ビデオテープを視聴し，「何をしているのか？」「なぜそれをしたのか？」といった疑問について考える多くの時間を提供することとなったのである。のちに，他のメンバーが事務スタッフとして常駐するようになったが，私たちは，そこで何が起きているのかを発見すべく，日に4時間はケースやビデオテープ記録を視聴することに費やした。スティーブは，よく黒板に議論の要点を書き留めていた。

ド・シェイザーは，SFBTが発展させてきたモデルについて，「ミルトン・エリクソンに始まり，グレゴリー・ベイトソン（Bateson, 1979）を経て，MRIの思慮深いセラピストグループに至る歴史的伝統に根付くものであり」（de Shazer, 1982），認識論やモデルについては，「仏教や道教（タオイズム）の考え方の影響が非常に大きい」と述べている。

SFBTの展開期

チームは常にさまざまな理論を実践に適用しようとし，また理論に裏付けられた実践を積極的にクライアントに試そうとした。数々の理論が，できる限りの枠組みで試行され，理論のいくつかはモデルの発展に大きな影響を与えた。そうした理論には，ホメオスタシスvs.モルフォジェネシス[訳註1]（Hoffman, 1971）や，ハイダーのバランス理論（Heider, 1946），クローネンによる「ストレンジループ」と「チャームドループ」（Cronen et al., 1982），「カタストロフィ理論」[訳註2]（Tom, 1975），アクセルロッドの協調理論[訳註3]（Axelrod, 1984）が含まれる。しかし，さまざまな理論に当たってはみるも

訳註1 ホメオスタシスvs.モルフォジェネシス｜ホメオスタシス（＝恒常性）とは，システムが外的な環境の変化を受けながらもなお，システムを安定した状態に保つ働きを指す。これに対して，モルフォジェネシスとは，システムの自己組織化により，現在の構造を変え，新しい形態を作り出そうとする傾向を指す。

訳註2 カタストロフィ理論｜数学者ルネ・トムによって提唱された突発的，不連続な変化を説明する理論。通常，ある変化は，それほど大きな全体的変化をもたらすことはないが，カタストロフィ点と呼ばれる値の近くにおいては大きな変化をもたらすこととなる。

訳註3 アクセルロッドの協調理論｜アメリカの政治学者ロバート・アクセルロッドによる理論。ゲーム理論の観点から協調行動を研究し，利己主義者の間であっても協調関係が成立しうるということを理論的に明らかにした。『つきあい方の科学』として邦訳されている。

のの，私たちの考え方は，エコシステミックという考え方であり，問題志向であった。SFBTへ発展する中で，思考の枠組みは社会構築主義へと変わっていった。しかし，一貫して変わることのなかった考え方もある。それは，「ある事柄を説明するためには必要以上に多くの実体を仮定するべきでない」とする「オッカムの剃刀」[訳註4]に由来するミニマリストの哲学である。

SFBTの発展に貢献したチームについて

BFTCのチームは，MRIやミラノ派同様，経験豊富なセラピストと研究者から構成されていた。私たちのセラピーに興味をもち，ともにワンウェイミラーから面接を観察したセラピストや研究者からなる観察チームの同僚たちは，まさに思慮深いコンサルタントであった。当初のBFTCのオフィスは，大部屋をワンウェイミラーがとりつけられた小部屋に分けたものだった。面接はワンウェイミラーを設置する以前にも行われていたが，クライアントは，ワンウェイミラーが設置されるはずの大きな穴を通して沈黙した観察者たちを眺めることができた。したがって面接者と観察者たちは，面接の終わりのブレイクの際，クライアントからは私たちの様子が見ることも聴くこともできない別の部屋に移動しなければならなかった。グループが，介入メッセージを書きあげると，面接者は再びクライアントのところに戻り，そのメッセージとホームワーク課題を読み上げた。

ワンウェイミラーが設置されてからは，チームメンバーが面接の方向性を大きく変えるようなアイデアをひらめいたり何らかの情報を知りたいと思ったりしたときには，たとえブレイクの前であっても面接者をインターホンで呼び出すようになった。

最初のころ，ワンウェイミラーの後ろにいたチームは，グループの中心メンバーとアレックス・モルナー，パット・ビエルク，デイブ・パケンハム，ミシェル・ワイナー・デイビス，ジョン・ウォルター，ジェーン・ペラーなどの学生たちであった。しかし2，3年後には，ウォリー・ギンゲリッチ，ゲイル・ミラー，そして以前からの学生であったアレックス・モルナーや，ミシェル・ワイナー・デイビスといった面々がリサーチアシスタントとして加わり，さらに，マリリン・ボンジーン，ライマン・ウイン，ブラッド・キーニー，ビル・オハンロン，イボンヌ・ドラン，カール・トムらがミルウォーキーをはじめ全米各地からやってきた。そして最終的には，マイケル・ホワイト，マイケル・ドゥラント，ブライアン・ケイドらなど世界中から仲間たちを招くこととなった。1984年には，短い期間ではあったが，アメリカンリビング・イン・イングランドのジム・ウィルクもスタッフとしてグループに参加した。彼とド・シェイザーは，私たちの治療プロ

訳註4　オッカムの剃刀（Occam's razor）│14世紀のフランシスコ会修道士であるとともに哲学者であったウィリアム・オッカム（William of Ockham）が提唱した原則。ある事柄を説明するために，無駄に多くの不要な概念を用いるべきではないとする考え。たとえば，惑星は天使が動かしていると考えるときの天使は，不要な概念である。

セスを催眠療法の視点から研究した。

　私たちはそれぞれが異なるバックグラウンドを有していたため，議論の際いろいろなものの見方を生み出すことができた。スティーブは行動理論，インスーは家族システム論をバックグラウンドに持ち，エランは家族コミュニケーション理論に夢中だった。マリリンは，コミュニケーションの専門家で，イブは精神力動的なバックグラウンドを有していた。こうしたさまざまなものの見方は，有益であったように思う。なぜなら，観察はさまざまな観点からなされて初めて，有効な介入やホームワーク課題を生み出しうると考えていたからである。

　BFTC がまだ問題志向であった当時，私たちには，「ピアノケース」「意地悪な継母」「ピッキーピッキー（神経質）」といった具合にケースに名前をつけるのが常であった。これらの名前にはさまざまな由来がある。クライアントの守秘義務を守るためでもあったが，それらは彼らのパーソナリティの特徴や，容姿，問題点など，クライアントに対する私たちの反応を反映したものでもあった。診断行為をよしとしない人から見れば，コミカルで，しばしば診断的なネーミングは非常に不適切なものと映るかもしれない。しかし，解決に焦点を当て始めるようになるにつれて，こうした習慣は影をひそめるようになった。現在では，「クライアントは彼ら自身を助けるための強みとリソースを持っている」，あるいは「ネガティブなものは皆無である」といった前提で進められ，また私たちの眼鏡の色もよりバラ色の色調のものへと変わっているためである。

　マルケット大学社会文化学部教授であり，1984 年から 1989 年にかけて BFTC のメンバーとして，BFTC のプロセスを言語と意味の視点から研究していたゲイル・ミラーは，ワンウェイミラーの背後から見た印象を以下のように表現している。

　　観察部屋には人の出入りが絶えなかった。その活動は人々を魅了していた。人々は面接を一部始終観察していたし，その部屋には多くの人々が出入りしていた。治療というよりは，問題についての会話と表現したほうが適切であろうと思われるその面接の虜になっていた。インスーがクライアントにスケジュールを確認すると，人々はその日があいているかどうか家族に尋ねるために自宅に電話をかけるのだった。観察室のドアは，ビルのメイン部分へとつながっていたため，メンバーたちはバスルームに行く際にはそのドアから出て行った。メンバーにとって，ここは自宅といってもよい空間であり，午後にやってきては，夜の 8 時か 9 時までそこに居座るのである。メンバーたちは，ここでピザを頼み，野菜を食べ，インスーたちは，床でストレッチエクササイズもしていた。私のみるところ，スタッフたちは 1 日 12 時間から 13 時間くらいはいたのではないだろうか。そのためインスーとスティーブは，「今日はそろそろ終わりね」とわざわざいわなければならなかった。

　　——マッカーゴ（Mckergow, 2009, pp.80-81）

　ワンウェイミラーの背後での暮らしは，時の流れとは無縁であり，構造化されてい

ないものだったが，もし誰かが観察者にワンウェイミラーの前で起きていたことについて尋ねたとしたら，驚くほど筋の通った回答を得ることになるだろう。さらに，参加者たちは皆一様に，治療成果について強い興味をもっていた。デビッド・カイザー（Kiser, 1995）は，1983年において，クライアントの25%を無作為に選び，電話による調査を行い，「問題がセラピーによって解決したかどうか」「変化は持続しているかどうか」「変化は生活のその他の側面にも広がっているかどうか」について尋ねている。その結果，クライアントの73%が，治療目標を達成したか，問題が有意に減少していた。さらに，13%の人々は，変化が他の側面にも広がっていると認識していた。

面接の開始前の情報の聴取について

私たちは，面接開始時からクライアントを理解し支援するため，偏見を持たない観察という目標を掲げている。クライアントが予約の電話をかけてきた際に，私たちが尋ねるのは，性別，年齢，人種，民族などのごくごく基本情報のみである。したがって，面接を担当するセラピストやチームは，ケースについて事前情報を全く持たずに面接を始めるのである。もし，他の専門家からリファーされてきたケースが診断書や面接経過報告書を持参してきたとしても，クライアントに会う前にこれらに目を通すことはない。私たちは，できる限り白紙の状態で彼らを迎えたいと考えているのである。確かに電話でリファーされたケースの情報を無視するのは非常に難しい。しかし私たちは，できる限りまっさらな状態を保つように心がけている。

初回面接時にクライアントは，セラピストの教育目的のため面接のビデオ撮影への同意書を書くよう求められる。もし十分に理解が得られていない場合，セラピストが再度面接のはじめに面接の録画の目的を説明する。それでもなおクライアントが録画を拒む場合には，録画は行わない。セラピストは，ワンウェイミラーを使用することと，その背後にいるチームメンバーの意図についても説明する。このとき，クライアントをチームに会わせることはしていない。謎につつまれたチームからのメッセージのほうがより強力な作用をもたらすと考えているためである。もしクライアントがワンウェイミラーに関しても拒否するようであれば，他機関にリファーする。それは，私たちは，日々行われている面接こそがリサーチの機会であるととらえているし，そうした目的から外れたくないという理由からである。

形式的な手続きが終わると，セラピストの次の仕事はクライアントにつながることであり，そのため来談理由をたずねる前に，2,3分間，当たり障りのないおしゃべりをする。その後，セラピストの仕事は，チームが介入メッセージと介入課題を考えることのできるような情報を収集することとなる。セラピストの役割は，実際は協調的なプロセスを反映したものであり，積極的に関与したチームメンバーのみが，目的のためにどの情報が必要なのかを理解することができるのである。BFTCの設立初期においては，必要な情報は，クライアントの問題のとらえ方，一般的なものの見方，

相互作用のパターンに関する情報であった。こうした情報は，サーキュラー・クエスチョン (Selvini Pallazoli et al., 1978) によって収集される。たとえば，ある子どもは次のように質問されるかもしれない。「君が歯磨きをしているとき，パパは何してる?」「(その時) ママは何してるの?」「パパがママに賛同しないとき，ママはどんなことしてる?」「それで君は何をしてる?」。1980年代初頭には，よりモデルに即したものにするために，サーキュラー・クエスチョンの種類を増やした (Lipchik & de Shazer, 1986)。それらの質問は，以下のようになっている。

ダイレクト・クエスチョン｜クライアントが現在をどうとらえ，彼らにどんなことが生じているのかについての情報を収集する質問。
コンストラクティブ・クエスチョン｜起こりうる解決についての未来志向の質問。
インディビジュアル・クエスチョン｜どうして問題があると考えるのか，問題が起きたと感じたのはいつ頃からか，問題が起きた理由は何か，状況が変わるためにはどんなことが起きなければならないのか，といったことについての情報を得る質問。
システミック・クエスチョン｜誰が最も問題から影響を受けているのか，家族成員たちはお互いに対してどのように反応しているのか，問題がなくなったとしたら家族成員たちは，現在とは異なる相互作用をどのように行うか，といった差異と関係にまつわる質問。

　面接中，チームのメンバーたちは自分たちが必要と考える情報をセラピストに尋ねることもある。最初のころは，面接室のドアやワンウェイミラーをノックすることで，セラピストに面接室からチームの部屋への移動を伝えていたが，のちに面接室と観察室との間に設置された電話でやりとりが行われるようになった。ワンウェイミラーを使うようになり間もないころ，クライアントは，観察者から直接フィードバックを受けたいと希望するようになった。これはクライアントと面接者と観察者の間の壁を崩すことを意味する。面接者もチームも，クライアント家族も，生態学的なつながりを有するものとしてみなされ，各々は変化を生み出すより大きなスプラシステムのサブシステムであると考えられるようになった。こうした考え方の変化は，エコシステミックアプローチとしてのBFTの誕生を伝えるものであった (de Shazer, 1982, p.xiii)。
　その後だいぶ時間がたって，BFTから解決志向セラピーSFTに変わるころになると，介入よりもむしろ面接それ自体こそが変化のために最も重要なものであると考えられるようになった。情報収集が主な役目だったセラピストの役割は，さまざまな技法（たとえば，例外を引き出す質問，ミラクル・クエスチョン，コーピング・クエスチョン，スケーリング・クエスチョン等）によりクライアントの経験やリソースを引き出しつつ，現実を構築し，面接によって治療を行う役割へと変わっていた。こうしたセラピストの役割の変化は，ワンウェイミラーの背後のチームにも影響を与えた。メッセージや課題は，もはや面接と面接の間の解決のためのより多くの選択肢を提示するためだけではなく，面接中に明らかとなったクライアントの強みやリソースを強化するた

めに行われるようになったのである。

コンサルテーションのためのブレイク

ブレイクをとる目的は，より良い介入のメッセージとホームワーク課題を生み出すことにある。用いられている基本的な枠組みは，MRI やミラノ派の枠組みや，BFTC 設立以前，ミルウォーキー家族サービスで行われていたトレーニングプログラムと良く似たものである。ワンウェイミラーという境界によって，チームは，セラピスト以上に多様な情報を得られるのである。チームは，セラピストに比べ，相互作用パターンやボディ・ランゲージについて独自の視点を持つことができるし，面接中であっても互いに自由なコミュニケーションを交わすこともできる。SFT が開発される以前，ワンウェイミラーの背後でなされる会話は，馬鹿げたものから高尚なものまで自由闊達に行われるのが常であり，私たちは，クライアントが非機能的なパターンに陥るのを防ぐためにできるだけ創造的であろう努めた。何か違うことをするための制限は何もなかった。何かしらの介入することで，「差異を生み出す差異」(Bateson, 1979, p.109) を作り出すことができると考えていた。私たちは，中国の古典書である易経^{訳註5}を調べたりもしたし，けんかばかりしている夫婦に，相手に怒りを覚えたときに，クッキーを互いに渡すよう指示したり，いたずらっ子の両親に，子どもに水鉄砲で水をかけるようアドバイスしたりもした。

当時私たちの考え方の指針となっていた変化の両眼視理論 (de Shazer, 1982, pp.7-18) と齟齬をきたさないようにするためにも，介入はクライアントの問題についての見方にアイソモーフィズム（同形性）を有するものでなければならなかった。このアイソモーフィズムという概念は数学の概念に由来するものであるが (Hofstadter, 1979, p.49)，ここで重要なことは，介入はクライアントの問題に対する見方や相互作用パターン，世界観にフィットするよう練られる必要があるということである。たとえば，水鉄砲課題は，楽しいことが本当に大好きであるが子どもを叱るときには徹底的に叱るといった両親に，より子どもに害のない叱り方をさせたい場合によく用いられた。

いうまでもなく，クライアントと対面するセラピストもクライアントのボディ・ランゲージや相互作用を観察しているわけであるが，彼らの意識は，言語的なやりとりや，質問の仕方や何を取り上げ，何を取り上げないか，答えに対してどのように対応するのかといった点により焦点が当たっている。ブレイク時，コンサルテーションのためにセラピストが面接室から観察室に戻ってくると，彼らは，示唆的なコメントはもちろん，課題についての質問，その他諸々の質問によって出迎えられることとなる。その後，全員で介入メッセージや介入課題について話し合う。しかし，この話し合いにおいてどんな提案がなされたにしろ，最終的に何をクライアントに伝えるのかについてはセラピスト（学生以外の場合）に委ねられている。これは，最も多くの情報を有してい

訳註5　易経（えききょう）|儒教の基本書物である五経の一つ。古代中国の占筮（せんぜい）の書。

るのは，クライアントと実際に対面するセラピストであると考えられているからである。

介入メッセージ

1980年代にBFTCのワンウェイミラーの背後でセラピーの観察を経験した者は誰もが，そのセラピーをストラテジックな，あるいは逆説的な介入を活用したセラピーであると評するだろう。エコシステミックな視点が私たちの考え方に導入されて以降，こうした状況は少しずつ変わってきた。ド・シェイザーは，逆説的な介入や症状処方（Soper & L'Abate, 1977; Weeks & L'Abate, 1973）をエコシステミックな文脈から捉えた場合，それらは一種のアイソモーフィックな介入として機能していると考えていた。というのも，こうした逆説的な介入は，実は対抗ダブルバインドであり，病理的な家族特有のダブルバインド構造と瓜二つの構造を有しているためである（de Shazer, 1982, p.17）。彼は，逆説的な介入を変化の要因としてではなく，むしろ家族固有の逆説的なパターンにフィットするものとして捉えるべきであると考えていた。すなわち，逆説的な介入メッセージやホームワーク課題といったものは，実はジョイニングや協調関係を構築する役割を担っているということである。こうした捉え方は，これらの介入が，従来のシステミックなパターンを遮ることでシステムが独自に再構成するといったMRIの考え方（Watzlawick et al., 1974）とも，対抗逆説処方といったミラノ派（Selvini Palazzoli et al., 1978）の考え方とも全く異なるものである。

ド・シェイザーは，1982年の著書の中で次のように述べている。（de Shazer, 1982 pp.9-10）

> それぞれの家族（個人・夫婦）は，それぞれ独自のやり方で協調しようとしているのである。したがってセラピストの仕事は，第一に，家族が示す彼ら独自のやり方を振り返ることであり，次に家族と協調すること，そしてその後に変化を促進することとなる。

したがって，セラピストとチームがどのように家族と協調しようとしているのかについて観察することは，介入計画を立てる上で最も重要な情報となった。このことは，ホームワーク介入課題を出したときの反応ついては特に当てはまる。良い変化か悪い変化は別にして，どのような情報も変化を生み出すのである。あるクライアントは課題を言われたとおりにやってくるが，別のクライアントは全く逆のことをやってくる。他の者は自分なりの解釈で別のことをやってくるし，ある者は全くやってこない。どの反応もクライアントの協調の方法であると考えられるし，こうした反応は次の課題を出す際の根拠として役立てられることとなる。ド・シェイザーは，『ブリーフ・ファミリー・セラピーのパターン』の中で，クライアントのどういった反応パターンが，セラピストに最も好ましい協調の治療的パターンをもたらしうるのか，図を用いて説明している。BFT，そしてSFTが発展する中，彼は治療プロセスをできるだけシンプルに

分類しようとしてアレックス・モルナーとともに開発した決定木[訳註6]を好んで用いていた（de Shazer & Molnar, 1984; Molnar & de Shazer, 1987）。

コンプリメントの重要性

BFTにしても，SFTにしても，介入メッセージはコンプリメントから始められる。これは，おそらくミラノ派のポジティブ・コノテーションの影響が強いものと思われる。ド・シェイザーは，「コンプリメントの意図は，クライアントがセラピーを継続できるよう励ますことであり……クライアントのよい点を彼らに伝えることで，クライアントは再びセラピーにやってくるのである」（Kiser, 1995, p.126）と述べている。私たちは皆，コンプリメントが，クライアントの気分に変化を与えることを何度も目の当たりにしてきたが，私たちの認識は十分に解決志向には至らっておらず，未だ問題に焦点を当てていた。当時の私たちの関心は，何をすべきではないのかといった否定的な反応にあったのである。ジム・デークスは，「私たちがクライアントにコンプリメントをすれば，クライアントを勇気づけることができることに気づき始めていた」と語っている。またマリリン・ラコートは，「コンプリメントは，しばしば，クライアントが有効であったと考えていない偽解決をリフレームする」と補足している。たとえば，ある父親が，自分の娘に「Xをしないよう言い続けているんです」と述べたとしよう。これに対するコンプリメントは次のようなものになる。「チームは，なかなかうまくいかないにもかかわらず，娘さんに対する深い愛情から，何とかしてXは娘さんにとって好ましくないことなのだと説得しようとし続けておられるお父様の意欲に深く感銘を受けました」。コンプリメントに対して，どのようにクライアントが反応するのか観察することは，クライアントに，問題についてではなく，日常生活における肯定的な事柄や強み（strength），リソースといったものについて質問するためのステップとなるのである。

催眠療法家であるミルトン・エリクソンは，サイコセラピーの発展に大きな影響力を持った人物であるが，BFTは彼のテクニックを数多く用いている（Havens, 2003）。エリクソンの催眠は，コンサルテーションのためにブレイクをとることとりわけコンプリメントの効果について大きな影響を与えた。エリクソンは，コンサルテーションのためのブレイクの間，彼らがセラピストのメッセージを待つことの利点として次の5つを挙げている（Schmidt & Trenkle, 1985, p.143）。

- セラピストが部屋に戻ってきて伝えるメッセージに対する集中力を高める
- セラピストのメッセージが受容的で，思いやりに満ちているとき，リラックスできる。
- 驚きと安心と慰めによって，クライアントの問題に対する見方に差異を生み出す。
- クライアントの言語や協調の仕方を反映することで，連続性をもたらす。

訳註6　決定木（decision tree）｜決定木は，（リスクマネジメントなどの）決定理論の分野において，意志決定を行う為のグラフであり，計画を立案して目標に到達するために用いられる。

・トランスのような状態のなかで，クライアントはより情報を受け入れやすい状態になる。

　私たちは，観察を通して，セラピストがクライアントにコンプリメントを行うと，クライアントがうなずき始めることに気がついた。このうなずき反応は，「イエス・セット」のサインとして知られている (de Shazer, 1982; Erickson & Rossi, 1979; Erickson et al., 1976)。この「イエス・セット」という考え方は，BFTCにおける初期の調査研究の一つにつながった。クライアントがコンプリメントされている間，学生たちは音声なしの面接のビデオテープを視聴し，クライアントのうなずき回数を数え，記録するように指示された。目的は，クライアントのうなずき回数と課題に対するコンプライアンスとの相関関係を明らかにすることであった。デビッド・カイザーは，SFT をテーマとした博士論文の中で，これはきわめて重要なポイントであるとして，インスー・キム・バーグの次の言葉を引用している。「これはクライアントとセラピストの相互作用的な側面について考える起点となった。それまでは，私たちは私たち自身が何をやっているのかに目を向けることは決してなかった。私たちはクライアントについて研究していたのである。私たちは自分自身を研究していなかった」(Kiser, 1995, p.128)。

　コンプリメントに引き続き，クライアントが変化を報告したかしなかったかはもちろんのこと，クライアントの面談における反応や前回の介入に対する反応に対する観察に基づいて行われる（「問題を解くための手がかり」と呼ばれる会話が行われる）。情報提供が行われることもあるし，またリフレーミングやノーマライジングによって異なる見方が提供されることもある。エコシステミックな観点から考えれば，チームの行動に対するクライアントの反応に関するチームの観察は，治療システムに進むべき方向を指し示してくれるスプラシステム（家族システムと治療システム）についてのメタ観察であると考えられるのである。

ホームワーク課題

　介入の最後には，クライアントへホームワーク課題の内容が伝えられる。初めのころは，介入は従来続いてきたパターンを崩すものとして考えられ，数々の介入が編み出され，しばしば非常に独創的な介入が行われた。介入にあたって重要なのは，ひたすら努力することと，とことん考え抜くことである。

　　初期の研究成果は，当時，たまたま現在のようにワンウェイミラーの背後の観察室にビデオカメラやVTR装置がなかったことから生まれたものである。当時は，独立した部屋がもう一つあった。つまり，セラピールーム，観察室に加えて，ビデオ録画専用の部屋が存在したのである。ビデオルームは，タイプライターが置かれた事務室を兼ねていた。ビデオ録画を担当するものは，音声のスイッチを切り，他の仕事をするのが常であった。
　　1979年のある日，そのビデオルームにおいて，アレックス・モルナーとスティーブ・ド・シェイザーは，音声を切り，録画映像を見ていた。2人の会話は，その面接の様

子や自分ならどんな介入をするだろうかといった話題から，観察室にいるチームの残りのメンバーが一体どんな介入をするのだろうかといった話題に移っていった。彼らは，まるで小鳥がじゃれあうように，実に楽しそうに介入をいくつも考え出した。また，彼らは自分たちの介入とチームの介入とを比べてみたいと思っていた。そのため，面接終了後，彼らの介入をセラピーチームのものと実際に比較してみた。するとなんとその2つの介入プランには全く同じ課題が含まれており，コンプリメントもいくつかは全く同じであったのである。しかし，それら2つの介入プランが，最終的に介入にまで至るプロセスを比較してみると，そこに至る思考の経緯は全く異なることが明らかとなったのである。しばらくの間，この観察室とビデオルームとの介入を比較する試みは続けられることとなった。この試みは，介入が一体どこからもたらされるのかを考えるのに非常に役立つものであった。

　この研究は，2つの訓練生のチームが同じケースを観察するという形で，現在においても日常的に行われている。面接の合間に，それぞれのチームは自分たちの部屋に戻り介入を考える。その後，2つの介入メッセージを比べ，共通点と相違点を討論する。こうした介入の比較を通して，訓練生は，介入を作り出すコツを理解するとともに，正しい介入は一つではないという貴重な気づきを得ることになるのである。

　――ナナリーら（Nunnally et al., 1986, p.82）（強調は筆者）

　BFTCで行われる面接が解決志向になるにつれ，介入メッセージも変化していった。チームもセラピストもともに，肯定的な変化に焦点を当てたコンプリメント，クライアントが報告した変化を強化することを目指した介入メッセージ，複雑になりすぎず，また突飛なものではない介入課題を考案するようになったのである。介入課題はまた，目的をより広くとったものとなり，介入に対するクライアントのそれぞれ独自の解釈を認めるようになった。

　クライアントが与えられた課題をどのように解釈するのか，このことは，クライアントが解決構築するのをどのように支援すべきなのかといったことについての新たな情報を治療チームにもたらしてくれるのである。

初回面接公式

　ひとたびエコシステミックという土台ができあがると，BFTからSFTまでの道のりはそう遠いものではなかった。モデルが急激な発展的成長を遂げる中，決定的な一歩を，実に幸運な形で踏み出すことができたのである。1982年，ワンウェイミラーの後ろで観察していたチームメンバーの一人が，面接の最後に，クライアントに対して変化したいと思うもののリストを作らせるというしばしば出されるお決まりの課題を与えるのではなく，クライアントが変化したくないことをたずねるべきではないかと提案した。新しいことやこれまでと違っていることには賛同するのが常であったチームの他のメンバーたちも，その提案に賛同した。この新たな問いかけに対して，クライアントたちは，変わりたくないことを思い出しては，報告するようになったのであるが，

それらの報告の中には肯定的な変化がいくつか含まれていたのである。即座に，私たちは何か重要なことが起きており，この質問をより深く探求するべきだと感じた。さまざまなクライアントに対して，その質問を試すたびに，同じことが起きた。この研究をきっかけとして，私たちは通常初回面接に行う作業，すなわち初回面接公式（Fomula First Session Task: FFST）の開発に勤しむこととなったのである。

　「次回私たちがお会いするまでの間に，あなたのご家族（もしくは生活，結婚生活，関係）に今後も起こり続けてほしいと思うことのうち，実際にどんなことが起きるのか，観察してきていただきたいのです」
　――ド・シェイザー（de Shazer, 1985, p.137）

　この課題で用いられる言葉遣いは，クライアントが変わりたくないと思っていることについて尋ねていた以前のものからは改善されている。なぜなら，このほうがよりポジティブで，変化を前提とした尋ね方だからである。FFSTは，これまで100人のクライアントに行われ，反応が記録され，検討されてきた。訓練生たちもこの研究に参加した。セラピストのみならず，彼らも，この課題を使わない理由をきちんと説明できない限り，常にこの課題を用いるよう言われていた。この課題を用いない理由は，また価値ある情報を提供することとなった。たとえば，クライアントが喪失体験をしている場合において，この課題を初回面接で行うことは不適切である。

　デビッド・カイザーは，このプロジェクトの重要性を述べたマリリン・ラコートを引用している。

　　この研究は，私たちに重要な気づきをもたらした。それまで私たちは，ある問題にはその問題に対応する解決があると考えていた。しかし実際は，人々はすでに変化をした状態で，あるいは変化している最中に私たちのところへやってくるのである。さらに興味深いことに，彼らは変化していること自体を好み，必ずしもその変化が当初の訴えと結びついてはいない場合においても満足するのである。
　　第2回面接において，たとえ私たちが変化について探すように言わなくとも，クライアントたちは初回面接から第2回面接にかけて生じた変化を報告するようになった。彼らが彼ら自身に起きたポジティブなこととともに面接室に戻ってくると，私たちは，「それはいつもと違っているのですか？」「何がうまくいったのでしょうか？」と尋ねた。そして，もし彼らが違っていると答えるならば，次の質問は，「どんなふうにしてそのような変化を起こしたのですか？」と質問したのである。
　　――カイザー（Kiser, 1995, p.102）

　こうして，私たちは突如として問題志向から解決志向とへ移行したことに気がついた。過去1年間に行った面接のビデオテープを見ても，初回から数回までの面接において，クライアントの困っていることを探索したり，問題を定義したりしている面接は全く見当たらなかった。セラピストは，クライアントの問題に関する発言から，彼

らのゴールへ、そしてさらには解決構築へと移ることがきていたのである。

SFTの誕生

解決に焦点を当てるようになり、私たちはプロセスについてより深く研究するようになった。1985年、ジンジャーリッチ（Gingerich et al., 1988）は、あるコーディングシステムを開発した。これは、治療的会話がどのタイミングで、どのようにして変化につながっているのかを調べるために用いられた。この研究により、初回面接においてはほとんど変化についての会話はなされないが、その後のセッションでその量は有意に増加していることが明らかとなった。こうした研究結果を受け、セラピストが面接開始後できるだけ早いタイミングで変化に関する会話をクライアントから引き出すための質問法を開発することとなった。たとえば、彼らはクライアントに、「問題を解決するためにあなたがすでに行っていることは何ですか？」と尋ねていた。こうした解決志向の力学への気づきは、例外を尋ねる質問やミラクル・クエスチョン、コーピング・クエスチョン等、SFTが世界中で知られるようになったテクニックの開発にあたり、大きな役割を果たすこととなったのである。

面接前にすでに生じている変化

面接前の変化は、クライアントがもともと持っている彼ら自身の問題解決能力を自覚することの裏返しでもある。ミシェル・ワイナー・デイビスによれば、彼女が最初にこの面接前の変化を研究しようと思いたったのは、クライアントが初回面接の最後に、自分の息子が学校で一生懸命に取り組み始めていると話し、セラピストがその変化を強化したときであったという。彼女は、非公式の研究プロジェクトに着手した。その研究は、インテーク事例30ケースを対象に、面接の予約をしてから初回面接にやって来るまでの間、事態はすでに変わってきたようだと感じた回数と実際にどんなことに気づいたかについて尋ねるというものであった。

その結果、対象となった事例のうち20人のクライアントが、面接前の変化を報告した。彼女の共同研究者であったド・シェイザー、ジンジャーリッチら（de Shazer, Gingerich et al., 1987）は、初回面接を行う前に、クライアントが変化を生み出すことを支援する質問によって、問題に対する例外を強化する技法を開発した。その質問とは、たとえば「これらの変化を持続させるためにあなたはどのようなことを行う必要があるでしょうか？」「現在こうした変化を妨げているものは何ですか？」「あなたはどのようにしてこれらの障害を乗り越えるのでしょうか？」といった質問である。

面接中なされる変化を前提とした言葉遣いは、BFTにとっても重要なものであったが、同時にSFTにおいても重要なものであり続けている。面接において、セラピストの言葉は、変化に対する期待を作り出す。たとえば、「もしそれが起きたとしたら、いつもとどんな点が違ってくるでしょうか？」と尋ねるよりは、むしろ「それが起きたとき、いつもとどんな点違ってくるでしょうか？」と尋ねるのが良いのである。

カイザー（Kiser, 1995, p.129）は，変化を前提とした言葉遣いの重要性について，ラコートの文章を引用している。

> 私はスティーブとエランとともに，あることについて話し合っていました。それは「協調している cooperating」という概念についてです。「協調すること cooperation」という言葉のかわりに，進行形の「協調している cooperating」という言葉を用いるべきだと話していたのです。「協調している」という言葉の方がより的確であるし，言葉が正確であることこそ非常に重要なのだと。なぜなら，「協調すること」と名詞になった途端，それが変わり得ぬものではなく，変わり得るものであると認識するのに相当に意識的な努力が必要になるからです。

ド・シェイザー（de Shazer, 1985, p.45）は，この点について次のように述べている。

> ひとたびセラピストが，物事が違う方向に進んでいるという期待を作り出す（あるいは作り出すのを支援する）と，次に重要なのは，クライアントの当初の問題がどこかへ行ってしまったあとに，クライアントが違っていると期待するものなのである。

ミラクル・クエスチョン

ミラクル・クエスチョンは，SFTのもう1つの中核的要素である。あるとき，ジム・ウィルクスは，観察室からクライアントとスティーブの面接の様子を観察していた。すると突然，スティーブが，ミルトン・エリクソンのクリスタル・ボール・テクニック（Erickson, 1954）に影響を受けた質問を行った。その質問とは，「もし真夜中，あなたが寝ているときに奇跡が起きて，あなたが目を覚ますと問題はすでに解決しているとすると，あなたはどのようにしてそれを知ることになるでしょうか？」というものである。ジムは，その質問をこれまでに耳にしたことがなかった。そこで，面接が終わってからその質問についてスティーブに尋ねた。スティーブは，その質問は時々使っていると答えた。ジムは，この質問はモデルにとって非常に重要なものであると感じた。結果としてスタッフの誰もがその使い方を教わり，その効果を目の当たりにすることとなった。その効果は，ミラクル・クエスチョンがセラピーに新たな次元を加えたことのエビデンスとなった。それは，過去や現在の力やリソースにとどまらず，未来を志向し，人々が希望や夢，解決を構築する機会を与えるものだったのである。

マリリン・ラコートは後に，未来に焦点を当てる過程におけるもう一つの道標であったと述懐している。1983年に，イブ・リプチックが彼女の注意を釘付けにする次のような質問をしたとき，彼女はワンウェイミラーの前に座っていた。それは，「あなたがここにもうこれ以上通う必要がなくなったとき，あなたはどのようにしてそのことを知るでしょうか？」という質問であった。この質問がセラピスト，クライアント双方にもたらす有益な情報は，面接プロセスの統合をもたらすものとなったのである。

BFTC で用いられる研究手法

　BFTC はシンクタンクとしてだけではなく，研究機関として設立された。私たちは，現在，研究というものは，形式ばった効果研究として概念化されるものではなく，むしろ臨床場面におけるより探索的で，実践に基づいた研究こそが，斬新で効果的な手法の開発につながるものと考えている。BFTC で行われてきた研究から得られた数々の知見は，理論とリサーチと実践からなる再帰的なプロセスによってもたらされたものであり，こうした研究方法は質的研究の手法により馴染むものである。こうした手法は，モデルを構築する初期の段階において新たな技法を開発するには実に好適な手法なのである。

> 　したがって BFTC のセラピストにとっては，セラピスト－クライアント間の相互作用を観察し，仮説を立てることこそが研究であり，理論構築なのである。確かに理論の提唱者たちは，数々の概念や理論から自らの理論をまとめるあげるものであるが，そうした概念の多くは，元来，グランデッド・データ（すなわち，彼ら自身による臨床実践や観察，クライアントから報告）に基づくものである。たとえ仮に他の理論家による概念であっても，しばしば彼ら自身の臨床実践において，明確な目的の下，直接テストされるのである。
> 　——カイザー（Kiser, 1995, p.98）

　BFTC において行われる SFBT に関する研究は，どれも肯定的な変化を促進させるものを理解するために行われる観察（ライブ面接や面接のビデオ映像記録）によって行われたものである。たとえば，1979 年頃，ド・シェイザーは，ジム・デークスによる面接を観察していた際，いつもとは何かが違っていると感じた。そして，前回の介入課題について家族が報告する応答それぞれにつき一つずつ新たな課題を与えるという技法を開発したのであった。さらにこのことをジムに尋ねたところ，ジムは，「いつもと違ってなんかいない，いつも通りやっているだけだよ」と答えた。録画テープを研究することで，スティーブは，自分たちがこうした方法を 2 年間の間使い続けていたことを知ったのである（de Shazer, 1982, p.x）。

　SFT の発展は，「アハ体験」のように，新たに見出されたデータによって急激に成し遂げられることもあるが，全体としては緩やかに進化を遂げてきた。ジム・デークスは，最近，そうした進化の有り様を，「丘から絶え間なく流れる雨水の様子を眺めながら，その流れを辿ること」と表現している。水が流れにあわせるように，観察されるデータの焦点も変化していった。あるとき，あるクライアントが，チームのフィードバックについて質問をしたのであるが，セラピストとクライアントを別個の個体と見なすのではなく，エコシステムとして捉えるという考え方が思い浮かんだのは，まさにその時であった。イエス・セットの間，うなずきの回数を数えることで，私たちが

クライアントに行っていることを研究対象とするのではなく、クライアント本人を研究対象とするようになった。介入メッセージに対するクライアントの反応を、クライアントの課題に対するコンプライアンスを予測するための指標としたことによって、セラピストがクライアントのコンプライアンスの一部を担っていることを知った。「彼らが変化したくない理由を尋ねてみよう」といったような自発的な意見によって、FFSTの門が開かれることとなり、さらには問題から解決に再び焦点を移すことができた。介入メッセージを伝えるにあたり用いられていたコンプリメントは、面接プロセスを、問題についての詳細にたずねる会話から、クライアントの日常における肯定的な事柄についての質問に満ちあふれたものにした。解決に焦点を当てることは、変化をもたらす会話の研究を、より面接プロセスに沿ったものに改善することにつながった。セラピストは、最初に問題について明らかにしようとするのではなく、面接がはじまるやいなや例外や力やリソースを尋ねるようになった。初回面接以前の変化に対する気づきによって、セラピストとクライアントが出会った瞬間からすでに生じている変化について質問するようになった。ジム・ウィルクスが、ある日突然ド・シェイザーがミラクル・クエスチョンを使ったことに注目したことで、解決構築の要素としてのクライアントの未来の可能性を拡張する道が切り開かれた。さらに、変化を前提とした言葉遣いも組み入れられた。こうして治療はより短いものになり、介入メッセージや課題によって変化を導く面接から、クライアント自身が有するリソースに基づいた、より解決構築に焦点を当てた面接となっていったのである

BFTCからSFBTまでの研究成果

　BFTCで行われた臨床的な観察や研究は、結果としてSFTの名を世界中に広めることとなった。BFTCはこれまで一度も統制された効果研究を行っていないが、BFTCのセラピストたちは常日頃から臨床場面の観察を行い、クライアントの満足度に関するデータやプログラムの評価を日常的な業務の一環として行っている。何よりもセラピストたちの多くは自分たちの経験を論文にまとめ、他の多くのセラピストたちがその論文で書かれた技法を自らのセラピーに採用している。

　SFBTの効果に関する臨床的研究もいくつかみられる。1984年、ド・シェイザーとモルナーはFFSTの効果に関する調査研究を行った。56事例（88名）の新規クライアントに対してある課題が与えられた。その結果、50事例（89%）で何らかの有意義な出来事が起きており、起き続けてほしいと思えるものは何も起こらなかったのは、6事例（11%）のみであった。さらに46事例（82%）のクライアントが、彼らが起きてほしいと思う出来事の少なくとも一つは、これまでには見られなかった新たなものであったと答えた（de Shazer, 1985, p.155）。

　面接終結後6カ月～18カ月後に行われたフォローアップ調査では、面接の目的が達成されたかどうか、実のある改善がみられたかどうかを尋ねている。その結果、

ド・シェイザー（de Shazer, 1985）は，28名のクライアントのうち，成功率は82%であったと報告している。また1986年，ド・シェイザーらが1,600事例のうち25%を対象にした研究においては，面接の成功率は72%であったと報告している。

過去を理解するために未来に目を向ける

この本の著者たちは，SFBTが世界的に受け止められていることを反映したものとなっている。先駆的なセラピーチームとして私たちが行ってきた臨床的な観察や継続的な分析は，果たしてエビデンスに基づく実践のプロセスとなっていたのだろうか？と私たちは自らに問いかける。私たちはそうであると思っているし，またそれらは今でもより厳密にテストされうると考えている。研究に対するわれわれチームの献身的な努力は，確かに優れた臨床的な専門性をもって実施され，クライアント中心の調査プロセスをふんだものであった。私たちの技法は，厳密な効果研究や調査によって妥当性が確保されたものではないが，これまで述べてきた初期の研究で示されているように，クライアントの存する臨床の場において効果がみられたことが明らかとなっている。BFTCにおいて行われたこれら初期の研究は，SFBTの今後の研究の土台となっている。本書は，初期から現在に至るまでのSFBTに関して行われた研究について書かれたものである。初期のパイオニアである私たちが，これまで行ってきた研究やSFBTの今後について思い巡らしてみると，セラピーは，当初より研究に基づいたものとして，またエビデンスに基づいた実践プロセスにしたがって行われるべきものと理解されてきたことに思い至る。こうした努力がセラピーを，今日のようにブリーフで効果的なアプローチにしたことは疑うべくもない。

SFTの形成期は，創造性や協調関係，ワクワク感，ドキドキ感に満ちあふれたエキサイティングな時代であった。私たちがともに考え，語り，没頭することに費やした膨大な時間は，実に爽快で気持ちを高ぶらせるのに十分なものであった。ときに他のセラピストたちは，私たちほどうまくクライアントを支援することができないのではないかといった思いさえ抱いていた。これは横柄に聞こえるかもしれないし，実際そうだったのだろうと思うが，こうした態度が私たちを刺激し，より良い仕事をさせ続けてくれた。しかしSFTの成功に対して付与された名声は，BFTCにおいて日々長時間にわたり仕事をしてくれた人々，たった一度でもワンウェイミラーの後ろに座ったことのある人々，重要な点に気づき有意義な質問をしてくれた人々，こうして私たちの仕事に新しい方向性もたらしてくれた多くの人々のものである。ゲイル・ミラーは，そのことを巧みに要約している。

> BFTCやその創造的なプロセス，またBFTCが作り上げたさまざまな概念をすべてスティーブとインスーに結びつけてしまうのは誤りである。確かに，彼らはBFTCという機関のオーナーではあったが，数々の業績は，多くの創造的な人々との交流によって生

まれたものなのである。スティーブとインスーがリーダーであるということは確かであるが，むしろ解決志向セラピーの大使といったほうがふさわしい。つまり，発展に貢献したリーダーでもあったが，と同時に発展を支えた人々の代弁者でもあったのである。
　　——マッカーゴ（McKergow, 2009, p.81）

まとめ

- SFBTのモデルは，1978年から1984年にかけて，BFTアプローチから進化したものである。そして，SFBTは，ミルウォーキーのBFTCで仕事をしていた経験豊富なソーシャルワーカーやセラピスト，研究者たちのチームによって作り上げられた。
- BFTCはシンクタンク機関として，また実践に基づいた研究を行う研究機関として設立された。BFTCで実施された研究における成果は，実験的な研究デザインというよりは，質的研究の方法に従い，理論，研究，実践を含む再帰的なプロセスの中で導き出された。
- SFBTを開発したチームは，クライアントに生じる肯定的な変化を促進させる要因を理解するために，継続的な観察（ライブ面接，VTR映像）を日常的に行っていた。また，クライアントの行動の変化に対するSFBTの効果を検討するために，クライアントへのフィードバックや，満足度調査，コーディングシステムの開発も行った。
- BFTCにおいて開発された解決志向の数々の技法は，多くの国々に広がり，基礎的，実験，準実験的な研究手法，あるいは質的アプローチを含むさまざまな研究手法を用いて研究が継続的に行われている。

さらなる学びのために

- Lipchik, E. (2002) Uncovering MRI roots in Solution-focused Therapy. Ratkes (4), 9-14. (最終版は http://www.ratkes.fi で入手可能)
- Lipchik, E. (2003). Interview: Eve Lipchik with attitude! Retrieved Oct. 2003, http://www.brieftherapynetwork.com
- Lipchik, E. (2009). A solution focused journey. In E. Connie & L. Metcalf (Eds.), The art of solution focused therapy (pp. 21-45). New York: Springer.
- Lipchik, E., Becker, M., Brasher, B, Derks, J., & Volkmann, J. (2005). Neuroscience: A new direction for solution-focused thinkers? Journal of Systemic Therapies, 8, 49-70.
- Visser, C. F. (2009). The think tank that created the solution-focused approach-interview with Eve Lipchik. Retrieved Nov. 2009 http://interviewscoertvisser.blogspot.com/2009/11/thinktank-that-created-solution-focused.html

文献

Axelrod, R. (1984). The evolution of cooperation. New York: Basic Books.
Bateson, C. (1979). Mind and nature: A necessary unity. New York: Dutton.

Cronen, V., Johnson, K., & Lannamann, J. (1982). Paradoxes, double binds, and reflexive loops: An alternative theoretical perspective. Family Process, 21, 91-126.

de Shazer, S. (1982). Patterns of brief family therapy: An ecosystemic approach. New York: Guilford Press.

de Shazer, S. (1984). The death of resistance. Family Process, 23, 79-93.

de Shazer, S. (1985). Keys to solution in brief therapy. New York: Norton.

de Shazer, S., & Berg. I. K. (1997). What works? Remarks on research aspects of solution-focused brief therapy. Journal of Family Therapy, 19, 121-124.

de Shazer, S., Berg, I., Lipchik, E., Nunnally, E., Molnar, A., Gingerich, W, & Weiner-Davis, M. (1986). Brief therapy: Focused solution development. Family Process, 25, 207-222.

de Shazer, S., & Molnar, A. (1984). Four useful interventions in brief family therapy. Journal of Marital and Family Therapy, 10, 297-304.

Erickson, M. H. (1954). Pseudo-orientation in time as a hypnotherapeutic procedure. Journal of Clinical and Experimental Hypnosis, 2, 261-283.

Erickson, M. H., & Rossi, E. (1979). Hypnotherapy: An exploratory casebook. New York: Irvington.

Erickson, M. H., Rossi, E., & Rossi, S. (1976). Hypnotic realities. New York: Irvington.

Fisch, R., Weakland, J., & Segal, L. (1983). The tactics of change: Doing therapy briefly. San Francisco: Jossey-Bass.

Gingerich, W J., de Shazer, S., & Weiner-Davis, M. (1988). Constructing change: A research view of interviewing. In E. Lipchik (Ed.), Interviewing (pp. 21-33). Rockville, MD: Aspen.

Gingerich, W J., & Eisengart, S. (2000). Solution-focused brief therapy: A review of the outcome research. Family Process, 39, 477-498.

Haley, J. (1963). Strategies of psychotherapy. New York: Grune & Stratton.

Haley, J., & Hoffman, L. (1967). Techniques of family therapy. New York: Basic Books.

Havens, R. A. (2003). The wisdom of Milton Erickson. Bethel, CT: Crown House Publishing.

Heider, F. (1946). Attitudes and cognitive organization. Journal of Psychology, 21, 107-112.

Hoffman, L. (1971). Deviation-amplifying processes in natural groups. In J. Haley (Ed.), Changing families, 285-311, New York: Grune & Stratton.

Hofstadter, D. (1979). Godel, Escher, Back: An eternal golden braid. New York: Basic Books.

Kiser, D. j. (1995). Process and politics of solution-focused therapy theory development: A qualitative analysis. Unpublished dissertation, Purdue University.

Lipchik, E., & de Shazer, S. (1986). The purposeful interview. Journal of Strategic and Systemic Therapies, 5, 88-99.

McKergow, M. (2009). Gale Miller: The man behind the mirror behind the mirror at BFTC. Interaction (1 and 2). Retrieved April 5, 2010, from http://www.asfct.org/documents/journal/2009-05/gale_miller.pdf

Miller, G. (1997). Becoming miracle workers: Language and meaning in brief therapy. Hawthorne, NY: Aldine de Guyter.

Molnar, A., & de Shazer, S. (1987). Solution-focused therapy: Toward the identification of therapeutic tasks. Journal of Marital and Family Therapy, 13, 349-358.

Norum, D. (2000). The family has the solution. Journal of Systemic Therapies, 19, 3-16.

Nunnally, E., de Shazer, S., Lipchik, E., & Berg, I. (1986). A study of change: Therapeutic theory in process. In D. E. Efron (Ed.), Journeys: Expansion of the strategic-systemi therapies (pp. 77-97). New York: Brunner/Mazel.

Sackett, D. L., Straus, S. E., Richardson, W S., Rosenberg, W, & 1-laynes, R. B.(2000). Evidence-based medicine: How to practice and teach EBM. Edinburgh: Churchill Livingstone.

Schmidt, G., & Trenkle, B. (1985). An integration of Ericksonian techniques with concepts of family therapy. In J. K. Zeig (Ed.), Ericksonian psychotherapy: Volume II. Clinical applications (pp. 132-155). New York: Brunner/Mazel.

Selvini Palazzoli, M., Cecchin, G., Prata, G., & Boscolo, L. (1978). Paradox and counterpara-dox: A new model in the therapy of the family in schizophrenic transaction. New York: Jason Aronson.

Soper, P., & IiAbate, L. (1977). Paradox as a therapeutic technique. International Journal of Family Counseling, 5, 10-21.

Thom, R. (1975). Structural stability and morphogenesis. Reading, MA: Benjamin! Cummings.

Trepper, R. S., McCollum, E. E., Dejong, P., Korman, H., Gingerich, W, & Franklin, C. (2008). Solution-focused therapy treatment manual for working with individuals: Research Committee of the Solution-Focused Brief Therapy Association. Retrieved May 20, 2008, from http://www.stbta.org/researchDownloads.html

Walter, J. L., & Peller, J. E. (1992). Becoming solution-focused in brief therapy. New York: Brunner/Mazel.

Watzlawick, P., & Weakland, J. (1977). The interactional view. New York: Norton.

Watzlawick, P, Weakland, J., & Fisch, R. (1974). Change: Principles of problem formation and problem resolution. New York: Norton.

Weiner-Davis, M., de Shazer, W, & Gingerich, W. J. (1987). Building on pretreatment change to construct the therapeutic solution: An exploratory study. Journal of Marital and Family Therapy, 13, 359-363.

第2章
解決志向ブリーフセラピー
マニュアル

テリー・S・トラッパー／エリック・E・マクコラム／ピーター・ディヤング／ハリー・コーマン／ウォレス・J・ジンジャーリッチ／シンシア・フランクリン

このマニュアルの目的は，解決志向ブリーフセラピー（SFBT）の一般的な仕組みの概観を提示することである。心理療法のアプローチの基礎となるマニュアルは，臨床家や研究者に，アプローチの方法，テクニック，そして介入についての構造化した見方をもたらす。さらに，プレゼンテーション，タイミングおよび実際の介入が均一なものとなるように，任意の研究プロジェクトにおける使用が推奨される。最後に，国立精神衛生研究所のようなスケールの大きい機関によって資金提供された臨床試験研究はほとんどすべて，マニュアルを使用することが必要である。

このマニュアルには標準化されたフォーマットに続き，キャロルとニューロ（Carroll & Nuro, 1997）が推奨した要素が含まれている。

（a）SFBTの概観，記述および論理的根拠。（b）SFBTにおけるゴールとゴール・セッティング。（c）SFBTの他のアプローチとの比較。（d）SFBTにおける特定の効果的な要素およびセラピストの行動。（e）SFBTにおけるクライアント・セラピスト関係の性質。（f）書式。（g）面接のフォーマットおよび内容。（h）補助療法との互換性。（i）対象者となる母集団。（j）特定の母集団のニーズを満たすこと。（k）セラピスト特性および必要条件。（l）セラピストのトレーニング。（m）スーパービジョン。

概観，記述および論理的根拠

SFBTは20年以上に及ぶ理論的発展，臨床実践および実証的研究（たとえばde Shazer et al., 1986; Berg, 1994, Berg & Miller, 1992; De Jong & Berg, 2008; de Shazer et al., 2007）に基づいている。SFBTは，治療のやり方が従来のアプローチとは多くの点で異なっている。過去の欠点や問題に対する強調を最小化し，そのかわり，クライアントの強みおよび成功体験に注目するという，能力に基づいたモデルである。クライアントの関心や状況，クライアントが変えたいと思っているものについて理解することによりうまくいっているものに焦点をあてる。

SFBTの基本的な信念は以下のとおりである。

- 問題解決ではなく解決構築に基づく。
- 治療の焦点は，過去の問題や現在の葛藤についてではなくクライアントの希望する将来にあると考える。
- クライアントは，現在の役に立っている行動の頻度を増加させるように促される。
- 問題は始終起こっているわけではない。例外——すなわちその問題が起こるかもしれなかったが起こらなかったときが存在する。例外は解決策を共同構築するためにクライアントとセラピストによって使用することができる。
- セラピストは，クライアントが現在の望まない行動様式や認識および相互作用のかわりのものを見つけるのを支援する。
- スキル構築や行動療法の介入とは違い，SFBTモデルは，解決行動がすでに存在すると仮定する。
- 小さな変化が大きな変化に繋がると考える。
- クライアントの解決策は，必ずしもクライアントやセラピストの問題と直接関係するわけではない。
- 解決を構築することをクライアントに依頼するためにセラピストに要求される会話の技術は，クライアントの問題を診断し治療するために必要とされるものとは異なる。

従来の治療が，問題の感情，認識，行動および（または）相互作用を探求し，解釈や直面化およびクライアントへの教育を行うことに焦点を当てるのと対照的に，SFBTは，クライアントが，問題が解決した将来の希望のビジョンを考えたり，ビジョンを現実にするための例外や強み，リソースを探求し増幅したりするのを支援する。したがって，クライアントはそれぞれ自分自身のゴール，戦略，強みおよびリソースに基づいた解決への道を見つける。クライアントが外部のリソースを使用しようと考えているときでさえ，外部のリソースの性質やそれらがどのように有用かということを率先して定義するのはクライアントである。

解決に焦点を置いた治療プロセス

SFBTアプローチは問題の診断や治療ではなく，クライアントがどのように変わるかに注目する。そのため，変化の言語を使用する。クライアントの言葉と意味づけ（何がクライアントにとって重要か，何を望んでいるか，何を成功に関連づけているか）を専門家が聴いて吸収し，次にクライアントのキーワードやフレーズに関係づける次の質問をするという治療プロセスを設定する。そしてセラピストはクライアント自身の枠組みからもたらされる答えを聞き続け吸収し続ける。そして再度クライアントのレスポンスに関係づける次の質問を行う。聞き，吸収し，関係づけ，クライアントが反応するという持続的なプロセスを通して，専門家とクライアントが解決を共同構築していく。コミュニケーションの研究者，マギー，デ・ヴェントとバーベラス（McGee, Del Vento & Bavelas, 2005）は，このプロセスは専門家とクライアントの間で新しい共通基盤を作り出すものだと述べている。この治療プロセスの例は後述する。

SFBT の一般的な要素

SFBT を含むほとんどの心理療法は会話によるものであり，その会話には主に 3 つの一般的な要素がある。

第一に，全体的な内容である。SFBT では，会話はクライアントの関心に集中する。すなわち，クライアントにとって重要な人やこと，好ましい将来のビジョン，およびそのビジョンと関係するリソース，クライアントの例外，強み，解決を見つけるクライアントの動機のレベルと確信のスケーリング，またクライアントの好ましい将来にどれだけ達しているかのスケーリングを行う。

第二に，前の段落で述べたように，SFBT の会話は新たな意味づけを共同構築するという治療プロセスを含んでいる。

第三に，セラピストは，好ましい将来のビジョンを共同構築し，かつそのビジョンを現実にする過去の成功，強みおよびリソースに近づくことをクライアントに求める，多くの反応や質問のテクニックを使用する。

ゴール・セッティングとその後のセラピー

明確で具体的，現実的なゴール・セッティングが重要である。ゴール[1]は，クライアントが今後それまでと異なってほしいことに関する会話を通して明確化され増幅される。したがって，SFBT ではクライアントがゴールを決める。ゴールが明確化されると，セラピーでは，クライアントがゴールや解決に近づいているか定期的にスケーリングしたり，望ましい将来に到達するために役立つ次の段階を共同構築したりして，ゴールと関係する例外に注目していく。

SFBT はどのように他のアプローチと対比されるか

SFBT は，動機づけを増大するインタビューのような，能力に基づくモデルやレジリエンス志向のモデルにとても似ている (Miller & Rollnick, 2002; Miller et al., 1994)。SFBT と認知行動療法の間にもいくつかの類似点がある。さらに，SFBT は，病理学スタンスをとらず，クライアントに焦点を当て，アプローチの一部として新しい現実を作成するために働くという点で，ナラティブセラピーといくつかの類似点を持っている。しかし，SFBT は，基礎となる哲学と仮説の点では，問題の解決を強調するあらゆるアプローチや現在や未来というよりは過去に着目するあらゆるアプローチとは全く異なっている。

特定の有効な要素

(a) クライアントとの協同の治療の同盟を開発すること。(b) 問題に焦点を当てるのではなく解決構築すること。(c) 測定可能で変化しやすいゴールを設定すること。(d) 未来指向の質問および議論を通じて未来に注目すること。(e) ゴールの達成度

をスケーリングすること。(f) クライアントの問題の例外についての会話（特にクライアントが変化してほしいと思っていることに関係する例外）に着目すること。(g) もっと例外を起こすためにクライアントがすでに行ったことを今後も行うように促すこと。

クライアント・セラピスト関係の性質

SFBTにおいて，セラピストは，クライアントがゴールを達成するのを支援するための共同者とかコンサルタントと見なされている。SFBTでは，クライアントは専門家である。また，セラピストは，「無知の姿勢」「一歩後ろからリードする」スタンスをとる。

フォーマットおよびセッションの構造

次の議論の多くはド・シェイザー（de Shazer, 2007）からの引用である。
主な介入
ポジティブで，平等で，解決に焦点を当てるスタンス。
一般的な方針とスタンスは非常に重要である。全面的な姿勢は肯定的で，敬意に満ちており，希望あふれるものである。人間は非常に柔軟で，変化するために連続的にこの回復力を利用するという一般的な仮定がある。さらに，変化を達成するためにほとんどの人々が強み，知恵および経験を持っているという強い確信がある。他のモデルが「抵抗」として見るものは，(a) 用心深く，かつゆっくり行く人々の自然な防御機構か現実的な要望，あるいは (b) セラピストの失敗（すなわちクライアントの状況にフィットしない介入）と，一般に見なされている。これらの要因はすべてセッションにおいて，階層的というより平等で（であるが，先に述べたようにSFBTセラピストが後ろからリードする），敵ではなく協同的であるとクライアントが感じることにつながる。

以前の解決を探すこと｜SFBTでは，ほとんどの人々が以前に多くの問題を解決していることがわかっている。これは，別のとき，別の場所，あるいは別の状況であったかもしれない。その問題はもとに戻ったかもしれない。しかし，鍵となるのは，短い間であっても，その人がその問題を解決したという事実である。

例外を捜すこと｜クライアントが繰り返すことができる以前の解決策を持たない場合さえ，ほとんどのクライアントにはそれらの問題の例外の最近の例が存在する。例外は問題が生じるかもしれなかったがしなかった時である。以前の解決と例外の間の差は小さいが重要である。以前の解決は，家族が試みてうまくいったけれど，何らかの理由で続けるのをやめ，おそらく忘れられてしまったものである。例外は問題のかわりに起こるものといえる。クライアントが意図したり，意図していなかったり，それどころか恐らく理解したり理解していなかったりすることもある。

質問 vs. 指示，解釈｜質問はすべての治療モデルにおいて重要である。どのアプロー

チでも，セラピストは面接を始めるとき，および課題をどのように行ったか知ろうとするとき，質問を使用する。しかしながら，SFBTでは質問が主要なコミュニケーションおよび介入ツールである。SFBTセラピストは，解釈をしない。また，直接クライアントに挑戦したり，直面化したりするのは非常にまれなことである。

現在や未来に焦点を当てた質問 vs. 過去指向の質問｜SFBTセラピストの質問は，ほとんど現在または未来に焦点を当てたものであり，クライアントが自身の人生に何が起こってほしいか，もしくは何がすでに起こっているかが強調される。

コンプリメント｜コンプリメントもSFBTの主要な部分である。クライアントがすでによく行っていることを確認すること，そしてそれらの問題がどれくらい難しいかを認めることは，セラピストが聞いているという（つまり，理解しているという）メッセージおよび心配しているというメッセージを送ることにつながり，クライアントに変化を促す。

うまくいっていることをもっと続けるために，優しくそっと押すこと｜一旦セラピストがコンプリメントによって肯定的な枠組みを作成し，次にいくつかの以前の解決策およびその問題の例外を発見したならば，以前にうまくいったものを行ったり，また起こってほしいと思う変化を起こせるように挑戦したりするよう，優しくクライアントに働きかける。セラピストがクライアントの以前の解決策あるいは例外に基づかない提案や課題を与えることはまれである。変化の考えや課題がセラピストからではなくクライアントから（少なくとも間接的に）出るのがベストである。

具体的な介入

面接前の変化｜初回面接のはじめ，もしくは早い段階で，セラピストは以下のような典型的な質問を行う。「この面接の予約の電話をしてから，どんな変化が起こったことに，もしくは起こり始めたことに気づきましたか？」この質問には3つの答えが可能である。第一には，クライアントは，何も起こっていないと言うかもしれない。この場合，セラピストは次のような質問で面接を始めることも可能である。

「今日私はどのようなお手伝いができますか？」「この面接を役立つものにするためには今日どんなことが起こる必要がありますか？」「もしこの面接があなたにとって役立つものとなったら，あなたの親友はどのようにそのことに気づくでしょうか？」

第二に，事態がよりよく変わり始めたと答えるかもしれない。この場合セラピストは，始まった変化について詳細にきく。クライアントの持っている強みやレジリエンスを強調して，ソリューション・トークを始める。そして次のように尋ねることが可能である。「それでは，もしこれらの変化がこの方向で続いたら，これはあなたが望むものになりますか」。こうして具体的で肯定的なゴールの始まりを提示できる。

第三に，事態がほぼ同じであるという答えがある。セラピストは次のように尋ねることができる。「悪くなってはいないのですか？」「あなた方全員は，どのようにして事態がより悪くならないようにしましたか」

これらの質問は前の解決策および例外に関する情報に結びつくかもしれないし，ソリューション・トークモードへと移行できるかもしれない。

解決に焦点を置いたゴール｜心理療法の多くのモデルでも同様だが，明瞭で，具体的，明確なゴールはSFBTの重要な要素である。可能な場合は常に，セラピストは，より大きなものではなくより小さなゴールを誘発しようとする。ゴールは問題の欠如ではなく解決の存在として組み立てられることが重要である。さらに，ゴールがその解決の点から記述される場合，それは測定可能なものとなる[3]。

ミラクル・クエスチョン｜クライアントの中には，解決に焦点を当てた明確なゴールを表現するのが難しい人もいる。ミラクル・クエスチョンは，その問題の大きさに対する尊敬の念を伝え，同時に，より小さく，より扱いやすいゴールに到達するような質問法である。介入の正確な言葉は変わるかもしれないが，基本的な言葉遣いは以下のとおりある。

> 私はあなたにやや奇妙な質問をしようと思います［休止］。奇妙な質問というのはこういうことです［休止］。私たちの話が終わった後，仕事（家，学校）に戻りますよね。そして今日しなければいけないことをするでしょう。たとえば，子どもの世話をしたり，夕食を作ったり，テレビを見たり，子どもをお風呂に入れたりとか。そして寝る時間になるでしょう。
>
> あなたの家のみんなが静かになって，あなたも平和に眠っています。夜中頃に，奇跡が起こります。そして今日私に話してくれた問題がすべて解決するのです！　しかし，あなたが眠っている間に起こったことなので，あなたは問題が解決した一夜の奇跡があったことを知りません［休止］。それで，あなたが翌朝起きたとき「わあ！　問題がなくなった何かが起きたんだわ！」と独り言を言ってしまうような，どんな小さな変化が起きていると思いますか？
>
> ——バーグとドラン（Berg & Dolan, 2001, p.7）

クライアントは質問に対していろいろな反応をする。当惑したように見えるクライアントもいるかもしれない。質問の意味がわからないか，「知らない」と言うかもしれない。微笑むかもしれない。しかしたいていは，それを熟考するのに十分な時間を与えられて，それらの問題が解決されるときに異なっていることを考え始める。ここで，元麻薬の売人のカップルがミラクル・クエスチョンに答えはじめる事例を紹介する。インタビュアーはインスー・キム・バーグである。

バーグ｜（ミラクル・クエスチョンを終了して）それで，あなたが明日の朝起きたとき「あ，何かが変わった」と気づく最初の小さな手掛かりはなんですか？
父｜全てがなくなったら，ということ？　子どもも全て？
母｜違うわ。
バーグ｜問題がなくなったらということです。
父｜二度と起きないということ？

母｜問題は起きるけど，全てよりよくなるということよ。

バーグ｜問題は今，全部処理できるということです。

母｜実は，私はたぶんやり方がわからないわ……つまり私たちは待っているのよ。その日を待っているの。誰もいない日を待っているの。

バーグ｜誰もいない。社会福祉サービスがない生活。

母｜ええ。

バーグ｜あなたが朝起きてきて，周りを見渡して，「わあ，今日は違う，何か違う，何かが起きたんだ」と思わせるのはなにかしら？

母｜直感。感覚。

バーグ｜OK。

父｜俺が麻薬の問題を持っていたとき……同じような感覚に何度もなった。麻薬の問題があったとき，いつも探していたし，いつも何か，決してそれについて良くは感じていなかった。知っていると思うけれど。

バーグ｜（クライアントの言葉と意味付けを関連づけること，「不満の表明」を無視すること，クライアントが異なるどのようなことを感じたいかについてのメッセージを選択することをしながら）それでは，この奇跡が今夜起こった後，問題が全部解決したとき，直感でどんな違うことが起こりそう？

父｜多分少し軽く感じる……動きやすくなる。

母｜そうねえ。夫と妻として決定することができると思う。子どもの親として。「わたしたちは正しい決断をしたの？ その決断に基づいて判断されるの？」と迷うことなくね。

バーグ｜おお。

母｜つまり，私たちが感じていることがベストで，でも私たちが決断を誰かに話したとき……

父｜そう，「このやり方でしろ」とか「あのやり方でしろ」とか，ええと，たくさんのことを学ぶのは当然で……つまり失敗したり，もとに戻ったり，ほかのやり方で試す。

バーグ｜それで，あなたがたは二人で決定したいんですね。「このやり方でやってみよう」と。誰かが見ていると心配しないで。

母と父｜そのとおりです。

母｜そして私たちは賛成すればいいのか，反対すればいいのか……

バーグ｜（社会福祉サービスに言及して）常に仲裁する人がいたと思うわ，つまり……

母｜そう，仲裁する誰かが常にいるわ。

バーグ｜だから，仲裁人はいなくなっているでしょう。あなた方の生活からいなくなっているはずよ。

母と父｜そうですね。

バーグ｜（クライアントの言葉／意味づけに再び関連づけて，受け入れ，構築して）OK。わかりました，わかりました。それで，仲裁人が皆あなたがたの生活から居なくなっていると仮定して，私も含めてね。そうしたら，あなたがた二人の中で何が違うと思う？

（静寂）

父｜（嘆息）

母｜すべて。

バーグ｜わかりました。それで，あなたがた二人は家族に関して決定するでしょう。子どもに関して行うべきもの，お金に関して行うべきもの，行うことはなんでも。いいかしら？

母｜ええ。

バーグ｜実際できるかどうかではなく，それをすることができたと仮定してみて。あなたがた2人の間で異なること，「わあ！ これは違う！ 私たちは決定できた！」とあなたに知らせることは

なにかしら？

母｜たくさんの緊張がなくなると思うわ……

　クライアントがミラクル・クエスチョンに答えることを通して，セラピストと共同で構築したことは，通常治療のゴールとすることができる。

　夫婦や家族，グループのセラピーでは，ミラクル・クエスチョンは，個人またはグループ全体に出すことができる。質問が個人にされれば，その人は答えるであろうし，他の人も答えるかもしれない。質問が家族，グループ，夫婦に全体として出される場合，メンバーは彼らの奇跡に共に影響を与えるかもしれない。セラピストは，家族の間の協力的なスタンスを維持しようとする際に，家族の間の共通のゴールおよび支持的な発言を強調する。

　スケーリング・クエスチョン｜クライアントが特定のゴールを直接あるいはミラクル・クエスチョンによって話してくれたら，SFBTにおける重要な次の介入はクライアントに彼または彼女自身の進行を評価させることである。セラピストはミラクル・クエスチョンスケールを使用し尋ねる。

　「1から10で，1が最初に面接の予約をとったとき，10が奇跡のあとだとしたら，今はどこの位置だと思いますか？」たとえば，よりよいコミュニケーションをとることがゴールである夫婦の場合，スケーリングは以下のように進むかもしれない。

セラピスト｜私が今行いたいのは問題とゴールを測定することです。1がその問題がいつもと同じくらい悪いとしましょう。つまりあなたがたが決して話をせず，けんかばかりして，お互いをいつも避けている状態です。そして，10は，あなたがたが完全なコミュニケーションでいつも話をし，けんかを絶対しない状態としましょう。

夫｜それはぜったいありえません。

セラピスト｜それは理想でしょう。それで，あなたがた二人は，最悪の時はどこだったと思いますか？　多分私に会いに来る前だと思いますが。

妻｜かなりひどかったです。わからないけれど。2か3でしょうか。

夫｜私は2です。

セラピスト｜OK（記述する）。あなたが2か3であなたが2ですね。さて，セラピーが終わって成功したとき，何点だと満足しますか？

妻｜私は8で満足していると思います。

夫｜ええと，もちろん，私は10がいい。しかし，それは非現実的です。そうですね，私も，8がよいということで賛成しましょう。

セラピスト｜たった今は何点でしょうか？

妻｜2人でここに来ているので，少しよいかなと思います。それに，私は，彼が努力していることがわかりました。たぶん4かな？

夫｜聞いてよかったです。妻がそんなに高いとは思っていませんでした。私は5です。

セラピスト｜OK。あなたが4，あなたが5。そして，あなたがた二人とも，セラピーが成功するのには8でいいですか？

　この介入には3つの主要要素がある。第一に，アセスメントである。すなわち，それが各セッションに使用される場合，クライアントの変化を測ることができる。第

二に，それは，クライアント自身の評価がセラピストの評価より重要なことを明らかにする。第三に，それは以前の解決や例外の会話に焦点を置き，新しい変化を強調する強力な介入となる。最初のセッションの前になされた変化と同様，3つのことが各セッション間に起こる場合がある。

　(a) 事態はよくなるかもしれない。(b) 同じままかもしれない。(c) 事態はより悪くなるかもしれない。

　スケールが上がる場合，セラピストは長く詳細に，それまでと違ったことやよくなったこと，クライアントがいかに変化を作り出したかについてきくであろう。そしてコンプリメントをしたり，変化についてコメントしたりするかもしれない。それは変化を後押しし，例外を推し進めるひと押しに結び付く。

　事態が同じままである場合，クライアントは，変化が維持できていること，あるいは事態をより悪くさせないようにしていることをコンプリメントすることができる。「どうやって悪くならないようにしたのですか」とセラピストは尋ねるかもしれない。その質問はクライアントの変化の記述に結び付くことがよくある。その場合には，セラピストはもっとそれらの変化を賞賛し，支援し，促進することができる。

セラピスト｜メアリー，先週，あなたはよいコミュニケーションのスケールは4でした。今週はどうですか？
妻｜……5です。
セラピスト｜5！　まあ！　本当に？　たった1週間で！
妻｜ええ，私たちは今週よりよくコミュニケーションをとったと思います。
セラピスト｜今週，どのようによりよくコミュニケーションをとったのですか？
妻｜ええと，リッチがよりよいコミュニケーションをとってくれたんだと思います。彼は，今週私の言うことをいつもより聞こうとしているように見えました。
セラピスト｜それはすばらしい。具体的な例はありますか？
妻｜ええと，はい。たとえば昨日のことです。彼は，いつもは一日に一度仕事中に私に電話します。
セラピスト｜さえぎってごめんなさい，彼が一日に一度あなたに電話すると言いましたか。仕事中に？
妻｜はい。
セラピスト｜私はちょっと驚いたわ。夫がみんな毎日妻に電話するとは限らないもの。
妻｜彼はいつもしていました。
セラピスト｜それはうれしいこと？　彼に変わってほしくないこと？
妻｜確かにそうですね。
セラピスト｜ごめんなさい，続けて。昨日彼が電話をくれたということを話してくれていましたね。
妻｜ええと，いつもは，それはすぐ終わる電話です。でも昨日，私はいくつかの問題のことを話しました。そうしたら，彼は長い間聞いてくれて，心配してくれて，よいアドバイスをくれました。うれしかったです。
セラピスト｜それで，それはあなたがしてほしいことだったんですね。サポートしてくれた？
妻｜はい。
セラピスト｜リッチ，メアリーが，あなたが彼女に電話し彼女の言うことを聞いてくれることがうれしかったと知っていましたか。スケールが高くなった理由だと？

夫｜はい，私もそう思います。私は実際に今週努力しています。
セラピスト｜それはすばらしいわね。今週ほかにしたことはありましたか？

　この例は，夫婦が自分たちの変化を決定する手段としてスケールがどのように役立ったかを示している。セラピストは，スケールを利用して，クライアントが自分たちで作った小さな変化に関するより多くの情報を集めた。これは，当然セラピストが，この夫婦がうまくいっていることを続けていると示唆していることになる。

　解決と例外の構築｜セラピストは，過去の解決，例外およびゴールに関する話を注意して聴くことにほとんどのセッションを費やす。これらの詳細な話が提供される場合，セラピストは熱心にそれらを強調，サポートする。それから，セラピストはソリューション・トークを維持しようとする。これはもちろん，従来の，問題に焦点を置いたセラピーとは異なる技術が要求される。問題に焦点を置いたセラピストは問題を引き起こし，維持しているものを聞き逃すことを心配するが，SFBTのセラピストは変化と解決のサインを聞き逃すことを心配する。

母親｜娘はいつも私を無視します。まるで私がそこにいないように，学校から帰ってきても自分の部屋に駆け込みます。いったい部屋で何してるのか。
娘｜ママは私たちがいつもけんかすると言うじゃない。だから，けんかしないように部屋に入るだけ。
母親｜聞きました？　娘は，私を避けていることを認めたわ。なんで以前していたように，ただ帰宅して学校のこととかそのほかのことを私に少し話すくらいのことができないのか，わからないわ。
セラピスト｜ちょっと待って，いつ彼女はそれをしていたの？　アニタ，帰ってきてお母さんに学校のことを話していたのはいつだったの？
娘｜この前の学期にたくさんしていたわ。
セラピスト｜いちばん最近のときのことを覚えている？
母親｜実際，先週ありました。娘は科学プロジェクトに選ばれて興奮していました。
セラピスト｜もっと教えて。それはどんな日でしたか？
母親｜この前の水曜日だと思います。
セラピスト｜彼女は帰宅して。
母親｜彼女はとても興奮して帰宅しました。
セラピスト｜あなたは何をしていましたか。
母親｜いつもどおりだったと思います。すでに夕食を準備していました。そして，彼女は凄く興奮していて，私は，何があったのか尋ねました。自分の科学プロジェクトが選ばれて学校で展示されることを話してくれました。
セラピスト｜わあ！　それはすごく名誉なことね。
母親｜そうなんです。
セラピスト｜その後，何が起こりましたか。
母親｜ええと，私たちはそれについて話しました。彼女はいろいろ私に話してくれました。
セラピスト｜アニタ，そのことを覚えている？
娘｜確かに，先週でした。すごく幸せだったわ。
セラピスト｜そして，また，これが素敵な話，あなた方2人の間で交された素敵な会話だったの

かな？
娘 | もちろん。つまり，私だっていつも部屋に駆け込むとは限らないわ。
セラピスト | そのとき，お互いを話しやすくした何かほかの違うことはあった？
母親 | ええと，彼女は興奮していました。
娘 | ママは聞いてくれた。ほかには何もしてなかったわ。
セラピスト | まあ，これは重要な例だったわね。ありがとう。質問していいですか？ そのようなことがもっとたくさん起こったとしたら，アニタが自分にとって面白くて重要なことをあなたに話したとしたら，そしてお母さんが何も他のことをしないで聞いたとしたら，あなた方 2 人にとってよりよいコミュニケーションだと言えるかしら？
娘 | ええ，その通りだわ。
母親 | はい。

　この事例で，セラピストは多くのことをした。最初にセラピストは，その問題の例外（その問題が起こるかもしれなかったが起こらなかった時）について注意深く聴いた。次に，それを繰り返し，強調し，それに関するより多くの詳細な話を聞いて，母娘を祝うことにより，その例外を強調した。第三に，「もしこの例外がよりしばしば生じたらあなたがたのゴールに到達するだろうか」という疑問を尋ねることにより，彼女たちのゴール（あるいは奇跡）と例外をつなげた。
　コーピング・クエスチョン | その問題がよくなっていないとクライアントが報告する場合，セラピストはコーピング・クエスチョンをすることがある。「どのようにしてそれがより悪くなるのを防ぎましたか」「これは困難に思えます。どのように対処してその程度にできているのですか」
　ブレイクをとり再び戻ること | 家族療法の多くのモデルが，セッションの終わりにブレイクをとることを奨励している。通常この間に，セラピストと，セッションを見ておりセラピストにフィードバックと提案を与える同僚のチームやスーパービジョンのチームの間で話をする。SFBT でもブレイクをとることが奨励されている。チームがある場合，チームはセラピストに，フィードバック，家族に対するコンプリメントおよびクライアントの強み，過去の解決策あるいは例外に基づいた介入のためのいくつかの提案を与える。チームを設定できなければ，セラピストは，自分の考えをまとめたりコンプリメントを考えたり，提案を考えたりするためにブレイクをとる。セラピストは面接に戻ったら，家族にコンプリメントを行う。

セラピスト | チームは今週あなた方二人にとても感銘を受けたということをお伝えしたいのです。チームは，次のことを伝えてほしいと言っていました。お母さん，あなたは実際に娘さんをとても心配しているように見えると言っていました。母であるのは難しいことです。また，あなたがいかに娘さんを愛していて，娘さんを手助けしたいと思っているかよくわかったとのことです。チームはあなたが今日，仕事にもかかわらず，また病気の子がいるにもかかわらず，面接に来てくれたことに感銘を受けていました。アニタ，チームは，あなたが家族をよりよくしようと頑張っていることへの賛辞を述べたいと言っていました。あなたはすごく賢くて明るいとチームが感じ

ていること，そして素晴らしい「科学者！」であることを伝えてほしいと言っていました。そう，あなたは実際に，家族のなかに違いを生みだす小さなことに気づいているように見えるわ。それは科学者が行うことです。科学者はどんなに小さなことでも変化することを観察します。とにかく，チームはあなた方二人に非常に感銘を受けていました。
娘｜［喜んだように］ありがとうございます！

　実験とホームワークの割り当て｜心理療法の多くのモデルは治療中に始められた変化を固定するためにホームワークを出すが，通常，ホームワークはセラピストによって割り当てられる。SFBT では，セラピストは，クライアントが次のセッションまでに試みることが可能な実験を示して面接を終わることがある。これらの実験は，クライアントがすでにしていること（例外）に基づいたものである。また，ホームワークは，クライアントによって設計されることもある。
　実験とホームワークのどちらとも，クライアントから出るものがセラピストから提案するものよりよいという基本的な信念がある。これはさまざまな理由で正しいと言える。まず，クライアントによって，直接あるいは間接的に示されるものはよくなじんだものである。ホームワークが他のモデルの中で遂行されない主な理由のうちの 1 つは，それが家族に合わないということである。次に，クライアントは，すでにうまくいっていることか，本当にしたいことを大抵自分たち自身に課す。どちらであっても，ホームワークは自分たち自身のゴールや解決により緊密に結び付けられる。第 3 に，クライアントが自分のホームワークを作成する場合，クライアントが外部の介入に抵抗する傾向が少なくなる。

セラピスト｜今日面接を終える前に，2 人にホームワークについて考えてほしいのです。もしあなたがたが，今週あなたがた自身にホームワークを課すなら，それは何でしょうか。
娘｜たぶん，もっと話すこと？
セラピスト｜もっと教えてもらえる？
娘｜ええと，帰宅したとき，もっと母に話しかけるようにします。そして，母はやっていたことをやめて聴きます。
セラピスト｜それはいいわね。なぜかわかる？　それは，あなたがた 2 人が先週行い始めていたことだからよ。あなたはどう思いますか，お母さん。それはよいホームワークだと思いますか？
母親｜はい，いいですね。
セラピスト｜では，アニタは，学校から帰ってきたらあなたにもっと話しかけようとする，あなたは，できれば，行っていることをやめて話を聞いたり話したりしてください。他に何かありますか？　つけ加えたいことは？
母親｜いいえ，それがいいです。していることをやめる必要があると思います。彼女の言うことを聞くことは大事だわ。
セラピスト｜ええと，確かにそれは先週，あなたがた 2 人にとってうまくいったように思えました。OK。それではそれがホームワークです。次回，それがどうなったかわかるでしょう。

　二つのポイントがある。一つは，母親と娘はセラピストによってホームワークが出されるのではなく，自分たちでホームワークを作るように依頼されたこと。もう一つは，

彼女たちが自らに割り当てたものは、過去の解決およびその週に起きた例外から自然に導かれたものであったこと。これは非常に一般的で、SFBTセラピストによって奨励されるものである。しかしながら、クライアントがその問題の解決策および例外に基づかないホームワークを示唆しても、セラピストはおそらくそれを支援するであろう。素晴らしいことは、ホームワークがクライアントから提案されるということである。

クライアントが明瞭なゴールを形成することができないときには、セラピストは、初回面接公式（FFST）を利用して、クライアントが、事態がどうなってほしいかに関して考えることを提案してもよい。

補助的なセラピーとの互換性

SFBTは、他のセラピーの追加として使用することができる。

SFBT独自の第一義的な理念の一つ、「うまくいっていれば続けよ」は他のセラピーがクライアントにとって役立っているのなら続けることを奨励するものである。たとえば、クライアントは以下のことを促される。(a) 処方された薬物治療を受け続けること、(b) セルフヘルプグループにとどまること、(c) 家族療法を始めるか、継続すること。

このように、包括的な治療計画の要素に加えて、あるいはその要素としてSFBTを使用することができるかもしれない。

対象となる母集団

SFBTは、アメリカにおいて思春期・成人の外来患者に臨床的に有用であること（Pichot & Dolan, 2003）、ヨーロッパにおいてより集中的な入院患者治療に臨床的に有用であることがわかっている。このセラピーは臨床的障害の全範囲で使用されており、教育分野と産業分野においても使用されている。

実験および疑似実験研究のメタ分析と系統的な調査によりSFBTが行動上の問題や教育上の問題を持った若者に対して有効な介入であることが、明らかとなっている（Kim, 2008; Kim & Franklin, 2009; Kim et al., 2009）。詳しくは他の章を参照のこと。

特別な母集団のニーズを満たすこと

SFBTが外来患者のセラピーとして役に立つ一方、深刻な精神的な問題、内科的な問題や不安定な生活状況を持つ人は、追加的な医学、心理学、また社会福祉サービスの必要があるだろう。そのような状況においては、SFBTはより包括的な治療計画の一部かもしれない。

セラピストの特性および必要条件

SFBTセラピストは、メンタルヘルスの学科における必要なトレーニングを受け証

明書を持ち，SFBTの特別なトレーニングを受けるべきである。理想的なSFBTセラピストは，(a) カウンセリングでの最低限の修士号（カウンセリング，ソーシャルワーク，結婚および家族療法，心理学，精神医学のような），(b) SFBTにおける正式なトレーニングおよびスーパービジョンを受けることが望ましいであろう。

SFBTにおいて，卓越するように見えるセラピストは以下の特性を持っている。

(a) 温かく親しみがある。(b) 肯定的で支持的。(c) 新しい考えの使用において偏見がなく柔軟。(d) 特にプロブレムトークに埋め込まれていたクライエントの過去の解決を聴く際に，優れた聞き手である。(e) 粘り強い。

セラピストのトレーニング

セラピストはSFBTの公式化されたトレーニングとスーパービジョンを受ける必要がある。トレーニングプログラムの簡単なアウトラインは以下のものを含む。

1. SFBTの歴史と哲学
2. SFBTの基本的な理念
3. SFBTの面接のフォーマットと構造
4. SFBTの「マスター」による映像事例
5. ロールプレイ
6. ビデオのフィードバックを使用した技術の習得
7. ビデオのフィードバックを使用した向上訓練

スーパービジョン

SFBTのセラピストは，可能な時はいつでもライブスーパービジョンを受ける必要がある。最も共通している問題の一つは，セラピストがプロブレムトークに戻ってしまうことである。ライブスーパービジョンの別の利点は，もちろんのことだが特に困難なケースで2番目の「臨床の目」となり，クライエントに役立つことである。ライブスーパービジョンが不可能なとき，それに代わるものとしてはビデオスーパービジョンが望ましい。グループの動きやボディ・ランゲージが，スーパーバイザーとしてセラピストに示したいフィードバックに関連しているからである。

註

1. SFBTのゴールは，（クライエントの人生の）異なる文脈における望む感情，認知，行動，相互作用である。
2. ゴールは感情，認知，行動，そして相互作用と繋がっている。もし，クライエントが「気分の重さを感じないようになりたい」と言ったら，セラピストはゴールの設定を誘発し始める。それは「事態がより良くなった場合にあなたはどうやってそれに気づくで

しょうか」といった質問を通してである。クライエントが「良い気分で，より落ち着いてリラックスした気持ちになったら」と答えたら，セラピストはクライエントの人生でのどの場面ならより落ち着きとリラックスを感じていることに気づくか尋ねる。すると，クライエントは「それは，子どもが学校に行く準備をする時です」と答えるかもしれない。クライエントはこう尋ねられるだろう。「あなたがより落ち着いてリラックスしていることに子どもはどんなことで気づきますか？　そして，子どもたちがその変化に気づいたとき，今までと違うどんな行動をすると思いますか？」

　　このとき会話は，クライエントのパートナーや仕事の同僚などとの関係のような，クライエントの人生の別の領域でどんな違いが生み出されるかに向かって進行する。セラピストはクライエントの認知と感情と行動と相互作用について，クライエントの人生における複数の異なる文脈において，それぞれの文脈における関係者との記述を作ろうと試みるだろう。

　　クライエントが望む／望まない認知，感情，行動，相互作用を，それらが意味をなす文脈において結合するのは SFBT の重要な要素である。

文献

Berg, I. K. (1994). Family-based services: A solution-focused approach. New York: Norton. Berg, I. K., & De Jong, P. (2008). "Over the hump:" Families and couples treatment [DVD]. (Available from the Solution-Focused Brief Therapy Association, http://www.sfbta.orgl SFBT_dvd_store.html).

Berg, I. K., & Dolan, Y. (2001). Tales of solutions: A collection of hope-inspiring stories. New York: Norton.

Berg, I. K., & Miller, S. D. (1992). Working with the problem drinker: A solution-oriented approach. New York: Norton.

Carroll, K. M., & Nuro, K. F. (1997). The use and development of treatment manuals. In K. M. Carroll (Ed.), Improving compliance with alcoholism treatment (PP. 53-72). Bethesda, MD: National Institute on Alcohol Abuse and Alcoholism.

Corey, C. (1985). Theory and practice of group counseling (2nd ed.). Monterey, CA: Brooks/ Cole.

De Jong, P. & Berg, 1. K. (2008). Jnterviewingfor solutions (3rd ed.). Belmont, CA: Thomson Brooks/ Cole.

de Shazer, S. (1985). Keys to solution in brief therapy. New York: Norton.

de Shazer, S. (1992). Patterns of brieffamily therapy. New York: Guilford Press.

de Shazer, S., Berg, I. K., Lipchik, E., Nunnally, E., Molnar, A., Gingerich, W, & Weiner-Davis, M. (1986). Brief therapy: Focused solution development. Family Process, 25(2), 207-221.

de Shazer, S., Dolan, Y M., Korman, H., Trepper, T S., McCollum, E. E., & Berg, I. K. (2007). More than miracles: The state of the art of solution-focused therapy. New York: Routledge Press.

Freedman, J., & Combs, C. (1996). Narrative therapy: The social construction of preferred realities. New York: Norton.

Kim, J. (2008). Examining the effectiveness of solution-focused brief therapy: A meta-analysis. Research on Social Work Practice, 18, 107-116.

Kim, J., & Franklin, C. (2009). Solution-focused brief therapy in schools: A review of the literature. Children and Youth Services Review, 31, 464-470.

Kim, J., Smock, S., Trepper, T. S., McCollum, E. E., & Franklin, C. (2009). Is solution-focused brief therapy evidenced-based? Families in Society, 91, 301-305.

McGee, D. R., Del Vento, A., & Bavelas, J. B. (2005). An interactional model of questions as therapeutic interventions. Journal of Marital and Family Therapy, 31, 371-384.

Miller, W R., & Rollnick, S. (2002). Motivational interviewing: Preparing people for change (2nd ed.). New York: Guilford Press.

Miller, W R., Zweben, A., DiClemente, C. C., & Rychtarik, R. G. (1994). Motivational enhancement therapy manual: A clinical research guide for therapists treating individuals with alcohol abuse and dependence (NIH Publication No. 94-3723). Rockville, MD: National Institute on Alcohol Abuse and Alcoholism.

Pichot, T., & Dolan, Y. (2003). Solution-focused brief therapy: Its effective use in agency settings. New York: Routledge.

第 II 部

SECTION II

SFBT実践の測定

第3章
解決志向の厳密な測定器具開発のパイロット・スタディ

ピーター・リーマン／ジョイ・D・パットン

　近年の論文で，カズディン（Kazdin, 2008）は，「臨床における研究と実践がともに目指すゴールは，われわれのセラピーへの理解を深めることと患者のケアを向上させることである」と述べている（p.151）。25 年前，臨床的な研究や実践が心理療法の発展に大きな役割を果たすことはほとんどなかった。幸い，心理療法が臨床的な問題を軽減させる潜在力を有することは，治療の効果測定の分野における進展や新たな実践モデル開発によって示されてきた。解決志向ブリーフセラピー（SFBT）が，こうした変化をもたらしたものの 1 つに数えられることは，称賛に値することである。SFBT はさまざまな治療場面において有効である。それは，本書の多くの章で述べられている臨床的な調査という分野の発展に加えて，SFBT に対する世界的な関心の深まりや，その SFBT を支援する専門機関の成長などからも見てとれる。さらに SFBT は，「将来有望な」実践モデルとして認識されており（OJJDP, 2009），モデルに関するエビデンスが提出されることで研究者と実践家との間の溝が埋められてゆくことがますます重要になっている。

　本章の目的は，SFBT の実践における遵守性（SFBT モデルにきちんと則っていること）を高めるツールの開発を通じて，第一線で活躍する実践者が自分自身の仕事をきちんと評価しより良いものへと改善すること，そして SFBT の実践と研究との間に存在する隔たりを少しでも縮めることにある。本書に述べられているように，SFBT に実証的な認識の高まりは，研究者とセラピストとを近づけるものでなければならない。国や地方の健康保険基金から介入の正確な評価をこれまで以上に求められるようになっている。また対人サービスの提供者たちもクライエントのニーズにどれだけ応じられるのかについてより高度で明確な説明を求められるようになってきた。こうした状況から，介入において用いられたモデルについて詳しく丁寧に説明する必要性が高まっている。したがって，SFBT の研究や実践に身を置くものは，クライエントと共に行われる自らの仕事が，モデルから導き出される諸仮定の趣旨をきちんと反映したものであるのかどうかに気を配るべきである（Corcoran & Pillai, 2009; de Shazer et al., 2007）。セラピストが SFBT の諸仮説や実践への遵守性を向上させるための方法

の1つは，SFBTの治療マニュアルや治療ガイドラインに従うということだ。本書の2章でも，解決志向ブリーフセラピー協会（SFBTA）によって開発された公式の治療マニュアルを示している。第二の方法としては，遵守性もしくは忠実性の測定方法を開発することである。本章では，こうしたSFBT実践における遵守性を向上させる手法について考える。

本章では，はじめに治療の整合性integrityとしても知られている忠実性fidelityがいかに重要であるかについて紹介する（e.g. Perepletchikova et al., 2009; Waltz et al., 1993）。どちらの用語も文献の中ではほとんど同じ意味で使用されているが，本章では今後「忠実性」という用語を使用する。ここでは近年使用されている測定手法とともに，忠実性という言葉の使用に関する定義とその論理的根拠についても明らかにする。次に，方法と分析のセクションでは，修士レベルの社会福祉系実習において，忠実性の尺度の評価を行ったパイロット研究の結果について述べる。そして最後に，SFBTの実践と調査研究に関する考察のセクションで結論を述べる。

結局われわれが学んできたこととは

忠実性とは？

忠実性とは，「実際の治療場面における発話において，本来のモデルの手順が順守されていること」と定義されている（Orwin, 2000, p310）。忠実性は，管理上または調査研究上の意味合いを持つ。つまり，モデルがどれだけきちんと実施されたのか（Bond et al., 2000），セラピストたちがモデルの示す手順を遵守しているのか判定することである（Perepletchikova et al., 2007）。言い換えれば，資金提供者や出資者などに対し，こうしたサービスがクライアントの要望を満たすことを目的として行われているということを保証するということである（Orwin, 2000）。SFBTとの関連でいえば，実践者に対する質問の核心は，セッションから生まれた結果は正当なものであるかということである。つまり，実践者や研究者がSFBTが実施されたこととその結果との関係を推測できるのか，そしてSFBTの適用やその介入がもともと考案されたやり方で遂行されているかということである。実際の場面におけるSFBTの精度や実用性への期待が高まるにつれて，忠実性は重要な役割を果たすようになるだろう。

忠実性とは，ふつう直接的な意味合いと間接的な意味合いの双方から評価される（Perepletchikova et al., 2007）。直接的な意味合いというのは，たとえばワンウェイミラーを通してセッションを観察する，コ・セラピストがセッションに参加する，ビデオテープに録画するなどの方法を指し，後に専門家に評価してもらうものである。間接的な方法というのは，セラピストの自己報告やクライアントによる面接体験のインタビュー，記録の作成やデータの収集などを通じて忠実性を評価するというものである。他にも，間接的な方法には，メールでの調査，ケース記録の見直し，スーパーバイザーによる経過報告，活動日誌，もしくはケース終了時のインタビューなどがある

(Mowbray et al., 2003)。

　SFBTにとって忠実性が重要であるということは真新しい考えであるが，こうした概念は精神保健分野の研究や実践においても，比較的最近のものである。モウブレイら（Mowbray et al., 2003）は，忠実性の歴史や展開をまとめた論文の中で，忠実性の原点を，さまざまな理論が形作られる初期の段階まで遡って検討している。それによると，当時，さまざまな理論の内部から起きた革新的なアイディアの数々は，おおもとのモデルを念頭におき，モデルに取り込まれるように導入されるべきであると考えられていたという。こうした前・忠実性とも呼ぶべき考え方は，あるプログラムの有効性や整合性が薄まることを防ぐばかりでなく，本来のモデルを維持すべく機能していたのである。

　実践領域の結果を評価するのに忠実性という概念が有用であるということは，ほとんど注目されてこなかったように思える。マグルーら（McGrew et al., 1994）やテグら（Teague et al., 1998）では，忠実性の測定尺度の作成段階が記されているが，今日に至るまで，こうした領域で尺度を使うという考えを提示している研究はほとんどない。たとえば，モウブレイら（Mowbray et al., 2003）は文献研究を行い，忠実性の尺度を作成している研究，妥当性の検討をしている研究，あるいは当該尺度を使用している研究についてレビューしている。1995年から2003年のものでは，標準的な手続きを用いて行っている研究は21本のみであった。さらに，忠実性に注意を向けるような提言が多くされているものの（Gresham et al., 2000; Perepletchikova & Kazdin, 2005; Waltz et al., 2003 など），有効なガイドラインが存在しないように見える。より最近のものとして，ペレプレチコワら（Perepletchikova et al., 2007）では，無作為抽出，局所管理の原則に則った研究によって忠実性の概念の存在が確立されている。モウブレイらは，独自の基準を満たす研究は147本あるとしたが，後に慎重な分析を行った結果，十分に忠実性もしくは統合性に取り組んでいたものは3.5%のみであったと結論づけている。後の研究で，ペレプレチコワら（Perepletchikova et al., 2009）は忠実性の測定の障害となっているものを提示している。それは，忠実性に関する一般的な知識の欠如や，忠実性を実行するためのガイドラインがないこと，時間，費用，労働力需要，書籍の刊行の要望がないことなどである。このような状況にもかかわらず，忠実性をSFBTと積極的に関連づけて考える人々は，クライアントのより良い治療に対して実践上，倫理上の価値があると考えているようである。

なぜSFBTという枠の中で忠実性を測定するのか？

　なぜSFBTにとって忠実性が重要であるかということについては，多くの理由がある。仮にSFBTが熟練の実践者や新人の訓練生によって意図的に再現されてきた実践モデルであるとするならば，第一の理由はその尺度について検討を行うことが中心となる。SFBTの領域では，近年では忠実性に似たような尺度は存在するものの

(Chevalier, 1995; DeJong & Berg, 1997; Fiske & Zalter-Minton, 2003; Warner, 2000 など)，心理測定学的な精査が行われているものは1つも見当たらない。忠実性の手段について検査を行うことで，臨床場面におけるより良い成果は，SFBTのモデルそれ自体やその意図的な実行の結果であるのか，あるいは悪い成果はSFBTモデルの間違った方法での実行の結果であるのかということについて究明することができるだろう。

　SFBTという枠の中で忠実性を考える第二の理由は，成果の予測という側面におけるこのモデルの特異性，そして具体性を強調できるようにということにある（Pelepretchikova et al., 2007）。介入について正確に把握しておくことは，訓練の中で何が行われているのか，使用されるアプローチ方法によってクライアントはどのように利益を受けるのかということを知る助けになるだろう。グレシャムら（Gresham et al., 2000）は，セラピーの複雑さは治療の統合性や忠実性のレベルに反比例しているとしている。よって評価者は，介入を具体的で正確な方法で定義し，測定することが可能でなければならない。

　近年の臨床における評価方法の王道は，無作為化臨床実験（RCT）である。RCTでは，クライアントは無作為にSFBTに割り当てられ，標準的な治療を受けた群，あるいは治療を受けなかった群と比較検討される。多くの臨床場面において，RCTは実用的でなく，費用もかかり，考えようによっては非倫理的であるかもしれない。したがって，RCTにおいて，「調査の質とデザイン」というものはほとんど期待されていないように見える（Mowbray et al., 2003, p.316）。この点は第三の理由を示唆している。つまり忠実性は，RCT以上にSFBTの有用性のエビデンスを提供する一助となるということである。キム（Kim, 2008）は，SFBTの評価研究の多くは，臨床的に統制された調査場面ではなく，実際場面におけるものであると指摘する。そのため，SFBTの成果を評価するためにRCTを用いるということは不可能だろう。引き続き有用性のエビデンスを提供するためには，およそ理想的とはいえない評価方法ではあるが，実践者たちは忠実性の尺度を，介入が成果にどれほど影響を及ぼすのかを示すため，また，自分たちがどの程度介入を順守しているかを評価するために使用するべきである。

　最終的に，忠実性のツールを用いるということは，特定の介入の効果を詳しく説明するための定着したやり方と考えるべきではない。たとえば，バーバーら（Barber et al., 2006）では，「『治療の手順』を遵守しすぎることも，おろそかにしすぎることもあまり良くない結果に繋がる。ほどほどに手順を順守することが最も良い結果につながる」と指摘されている（p.237）。それゆえに，忠実性が重要である第四の理由は，実践者や研究者が，SFBTという枠における忠実性はモデルの精密な再現を必要とするのか，あるいはSFBTのセラピーには「文化的な文脈に合うように複数の選択肢の中から選択する（精密なものを使用するのか，修正を加えるのか）こと」によ

る順応過程も含まれるのか，ということを究明するために必要であるということである（Mowbray et al., 2003, p.336）。SFBT は知識，文化的な文脈，それぞれのクライアントの価値観などを含む目的駆動のモデルであるため，確実に柔軟であるべきである。また，SFBT は現在，刑務所や児童福祉機関，病院，刑事司法や大学などの場面や，ビジネスやマネジメントの場面などさまざまな場面で実践されている。結果的に，文脈によってモデルがどのように用いられるのか，またそれがどのように状況に応じて適応していくのかといったことが決まってくるだろう。ということは，SFBT と忠実性に期待されることの1つは，モデルがさまざまな実践場面においてどのように遵守され，どのようにその有用性が評価されうるのかということを測定する，ということになるだろう。心理療法の成果を示すエビデンスが生成されるにつれ，SFBT の臨床家や研究者は，特定の介入がどのようにして，クライアントに対してより良い治療を生み出すのかということについて示すことが求められるだろう。SFBT の実用性に再び焦点を当てるための方法の1つは，忠実性を利用するという方法である。介入のやり方は心理療法の有用性を査定するのに非常に重要であるため，本章においてリサーチクエスチョンの中心となるのは，SFBT に内在する数々の思いこみからできていた尺度は，忠実性の尺度になり得るのか？　ということである。

背景

忠実性の尺度を作成するための最初のステップは，先行文献から支持されている2つの手順が中心となる。まず始めに，現存のモデルのうち，どの工程が成功であるかを先行研究から検討することから尺度は作成される（Bond et al., 2000）。この目的のため，理論的な発展及び臨床における実践に関連する書籍やその章，出版物の記事などが再検討された（Berg & Reuss, 1997; De Jong & Berg, 1997; de Shazer, 1985, 1992; de Shazer et al., 1986, 2006 など）。この手順において絶対に欠かせないのは，SFBT の概念の明確さや一貫性の追求であった。特に，成功であるとされてきた介入，またインタビューの中でモデルに関連すると判明した介入の共通点やその構成について検討された。

もともとの忠実性の尺度は，本章の第一著者リーマンによって2006 年の1月に作成され，リッカート法による質問形式に編集された。質問項目は1（全くそうでない）から7（明らかに・特にそうである）のスケールで測定された。このケースにおいてリッカート法を用いた理由は，はい／いいえのように反応を二分するものというよりも，尺度の各項目に反応の幅を与えるためである。当初の草稿段階では，忠実性の尺度は12 項目から成っていた。

この草稿は，アメリカ国内の解決志向を専門とする実践家たちのみならず，世界中のメーリングリスト会員へ公表された。そうしたメーリングリストのメンバーや実践者，そして質問の内容や言い回し，構成などの要因について助言を与える専門家などが仲間に加わった。助言の内容をふまえて文言を構成し直した結果，尺度は18 項

目となった。忠実性の尺度は全部で9回の改訂が行われ，忠実性を査定するための17項目と，前回までのセッションにおける一貫性について言及した1項目を含む尺度となった。本手順は，忠実性の尺度を作成する手順として推奨されてきたものである（Mowbray et al., 2003）。結果として，表面的および内容的妥当性は，協働的な批評と尺度の改訂によって改善された。

次の段階は，回答者に応じて文言を変更した18の逆転項目から，2つの尺度，つまりセラピスト用の忠実性尺度（FIT）とクライアント用の忠実性尺度（FIC）を作成することである。この研究のために，社会福祉系の大学院レベルの学生11人と，セラピスト1人，アーリントンにあるテキサス大学の地域サービスセンター（CSC）のクライアント66人が適切な手続きをふんだ。縦断研究のデザインを用いて，査定は3回目のセッションと，その後は3回ごとに行われ，信頼性（内的整合性）と構成概念妥当性が測定された。これらの目的は，セラピストとクライアントという二方向から，項目の一貫性，そしてモデルが解決焦点型の介入を順守しているかを評価するということであった。総合すると，11人の社会福祉系の大学院生と1人のセラピストから得られた妥当性のある70のFIT結果が，66人のクライアントから得られた99のFIC結果と比較された。全体のα係数は，全ての時系列をとおして$\alpha = .89$であり，並行して作成されたもう1つの尺度が含む18項目については，標準化された項目のα係数が決定された。また，分析においては，回答の独立性を保証するために初回に収集した結果も使用し，信頼性係数が安定していることを示している（$\alpha = .88$）。

最終的に，忠実性の尺度は13項目となった。忠実性が測定されるのは初回のセッションというよりは6回目のセッションであると考えられたため，5項目がもともとの尺度から削除された。2項目（aとd）は，通常セラピストはクライアントとの6回目のセッションで，こうした介入の手続きに関する項目に必ずしも従う必要がないと判断されたため削除された。さらに，項目bとcは不要であると判断されたため削除され，項目eはCSCの管理上の目的を含んでいたことから忠実性の査定には必要ないと判断された。削除された各項目を以下に記す。

(a) 私はクライアントに対してミラクル・クエスチョンを行った。
(b) 私はクライアントに対して「何か他に」今日のセッションで良かったことはないか尋ねた。
(c) 私はセッションの終わりに，家族に対してその貢献をコンプリメントした。
(d) 私はセッションの終わりに向けて，クライアントに対して課題を提示した。
(e) あなたのクライアントや家族との前回2回のセッションは，今日のセッションと同様のものでしたか？

忠実性の尺度の分析に含まれることとなった残りの13項目は，下記のとおりである（図3.1も参照のこと）。

1. 私はクライアントが今日のセッションに何を望んでいるかについて尋ねた。
2. 私は今日のセッションで「より良かったことは何か」について尋ねた。
3. クライアントが今日のセッションで必要であると訴えたことは，治療の最終的な目標に関連していることであった。
4. 私は今日のセッションの中でクライアントの発言を要約した。
5. 私は今日のセッションの中でクライアントの強みやリソースについてコンプリメント（称賛）した。
6. 私は今日のセッションの中で例外探しの質問を行った。
7. 私は今日のセッションの中で「もっと詳しく説明していただけますか」というような質問を行った。
8. 私は今日のセッションの中で，クライアントの変化の報告に対してその認識を強化するような質問（要約やコンプリメントなど）を行った。
9. 私はクライアントが次への小さな進歩を示す行動を話すのを手助けすることができた。
10. 私は今日のセッションの中で，スケーリング・クエスチョンを行った。
11. 私は今日のセッションの中で生じたクライアントの能力に関してコーピング・クエスチョンを行った。
12. 私はクライアントに，変化というものがクライアントの家族や自分たちの周りの重要な他者にどれほど影響を及ぼすのかを考えさせるような質問を行った。
13. 私はクライアントに対して今日のセッションがどれだけ役に立ったかについてフィードバックを求めた。

調査方法

本研究において使用された忠実性の尺度は，CSCにおけるインターンシップを終了した社会福祉系の大学院生たちから卒業要件の一部として得られた，SFBTの使用に対する情報を蓄積して作られたものである。実習の中で特定の学習過程を終えた後，学生たちは自分たちの興味のある分野での500時間のインターンシップに配属される。このインターン生たちはSFBTにほとんどまたは全くふれたことがないことから，彼らが介入の手順を用いたかどうかを測定する方法として忠実性の尺度が使用された。

データの収集

インターン生たちは，各クライアントについてそれぞれ初回，第3回，第6回，第9回のセッションにおいて，自分たちのSFBTの使用について忠実性の尺度を用いて評価するよう指示された。本研究では，2つの理由から，その中で第6回のセッション時に得られたデータを使用することとした。1つ目の理由は，治療を遵守するということの中心的な要素は，セラピストの技術と熟練の度合いであるということ。与えられた介入方法への遵守を正しく査定するためには，特定の介入手順におけるセラピ

あなたに当てはまる番号に○をつけてください。（セッション＃　　　　）

1	2	3	4	5	6	7
全く当て はまらない	どちらかといえば 当てはまる		当てはまる		明確に，特に当て はまる	

1. 私はクライエントまたは家族が今日のセッションに何を望んでいるかについて尋ねた。
   1　　2　3　4　5　6　　7

2. 私は今日のセッションで「より良かったことは何か」について尋ねた。
   1　　2　3　4　5　6　　7

3. クライエントまたは家族が今日のセッションで必要であると訴えたことは，治療の最終的な目標に関連していることであった。
   1　　2　3　4　5　6　　7

4. 私は今日のセッションの中でクライエントまたは家族の発言を要約した。
   1　　2　3　4　5　6　　7

5. 私は今日のセッションの中でクライエントまたは家族の強さや資源についてコンプリメントした。
   1　　2　3　4　5　6　　7

6. 私は今日のセッションの中で例外探しの質問を行った。
   1　　2　3　4　5　6　　7

7. 私は今日のセッションの中で「もっと詳しく説明していただけますか」というような質問を行った。
   1　　2　3　4　5　6　　7

8. 私は今日のセッションの中で，クライエントの変化の報告に対してその認識を強化するような質問（要約やコンプリメントなど）を行った。
   1　　2　3　4　5　6　　7

9. 私はクライエントまたは家族が次への小さな進歩を示す行動を話すのを手助けすることができた。
   1　　2　3　4　5　6　　7

10. 私は今日のセッションの中で，スケーリング・クエスチョンを行った。
    1　　2　3　4　5　6　　7

11. 私は今日のセッションの中で生じたクライエントの能力に関してコーピングするような質問を行った。
    1　　2　3　4　5　6　　7

12. 私は，クライエントに変化というものがクライエントの家族や自分たちの周りの重要な他者にどれほど影響を及ぼすのかを考えさせるような質問を行った。
    1　　2　3　4　5　6　　7

13. 私はクライエントに対して今日のセッションがどれだけ役に立ったかについてフィードバックを求めた。
    1　　2　3　4　5　6　　7

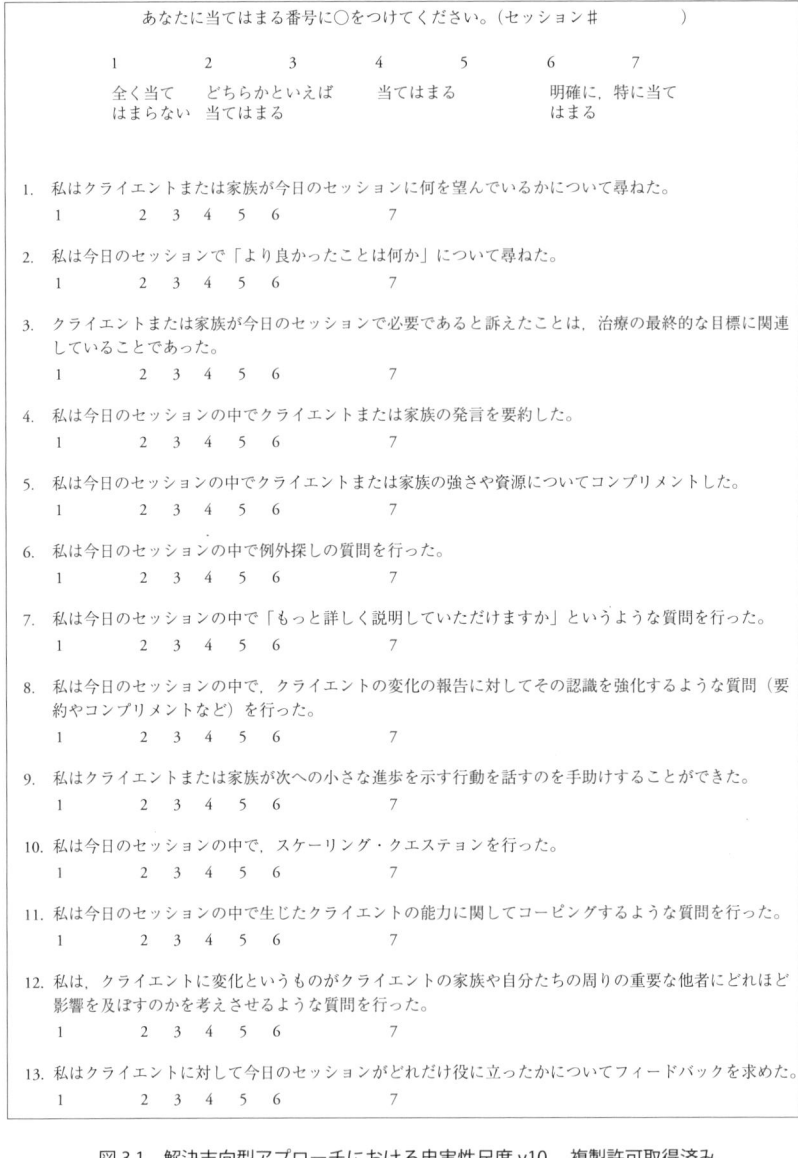

図3.1　解決志向型アプローチにおける忠実性尺度 v10．複製許可取得済み

ストの技術と熟練度を考慮に入れる必要がある。介入が実行されていたこと，それが意図されたものであったことを理論的な裏づけを持って決定するためには，評価される個々人は介入の手順と同じくらい，セラピーのやり方についても教育されていなけ

ればならない (Nezu & Nezu, 2008)。

　本研究の対象者となるインターン生たちは，都合の良いことにカウンセリングの技術とセラピーのやり方について9時間の卒業課題を終了し学んでいる。CSCに来ていたインターン生たちは，カウンセリングの技術を学んでいる間，SFBTの介入の手順についてほとんど知らなかった。そのため，彼らはクリニックでのインターンに入る前に6時間のSFBTの基礎訓練を受けさせられた。セッションの中でクライアントに会うことに加え，インターン生たちは毎週2時間のスーパービジョンと2時間のSFBTの訓練を継続して受け，第六回のセッションを迎えるころには，介入の手順を測定するに足る十分なSFBTの訓練を受け終えていた。

　第6回のセッション時のデータを使用する2つめの理由は，データ入手の必要性であった。クリニックでのクライアントのセッションにおける平均回数を分析したところ，標準的な回数は6回であった。表向きには6回目までにセッションが終結するということかもしれないし，あるいは，ただ単に6回目以降は来なくなるのかもしれない。以上に述べたように，インターン生たちにSFBTの手順について訓練を受ける機会を与えるため，そして分析するのに十分なデータ数を得るために，第6回のセッションが選択された。

対象者

　共分散構造分析（SEM）を使用するにあたって，推定値の安定性の原則を保障するためには，大量のサンプルを用いて尺度の査定を反復施行することが望ましいと言われている。しかしながら，これを実行するのは通常不可能である（Schrieber et al., 2006）。

　尺度を査定するためのサンプルがたった1つしかなければ，サンプルの大きさから推定値の安定性を検証するというのが通例となるだろう。

　尺度の分析を行う場合，サンプルの大きさを決定するのには矛盾する2つの方法がある。最小のサンプルサイズを適用するか，変数に応じた被験者の比率を適用するかのどちらかである。ほとんどの研究者は，尺度内容によって分散が評価されていることを考慮すれば，最小のサンプルサイズというのは単純化しすぎであり非現実的であると考えるだろう。このことから，研究者たちは，サンプルサイズを決定するにあたって変数に応じた被験者の比率に着目することとなった。ペゾハウザー（Pedhazur, 1997）は変数に応じた被験者の比率は，結果を一般化する際に非常に重要であると考えた。

　推奨される被験者と変数との比率は5：1（Gorsuch, 1983; Hatcher, 1994）から10：1（Nunnally, 1978）であると言われている。研究者の中には30：1の比率であると考える人もいる（Pedhazur, 1997）。専門家によって審査された1,076の研究を調査した最近の研究（Costello & Osborne, 2003）では，因子分析を行っている先行研究の検討から，そのうち40％が変数ごとの被験者の比率を5：1よりも少なく設定しており，

```
                            ┌─────┐
                            │忠実性│
                            └─────┘
```

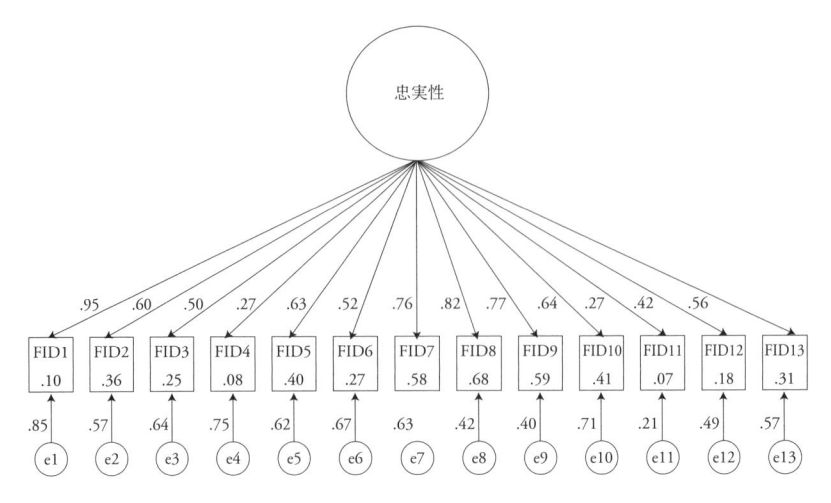

図3.2　忠実性遵守の尺度

（負荷量）.95　.60　.50　.27　.63　.52　.76　.82　.77　.64　.27　.42　.56

FID1	FID2	FID3	FID4	FID5	FID6	FID7	FID8	FID9	FID10	FID11	FID12	FID13
.10	.36	.25	.08	.40	.27	.58	.68	.59	.41	.07	.18	.31

（誤差）.85　.57　.64　.75　.62　.67　.63　.42　.40　.71　.21　.49　.57

e1　e2　e3　e4　e5　e6　e7　e8　e9　e10　e11　e12　e13

60%は5：1から10：1の間に設定しているということが示された。

　本研究におけるサンプルのデータは2007年の8月から2009年の3月までの18カ月間をかけて収集された。インターンの終了段階は異なるものの，いずれのセメスターにおいても，本研究には平均して7人が参加していた。本研究で使用されたサンプルは，約23人のインターン生の，116人のクライアントとの第6回目のセッション時に記録された忠実性の尺度であった。除外されたデータはない。被験者と変数の比率は9：1で，公表されている先行研究における比率の平均域に収まっている。

調査の結果

忠実性の尺度の計測

　この予備研究では，確認的因子分析（CFA）を行うため，共分散構造分析のソフトウェアであるAMOSバージョン16.0が使用された。共分散構造分析では，CFAは尺度における各項目が意図された構成概念を測定しているかを確かめるために使用される。換言すれば，本分析において，CFAは，尺度の13項目がきちんと意図された忠実性（SFBTの遵守のことである。図3.2を参照のこと）の構成概念を測定しているのかということを評価するために使用された。そのため，測定モデルの目的は，複数の指標（あるいはSFBTの基準）が，忠実性という潜在的な変数を測定するための1つの道具としてどれだけ協働しているかを理解するということにある（Hoyle, 1995）。

　データは正規分布であったため，最尤法が採択された（表3.1を参照のこと）。データは，13項目，リッカート法でSFBTの遵守を測定する尺度から得られたもので

表 3.1　忠実性尺度における項目間の相関

	FID_1	FID_2	FID_3	FID_4	FID_5	FID_6	FID_7	FID_8	FID_9	FID_{10}	FID_{11}	FID_{12}	FID_{13}
FID1	1												
FID2	.28**	1											
FID3	.19*	.38**	1										
FID4	.31**	.36**	.36**	1									
FID5	.12	.28**	.30**	.45**	1								
FID6	.19*	.43**	.39**	.51**	.37**	1							
FID7	.27**	.48**	.38**	.52**	.37**	.69**	1						
FID8	.15	.46**	.32**	.43**	.48**	.55**	.65**	1					
FID9	.12	.06	.30**	.22**	.22**	.19*	.16	.17	1				
FID10	.27*	.26**	.18	.24**	.13	.30**	.37**	.25**	.24*	1			
FID11	.14	.27**	.31**	.36**	.29**	.50**	.41**	.43**	.23*	.28**	1		
FID12	.16	.17	.28**	.39**	.24**	.36**	.33**	.16	.13	.15	.19**	1	
FID13	.15	.21**	.27**	.30**	.32**	.38**	.35**	.32**	.20**	.32**	.23**	.39**	1

* 相関係数 $p < .05$；** 相関係数 $p < .01$；$M = 76$；$SD = 10$；FD1-FID13（図 3-1 を参照）

表 3.2　忠実性尺度における各項目の平均値，標準偏差，歪度，尖度

項目番号	平均値	標準偏差	歪度	尖度
1	6.08	1.11	−0.93	−0.12
2	6.31	0.95	−1.60	3.15
3	5.99	1.12	−1.18	1.31
4	6.03	1.03	−0.84	0.59
5	6.21	0.96	−0.85	−0.48
6	5.93	1.22	−1.50	2.80
7	5.85	1.15	−1.17	2.01
8	6.02	1.00	−1.33	4.12
9	5.86	1.15	−1.05	0.90
10	5.49	2.10	−1.12	−0.22
11	5.56	1.52	−1.21	1.26
12	5.65	1.48	−1.40	1.76
13	5.33	1.85	−1.10	0.30

ある。いずれの項目も1（まったくそう思わない）から7（明確に，特にそう思う）の7件法で評価された。因子負荷行列は1つの要因のみへの負荷を反映するよう設定され，モデルの測定部分を確認するため1因子構造であると予測された。本分析では，13項目のいずれも項目間の相関分析を行うことができず，また残差についても因子間の相関の分析を行えないという結果であった。この分析は，忠実性を測定する各項目の独立性を維持するために行われた。

相関

分析に用いられている項目の信頼性に関して検討するため，忠実性尺度13項目における項目間の相関分析が行われた。13項目のほとんどが互いに相関を示すことが期待された。各項目間における相関の値は表3.1に，平均値と標準偏差は表3.2に示したとおりである。

信頼性の算出

忠実性はSEMモデルにおいて，複数の指標（13項目）によって測定される潜在変数であると概念化された。指標の信頼性は，忠実性尺度の項目が確実にSFBTに対する忠実性を測定するものであることを証明するために重要である。信頼性の算出

表3.3 全体的適合の指標

適合指標	適合値
χ^2検定	75.86
RMSEA	.03
GFI	.97
AGFI	.91
CFI	.97

は，忠実性の尺度の精神測定学的特性を究明するために行われた。今回の場合，尺度の内的整合性の中に影響力が存在することが示された。ナナリー (Nunnally, 1978) は，内的整合性から信頼性があると判断するためには.70よりも大きい値でなければならないと主張している。本尺度においても，クロンバックのα係数による内的整合性の信頼性は，.70というカットオフ・レベルを超えていた。クロンバックのα係数は.83であったため，13項目の尺度はSFBTの前提を十分に測定することができるということが示唆された。

得点の分布

忠実性尺度の13項目について，得点の分布を確かめるために歪度と尖度の値が算出された。クライン (Kline, 1998) は，歪度が3.0以下，尖度が10.0以下というのが，正当な結果を読み取るための論理上のカットオフ・レベルであるとしている。表3.2に示したように，測定された13項目について，歪度または尖度に関しては全て基準を満たしていることが明らかであった。加えて，多変量の正規性や線形性も，社会科学のための統計パッケージ (SPSS) のVer.16.0において，箱ヒゲ図，マハラビノスの距離を用いて評価された。その結果，外れ値はないことが明らかにされた。

13項目の忠実性尺度の原型は図3.2に示したとおりである。このモデルでは，標準化された推定値が示されている。重相関係数 (SMC) の値についても，項目の下にイタリックで記されている。重相関係数の値から，忠実性尺度における項目11は忠実性に対する分散の説明率が最も少なく (7%)，項目8は分散の最も多くの部分を説明している (68%) ということが示唆される。分析の結果，モデルの適合性が良い値を示していたことと，残差検定においても問題が見られなかったことから，事後のモデル修正は行われなかった。

SEMでは，分析の結果が信頼できるものかを確かめる方法はχ^2検定のみである。χ^2値はサンプルの大きさによって不安定であるため，他の適合性の指標を組み合わせて使用することが推奨されている。モデルの適合性の検定に関しては他にもいろいろな指標がある。よく使用されるものとしては，適合度指標 (Goodness of Fit Index: GFI) や修正適合度指標 (Adjusted Goodness of Fit Index: AGFI)，比較適合指標 (Comparative Fit Index: CFI)，平均二乗誤差平方根 (Root Mean Square Error of Approximation: RMSEA) などがある。項目の信頼性についてはχ^2検定の結果は意味がない。忠実性の指標については，χ^2 (65, N=116) =75.86 (p=.17) であった。GFI，AGFI，CFIの忠実性指標は全て.90以上，RMSEAの値は0.5以下であることが求められる。

本分析において，χ^2検定の結果は有意なものではなかった (p>.05)。適合度の

指標については，推奨されていた .90 以上を満たし，RMSEA の値も .05 以下を満たしていた。以上に述べたように，相関，信頼性検定，全体的適合度の指標（表 3.3 を参照）の値から，13 項目の忠実性尺度は，SFBT の手順の遵守を測定するためのモデルとして適当であるということが示唆された。

考察と SFBT への適用と調査

このパイロット研究の目標は，SFBT の前提に関する基準は忠実性の尺度となり得るのかを確かめるということであった。SFBT への忠実性の基準は，評定尺度の一部として改良され，そして最終的に残った 13 項目がどれだけ協働して SFBT の遵守を測定できるのかを確かめるために使用されてきた。本研究の結果は以下のようにまとめられる。(a) SFBT における忠実性の尺度を作成することは可能であった。(b) 同基準は，SFBT を評価する潜在能力を持つツールとして運用・測定が可能であった。

本研究における発見から，忠実性を用いることは SFBT の調査において介入の効果を検証するための最初の重要なステップであると言うことができるだろう。つまり，本研究における発見は，SFBT における介入や，目的とする結果を出すための一助となり得る。次のステップは，収束的妥当性を確認するということになるだろう。本研究で得られた正の相関を示す結果について，収束的妥当性を検定するために，多様な状況下で再現されるのかという検証が行われるだろう。(たとえば，サンプルを 3 群に分けて忠実性を測定することで，忠実性の尺度が理論的に構造が安定しており適合度も良いということが示せるだろう (Mowbray et al., 2003))。

SFBT における忠実性の強度を検定するためには，弁別的妥当性に関しても注意が必要である。SFBT に関する尺度は，認知行動療法（CBT）のような他の実践モデルに関する尺度とは高い相関を示さないだろうという考え方があるからだ。たとえば，SFBT を使用するセラピストと，CBT を使用するセラピスト，2 人のセラピストがいるとする。これらの実践モデルは，理論的には異なる介入の概念に基づいている。認知行動療法では，クライエントに感情や志向を捉える新たな方法を提供し，SFBT では，問題に対する解決努力や例外を探していく中で，自分たちの目標を決定する方法をクライエントに提供する。それゆえに，忠実性の尺度は SFBT を測るものであり，CBT を測るものではないということを示すことは重要なのである。言い換えれば，SFBT に対する忠実性の尺度において弁別的妥当性を確立するということは，SFBT の概念構造が，CBT のような他の実践モデルの概念構造と大きく重なることはないということを示すということである。つまり，忠実性の尺度が SFBT の使用についてのみ測定することができるということである。

本研究で作成された SFBT の忠実性尺度の信頼性は，多様な状況下で調査することで高められるだろう。SFBT の成果に関する研究のほとんどは，RCT が一般的に使用されているような学問的な場面というよりは，日常的な場面において行われてい

る。忠実性の研究方法を活用することで，仮想の条件下（準実験計画法など）を少なくするよう調整することができるだろう。たとえば，日常的な状況で忠実性を測定することでモデルを遵守することができれば，SFBTの汎用性を証明することとなるだろう。この場合，効果の大きさあるいは2つの変数（SFBTとその成果）の関連が強化されるということは充分に可能なことである。さらに，現実的な場面において忠実性を測定することは，遵守というものが現実においても起こりうるものであり，異なる文脈や集団，関心領域にも合うよう適合させることができるものであると証明することに繋がるだろう（Hohmann & Shear, 2002）。

　忠実性を使用することで，最高の実践のために必要なものに対する出資者の支持を増やすことができるだろう。忠実性を研究用途に含めることで，それが結果を観察した際により良い品質管理と方法論的な改善を強調するような，特定のもしくは定量化できる手法であること，特に競争の激しい資金調達において費用を縮小できるものであることが示されるだろう。こうした調査の中での忠実性についての記述は，いくつかの検定を終えただけのツールの使用について説明するよりも，はるかに信用できるものとなるだろう（Perepletchikova et al., 2009）。

　このパイロット研究における発見から，以下に述べるような重要な疑問が生じる。忠実性とは，モデルを精密に複製することなのか？　それとも，モデルは文脈に適用することが可能であるのか，そしてその上で有益に働くことが可能なのか？　ということである（Mowbray et al., 2003）。この研究では，治療の中の忠実性を測定した時間設定から，項目の構造の一部としてミラクル・クエスチョンや課題に関する質問を含めていない。しかしながら，このことは，SFBTの成果を測定するどちらの質問も，他の状況において適用できないということではなく，また，どちらの質問も除外したからといってSFBTの遵守が破られるというわけでもない。それどころか，忠実性の基準の遵守は，成果を測定する上での付加的な方法として，さまざまな局面で測定するということもできるのではないか。たとえば，忠実性の尺度を，第2回のセッションではミラクル・クエスチョンが含まれるが，その後のセッションでは除外されるように改訂することは当然容認されるだろう。

　SFBTにおける忠実性を強調することは，第一線の実践者にとっても意味を持つだろう。もっとも重要なことに，忠実性の尺度はだいたいの環境に適用でき，費用もかからず，使い易い。さらに，セラピストとクライアントの間の関係を，少なくとも2つの面から築きあげることができる。まず，リアルタイムで忠実性の遵守を測定すれば，実践者を調査に対して敏感にさせることができる。実践者は，調査の意図に沿って，自分たちの行いに対する影響をじかに観察することができる。2つめに，忠実性の尺度を使用することは，実践者と調査者が技術やその手順に関してより緊密に協働する一つの道となる（Kazdin, 2008）。SFBTの効用は，クライアントの求めているものや目標，価値観などによる。そのため，実践者の「臨床的な判断，専門知識，文脈

(Kazdin, 2008, p.156)」がクライアントの求めるものに貢献していて初めて，介入が存在するのである。

　SFBTの忠実性尺度を用いることは，実践者の能力を向上させることにも関連している（Perepletchikova et al., 2009）。本研究における尺度は，介入の手順だけでなく，セラピストの技術も査定することができる。結果的に，尺度は訓練の道具として使われる可能性もある（Fiske, 2008も参照されたい）。たとえば，実践者たちがどうやって難しい状況を乗り切るかや，訓練生における介入の習熟度を査定するためなどに使われるだろう。SFBTの訓練に関する文献は増えてきており（Cunanan & McCollum, 2006; Nelson, 2005; Smock, 2005; Trepper et al., 2008など），それによれば訓練生は，SFBTの使用に向けて，常に実習を観察し，技術研修と学習を併せて行い，そしてセラピスト自身の変化に関して理論的に分析する。忠実性の尺度を使用するということは，タイミングを合わせることや新しい技術の習得に伴う介入のパッケージ化の手順を補足するようなものである。

　忠実性尺度を使用して測定する2つめの領域は，訓練生のスーパービジョンを含むものである。われわれはここで，スーパービジョンと忠実性の尺度は，どちらも専門性の向上や管理上の責任に注意を払うものであるという点で，互換性のあるものであると提案する。まず第一に，この尺度は実用的なものである——つまり，訓練生やスーパーバイザーが，クライアントが何を求めているのかに注意深くいるのと同時に，解決が構築される中で何が働いているのかにも気づくための一助となる。われわれは，こうした目標設定が，スーパーバイザーが訓練生の能力と技術を向上させる機能に匹敵するものであると主張したい。第二に，解決志向セラピーがその有効性の根拠を増していくのに伴って，忠実性の尺度は，ケースの聴講もしくは年次の成績評価などに関連して，訓練生の働きを測定する重要な機能を持つ可能性がある。仮に臨床場面の，もしくは訓練上の成果を，優秀さという基準に照らして示す必要があれば，忠実性の尺度は，少なくとも訓練生の複数時点における能力を示すことができるだろう。

本研究の限界

　本研究から得られた結果は，限界を考慮した上で解釈されるべきである。本研究の参加者は，大学院レベルの実習生であり，彼らの回答は経験を積んだ実践者のものとは異なっていた可能性がある。これらのことから，本研究の結果の一般化には限界があり，2群間における忠実性を扱い，比較するためにさらなる研究を行うことが必要である。

　さらに，質問は，自己評価や社会的望ましさに対する偏見による影響を考慮したものに作り直されるかもしれない。クライアント用の忠実性尺度（FIC）は，自己評価をする上での影響を最小限にするように，現在検討中である。

もう一つの限界は，臨床家による自己報告式の尺度は忠実性を測定するのに使われている一方で，忠実性尺度はただそれ自体では忠実性を証明しえない。シュタインら (Stein et al., 2007) によれば，信頼でき，熟練した介入への忠実性を確実にするためには，2つの主要な構成要素が考えられる——遵守と能力である。本研究におけるSFBTの忠実性の尺度は，「介入を行った人の行動がどの程度治療の手順に従っていたか」を検証するために実習生の回答を使用し，遵守ということにもっとも近くなるようつくられている (Stein et al., 2007, p.4)。今後の研究において求められる取り組みは，能力についてであり，それには「介入を行う人の介入を執り行う熟練した技術に着目すること」も含まれる (p.4)。マルコヴィッツら (Markowitz et al., 2000) は，治療におけるセラピストの遵守と能力の評価としての忠実性を，録画された，または実際のセッションを観察することを通して測定する，究極の検査法を確立した。時間と労力をより使う方法ではあるが，録画やワンウェイミラー越しに単独の評定者を置くという方法は，忠実性の尺度を使用した測定の代替案となり得るだろう。はじめに臨床家，クライアント双方の同意が得られることが必須である。続いて，SFBTの訓練を受けた観察者が，録画されたクライアントとのセッションを観る，もしくは，ワンウェイミラーを通してセッションを観察する。観察者間における評定者間信頼性は，評定開始前に確かめておく必要がある。最終的に，忠実性の尺度を用いて，観察者は録画された，または実際のセッションを観て，臨床家のSFBTの使用について評定する。観察から得られたデータは，尺度の妥当性を測定するのに使用されるかもしれない。

　このパイロット研究の本質は，信頼性と妥当性を向上させるためのさらなる研究の必要性に焦点化される。仮に，忠実性に関して今後の研究で追求されるとなれば，内部妥当性または構成概念妥当性を害するものを統制すると同時に，SFBTの尺度における再検査信頼性や内的整合性のような問題について，抑制と均衡が確立されることが求められるだろう。ホフマンとシアー (Hohmann & Shear, 2002) は，内部妥当性を検討する，つまり，独立変数 (SFBT) から従属変数 (セラピーの成果) に対する影響があるかどうかということを検討する理由として，成果研究における結果が多義的で消極的であるからだということを主張している。SFBTが，多様な場面において詳細な介入を用いてうまく複製されるためには，良い成果が生まれるということがモデルの働きであり，正確に手順を遵守することの効用であるのかということの検証が重要になってくるだろう。

結語

　心理療法におけるエビデンスへの期待が高まるに伴い，解決志向型のセラピストは研究者仲間とより緊密に連携していかねばならない。臨床的な実践と研究の役割に焦点を合わせるために，本章では忠実性という観念について，SFBTとの関連か

ら検証してきた。忠実性の基準は SFBT の文献から収集され，13 項目の尺度に集約された。尺度は社会福祉系の大学院生を対象として検定にかけられた。最初のパイロット研究からは，忠実性の尺度は SFBT への遵守をうまく測定する道具としての潜在能力を持っているということが示唆された。こうした考察は SFBT における研究と実践を発展させる一つの道となり得る（Kazdin, 2008）が，一方で，より厳密で徹底的な研究を続けていくことで忠実性の尺度を改良すべきであるということが，限界についての考察から示唆された。

文献

Barber, J. P., Gallop, R., Crits-Christoph, P., Frank, A., Thase, M. E., Weiss, R. D., & Gibbons, M.B.C. (2006). The role of therapist adherence, therapist competence, and alliance in predicting outcome of individual drug counseling: Results from the National Institute Drug Abuse Collaborative Cocaine Treatment Study. Psychotherapy Research, 16, 229-240.

Berg, I. K., & Reuss, N. (1997). Solutions step by step: A substance abuse treatment manual. New York: Norton.

Bond, G. R., Evans, L., Salyers, M. P., Williams, J., Kim, H-W (2000). Measurement of fidel-ity in psychiatric rehabilitation. Mental Health Services Research, 2, 75-87.

Chevalier, A. J. (1995). On the client's path: A manual to teaching brief solution-focused therapy. Oakland, CA: New Harbinger.

Corcoran, J., & Pillai, V. (2009). A review of the research on solution-focused therapy. British Journal of Social Work, 39, 234-242.

Costello, A. B., & Osborne, J. W (2003). Exploring best pra ctices in factor analysis. Chicago: American Educational Research Association.

Cunanan, E. D., & McCollum, E. E. (2006). What works when learning solution focused brief therapy: A qualitative study of trainee's experiences. Journal of Family Psychotherapy, 17, 49-65.

De Jong, P, & Berg, 1. K. (1997). Interviewing for solutions. New York: Thompson Learning.

de Shazer, S. (1985). Keys to solution in brief therapy. New York: Norton.

de Shazer, S. (1992). Patterns of brieffamily therapy. New York: Guilford

de Shazer, S., Berg, I. K., Lipchik, E., Nunnally, E., Molnar, A., Gingerich, W, & Weiner-Davis, M. (1986). Brief therapy: Focused solution development. Family Process, 25, 207-221.

de Shazer. S., Dolan, Y. M., Korman, H., Trepper, T. S., McCollum, E. F., & Berg, I. K. (2007). More than miracles: The state of the art of solution focused therapy. New York: Haworth.

Fiske, H. (2008). Solution-focused training: The medium and the message. In T. S. Nelson & F. N. Thomas (Eds.), Handbook of solution-focused brief therapy: Clinical applications (pp. 317-341). New York: Haworth.

Fiske, H., & Zalter, B. (2003). The consultation fredback form. Toronto: Unpublished document.

Gorsuch, R. L. (1983). Factor analysis (2nd ed.). Hillsdale, NJ: Erlbaum.

Gresham, F. M., MacMillan, D. L., Beebee-Frankenberger, M. E., & Bocian, K. M. (2000). Treatment integrities in learning disabilities intervention research: Do we really know how treatments are implemented? Learning Disabilities Research & Practice, 15, 198-205.

Hatcher, L. (1994). A step-by-step approach to using structural equation modeling for factor analysis. Cary, NC: SAS Institute.

Hohmann, A. A., & Shear, M. K. (2002). Community-based intervention research: Coping with the "noise" of real life in study design. American Journal of Psychiatry, 159, 201-207.

Hoyle, R. H. (1995). The structural equation modeling approach: Basic concepts and funda-mental issues. In R. H. Hoyle (Ed.), Structural equation modeling: Concepts, issues and applications (pp. 1-15). Thousand Oaks, CA: Sage Publications.

Kazdin, A. E. (2008). Evidence-based treatment and practice. American Psychologist, 63, 146-159.

Kline, P.. B. (1998). Principles and practice of structural equation modeling. New York: Guilford Press.

Markowitz, J. C., Spielman, L. A., Scarvalone, P. A., & Perry, S. W (2000). Psychotherapy adherence of therapists treating HIV-positive patients with depressive symptoms. Journal of Psychotherapy Practice and Research, 9, 75-80.

McGrew, J. H., Bond, C. P.., Dietzen, L., & Salyers, M. (1994). Measuring the fidelity of implementation of a mental health program model. Journal of Consulting and Clinical Psychology, 62, 670-678.

Mowbray, C. I., Halter, M. C., Teague, C. B., &Bybee, D. (2003). Fidelitycriteria: Development, measurement, and validation. American Journal of Evaluation, 24, 315-340.

Nelson, T S. (Ed.). (2005). Education and training in solution-focused brief therapy. Binghampton, NY: Haworth.

Nezu, A. M., & Nezu, C. M. (2008). Ensuring treatment integrity. In A. M. Nezu & C. M. Nezo (Eds.), Evidence based outcome research: A practical guide to conducting random-ized controlled trials for psychosocial interventions (pp. 263-284). New York: Oxford University Press.

Nunnally, J. C. (1978). Psychometric theory (2nd ed.). New York: McGraw-Hill.

Office of Juvenile Justice and Delinquency Prevention (OJJDP). (2009). Solution-focused brief therapy. Washington, DC: U.S. Department of Justice, Office of Justice Programs Retrieved November 27, 2009, from http://www2.dsgonline.com/mpg/mpgprogram detail.aspx?IDz7l2&title=Solution-Focused%20Brief%20Therapy

Orwin, R. C. (2000). Assessing program fidelity in substance abuse health services research. Addiction, 95 (Suppl 3), s309-s327.

Pedhazur, E. J. (1997). Multiple regression in behavioral research: Explanation and prediction. Fort Worth, TX: Harcourt Brace College.

Perepletchikova, F, Hilt, L. M., Chereji, F., & Kazdin, A. E. (2009). Barriers to implement-ing treatment integrity procedures: Survey of treatment outcome researchers. Journal of Consulting and Clinical Psychology, 77, 212-218.

Perepletchikova, F., & Kazdin, A.E. (2005). Treatment integrity and therapeutic change: Issues and research recommendations. Clinical Psychology: Science and Practice, 12, 365-383.

Perepletchikova, F., Treat, T. A., & Kazdin, A. E. (2007). Treatment integrity in psycho-therapy research: Analysis of the studies and examination of the associated factors. Journal of Consulting and Clinical Psychology, 75, 829-841.

Schreiber, J. B., Stage. F. K., King, J., Nora, A., & Barlow, E. A. (2006). Reporting structural equation modeling and confirmatory factor analysis results: A review. Journal of Educational Research, 99, 323-337.

Smock, S. A. (2005). A student's response to SFBT training meetings: The future looks bright. Journal of Family Psychotherapy, 16, 11-13.

Stein, K. F., Sargent, J. I., & Rafaels, N. (2007). Intervention research: Establishing fidelity of the independent variable in clinical trials. Nursing Research, 56, 54-62.

Teague, G. B., Bond, G. R., & Drake, R. E. (1998). Program fidelity and assertive community treatment: Development and use of a measure. American Journal of Orthopsychiatry, 68, 216-232.

Trepper, T. S., McColum, E. E., De Jong, P., Korman, H., Gingerich, W, & Franklin, C. (2008). Solution focused therapy treatment manualfor working with individuals: Research Committee of the Solution Focused Brief Therapy Association. Retrieved April 10, 2009, from http://www.sfbta.org/Research.pdf

Waltz, J., Addis, M. E., Koerner, K., & Jacobson, N. 5. (1993). Testing the integrity of a psy-chotherapy protocol: Assessment of adherence and competence. Journal of Consulting and Clinical Psychology, 61, 620-630.

Warner, R. (2000). Qualitative self-assessment. Toronto: Unpublished document.

第4章
標準化された解決志向評価尺度，および強み評価尺度に関するレビュー

サラ・A・スモック

はじめに

ポジティブ心理学における近年の動向は，心理療法の領域において，強み（Strengths）を評価する尺度の需要が増加しており，クライアントの肯定的な特性を捉える信頼性と妥当性を備えた尺度に対するニーズが高まっている。幸運なことに，この目的に適う尺度は多数存在し，クライアントの強みを知る必要のある臨床家や研究者にとって，これらの尺度は有益である。クライアントのリソースに大きな関心を払うSFBTの哲学的な背景を鑑みれば，人間の肯定的側面を査定する尺度の利用可能性が向上することによって，SFBTモデルの効果に関する実証的な研究が増え，SFBTはエビデンス・ベイスドな実践としてより確固たる地位を得るだろう。

歴史

これまで心理療法の歴史においては，クライアントの有病率を減少させるため，抑うつ，不安といった各精神疾患特有の欠陥，欠点，病理に焦点化する研究が数多く行われてきた。心理療法の領域では，クライアントはセラピストによって治療される存在とされてきたが，こうした前提について近年パラダイムシフトが起こりつつある。

ポジティブ心理学の動向 | セリグマンとチクセントミハイ（Seligman & Csikszentmihalyi, 2000）は，ポジティブ心理学を「価値のある主観的経験，（過去の）幸福感・充実感・満足感，（将来への）希望・楽観，（現在の）高揚感・喜び」に焦点を当てる心理療法としている。ポジティブ心理学は，対象者の強みに焦点を当てたアプローチへと移行することを志向しており，個人独自の肯定的な経験（Diener, 2000; Kahneman, 1999; Massimini & Delle Fave, 2000; Peterson, 2000），肯定的な人格（Baites & Staudinger, 2000; Ryan & Deci, 2000; Vaillant, 2000），肯定的なコミュニティ（Buss, 2000; Larson, 2000; Myers, 2000）等に研究の焦点が当てられてきた。

これまでに行われてきた多くの研究でクライアントの能力や強みに着目することの利点が示されており（Salovey et al., 2000; Taylor et al., 2000），知恵のようなクライ

アントの優れた資質（Baltes & Staudinger, 2000），並外れた知的能力（Lubinski & benbow, 2000），創造性（Simonton, 2000）を発達させることはクライアントの健康を促進させる可能性があるとされる。また近年では，肯定的な情動の役割（Fredrickson, 2004）や，外傷後成長の概念（Bannink, 2008; Joseph & Linley, 2008）もまた検討の対象とされてきている。どのような特性が強みとなり，それをどのように活用していくかについての研究を行うことが21世紀の臨床家や研究者には求められるだろう。

SFBT | SFBTは，ソーシャルワークや夫婦・家族療法の分野で用いられているシステミックモデルである（1章，SFBTの歴史の概観参照）。ソーシャルワークは強みに基づく原理に起源があるとされているが，SFBTは，臨床活動に強みに基づく技法を取り入れた最初の臨床アプローチの一つである（De Jong & Berg, 1995）。SFBTは，クライアントの能力という個人内に閉ざされた概念のみに焦点を当てる実践に対するアンチテーゼとして出現した。ド・シェイザーら（De Shazer et al., 1986）はSFBTの原則を次のように説明している。「クライアントがすでに持っている自らの欲求を満たす手助けとなるものやリソースをうまく活用することで，クライアントは自身の力で自分に満足を得られるようになるのである」と。今日，SFBTは家族療法の中に取り入れられ（たとえば，McCollum & Trepper, 2001），薬物乱用（たとえば，Berg & Miller, 1992），統合失調症（たとえば，Eakes et al., 1997）の治療などに幅広く用いられている。

SFBTはポジティブ心理学の一部ではないが，その原理は心理学における強みに焦点化したアプローチと類似している。たとえば，SFBTの主要な前提は解決の構築である。スモック（Smock et al., 2010）によれば，解決構築の主要素は，クライアントが望む未来を定義すること（De Jong & Berg, 1998），例外に対するクライアントの気づきを拡張すること（De Jong & Berg, 1988; de Shazer, 1991），未来に対するクライアントの希望を拡大すること（Berg & Dolan, 2001）とされている。このように，解決構築はクライアントのリソースを活用することから，強みに焦点化したアプローチと類似しているといえよう。

強みに基づくアセスメント

エプスタインとシャルマ（Epstein & Sharma, 1998）は強みに基づくアセスメントを「（達成感を生み出し，家族・友人・周囲の大人と満足した関係性を構築し，逆境やストレスに対処する能力を高め，個人的・社会的・学力的発達を促進する）個人の情緒的・行動的スキル，能力，特性の測定」と定義している。

強みに基づくアセスメントとは，ポジティブ心理学や他の強みに焦点化したアプローチに含まれる構成概念を測定する尺度である。強みに基づくアセスメントはこれまで，教育（Epstein et al., 2000），育児（Strom & Coolege, 1987），肯定的特性の発達（Snyder, 1995）など多くの領域で用いられ，また治療法の実証的な効果を確認す

る際の測度としても期待されている。

強み評価尺度の概観

本章の目的は，臨床家や研究者が信頼性と妥当性のある尺度を選ぶ際に参考となるリストを提供することである。そこで，まず信頼性と妥当性の概念について説明することとする。

信頼性と妥当性

信頼性はその尺度が心理特性をどれだけ正確に評定できているかを評価する際の重要な指標の1つであり，その評定がどれだけ一貫性があるかについての程度と定義される。もし信頼性が高ければ，同じ心理特性を繰り返し測定してもその結果は似通ったものになるだろう（Bloom et al., 2005; Fischer & Corcoran, 2007; Graham & Lilly, 1984; Sattler, 1988）。その尺度による測定が有益であるためには，その尺度が十分な信頼性を有していることが重要である。信頼性係数の算出方法にはさまざまな方法があるが，内的整合性による方法がもっとも一般的に用いられている。内的整合性アルファ係数（a）は 0.00 〜 1.00 の間の値をとる（例：$a=.85$ など）。この値が高ければ高いほど，信頼性が高いと判断できる。信頼性係数が 0.6 から 0.7 以上であれば，信頼性の高さは許容範囲内であると考えられる（Hudson, 1982; Abell et al., 2009）。

妥当性は信頼性と並び，尺度による評定の正確さに関する重要な指標である。妥当性はその測定が特定の心理的特性の測定法として妥当な程度と定義される。たとえば，自尊感情を測定する一連の手続きが実際に自尊感情を測定している場合のみ，その測定は妥当性があるといえる。信頼性と同様に，妥当性にもいくつかの種類が存在する。内容的妥当性，基準関連妥当性，そして構成概念妥当性などがある。内容的妥当性とは，その尺度における各項目が測定対象としている構成概念を正しく測定しているかに関する妥当性である（Hudson, 1981）。基準関連妥当性は類似する構成概念を測定対象とした既存の尺度との関連性の程度によって評価される妥当性で，このときの外的基準には標準化された尺度が用いられることが一般的である（Anastasi, 1996）。構成概念妥当性とは，測定対象となっている構成概念に関する理論的仮説とその尺度による評定の結果がどの程度一致するかによって評価される妥当性である。全体に通じることとして，妥当性のある尺度とは測定対象としたい構成概念を実際に測定しているということである（信頼性と妥当性に関するより詳細な情報については，臨床アセスメントに関するジョーダンとフランクリンの 2011 年発行の書籍を参照のこと（Jordan & Franklin, 2011））。

レビュー対象

本節では臨床場面や調査研究において用いられた信頼性／妥当性の確認されている強み評価尺度をレビューの対象とする。対象とした強み評価尺度について，尺

表 4.1　個人を対象にした強みを評価する尺度の特徴と属性

尺度名	信頼性	妥当性	臨床場面での利用可能性	調査研究での利用可能性
ハース希望尺度	高	高	利用可能	利用可能
興味および探求心尺度（CEI）	高	高	不明	利用可能
インスピレーション尺度（IS）	高	高	不明	利用可能
人生の意味づけ尺度（MLQ）	高	高	不明	利用可能
状態希望尺度	高	高	不明	利用可能
主観的幸福尺度（SHS）	高	高	不明	利用可能
自己効力感尺度	高	高	不明	利用可能
成果の直接評価尺度（IORS）	高	不明	利用可能	不明
感謝尺度（GQ-6）[1]	高	高	不明	利用可能
マインドフルネス測定尺度（MASS）[2]	高	高	不明	利用可能
自己成長主導尺度（PGIS）[3]	高	高	不明	利用可能
対人関係動機尺度（TRIM）[4]	高	高	不明	利用可能
状況別自信質問尺度[5]	高	高	不明	利用可能
特性希望尺度（DHS）[6]	高	高	不明	利用可能
ノボトニー希望尺度[7]	高	不明	利用可能	不確定
改訂版楽観性尺度（LOT-R）[8]	高	不明	不明	不確定
包括的自尊感情尺度[9]	高	不明	不明	不確定
社会的望ましさ尺度[10]	高	不明	不明	不確定

[1] McCullough et al.(2002)／[2] Brown and Ryan (2003)／[3] Robitscheck (1998)／[4] McCullough et al.(1998)／[5] Annis and Graham (1988)／[6] Snyder (1995)／[7] Nowotny (1991)／[8] Scheier and Carver (1992)／[9] Robins et al.(2001)／[10] Stober (2001)

度の開発者・測定対象となっている概念の定義・具体的な項目内容・信頼性と妥当性・臨床場面と調査研究への応用可能性などの観点からレビューしている。

個人特性と属性に関する尺度

以下は，個人のさまざまな強みと肯定的特性を測定する尺度である。

ハース希望尺度（Herth Hope Scale/Index: HHS/HHI）｜ハース希望尺度は，ハース（Herth, 1991）により，大人になることへの希望を測定することを目的に作成された 30 項目 4 件法の尺度である。この尺度は，ホープモデル（Dufault & Martocchio, 1985）を参照している。信頼性は .75 から .94 の範囲をとり，再検査法では .89 から .91 である。また，ベック絶望感尺度と有意な負の相関が示され，収束的妥当性が確認されている。因子分析の結果，「実存性と見通し」，「前向きな構えと期待」，「自他の一体感」の 3 要素が抽出された。信頼性および妥当性が確認され，ハース希望尺度は臨床場面および調査研究に十分利用可能である。

興味および探求心尺度（Curiosty and Exploration Inventory: CEI）｜興味および探求心尺度は，興味をひく斬新な経験や情報に対する「探求心」および「吸収力」を測定する 7 項目 7 件法の尺度である（Kashdan, Rose & Fincham, 2004）。「探求心」とは，斬新で興味を引く情報や経験を努力して探索する傾向であり，「吸収力」とは活動に深く従事する傾向を指す。この尺度の信頼性は .63 から .80 の範囲をとり，「報酬感受性」，「経験への開放性」，「内発的動機付け」，「主観的意欲」と中程度の関連が見られた。また，肯定的情緒および報酬感受性に関する構成概念妥当性が確認されている。

インスピレーション尺度（Inspiration Scale: IS）｜インスピレーション尺度は，スラッシュとエリオット（Thrash & Elliot, 2003）によって考案された，「動機資源」を測定する4項目の尺度である。この尺度は実施が非常に簡便であり，項目すべてに頻度と程度について尋ねる下位尺度が存在している。この尺度の長所は，心理測定法として望ましい特性を備えている点で，内的一貫性，一貫した二要因構造，継時的安定性，時間および集団における測定一貫性が示されている。また信頼性係数は.90，再検査法では.77 であり，十分な構成概念妥当性および実証的有用性が認められている。

人生の意味づけ尺度（Meaning in Life Questionnaire: MLQ）｜人生の意味づけ尺度は，シュテーガーら（Steger et al., 2006）によって考案された，「人生に対する現在の意味づけ」および「人生を意味づける探求心」を測定する尺度である。「人生に対する現在の意味づけ（MLQ-P）」では，個人の人生における達成水準を測定し，「人生を意味づける探求心（MLQ-S）」では，人生の意味を見つけ，深く理解しようとする取り組みや動機づけの水準を測定する。この尺度は10項目7件法で，「完全に当てはまる」から「まったく当てはまらない」の範囲をとる。シュテーガーらは信頼性について，MLQ-P が.81，MLQ-S が.84，また1カ月後に実施した再検査法による信頼性は，MLQ-P が.70，MLQ-S が.73 であったと報告した。また他の2つの意味づけ尺度の得点と比較した結果，十分な収束的妥当性および識別的妥当性を所有していることが確認された。

状態希望尺度（State Hope Scale）｜状態希望尺度は，スナイダー（Snyder et al., 1996）によって考案された，ある時点における「目標と結びついた思考」を測定する尺度である。これは，6項目の自己記入式尺度で，「媒介思考」および「過程思考」の2つの要素を含んでいる。各要素を3項目で測定し，合計得点が高いほど，状態希望傾向が高いと判断される。α 係数は.79 から.95 の範囲をとる。また，他の希望尺度と比較した結果，識別的妥当性が確保された。

主観的幸福感尺度（Subjective Happiness Scale: SHS）｜主観的幸福感尺度は，全般的な主観的幸福感の概念を測定する尺度である（Lyubomirsky & Lepper, 1999）。この尺度は4項目からなり，そのうちの2つは，対象者が絶対評価および友人との相対的評価を一つずつ用いて自身を特徴づける項目で，残り2つは幸福な人と不幸な人それぞれに関する短い記述を提示し，その記述がどの程度対象者自身に当てはまるのかについて尋ねる項目である。信頼性係数は.79 から.94 で，十分な内的一貫性があると判断された。また，構成概念妥当性が検討され，主観的幸福感の概念が測定できることが示された。

自己効力感尺度（Self-Efficacy Scale）｜自己効力感尺度は，イェルザレムとシュバルツァー（Jerusalem & Schwarzer, 1992）によって考案された，知覚された自己効力感を一次元で測定する全10項目の尺度である。この尺度では，日常ストレッサーへの対処力，およびさまざまなストレスライフイベントへの適応力を測定することを目的としている。

表 4.2　家族を対象とした強みを評価する尺度の特徴と属性

尺度名	信頼性	妥当性	臨床場面での利用可能性	調査研究での利用可能性
家族機能評価尺度（FAD）	高	高	利用可能	利用可能
家族機能スタイル尺度（FFSS）	高	高	不明	利用可能
親の行動評価尺度	高	高	不明	利用可能
発達資産プロフィール（DAP）	高	高	不明	利用可能
親子間コミュニケーション尺度 [1]	高	不明	利用可能	不確定
家族アセスメント尺度（FAM-Ⅲ）[2]	高	不明	利用可能	不確定
家族リソース測定尺度（FRS）[3]	不明	高	不明	不確定
家族サポート源尺度（FSS）[4]	高	不明	不明	不確定
家族のエンパワーメント測定尺度（FES）[5]	高	不明	不明	不確定

[1] Barnes and Olsen (1985) ／ [2] Skinner et al. (1983) ／ [3] Dunst and Leet (1987) ／ [4] Dunst et al. (1988) ／ [5] Koren et al. (1992)

α 係数は .76 から .90 と十分な信頼性を有している。また，「好ましい情動」，「属性的楽観主義」および「仕事満足度」との相関研究により，基準関連妥当性が示されている。

家族を対象とする尺度

次に，肯定的な家族特性に関する尺度の体系について述べる。数多くの尺度が存在するが，ここでは，強みに焦点を当てた尺度を紹介する。

家族機能評価尺度（Family Assessment Devise: FAD）｜家族アセスメント尺度として知られている FAD は，エプスタイン，ボールドウィン，ビショップ（Epstein, Baldwin & Bishop, 1983）によって考案された 53 項目の尺度である。FAD では，家族における「行動統制」，「情緒的反応」，「問題解決」，「意思疎通」，「役割」，「情緒的関与」を測定することができ，これまで臨床場面を含む多くの場面で用いられ，その信頼性と妥当性は確保されている。α 係数は .72 から .90 と報告されており（Epstein, Baldwin & Bishop, 1983），その後，多くの研究でも同様の結果が得られている（たとえば，Kabacoff et al., 1990）。FAD は家族機能の強みを測定する尺度として，数多くの研究で使用されている。

家族機能スタイル尺度（Family Functioning Style Scale: FFSS）｜FFSS は家族における強みを測定する 26 項目 5 件法の尺度である（Trivette & Dunst, 1990）。FFSS は，「相互交流パターン」，「家族価値観」，「対処方略」，「家族への関与」，「リソースの活用」の 5 つの下位尺度から構成される。折半法による α 係数は .92 で，また数種類の妥当性も確認されている。家族ハーディネス尺度（Family Hardiness Index）と比較した結果，基準関連妥当性を有していることが示された（r=.62）。加えて，心理学的ウェルビーイング尺度（Psychological Well-Being Index: PWI）と家族のリソース・マネジメント測定尺度（Family Inventory of Resources and Management: FIRM）を用いた比較から，構成概念妥当性に含まれる予測的妥当性を有していることも確認されている。

親の行動評価尺度（Parent Perception Inventory）｜親の行動評価尺度は，ハザード，クリステンセン，マーゴリン（Hazzard, Christensen & Margolin, 1983）によって考案され

表4.3 子どもと青年を対象とした強みを評価する尺度の特徴と属性

尺度名	信頼性	妥当性	臨床場面での利用可能性	調査研究での利用可能性
行動−情緒特性評価尺度（BERS）	高	高	不明	利用可能
発達資産プロフィール（DAP）	高	高	不明	利用可能
社会的スキル評価尺度（SSRS）[1]	高	中	不明	不確定
子ども用行動査定システム（BASC）[2]	高	中	不明	不確定
多面的学生生活満足度調査[3]	高	中	不明	利用可能
学校における社会的行動評価尺度-2（SSBS-2）[4]	高	中	不明	利用可能
カリフォルニア州健康キッズ調査によるレジリエンス青少年発達モジュール（RYDM）[5]	高	中	不明	利用可能

[1] Greshman and Elliott (1990) ／ [2] Reynolds and Kamphaus (1992) ／ [3] Huebner and Gilman (2003) ／ [4] Merrell (2002) ／ [5] Constantine et al. (1999)

た，子どもを対象とする18項目4件法の尺度である。この尺度では，子どもを親から離して面接を行い，親の肯定的および否定的行動について尋ねる。信頼性係数は.78から.88で，識別的，および収束的妥当性も確認されている。

発達資産プロフィール（Developmental assets profile: DAP）｜DAPは，ベンソン（Benson et al., 2004）によって考案された58項目4件法の自己記入式尺度で「支援」「エンパワーメント」「肯定的な価値観」など8つの資産を測定する。報告されている内的一貫性は.81で，再検査法による信頼性係数は.84から.87であった。DAPと他の尺度を比較した結果，中程度の収束的妥当性が認められた。

児童，青年の強みを測定する尺度

児童や青年の強みを測定する尺度は，さまざまな人物によって測定される。以下に示す尺度は，本人，両親，教師による評定を行う尺度であり，使用に際しては注意を要する。これらの尺度は，教育関係者，ソーシャルワーカー，セラピスト等が子どもの強みに着目する際，役に立つと考えられる。

行動−情緒特性評価尺度（The Behavioral and Emotional Rating Scale: BERS）｜BERSは，バックリーとエプステイン（Buckley & Epstein, 2004）によって考案された，子どもの行動および情緒に関する強みを測定する全52項目の尺度である。BERSは「対人的強み」「家族関与」「個人内の強み」「学校機能」「情緒的強み」の5つの下位尺度により，全般的な強みをどの程度有しているかを捉えることができる。BERSでは，対象となる子どもを7カ月以上知っている成人に回答を求め，各下位尺度得点および尺度全体の標準得点を算出する。尺度全体の内的一貫性は，再検査法によって十分確保され，評価者間信頼性係数は.83から.98の範囲をとる。また基準関連妥当性も検討されている。

発達資産プロフィール（Developmental assets profile: DAP）｜DAPは，サーチ・インスティチュート（Search Institute, 2003）によって開発され，「支援」「エンパワーメント」「規範や期待」「時間の建設的な使用」「学校への参加」「肯定的な価値観」「社会的能

力」「肯定的なアイデンティティ」の8つの発達的要素を測定する尺度である。DAPは58項目4件法で，各カテゴリー間のα係数は平均して.81以上が示されている。また，サーチ・インスーティチュートによる40の発達資産モデルとの比較から，構成概念妥当性も検討されている。

SFBTへの適用に特化した尺度

SFBTの原理をふまえて作成された尺度も存在する。そのうち，信頼性／妥当性の検証が不十分な尺度もいくつか存在するが，SFBTの諸側面を具体的に測定する尺度の総覧を作成することには一定の意義があるだろう。

成果の直接評価尺度 (Immediate Outcome Ratings Scale: IORS) | IORSは，「明確な目標」「楽観性」「コンプライアンス」を測定する10項目5件法の尺度である (Adams, Piercy & Jurich, 1991)。IORSでは，クライアントに現在の問題の深刻度の変化について評価させることを通じて，その人物の「楽観的な見通し」および「明確な目標」を測定する。信頼性については，明確な目標で.86，楽観性で.81の値が示されている。

解決構築尺度 (Solution Building Inventory: SBI) | SBIは，スモック，マッカラム，スティーブンソン (Smock, McCollum & Stevenson, 2010) によって考案された，解決構築の概念を測定する14項目の尺度である。SBIは，因子分析の手続きを通して解決構築に関係する要素を抽出して作成された。項目には，「私は小さな肯定的変化に気づいている」「私はこれまで過去における試練を乗り越えてきた」「私は自分の生活を向上させつつある」などが含まれる。回答者は各記述に「非常にそう思う」から「まったくそう思わない」までの5件法で回答するよう求められる。SBIは高い内的一貫性（α=.89）および十分な内容的，収束的，識別的妥当性を有している。SBIは臨床群を対象に検討され，高い内的一貫性（α=.92），およびセラピーの効果測定尺度 (Outcome Questionnaire 45.2 ; OQ-45) との負の相関，結婚適応尺度 (Dyadic Adjustment Scale Revised: DAS-R) との正の相関が示されている。これらの検討により，SBI得点が高いほど，精神的苦痛が低減することが確認された。

解決同定尺度 (Solution Identification Scale: SIS) | SISは，カップルにおける解決志向的な関係性構築スキルを測定する全30項目の尺度である (Goldman & Baydanan, 1990)。SISは，「まったくない」から「いつもある」までの10件法による評定法を採用しており，合計得点は30～300までの範囲をとり，得点が高いほど親密な関係における関係性構築スキルが高いこと示している。項目には，「怒り以外の気持ちを表現する」や「パートナーの友人関係をサポートする」などが含まれる。リーら (Lee et al., 2003) のDVカップルに対するSFTに関する研究では，.93という高い信頼性係数が報告されている。

トラウマサバイバー用解決志向的回復評価尺度 (Solution-Focused Recovery Scale for Trauma Survivors) | トラウマサバイバー用解決志向的回復評価尺度は，ドラン (Dolan, 1991)

表 4.4　SFBT に特化した尺度

尺度名	信頼性	妥当性	臨床場面での利用可能性	調査研究での利用可能性
解決構築尺度（SBI）	高	高	利用可能	利用可能
解決同定尺度（SIS）	高	不明	利用可能	不明
トラウマサバイバー用解決志向的回復尺度	高	不明	利用可能	不明
成果の直接評価尺度（IORS）	高	不明	利用可能	不明

によって考案された，幼少期に性的虐待を受けた者の肯定的な対処スキルを測定する尺度である。この尺度は 36 項目で，「まったくない (0)」から「非常にある (4)」までのリッカート尺度を採用しており，得点が高いほど，順応的な対処スキルが高いと判断される。対象者は，「虐待について考え・話すことができる」「仕事や学校へ行くことができる」「パートナーの手をにぎることができる」「自分の身を守ることができる」「初対面の人と目を合わせることができる」等の項目について評価する。この尺度における 36 項目では，十分な信頼性が確保されないが，1 項目を調整すれば .69 の信頼性が示されることが報告されている（Kruczek & Vitanza, 1999）。

　SFBT の諸側面を測定する方法はほかにも存在する。これまで，BFTC の開発した尺度（Lee, 1997），シーグラム（Seagram, 1977）の解決志向尺度，セッション間の肯定的変化を測定する尺度（Reuterlov et al., 2000）などが使用されてきた。また本書第 3 章では，忠実性尺度の詳細についても述べている。

強みを評価する尺度を用いた SFBT の効果に関する研究

　数多くの強みを評価する尺度が存在しているものの，SFBT の効果を評価する際，それらの尺度が積極的に用いられてきたとは言い難いのが現状である。これまで，9 つの実験的および準実験的効果研究（未発表も含む）において，強みを評価する尺度が使用されているが（表 4.5），使用されている実験計画は，記述的なものから実験的なものまでさまざまである。

結果

　SFBT に関するレビューやメタ分析はいくつか存在するが，強みを評価する尺度を使用した効果研究はほとんど知られていない。キム（Kim, 2008）は，強みを評価する尺度を使用いている 9 つの SFBT 研究についてメタ分析を行っている。そのうち 5 つは，準実験的または実験的アプローチを使用している（Adams et al., 1991; Leggett, 2004; Seagram, 1997; Triantafillou, 2002; Zimmerman et al., 1996）。5 つうち，1 つの研究のみ，中程度から強い効果量（.70）が示された（Adams et al., 1991; Kim, 2008）。この研究では，構造化された初回面接公式（FFST）を家族に実施した際の効果を実験的に検討している。セッションの効果は，全体的な家族機能および改善程度を測定する成果の直接評価尺度（IORS）を含む 3 つの尺度で評価されている。

表4.5 強みを評価する尺度を用いたSFBTの効果研究

発表者及び発表年	対象	研究で使用された評価尺度
Huang (2001)	カップル	Conflict Tactics Scale Scaling Questions
Seagram (1997)	犯罪少年	Jesness Behavior checklist Carlson Psychological Survey Solution-focused Questions Test of Self-Conscious Affect
Bozeman (1999)	精神病患者	Beck Depression Inventory Nowotny Hope Scale
Leggett (2004)	学生	Coopersmith Self-Esteem Inventory Children's Hope Scale
Seagram (1997)	犯罪少年	Coopersmith Self-Esteem Inventory
Adams et al. (1991)	家族	Immediate Outcome Rating Scale-Goal Clarity Optimism and Compliance
Triantafillou (2002)	子ども	Parent-Adolescent Communication Scale Family Adaptability & Cohesion Scales Ⅱ
Zimmerman et al. (1996)	親	Parent Skills Inventory
Littrell et al. (1995)	学生	Likert Scale Questionnaire assessing changes in students' concerns, goal attainment, intensity of students' feelings

　この研究では，問題焦点型課題よりも，FFSTに取り組んだ家族のほうが家族機能は改善されることが示された。なお，キム（Kim, 2008）によるメタ分析のレビュー，およびその他のSFBTに関するレビューの詳細については，6章参照のこと。
　強みを評価する尺度を用いたSFBT研究は全体的に少なく，また強みを評価する尺度を用いてSFBTの効果を検討しているものは1つだけであった。今後，SFBTの概念を正確に捉える強みを評価する尺度を使用したSFBT研究をさらに行っていく必要があるだろう。

尺度の実用化にあたってのガイドライン

　強みを評価する尺度を用いてSFBTの効果を測定することは臨床家と研究者の双方にとって重要なことである。臨床実践において，臨床的に有用な尺度を用いることは，その精度と効果を向上させる（Hunsley & Mash, 2007, p.45, Franklin & Parrish, 2011より引用）と指摘されていることからも，使用する尺度を選ぶにあたり臨床的有用性を吟味することは重要である。臨床的有用性とは，それが臨床活動においてどれだけ実践的な意義を持っているか，つまり，セラピストの見立てや介入計画の助けとなるかどうかということによって評価される。また，実施や採点が簡便かどうかといったその他の要因も尺度選定の基準となる（Franklin & Parrish, 2011）。たとえば，項目数の多さ，実施に特別な訓練を要するか，サービスの質を向上することができるかどうかといったこれらの要因に加えて，クライアントが置かれた状況において，その尺度を実施することが意味を成すのかについても考慮しなければならないだろう。さらに，特定の尺度が臨床的に有用でエビデンス・ベイスド・アセスメントと呼ぶに

ふさわしいものになるには，測定における妥当性／信頼性が確保でき，文化の違いも考慮できるものでなくてはならない (Franklin & Parrish, 2011)。たとえば，都市部に位置する子どもを対象とする治療施設であれば，そこで用いる尺度は子どもの心理特性を測定するのに特化しており，かつ，そこで対象となる子どもたちの文化的／倫理的／人種的／宗教的背景の違いにかかわらず，正確な測定が可能な項目によって構成されていなければならない。臨床家および研究者は，こうした評価の指針を心に留めた上で尺度の選定を行うべきである。

限界

強みを評価する尺度が使われる機会が多くなってきたとはいえ，効果研究の領域ではクライアントの問題や欠陥に焦点化した尺度が広く使われ続けている。SFBTにおける構成概念を測定する尺度は幾つか散見されるのみであり，さまざまな対象に対して用いることのできるSFBTに特化した尺度の妥当性検証が望まれるところである。また，強みを評価する尺度を用いたSFBTの効果研究もその数は非常に限られており，今後，強みを評価する尺度をSFBTに組み込んだ研究を増やしていく必要があるだろう。

今後の課題

SFBTの中核的構成概念を測定するのには強みを評価する尺度がもっとも適しているが，定評のある問題焦点型尺度をテストバッテリーとして用いることも重要である。そうすることで，これまで強みを評価する尺度に慣れ親しんでこなかった研究者たちとの交流を盛んにすることができるだろう。たとえば，研究のデザインとして状態希望尺度（SHS）のような強みを評価する尺度とベック抑うつ尺度（BDI）を組み合わせて用いることなどが考えられる。このような研究を行えば，希望が高まったときに抑うつが下がるかどうかということを検討できる。

SFBTの原則に則った尺度がいくつか存在するとはいえ，今後さらなる改良が必要である。一般に広い対象に用いることのでき，SFBTに特化した標準化された尺度は，成果の直接評価尺度（IORS）と解決構築尺度（SBI）の2つのみに限られる。解決同定尺度（SIS）やトラウマサバイバー用解決志向的回復評価尺度などの尺度があるものの，これらは特殊な対象者を想定して作成されたものである。したがって，SFBTに関する概念を捉えることのできる標準化された尺度の開発が，より一層進むことが望まれる。

もう一つの重要な問題はエビデンス・ベイスドモデルとして広く認識されるようになってきたSFBT研究の中に，強みを評価する尺度が十分に組み込まれていないということである。キムら (Kim et al., 2010) の報告によれば，アメリカ「少年司法・非行防止事務局 (Office of Juvenile Justice and Delinquency Prevention: OJJDP)」は

SFBTを「期待できる実践」と評価している。これは，SFBTを援用したグループワークをリスク群の中学生に対して実施した，ニューサム（Newsome, 2004）の研究結果に基づいている。今後，SFBTが，実験に裏付けられた妥当性を持つ，エビデンス・ベイスドな実践であるという認識を定着させる取り組みを続けていくためには，その有効性を測定・報告するための強みを評価する尺度が，より一層必要となるだろう。

さらなる学びのために

- Corcoran, J., & Walsh, J. M. (2008). Mental health in social work: A casebook on diagnosis and strengths-based assessment. Boston: Allyn & Bacon.
- Jordan, C., & Franklin, C. (2011). Clinical assessment for social workers: Quantitative and qualitative methods (3rd ed.). Chicago: Lyceum Books.
- Roberts, A. R., & Yeager, K. R. (2004). Evidence-based practice manual. New York: Oxford University Press.

文献

Abell, N., Springer, D. W, & Kamata, A. (2009). Developing and validating rapid assessment instruments New York: Oxford University Press.

Adams, J. F., Piercy, F. P., & Jurich, J. A. (1991). Effects of solution focused therapy's "formula first session task" on compliance and outcome in family therapy. Journal of Marital and Family Therapy, 17(3), 277-290.

American Psychiatric Association practice guidelines, psychiatric evaluation of adults (2nd ed.). Retrieved March 11, 2008, from http://psychiatryonline.com

Anastasi, A. (1996). Psychological testing (7th ed.). New York: Macmillan.

Annis, H. M., & Graham, J. M. (1988). Situational Confidence Questionnaire (SCQ-39) user's guide. Toronto: Alcoholism and Drug Addiction Research Foundation.

Baltes, P. B., & Staudinger, U. M. (2000). Wisdom: A metaheuristic (pragmatic) to orches-trate mind and virtue toward excellence. American Psychologist, 55, 122-136.

Bannink, F. p. (2008). Posttraumatic succsess: Solution-focused brieftherapy. Brief Treatment and Crisis Intervention, 8, 215-225.

Barnes, H. L., & Olson, D. H. (1985). Parent-adolescent communication and the Circumplex model. Child Development, 56,438-447.

Benson, P. L., Roehlkepartain, E. C., & Sesma, A., (2004). Tapping the power of community: The potential of asset building to strengthen substance abuse prevention efforts. Search Institute Insights ci. Evidence, 2, 1-14.

Berg, I. K., & Dolan, Y. (2001). Tales of solutions: A collection of hope-inspiring stories. New York: W W Norton.

Berg, I. K., & Miller, S. D. (1992). Working with the problem drinker: A solution-focused approach. New York: Norton.

Bloom, M., Fischer, J., & Orme, J. (2005). Evaluating practice: Guidelines for the accountable professional (5th ed.). Boston: Allyn & Bacon.

Bostwick, G., & Kyte, N. (1988). Validity and reliability. In R. M. Grinnell, Jr. (Ed.), Social work research and evaluation (3rd ed., pp. 111-136). Itasca, IL: Peacock.

Bozeman, B. N. (1999). The efficacy of solution-focused therapy techniques on perceptions of hope in clients with depressive symptoms. Unpublished doctoral dissertation, New Orleans Baptist Theological Seminary, New Orleans, LA.

Brown, K. W, & Ryan, R. M. (2003). The benefits of being present: Mindfulness and its role in psychological well-being. Journal of Personality and Social Psychology, 84, 822-848.

Buckley, J. A., & Epstein, M. H. (2004). The Behavioral and Emotional Rating Scale-2 (BERS-2): Providing a comprehensive approach to strength-based assessment. California School Psychologist, 9, 21-27.

Buss, D. M. (2000). The evolution of happiness. American Psychologist, 55, 15-23.

Constantine, N., Benard, B., & Diaz, M. (1999). Measuring protective factors and resilience traits in youth: The Healthy Kids Resilience assessment. Paper presented at the seventh annual meeting of the Society for Prevention Research, New Orleans.

Dejong, P., & Berg, I. K. (1998). Interviewing for solutions. Pacific Grove, CA: Brooks/Cole.

De Jong, P., & Miller, S. D. (1995). How to interview for client strengths. Social Work, 40, 729-735.

de Shazer, S. (1988). Clues: Investigating solutions in brief therapy. New York: WW Norton.

de Shazer, S., Berg, I. K., Lipchik, E., Nunnaly, E., Molnar, A., Gingerich, W, & et al. (1986). Brief therapy: Focused solution development. Family Process, 25, 207-221.

Diener, E. (2000). Subjective well-being: The science of happiness and a proposal for a national index. American Psychologist, 55, 34-43.

Dolan, Y M. (1991). Resolving sexual abuse: Solution-focused therapy and Ericksonian hyp-nosis for adult survivors. New York: Norton.

Dufault, K., & Martocchio, B. C. (1985). Symposium on compassionate care and the dying expe-rience. Hope: Its spheres and dimensions. Nursing Clinics of North America, 20,379-391.

Dunst, C. J., & Leet, H. E. (1987). Measuring the adequacy of resources in households with young children. Child Care Health Development, 13, 111-125.

Dunst, C., Trivette, C., & Deal, A. (1988). Enabling and empowering families: Principles and guidelines for rractice. Cambridge, MA: Brookline Books.

Eakes, G., Walsh, S., Markowski, M., Cain, H., & Swanson, M. (1997). Family-centered brief solution-focused therapy with chronic schizophrenia: A pilot study. Journal of Family Therapy, 19, 145-158.

Epstein, N. B., Baldwin, L. M., & Bishop, D. S. (1983). The McMaster Family Assessment Device. Journal of Marital and Family Therapy, 9, 171-180.

Epstein, M. H., Rudolph, S., & Epstein, A. A. (2000). Using strengths-based assessment in transition planning. Teaching Exceptional Children, 32, 50-54.

Epstein, M. H., & Sharma, J. M. (1998). Behavioral and Emotional Rating Scale: A strength-based approach to assessment. Austin, TX: PRO-ED.

Fischer, J., & Corcoran, K. (2007). Measures for clinical practice: A sourcebook (Vols. land It, 4th ed.). New York: Oxford University Press.

Fredrickson, B. L. (2004). The broaden-and-build theory of positive emotions. Philosophical Transactions: Biological Science (The Royal Society of London), 359, 1367-1377.

Goldman, J., & Baydanan, M. (1990). Solution Identification Scale. Denver, CO: Peaceful Alternatives in the Home.

Graham, J. R., & Lilly, R. S. (1984). Psychological testing. Englewood Cliffs, NJ: Prentice-Hall.

Gresham, F. M., & Elliott, S. N. (1990). Social Skills Rating System manual. Circle Pines, MN: AGS.

Hazzard, A., Christensen, A., & Margolin, G. (1983). Children's perceptions of parental behaviors. Journal of Abnormal Child Psychology, 11, 49-60.

Herth, K. (1991). Development and refinement of an instrument to measure hope. Scholarly Inquiry for Nursing Practice, 5, 39-51.

Hudson, W. W. (1981). Development and use of indexes and scales. In R. M. Grinnell, Jr. (Ed.), Social work research and evaluation (pp. 130-155). Itasca, IL: Peacock.

Hudson, W W (1982). The clinical measurement package: Afield manual. Homewood, IL: Dorsey.

Huebner, E. S., & Gilman, R. (2003). Toward a focus on positive psychology in school psy-chology. School Psychology Quarterly, 18, 99-102.

Huang, M. (2001). A comparison of three approaches to reduce marital problems and symp-toms of depression. Unpublished Dissertation, University of Florida.

Hunsley, J., & Mash, E. J. (2007). Evidence-based assessment. Annual Review of Clinical Psychology, 3, 29-51.

Jerusalem, M., & Schwarzer, R. (1992), Self-efficacy as a resource factor in stress appraisal processes. In R. Schwarzer (Ed.), Self-efficacy: Thought control of action (pp. 195-213). Washington, DC: Hemisphere.

Jordan, C., & Franklin, C. (2003). Clinical assessment for social workers: Quantitative and qualitative methods (2nd ed.). Chicago: Lyceum Books.

Jordan, C. & Franklin, C. (2011). Clinical Assessment for Social Workers: Quantitative and qualitative methods, third edition. Chicago: Lyceum Press.

Joseph, S., & Linley, P. (2008). Trauma, recovery and growth: Positive psychological per-spectives on posttraumatic stress. In S. Joseph & P. Linley (Eds.), Trauma recovery and growth: Positive psychological perspectives on posttraumatic stress (pp. 339-356).Hoboken, NJ: Wiley.

Kahacoff, R. I., Miller, I. W, Bishop, D. S., Epstein, N. B., & Keitner, G. I. (1990). A psycho-metric study of the McMaster Family Assessment Device in psychiatric, medical, and nonclinical samples. Journal of Family Psychology, 4, 431-439.

Kahneman, D. (1999). Objective happiness. In D. Kahneman, E. Diener, & N. Schwartz (Eds.), Well-being: The foundations of hedonic psychology (pp. 3-25). New York: Russell Sage Foundation.

Kashdan, T. B., Rose, P., & Fincham, F. D. (2004). Curiosity and exploration: Facilitating positive subjective experiences and personal growth opportunities. Journal of Personality Assessment, 82, 291-305.

Kim, J. S. (2008). Examining the effectiveness of solution-focused brief therapy: A meta-analysis. Research on Social Work Practice, 18, 107-116.

Kim, J. S., Smock, S. A., Trepper, T. S., McCollum, E. E., & Franklin, C. (2010). Is solution-focused brief therapy evidence-based? Families in Society: The Journal of Contemporary Social Sciences, 91, 300-306.

Koren, P. E., DeChillo, N., & Friesen, B. J. (1992). Measuring empowerment in families whose children have emotional disabilities: A brief questionnaire. Rehabilitation Psychology, 37, 305-321.

Kruczek, 1. (1999). Treatment effects with an adolescent abuse survivor's group. Child Abuse & Neglect, 23, 477-485.

Kruczek, I. & Vitanza, S. (1999). Treatment effects with an adolescent abuse survivor's group. Child Abuse & Neglect, 23, 477-345.

Larson, R. W (2000). Toward a psychology of positive youth development. American Psychologist, 55, 170-183.

Lee, M. Y. (1997). A study of solution-focused brief family therapy: Outcomes and issues. American Journal of Family Therapy, 25, 3-17.

Lee, M. Y., Sebold, J., & Uken, A. (2003). Solution-focused treatment of domestic violence offenders: Accountability for change. New York: Oxford University Press.

Leggett, M. E. S. (2004). The effects of a solution-focused classroom guidance intervention with elementary students. Unpublished Dissertation, Texas A&M University- Corpus Christi.

Littrell, J. M., Malia, J. A., & Vanderwood, M. (1995). Single-session brief counseling ma high school. Journal of Counseling and Development, 73, 451-458.

Lubinski, D., & Benbow, C. P. (2000). States of excellence. American Psychologist, 55, 137-150.

Lyubomirsky, S., & Lepper, H. 5. (1999). A measure of subjective happiness: Preliminary reliability and construct validation. Social Indicators Research, 46, 137-155.

Massimini, F., & Delle Fave, A. (2000). Individual development in a bio-cultural perspec-tive. American Psychologist, 55, 24-33.

McCollum, E. E., & Trepper, T. 5. (2001). Creating family solutions for substance abuse. New York: Haworth Press.

McCullough, M. E., Emmons, R. A., & Tsang, J. (2002). The grateful disposition: A con-ceptual and empirical topography. Journal of Personality and Social Psychology, 82, 112-127.

McCullough, M. E., Rachal, K. C., Sandage, S. J., Worthington, F. L., Brown, S. W, & Hight, T. L. (1998). Interpersonal forgiving in close relationships: II. Theoretical elaboration and measurement. Journal of Personality and Social Psychology, 75, 1586-1603.

Merrell, K. M. (2002). School Social Behavior Scales, second edition: User's guide. Eugene, OR: Assessment-Intervention Resources.

Myers, D. G. (2000). The funds, friends, and faith of happy people. American Psychologist, 55, 56-67.

Newsome, W 5. (2004). Solution-focused brief therapy groupwork with at-risk junior high school students: Enhancing the bottom line. Research on Social Work Practice, 14, 336-343.

Nowotny, M. L. (1991). Every tomorrow, a vision of hope. Journaol of Psychosocial Oncology, 9, 117-125.

Peterson, C. (2000). The future of optimism. American Psychologist, 55, 44-55.

Reuterlov, H., Lofgren, T., Nordstrom, K., Ternstrom, A., & Miller, S. D. (2000). What is better? A preliminary investigation of between-session change. Journal of Systemic Therapies, 19, 111-115.

Reynolds, C. R., & Kamphaus, R. W (1992). Behavior Assessment System for Children (BASC). Circle Pines, MN: American Guidance Services.

Robins, R. W, Hendin, H. M., & Trzesniewski, K. H. (2001). Measuring global self-esteem: Construct validation of a single-item measure and the Rosenberg Self-Esteem Scale. Personality and Social Psychology Bulletin, 27, 151-161.

Robitschek, C. (1998). Personal growth initiative: The construct and its measure. Measurement and Evaluation in Counseling and Development, 30, 183-198.

Rubin, A., & Babbie, E. (2008). Research methods for social work (6th ed.). Belomont, CA: Thomson Brooks/Cole.

Ryan, R. M., & Deci, E. L. (2000). Self-determination theory and the facilitation of intrinsic motivation, social development, and well-being. American Psychologist, 55, 68-78.

Salovey, F, Rothman, A. J., Detweiler, 1. B., & Steward, W T. (2000). Emotional states and physical health. American Psychologist, 55, 110-121.

Sattler, J. M. (1988). Assessment of children (3rd ed.). San Diego, CA: Jerome M. Sattler.

Scheier, M. F., & Carver, C. 5. (1992). Effects of optimism on psychological and physical well-being: Theoretical overview and empirical update. Cognitive Therapy and Research, 16, 201-228.

Seagram, B. M. C. (1997). The efficacy of solution-focused therapy with young offenders. Unpublished doctoral dissertation, York University, Canada.

Search Institute. (2003). 40 developmental assets for adolescents. Retrieved January 9, 2004, from http://www.search-institute.org/assets/forty.html

Seligman, M. E. P., & Csikszentmihalyi, M. (2000), Positive psychology. American Psychologist, 55, 5-14.

Simonton, D. K. (2000). Creativity: Cognitive, personal, developmental, and social aspects. American Psychologist, 55, 151-158.

Skinner, H. A., Steinhauer, P. D., & Santa-Barbara, J. (1983). Family assessment measure. Canadian Journal of Community Mental Health, 2, 91-105.

Smock, S. A. (2007, October). Further development of the Solution Building Inventory. Poster session presented at the annual meeting of the American Association for Marriage and Family Therapy, Long Beach, CA.

Smock, S. A., McCollum, E., & Stevenson, M. (2010). The development of the solution-focused inventory. Journal of Marriage and Family Therapy, 34, 499-510.

Snyder, C. R. (1995). Conceptualizing, measuring, and nurturing hope. Journal of Counseling and Development, 73, 355-360.

Snyder, C. R., Sympson, S. C., Ybasco, F. C., Borders, T. F., Babyak, M. A., & Higgins, R. L. (1996). Development and validation of the State Hope Scale. Journal of Personality and Social Psychology, 2, 321-335.

Steger, M. F, Frazier, P., Oishi, S., & Kaler, M. (2006). The Meaning in Life Questionnaire: Assessing the presence of and search for meaning in life. Journal of Counseling Psychology, 53, 80-93.

Stober, J. (2001). The Social Desirability Scale-17 (SDS-17): Convergent validity, discrimi-nant validity, and relationship with age. European Journal of Psychological Assessment, 17, 222-232.

Strom, R., & Cooledge, N. (1987). Parental strengths and needs inventory research manual. Tempe: Arizona State University.

Taylor. S. E., Kemeny, M. E., Reed, G. M., Bower, J. E., & Gruenewald, T. L. (2000). Psychological resources, positive illusions, and health. American Psychologist, 55, 99-109.

Thrash, I. M., & Elliot, A. J. (2003). Inspiration as a psychological construct. Journal of Personality and Social Psychology, 84, 871-889.

Triantafillou, N. (2002). Solution-focused parent groups: A new approach to thetreatment of youth disruptive behavior. Unpublished Dissertation, University of Toronto.

Trivette, C. M., & Dunst, C. J. (1990). Assessing family strengths and family functioning style. Topics in Early Childhood Special Education, 10, 16-36.

Vaillant, G. E. (2000). Adaptive mental mechanisms: Their role in a positive psychology. American Psychologist, 55, 89-98.

Zimmerman, T. S., Jacobsen, R. B., MacIntyre, M. (1996). Solution-focused parenting groups: An empirical study. Journal of Systemic Therapies, 15(4), 12-25.

第5章
SFBTにおける結果とセッションを組み合わせた評価尺度

J・アーサー・ジラスピー／ジョン・J・マーフィー／ジョニー・S・キム

> 美しい戦略だとしても，あなたはときには結果を見なくてはいけません。
> ——ウィンストン・チャーチル

はじめに

　レビット（Levitt, 1975）は，いくつかの産業においては，消費者重視から生産者重視になったときに大きな損失が生じると指摘した。たとえば，映画会社役員は，人々はテレビにすぐ飽きるだろうからテレビ業界は6カ月以上続かないだろうと予測した（Lee, 2000）。しかし，洞察力に欠けたこの横柄な態度は，ゆくゆくは映画スタジオの勢力を失墜させたのである。セラピストも，「人を支援すること」から「セラピーのビジネス」に変わったときに同様の罠に陥ることがある。われわれの職業は，クライアントの変化の体験（実践に基づく実証）よりも，変化がおきることの意味に焦点を当てる（実証に基づく実践）。また，セラピストはサービスの評価をどう行うかが重要な課題であると知りつつも，何を，どのように，誰が評価するのかについての認識はさまざまである。SFBTでは，クライアントによる評価が最大の根拠となる。スケーリング・クエスチョンは，クライアントの問題やゴールへの到達度の認知を知るために用いられる（0～10のスケールで，0がもっとも悪く10がなりたい状態とすると，今はどのくらいですか？）。クライアントを基準としたスケーリングは，セラピーの効果を評価する上でクライアントの声を含めたフィードバックを容易に得られる（Franklin et al., 1997）。ここで重要なのは，セラピストがそれを自分自身の効果だと誤って評価しているということである（Sapyta et al., 2005）。SFBTが重視する「クライアント主導」（de Shazer et al., 2007）に関し，本章では以下の5つの点を通して述べる。(a) 実証的な，道理にかなった，システマティックに行われているセッションを通しての治療効果と治療同盟に関するクライアントによるフィードバックについて，(b) 2つの実用的な尺度について（アウトカム評価尺度とセッション評価尺度），(c) 両尺度における実験的なエビデンスについて，(d) 起こりうる課題と実用的なガイド

ライン，(e) クライアント・フィードバック研究の今後の方針。

システマティック・クライアント・フィードバックに関する研究

これまで，セッションごとの治療効果と治療同盟に関するシステマティックなクライアント・フィードバックの有用性が実証されてきた。OQ尺度システムはランバートらによって発展してきたフィードバック・システムで，45項目3因子（苦痛症状，対人関係機能，社会的役割機能）からなるセラピーの効果測定尺度（Outcome Questionnaire 45: OQ45; Lambert et al., 2004）を中心としている。各セッションの前に，クライアントはコンピューターでOQ45の回答を行い，その結果はすぐにセラピストへ伝えられる。クライアントの進展（改善，変化なし，悪化）によって，セラピストは治療の進め方を考え，臨床的サポートツール（CST）のパッケージが作られる。それは治療同盟，変化の段階，ソーシャルサポートのアセスメントを含むものである（Whipple et al., 2003）。

OQ尺度システムは，5つの無作為化臨床実験（RCT）で評価されている（Harmon et al., 2007; Howkins et al., 2004; Lambert et al., 2001, 2002; Whipple et al., 2003）。これらによれば，OQ尺度システムを繰り返し実施することで，セラピストが臨床的な結果を改善させ，治療の中断や離脱を減らすのである。CSTによるフィードバックを受ける際には，クライアントのリスク状態の割合が加味される。ハーモンら（Harmon et al., 2007）とホーキンスら（Hawkins et al., 2004）の研究では，クライアント・フィードバックによって，治療の悪化や失敗のリスクが少なくなることが示された。さらにフィードバックがある群ではフィードバックがない群よりも，より少ないセッションで終結し，失敗のリスクもなかった。クライアント・フィードバックは，さらに治療を効果的なものにするだろう（Lambert et al., 2001; Whipple et al., 2003）。

しかし，クライアント・フィードバックの尺度の多くは研究目的にデザインされており，臨床実践で継続したフィードバック・システムとして用いることの難しさもある。ブラウンら（Brown et al., 1999）は，臨床実践において記入・スコア・解釈に5分以上かかる尺度は使われないだろうと指摘する。そこで，実用的なフィードバック尺度として，治療の成果や治療同盟をセッションごとにモニタリングするために，アウトカム評価尺度（ORS; Miller & Duncan, 2000）とセッション評価尺度（SRS; Miller et al., 2002）という2つのとても簡潔なツールが開発された。ORSはOQ45（Lambert et al., 2004）に対応しており，個人的幸福感もしくは症状の苦痛，対人関係の幸福感，社会的関係性，全体的な幸福感の項目がある。SRSは4項目からなり，クライアントの関心や理解の認識，ゴールとトピックの関連，クライアントと臨床家の相性，全体的な治療同盟に関するものである。ORSは面接の始め（もしくは直前）に，SRSはセッションの終わりに記入される。臨床家主導の診断ツールと比較して，ORSとSRSは治療的な実践の1つの習慣となるわかりやすいツールである。毎回スコアを記

```
名前：＿＿＿＿＿＿＿＿＿＿＿＿　年齢：＿＿＿＿＿　性別：男性／女性
セッション＿＿＿回目　セッション日：＿＿＿月＿＿＿日（　　）
記入者：□自分
　　　　□その他（名前：＿＿＿＿＿＿＿＿＿＿＿＿）
```

今日を含めた最近一週間を振り返り，以下の生活領域についてあなた自身がどのように感じているのかを，印をつけて教えてください。左に行くほど点が低く，右に行くほど点が高いということを表します。もしあなたがご本人でないときは，彼／彼女がしていることについて，あなたがどう考えているかをお答えください。

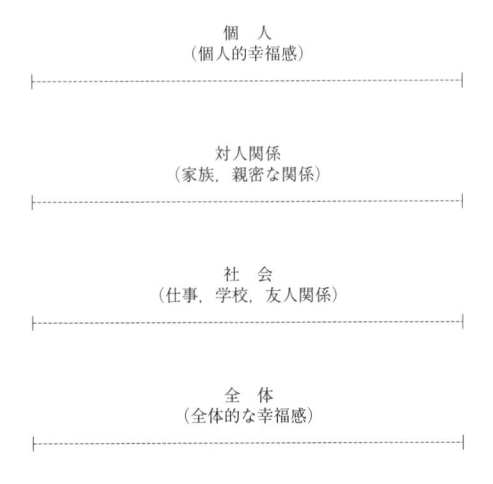

個　人
（個人的幸福感）
|--|

対人関係
（家族，親密な関係）
|--|

社　会
（仕事，学校，友人関係）
|--|

全　体
（全体的な幸福感）
|--|

図 5.1　アウトカム評価尺度（ORS）

（出典：The Heart and Soul of Change Project. ⓒ2000, Scott D. Miller and Barry L. Duncan.
Available at http://www.heartandsoulofchange.com）

述してもらうことは，他のところでも役立てられる（Duncan, 2010; Miller & Duncan, 2004）。ORS と SRS を合わせて用いることを，治療結果マネジメントのためのペアシステム（Partner for Change Outcome Management System: PCOMS）と呼ぶ（Duncan et al., 2004; Miller et al., 2005）。

　ORS と SRS は 10cm の 4 つのヴィジュアル・アナログ・フォーマットで使用する（図 5.1 と 5.2）。クライアントは各線上に印をつけるように指示される。線は，左が低評価，右が高評価となっている。総合的なスコアは単純にクライアントが 4 つの項目それぞれについて，もっとも近いミリメーターにつけた印の合計である（最大 40 点）。ミラーとダンカン（Miller and Duncan, 2004）は，ORS のスコアの膨大なサンプル数（n=34,790）から，臨床群と非臨床群を分けるカットオフ・スコアを 25 点とした（77

```
名前：_____    年齢：_____    性別：男性／女性
ID：_____
セッション____回目    セッション日：____月____日（　　）
```

今日のセッションについて，あなたのお気持ちに最も近いところに印をつけてください。

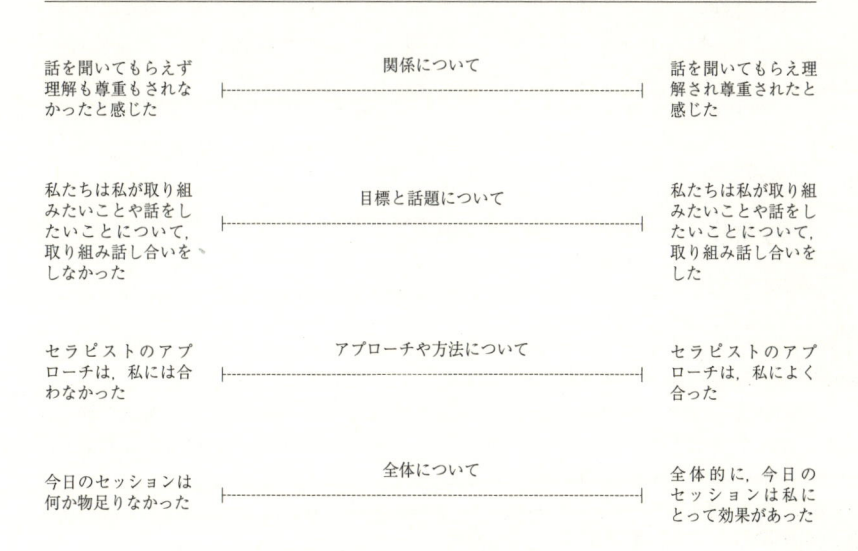

```
                        関係について
話を聞いてもらえず                                  話を聞いてもらえ理
理解も尊重もされな    |―――――――――――――|    解され尊重されたと
かったと感じた                                      感じた

                      目標と話題について
私たちは私が取り組                                  私たちは私が取り組
みたいことや話をし                                  みたいことや話をし
たいことについて，    |―――――――――――――|    たいことについて，
取り組み話し合いを                                  取り組み話し合いを
しなかった                                          した

                    アプローチや方法について
セラピストのアプ                                    セラピストのアプ
ローチは，私には合    |―――――――――――――|    ローチは，私によく
わなかった                                          合った

                        全体について
今日のセッションは                                  全体的に，今日の
何か物足りなかった    |―――――――――――――|    セッションは私に
                                                    とって効果があった
```

図 5.2　セッション評価尺度（SRS V.3.0）
(出典：The Heart and Soul of Change Project. ⓒ2000, Scott D. Miller and Barry L. Duncan. Available at http://www.heartandsoulofchange.com)

パーセンタイル）。5点もしくはそれ以上の変化は，確実な変化を示していると判断される。SRS で合計 36 点もしくはどの項目でも 9 より低いものがないのは，問題となんらかの関連がある可能性を暗示する（Miller & Duncan, 2004）。もし，得点がカットオフの基準を超えていなくても，いくつかの領域（項目）で終結を意味する得点が示されていれば，セラピーが終結段階にあると考えられる。

　子ども用 ORS（CORS）と子ども用 SRS（CSRS）は，簡単なことばと笑顔／ゆったりした顔が描かれていて，子どもが尺度を理解することやスケールの記入を助ける。親や教師が困ったときにも同様のアウトカム尺度を用いるとよい。たとえば，子どもに加え，親や教師も CORS をさらに記入する。これにより客観的な相違を見ることができる。（「ジェームス，私はあなたがお母さんよりも，とても低く「家族」を評価しているのがわかったよ。それについてどう？」）

SFBT の介入――ORS と SRS の実践

> 私はあなたに，私の考えを話さなくてはいけないの？
> ――クラリス，10 歳のクライアント

このセクションでは ORS と SRS の使い方について例を用いながら具体的に解説し，ORS/SRS のガイドラインを示す（Miller & Duncan, 2004）。

初回面接の前

クライアントに，クライアント・フィードバックについて説明する。

> あなたの目標達成のお手伝いをするために，毎回，1 組の短いフォームに記入していただきます。それによって，達成に向かっているか，もしくは，さらに何らかの変化が必要かがわかるでしょう。ご協力いただけますか？

初回面接における ORS ／ CORS の紹介

ORS｜先週お電話でお話ししたとき，1 組のフォームに記入していただきますとお伝えしました。一緒に多くの時間を協同し，良い結果を得られるように，私たちはあなたの調子や，面接で何を行うかを共有する必要があるのです。あなたの回答は，あなたにとって最も重要なことを達成し，取り組んでいくのを助けます。

CORS｜ここに笑っている顔が描いてある紙があるね。これは，あなたがどんな調子かを教えてもらうためのもので，1 分だけかかるよ。これらの線に印をつけて教えてほしいのだけど，やってくれるかな？

ORS／CORS の結果についての議論

ORS｜ORS の結果からあなたがいくつかの問題を感じているようだということがわかりました。／あなたのトータルスコアは 15 点ですね。これはあなたにとってとても大変なことに違いないと思うのですが，どうしたのでしょうか？／スコアをみるとあなたは大丈夫なように思われます。なぜカウンセリングを受けたいと考えたのですか？／個人の幸福感のこの印は，あなたは本当に困難な時間を過ごしていることを示しています。それについて教えていただけますか？

CORS（家族面接で親に対して）｜あなたがマリアをとても心配しているということがわかりました。特に，学校でのことと，個人的幸福感についてですね。あなたが考えていることと合っていますか？／あなたの CORS のスコアは 34 点でした。あなたはマリアがとてもよく日常生活を過ごしていると考えているようですが，マリアの学校の成績や行動についてはいくつかの心配があるのではないでしょうか？

セラピストはクライアントに助けを求めるかもしれない。

(a) 彼らの経験と ORS を結びつける，(b) 何が起こったらよりよいと考えているか

ORS｜私は，あなたにとってこの印が何を意味しているかを理解し，あなたを支援する必要があります。これについて，もうちょっとわかるように教えていただけますか？ ちょっとでも印が右に動くには，何が起きたらよいでしょうか？

最後の質問は，クライアントに改善する具体的なサインを述べてもらうように求める。これは SFBT の 1 つの重要な戦略である。

CORS（子どもの先生へ）｜あなたはウィリアムについてとても心配していますね。学校に関する尺度が 2.4 点ですが，どういうことでしょうか？ その印が 1 ～ 2cm 右に動くには何が起きたらよいでしょうか？

初回面接での SRS ／ CSRS の紹介

SRS｜このフォームは温度計のように使います。今日の面接について思っていることを正直に私に教えてください。
CSRS｜今日の面接が終わる前に，顔が描いてある短いフォームに記入してほしいんだ。他の似たようなものをやったことがあるよね？（右に指をさして）ここに印をつけるのは，私たちの面接があなたにとって良かったということを意味していて，こちら（左をさして）に印をつけるのは，面接が良くなかったということを意味するよ。このフォームは私がしていることについて，あなたがどう考えているかを教えてもらうためのものです。さあ，私にグレードをつけてください。私はあなたに正直になってほしい。それによって，どのようにあなたに働きかけるかを知ることができるんです。

SRS ／ CSRS の結果についての話し合い

SRS の各項目で 9 以上のとき，私たちはそれを認めた上で，他のコメントや提案をクライアントから引き出す。人々には関係を高く評価する傾向があるので，私たちは問題についてもう少し焦点を当てるべきである。また，36 点よりもトータルスコアが低いもしくはどの項目でも 9 を下回るのは，心配事があるシグナルの可能性があり，さらに議論をしていく。

SRS｜これは，あなたにとって重要なことや今日の面接がどうだったかについて共有するためのものです。他に何か一緒に取り組めることはありますか？
CSRS｜私たちがしていることについてどう考えているか教えてくれるかな。いいでしょう。正直になって，私に変わるチャンスをくれてありがとう。次回，さらに良いものとするために何ができるでしょうか？

セラピーでは，クライアントが治療から離脱するかわりに，治療同盟の問題が生じることがある。そのようなとき，治療同盟の問題に取り組むうえで，SRS はシステマティックで実用的なツールとなる。なお，セラピストが治療同盟の問題を快く受け入れることは，治療同盟の問題を修復するのに不可欠な要素である（Safran & Muran, 2000）。

面接後

各面接をそれまでの面接での ORS の結果と比較する。スコアは治療の進展や今後のプランについて議論を促進するのに役立つ。スコアが少しでも上がったとき，私

たちはクライアントに手柄を与え，変化において彼らが果たした役割を探求する。

ORS | おお！ あなたのトータルスコアが3点あがりましたね。どうやってそれをおこしたのですか？

CORS (先生へ) | あなたのマリアについての評価が24点に改善しましたね。先週から4点も上がっていますよ。マリアとどんなことをしたんですか？ あなた自身はマリアについて何を学んだのですか？ ここからどこへ向かうべきだと考えますか？

スコアが低下もしくは変化が見られないときは，私たちは状況を前進させるために何をするかについて話し合う。

ORS | 先週から変化がなかったですね。それについてどうしましょう？ ここで違った事が何かできないかと思うのですが。

ORSもしくはSRSの評価が，いつもより下がっているとき，私たちは以下のラインに沿って議論を始める。

ORS | これらのスコアは，私たちがさらに違ったことに挑戦する必要があることを示しています。そうに違いないでしょう。

SRS | スコアはこの3週間変わらなかったですね。私たちは一緒にもっとよく取り組まなければなりません。もし私がそうできなければ，あなたにとってより効果的な他のカウンセラーに変更することも考えた方がいいかもしれません。

このように，治療の進行と治療同盟をモニターするためにクライアントと協力することは，応答性があり説明可能なサービスを促進する。これらの尺度のフォーマットは，クライアントにとってセラピストや治療の進め方への不満を表出しやすくさせる。マーフィー（Murphy, 2008）は，SFAの中でORSとSRSをどのように用いるかを説明している。次のセクションではORS/SRS研究の方法論を注意深く概観する。

調査方法

2000年からRCTsの有効化にむけ，ORSとSRSに関する調査が発展してきた。ORS/SRSのマニュアル（Miller & Duncan, 2004）に加え，5つの研究が発表されている（表5.1）。これらの研究は被験者のサンプルサイズも属性も広範囲で，臨床群と非臨床群の子ども，青年，大人の養護者が含まれている。また，2つの研究はORSとSRSの評価を長期的な同盟関係およびアウトカム尺度と比較している。ORS/SRSシステム（PCOMS）についての4つの実験研究については表5.2に要約を示す。1つは準実験的ABBデザインで（Miller et al., 2006），他の3つは被験者間のRCTであった。これらのすべての研究で，ORS/SRSを用いて治療成果が改善されたという肯定的な結果があり，ほとんどが通常の治療（treatment as usual: TAU）と対比されている。これらの研究では，治療の参加者が無作為に割り当てられ，セラピストの影響が統制されるような群分けがされており（Reese et al., 2009を除く），いずれの研

表 5.1　ORS/SRS に関する心理学的研究の概要

研究	尺度	対象（n）	α係数	再テスト信頼性	妥当性尺度	r
ミラーら (2003)	ORS	非臨床群（86） 臨床群（435）	.93	.66	OQ45	－.53～ －.69
ダンカンら (2003)	SRS	外来患者（326）	.88	.64	HAQ-Ⅱ	.48
ブリングハーストら (2006)	ORS	非臨床群（98）	.97	.80	OQ45	－.56～ .69
ダンカンら (2006)	ORS CORS	臨床群（青年）（1495） 非臨床（子ども）（119）	.93 .84	.78 .60	YOQ YOQ	－.53 －.43
キャンベル＆ヘムスレイ (2009)	ORS	外来患者（65）	.90	―	OQ45 QLS RSES GPES	－.74 .74 .66 .53
	SRS		.93	―	WAI-S	.58

註）GPES＝自己効力感尺度（General Perceived Self-Efficacy Scale）／HAQ-Ⅱ＝治療同盟援助尺度-Ⅱ（Helping Alliance Questionnaire-Ⅱ）／OQ45＝アウトカム質問票 45（Outcome Questionnaire 45）／ORS＝アウトカム評価尺度（Outcome Rating Scale）／QLS＝生活の質尺度（Quality of Life Scale）／RSES＝ローゼンバーグ自尊心尺度（Rosenberg Self-Esteem Scale）／SRS＝セッション評価尺度（Session Rating Scale）／WAI-S＝短縮版治療同盟尺度（Working Alliance Inventory-Short）／YOQ＝青年向けアウトカム質問票（Youth Outcome Questionnaire）

表 5.2　ORS/SRS アウトカム研究の概要

研究	デザイン	N	クライアント	セラピスト	従属変数	結果	効果量（ES）
ミラーら (2006)	対象者内 ABB デザイン	6424	成人の雇用アシスタンスプログラム（EAP）	n=75（LP 45％，LCSW 35％，LMFT 20％）	ORS	終結時＞ベースライン；47％ 対 34％ベースラインと比較し，終結時にクライアントが信頼性のある変化を示していた	.79
アンカーら (2009)	RCT	820（カップル 410 組）	成人カップル	n=10（LP 4 名，LCSW 5 名，LNP 1 名）	ORS LWMAT	ORS/SRS＞TAU：67％ 対 39％ 6 カ月後のフォローアップ時，ORS/SRS 群の方が，信頼性のある臨床的変化が見られた	.50 .30
リースら (2009a)：研究 1	RCT クライアント 無作為	74	大学生	n=10（修士号レベルの臨床家 5 名，学士号の訓練生 5 名）	ORS	ORS/SRS＞TAU：80％ 対 54％ ORS/SRS 群の方が，信頼性のある臨床的変化が見られた	.54
リースら (2009a)：研究 2	RCT セラピスト 無作為	74	成人コミュニティ	n=17（学士号の訓練生）	ORS	ORS/SRS＞TAU：67％ 対 41％ TAU 群に比べ ORS/SRS 群の方が，少ないセッションで確実な変化が見られた	.49

註）LCSW＝有資格のクリニカル・ソーシャルワーカー／LMFT＝有資格の結婚・家族セラピスト／LNP＝有資格の看護職者／LP＝有資格サイコロジスト／ORS＝アウトカム評価尺度／SRS＝セッション評価尺度／RCT＝無作為臨床試験（Randamized Clinical Trials）／TAU＝通常の治療（treatment as usual）／LWMAT＝ロック・ウォレス結婚満足度尺度（Lock Wallace Marital Adjustment Test）

究でも十分なサンプル数があった。そして，積極的治療群のセラピストは PCOMS のトレーニングを受けていた。なお，セラピストの 69% はプロの資格を持っており，治療は大学のカウンセリングセンターやコミュニティのトレーニングクリニック，メンタルヘルスセンター，電話中心の雇用者アシスタンスプログラム (EAP) で行われた。4 つのうち 3 つの研究は個人療法に焦点を当てたもので，アンカーら (Anker et al., 2009) はカップルセラピーに PCOMS を拡大したものであった。すべての研究で，信頼性のある変化もしくは臨床的な症状の変化に基づき治療成果を評価していた (Jacobson & Truax, 1991)。また，Cohen の効果量がすべての研究で報告されていた。

ORS/SRS 調査の限界

ORS/SRS 調査の限界としては，まずアンカーら (Anker et al., 2009) やミラー (Miller et al., 2006) のように，ORS/SRS の実施の正確さが査定されていないことである。セラピストは PCOMS のトレーニングを受けているが，彼らが介入を意図して実施したかどうかは評価されていない。2 つ目に，研究に参加しているセラピストが少なく (n=10 ～ 75)，一般化するには限界がある。3 つ目に，アンカーら (Anker et al., 2009) は ORS によってのみ治療成果の査定を行っているということである。4 つ目に，4 つのうち 2 つの研究は，PCOMS の開発者もしくは提唱者によって行われた研究だということである。調査の忠実さによる効果の存在は，心理療法の調査においてたびたび起こる問題である (Luborsky et al., 1999; Wampold, 2010)。

調査結果

実験研究によって ORS/SRS の有用性が期待できることがわかった。このセクションでは，調査方法の有効性（表 5.1）とアウトカム研究からわかったことを概観する。尺度の有用性は，それらのスコアの信頼性と妥当性による。ORS/SRS スコアはそれぞれ簡潔な 4 項目からなり，強い内的整合性と再テスト信頼性が示された。7 つの研究を通して ORS スコアにおけるクロンバックの α 係数は平均 .85（臨床群）と .95（非臨床群）であった。ダンカンら (Duncan et al., 2006) は CORS の内的整合性について，大人は .93，子どもは .84 だったことを報告している。SRS については，5 つの研究において内的整合性が報告された。α 係数の平均は .92，範囲は .88 (Duncan et al., 2003; Reese et al., 2009) から .96 (Miller & Duncan, 2004) であり，これらの α 係数は，SRS が包括的に治療同盟の構成概念を査定するということを示している。これは治療同盟尺度 (Working Alliance Inventory: WAI; Horvath & Greenberg, 1989) のような他の治療同盟尺度の調査と一致する。

ORS と SRS スコアはどちらも十分な再テスト信頼性が示された。ORS スコアは治療進展の指針の一つであり，これを用いることによって，なかなか変化の見られない臨床群が変化しやすくなることが期待される。再テスト信頼性の平均は，1 ～ 3 週間

の期間で，非臨床群は.73 (Bringhurst et al., 2006; Miller et al., 2003) だった。臨床群においては，再テスト信頼性はたいてい初回と2回目のセッションの間が査定され，範囲は大人が.51から.72 (Reese et al., 2009a) で，子どもやその支援者では.60から.78だった (Duncan et al., 2006)。統計的にみて，治療前後でORSスコアやさらにORSの変化のしやすさが異なる (Miller et al., 2003)。3つの研究 (Miller & Duncan, 2004; Duncan et al., 2003c; Reese et al., 2009a) は，初回から2回目のセッションへのSRSスコアの十分な安定性を示す再テスト信頼性を報告している。

ORSとSRSスコアの併存的妥当性については，認められた結果と治療同盟尺度との相関が第一に検討されている。ORSとOQ45の間の相関は，3つの研究 (Bringhurst et al., 2006; Campbell & Hemsley, 2009; Miller et al., 2003) を通して強い統計的妥当性が示されている。キャンベルとヘムズリー (Campbell & Hemsley, 2009) は，ORSと抑うつ－不安ストレス尺度 (Lovibond & Lovibond, 1995)，QOL尺度，ローゼンバーグ自尊心尺度の間に強い関連があることを示している。ダンカンら (Duncan et al., 2006) は，CORSも青年向けアウトカム質問票 (Youth Outcome Questionnaire: YOQ; Burlingame et al., 2001) と適度な併存的妥当性があることを示した。加えてミラーら (Miller et al., 2003) は，治療前のORSスコアが臨床群と非臨床群を区別することを報告し，さらにORSスコアの妥当性を支持している。

2つの研究はSRSスコアの相関妥当性について検討し，ダンカンら (Duncan et al., 2003) はSRSと援助同盟尺度Ⅱ (Helping Alliance Questionnaire Ⅱ：HAQ-Ⅱ) の間に.48の相関があることを示した。キャンベルとヘムズリー (Campbell & Hemsley, 2009) は，SRSスコアとWAI-Sの間に.58の相関があり，また，項目間の相関については.39から.63の相関が示された。(WAI-Sの下位項目「絆」とSRSの下位項目「対人関係」の間には.39の相関が，そして，WAI-Sの下位項目「ゴール」とSRSの下位項目「アプローチ」の間には.63の相関がみられた。) これらの知見は，長期的な治療同盟を測る尺度との適度な併存的妥当性を示している。最後に，SRSの予測的妥当性はダンカンら (Duncan et al., 2003) によって支持された。初期のSRSスコア (2回目もしくは3回目のセッション) は，治療後のORSスコア (r=.29) を予測する。それはさまざまな調査でも示されており，治療同盟に関する初期のクライアントの認知と結果がリンクしているということからもわかる (Horvath & Bedi, 2002)。

ORS/SRSの実用性に関する他の問題は，臨床実践における可能性に関するものである。2つのクリニックでは，一方ではORSを用い，他ではOQ45を用いている。ミラーら (Miller et al., 2003) によれば，セラピストの25%がOQ45を使用するのに対し，セラピストの89%が，OQ45よりも簡潔なORSを使用しているということである。ダンカンら (Duncan et al., 2003c) は同様に，12項目のWAIをセラピストの29%が使用しているのに対して，セラピストの96%がSRSを使用しているというこ

とを報告している。表 5.2 を見ると，4 つの研究では PCOMS の効果を TAU と比較している。1 つ目の研究は (Miller et al., 2006)，PCOMS が EAP の電話カウンセリングサービスにおいて大規模に行われた (n＝6,424)。ORS/SRS を用いることの特徴として，クライアントが治療を継続することと，ベースラインから 6 カ月後のフォローアップまでの結果を改善したことである (ES は，ベースラインで .37，フォローアップで .79)。アンカーら (Anker et al., 2009) は，カップルを無作為に抽出し (n＝410)，PCOMS もしくは TAU をセラピー内で実施した。6 カ月後のフォローアップでは，カップルの 67％ が確実な臨床的症状の変化を報告した。TAU を用いた群が 39％ であったのに対して (ES は，治療後で .50，フォローアップで .44)，PCOMS を用いた群ではより大きな夫婦間の満足感がクライアントから報告された (ES＝.30)。リースら (Reese et al., 2009a) は，PCOMS と TAU を比較した 2 つの臨床実践について報告している。研究 1 は，ユニバーシティ・カウンセリングセンター (n＝74) で，研究 2 はグラデュエイト・トレーニング・クリニック (n＝74) で行われた。どちらの研究でも，PCOMS によるクライアントは TAU によるクライアントよりも，より変化が見られた。(研究 1 では 80％ 対 54％，研究 2 では 67％ 対 41％; ES＝.49-54)。加えて，PCOMS のクライアントは，TAU のクライアントよりも，特により少ないセッション回数で確実な変化が見られた。これらの研究では，さまざまな治療モデルを横断したクライアント・フィードバック介入として，PCOMS の有効性を支持している。平均効果量は，TAU に対して PCOMS は .52 であり，中程度の治療効果であることが示されている。この発見については，治療モデル間における効果量の差が一般的には .20 前後であることを考えると，より特筆すべき結果であることがわかるだろう (Wampold, 2001)。

実践のガイドラインと限界，そして挑戦

われわれは，治療結果や治療同盟について，PCOMS や OQ 尺度によってフォーマルなフィードバックを得ることを推奨する。このことは，「最も優れているとされるセラピストでさえ，10 人のうち 7 人にしか効果をもたらすことができない」という知見によって支持されている (Hansen et al., 2002)。つまりそれは，クライアントが前進していないことを知るのは，後になってからよりも，その都度すぐに知るほうが良いということである。

概して，フォーマルなフィードバックは，するよりも言うが易い。なぜならわれわれの多くにとっては，標準的な治療のセッションの始め方と終わり方が定着しているからである。このセクションでは，限界や可能性，それを実施することでの変化について触れながら，ORS と SRS の実践ガイドラインを示す。

潜在的な可能性と，SFBT における ORS と SRS の試み

限界と挑戦 1｜ORS の限界の一つは，クライアントが焦点を当てる領域や説明に

ついて,「あなたは最も何について悩んでいますか?」「あなたは何に取り組みたいですか?」というような開かれた質問と比べると, ORS は尺度上でクライアントの回答を制限してしまう可能性があるということである。クライアントの理解と治療的会話における言葉の影響は, 長らく SFBT において認められてきた (de Shaizer, 1985, 1994)。しかし, ORS の項目は広く生活領域をカバーしており, 重要な理解と経験を排除する方向にクライアントの焦点が狭められるかもしれない。

提言 | ORS/SRS マニュアル (Miller & Duncan, 2004) は, セラピストが各カテゴリーを説明し, 特に初めの数回の実施においては, 急すぎる動きに注意をするよう促す。また, 最初の 3 項目で見逃されたいくつかの悩みが, 全体的幸福感の項目で加えられるかもしれない。ツールの使い方以上に重要なのが, クライアントの心理的状態やクライアントに表れている状態について, クライアントとセラピストがどのように議論するかということである。われわれはまず始めに, 形式は完璧ではないということや, ORS の目的はクライアントがわれわれのサービスから確実に利益を得られるようにすることだということを明言する。「私たちが働きかける前に, あなたの悩んでいることや取り組みたいと思っていることについて, 何も見逃さないようにしたいのです。何が考えられますか?」ということを ORS についての議論に加える。インフォーマルなスケーリング・クエスチョンと同様に, クライアントの ORS への反応は, ゴールへの展開の基礎を作り, 例外の発見をもたらしてくれる。(「あなたはこの印(クライアントの 3.7 の印を指差して)が 3.8 や 4.0 に動くとき, どんな違ったことをするでしょうか?」「いつあなたはそれをしましたか? ちょっとでも, 過去数週間の間でも」)

限界と挑戦 2 | ORS を用いる際, クライアントが治療同盟について過度に SRS のフォームに束縛される可能性がある。SRS の項目は, 理論的なフォーミュレーションと治療同盟についての調査から得られたものである (Bordin, 1979; Hatcher & Barends, 1996)。しかし, クライアントによる理解と治療同盟についての認識は, セラピストによる治療同盟の定義付けと異なっているかもしれない (Bedi, 2006; Horvath & Bedi, 2002)。その際には, クライアントが治療同盟に関する体験についてどのように理解しているかを尊重する。

提言 | ORS は, SRS と同じように応用できる。われわれは, 他の関連する問題についてクライアントと共有するように求め, SRS を通してすべての疑問を話し合う事を勧める。(「何か他にありませんか? ほかに私ができること, もしくは, もっとうまくいくようにするには? この面接を可能な限り役に立つものにするためには?」)

限界と挑戦 3 | ORS と SRS に加え, 始めと終わりのセッションでプロトコルを変えることができる。たとえば, ディヤングとバーグ (DeJong and Berg, 2008) は以下のことを勧めている。(a) クライアントに「前回から何が良くなりましたか?」と尋ねることから各セッションを始める, (b) 毎回短いブレイクをとり, セッションの終わりにはコンプリメントを含む提言をフィードバックする。「何がより良くなったのか?」とい

う質問は，クライアントがポジティブな変化を述べることを故意に促す。ORSはむしろ，クライアントに対して，良い・悪いどちらの方向に関してでも変化の報告を促すものである。SRSはクライアント主導のSFBTに適合する方法であるが，極度に一本化されたやり方でセッションを終結させたい実践者にとっては，理論上の挑戦をもたらすものかもしれない。

提言｜ド・シェイザーら（de Shazer et al., 2007）は「時折，SFBTは問題についての議論を許さないアプローチとして表現されてきた。しかしこれは真実からは程遠い」と述べている。つまり，「解決志向であること」と「解決志向」との間に違いがあり，また，「クライアントの問題についての体験を認めること」と「プロブレムトークを続ける泥沼にはまること」の間にも違いがある。しかし，ORSを用いることによって，さまざまな解決の方法を探索できる。あるセッションから次のセッションにかけてスコアが高くなっていれば，われわれはクライアントに，よりよくなるのに何をしたのかを尋ね，彼らが行っていることを続けるように励ます。スコアが下がったときには，われわれはクライアントの体験について，物事がよりよかったときとの違いは何かを探索し，何がその助けとなるのかについてクライアントの意見を尋ねる。この文脈において，ORSはクライアントの理解を尊重し，解決に焦点を当てることを重要視することと一致する。

提言（SRS）｜SRSを用いるときの2つのオプションを提案する（セッションの終わりの直前，もしくは直後に）。SFBTの臨床家はよく，フィードバックを与える前にショート・ブレイクをとる。クライアントはブレイクの間にSRSを記入し，それからセラピストとそれについて議論する。これは標準的なもので，セッションが終わるまでの間，セラピストはクライアントから治療同盟についてのフィードバックが受けられる。コンプリメントはSFBTのフィードバック戦略の一部分であるので，セラピストはクライアントに対して，コンプリメントの一部として，SRSについて理解を分かち合うことの感謝を伝える。2つ目は，最終面接の終わりにクライアントにSRSを記入してもらうことである。これは，クライアントにセッション全体に対する反応を求めることであり，フィードバックのメッセージを含んでいる。

限界と挑戦4｜SRS評価が肯定的な方へ誇張される可能性については，治療同盟尺度の限界としてよく指摘される（Tyron et al., 2008）。したがって，臨床家はSRSを紹介，説明，議論するときには，その問題を心に留めておくことが重要である。

提言｜SFBTの臨床家は，「クライアントからの否定的なフィードバックも積極的に歓迎する」というメッセージを伝える。（「私は高い点数に納得していません。実のところ私は，この面接であなたに何も影響を及ぼしていないということを知る必要があるのです」）合計点が36点かそれ以上，もしくはいくつかの項目で9点より低いという場合は，その結果は覆されるべきである。また，すべての項目で10と評価するときも，セッションをより有効にするための議論ができる。SFBTの臨床家は治療の進

展と治療同盟に関するクライアントの理解をどのようにモニターするかを考え，セラピストは独自のスタイルで SRS の導入法やフィードバックについて議論する方法を発展させる。その中で ORS と SRS はセラピストのスタイルの一部分となる。臨床家と研究者が，知識と実践を応用することでこれらの尺度を確かなものにし，発展させていくだろう。

今後の研究

標準的なクライアント・フィードバック，特に ORS/SRS についての研究は始まったばかりである。既存の研究は，これらのツールが治療効果を高めることを示している。追試研究として，このクライアント・フィードバックシステムの特性や本質的な要素をさらに理解することが求められる。

特に重要な問題は，フォーマルなフィードバックとインフォーマルなフィードバックの異なる影響についてである。「スケールの 0（悪い）から 10（良い）のうち，あなたの今の状況はどのあたりだと評価しますか？」というようなインフォーマルなスケーリング・クエスチョンを用いることで結果についてのフィードバックを得ており，これは，SFBT の戦略に共通している。今後，ORS を用いたクライアント・フィードバックをモニタリングすることの効果と，インフォーマルなスケーリング・クエスチョンの関係を比較すべきである。また，PCOMS 研究における現時点での限界の一つは，厳密な規準に関するチェックが欠けていることである。4 つのアウトカム研究のうち 2 つは，PCOMS が計画・実行されているかどうかを査定していなかった。セラピストがどのように紹介し，どのようにクライアントとフィードバックについて議論したのかというような重要な違いがあるかもしれない。加えて，セッション内での ORS と SRS の有効な使用法について実験的に試みた研究はない。今後の研究では，PCOMS を用いるためのガイドラインを定義し，きちんとチェックを行うべきである。

先述したように，4 つの治療効果研究は，PCOMS と TAU を比較していた。これはアウトカム研究で典型的なデザインであり，PCOMS のよりきめの細かな分析によって進展してきた。たとえば，PCOMS は治療結果と治療同盟のモニタリングという 2 つの別々の構成要素を含んでいるが，研究では両方の尺度と，ORS もしくは SRS のみを用いる有効性を検討していない。

また，トレーニングやスーパービジョンにおけるクライアント・フィードバックについても今後の検討事項である。クライアントの進展についてのシステマティックな評価を含まないスーパービジョンは，トレイニーを混乱させたり，彼らが行っているサービスの有用性について不確かなままにさせたりする。スーパーバイザー主導よりもクライアント主導であるスーパービジョン・セッションのほうが，より有効だろう。リースら（Reese et al., 2009b）は，ORS/SRS フィードバックをスーパービジョンの中で用いたスーパーバイザーのトレイニーは，フィードバックのない状況のトレイニーよりも，より

よい結果を得ることを示している。今後はこの研究をもとに，トレーニングやスーパービジョンでも，クライアント・フィードバックを用いる可能性をさらに検討すべきである。

今後の研究では，PCOMSの効果とOQ尺度のようなほかのシステムの比較研究をすべきである。特に興味深いのは，PCOMS研究の中ですべてのクライアント（治療の失敗のおそれがあるクライアントと，いたって普通に進展しているクライアントの両方）が，フィードバックを続けることで利益を得ているということである。しかしハーモンら（hamon et al., 2007）とホーキンスら（Hawkins et al., 2004）のOQ研究では，達成しそうにない，もしくはリスク状態にあるクライアントだけが，フィードバックをすることによって結果を高めたことが示されている。1つの説明可能性として，PCOMSが，治療の進展と治療同盟をモニタリングするものであるということと関係するということがある。治療同盟はCSTに含まれるが，OQシステムは結果の査定に第一に焦点を当てる。治療同盟についてのフィードバックにおいて，PCOMSの明白な主眼点は，OQシステムでは見られない付加的な影響の可能性についてである。加えてPCOMSは，ORSとSRSは協働的なやり方でセッション内において記入される。セラピストとクライアントは「今ここで」フィードバックについて議論する。対照的にOQ45は待合室でクライアントによって記入され，それからセラピストと議論することになる。クライアントはセッション後に治療同盟についてのフィードバックを行う。このように，直接的で協働的な態度を求めることやそのプロセスであるクライアント・フィードバックは，大きな結果をもたらすための重要な構成要素であるかもしれない。今後は，PCOMSとOQ尺度の効果を直接的に比較することで，これらの問題を検討できるだろう。

発見

- ランバートら（Lambert et al., 2010）の研究によれば，クライアント・フィードバックのモニタリングを継続して実施することが，クライアントの治療継続と臨床的な結果を改善する。特に治療失敗の恐れのあるクライアントを改善する。
- ORSとSRSスコアは内的一貫性と再テスト信頼性を示している。
- ORSとSRSスコアは，とても強い併存的妥当性があり，治療結果と治療同盟を査定するのに適している。
- 4つの研究のうち3つはRCTを含んでおり，さまざまな治療アプローチにおいて，クライアント・フィードバック介入としてORSとSRS（PCOMS）を用いることの効果を支持している。

まとめ

ORSとSRSによってクライアント・フィードバックをモニタリングすることは，解決

志向ブリーフセラピーの実践に自然になじむものである。クライアント主導のパートナーシップは，「何者かが治療プロセスを評価するよりも，クライアントが自分で定めるほうが最も有益である」という信念の上に構築される。強力な最初の実証は，これらのとても簡潔な尺度をクライアントとのセッションで用いることが，治療結果を改善するという提言である。ORSとSRSは，何が作用したのか／作用していないのかについて，直接的なフィードバックをもたらす。加えて，クライアント・フィードバックによるモニタリングと適切な治療は，エビデンス・ベイスド・プラクティス（EBP）のごく新しい定義の核となる構成要素である。たとえば，アメリカ心理学会（APA）のEBPの専門委員会（Presidential Task Force; APA, 2006）によれば，EBPとは「患者の性格，文化，好みの文脈の中で，最も有用な研究と臨床の専門的知識を統合すること」（p.273）と定義され，「患者の進展についてのモニタリング……は，治療に適合する必要があることを示唆している可能性がある。（p.276）」と述べられている。これに関しわれわれは，カズディン（Kazdin, 2007）によるクライアント・フィードバックについての提案に賛成する。それは「……臨床トレーニングや実践で尺度を利用することが，強く促進されるべきである」（p.44）ということである。

終わりにわれわれは，トーマス（Thomas, 2007）の指摘を繰り返す。それは「理論に忠実なこと。——特に，根拠，歴史，研究，そして他の批判的な見方の範囲を超えるものを過度に治療的アプローチに持ち込むことは，SFBTにおいては何も得がない」（p.394）ということである。SFBTの最も輝かしい未来は，新しい発見によって進化と変化を続けていく。すなわち，クライアントへのセラピーサービスを改善することを約束するということである。同時に，発展と進化の精神において，われわれは本章をSFBTの仲間にささげる。

注

1. リースら（Reese et al., 2009a）は，2つのRCTを報告している。PCOMSを用いた2つの追試研究が公表されたが，独立したRCTではないため表5.2には含まれていない。1つ目（Reese et al., 2009b）は，リースら（Reese et al., 2009a）からデータの集合を含む。スーパーバイザーも治療の進展と治療同盟についてフィードバックを受けた卒業生は，フィードバックのなかった状況のトレイニーよりも良い結果であることが分かった。2つ目（Anker et al., 2010）は，治療同盟と結果の関連を調べるのに，アンカーら（Anker et al., 2009）のデータを用いている。この研究では，早期の治療同盟（3回目のセッションのSRS評価）は，早くに症状が変わることをこえて，クライアントの変化を予測した（d=.25）。

さらなる学びのために

- http://www.heartandsoulofchange.com と http://www.scottmiller.com。ORSとSRSのす

べての版は複数の言語で対価なしに個人使用できる。上記のサイトからは研究と訓練のための資料も入手可能である。

- http://www.myoutcomes.com と http://www.clientvoiceinnovations.com。このサイトではORS と SRS の管理，スコア，解釈のためのソフトウェアとウェブベースのアプリケーションが入手できる。
- http://www.drjohnmurphy.com。若者や家族が学校やその他の場面で問題を抱えたとき，その考え，強み，リソースを活かした解決に向けた支援のための情報が入手できる。また，関連リンクやトレーニングのための情報も入手できる。

文献

American Psychological Association. (2006). Evidence-based practice in psychology. American Psychologist, 61(4), 271-285.

Anker, M. G., Duncan, B. L., & Sparks, J. A. (2009). Using client feedback to improve couple therapy outcomes: A randomized clinical trial in a naturalistic setting. Journal of Consulting and Clinical Psychology, 77, 693-704.

Anker, M. C., Owen, J., Duncan, B. L., & Sparks, 1. A. (2010). The alliance in couple therapy: Partner influence, early change, and alliance patterns in a naturalistic sample. Journal of Consulting and Clinical Psychology, 78, 635-645.

Bedi, R. (2006). Concept mapping the client's perspective on counseling alliance formation. Journal of Counseling Psychology, 53, 26-35.

Bordin, E. 5. (1979). The generalizability of the psychoanalytic concept of the working alli-ance. Psychotherapy: Theory, Research, and Practice, 16, 252-260.

Bringhurst, 0. L., Watson, C. W., Miller, S. D., & Duncan, B. L. (2006). The reliability and validity of the Outcome Rating Scale: A replication study of a brief clinical measure. Journal of Brief Therapy, 5, 23-30.

Brown, J., Dreis, S., & Nace, D. (1999). What really makes a difference in psychotherapy outcome? Why does managed care want to know? In M. Hubble, B. Duncan, & S. Miller (Eds.), The heart and soul of change (pp. 389-406). Washington, DC: American Psychological Association Press.

Burckhardt, C. S., & Anderson, K. L. (2003). The Quality of Life Scale (QOLS): Reliability validity and utilization. Health and Quality of Life Outcomes, 1 (60), 64-70.

Burlingame, C. M., Mosier, J. I., Wells, M. C., Atkin, Q. G., Lambert, M. J., Whoolery, M., & Latkowski, M. (2001). Tracking the influence of mental health treatment: The development of the Youth Outcome Ouestionnaire. Clinical Psychology and Psychotherapy, 8, 361-379.

Campbell, A., & Heinsley, S. (2009). Outcome Rating Scale and Session Rating Scale in psychological practice: Clinical utility of ultra-brief measures. Clinical Psychologist, 13, 1-9.

De Jong, P., & Berg, I. K. (2008). Interviewing for solutions (3rd ed.). Belmont, CA: Thomson.

de Shazer, S. (1985). Keys to solution in brief therapy. New York: Norton.

de Shazer, S. (1994). Words were originally magic. New York: Norton.

de Shazer, S., Dolan, Y, Korman, H., Trepper, T., McCollum, E., & Berg, I. K. (2007). More than miracles: The state of the art of solution-focused brief therapy. New York: Haworth Press.

Duncan, B. L. (2010). On becoming a better therapist. Washington, DC: American psychological Association.

Duncan, B. L., Miller, S. D., & Sparks, J. A. (2003a). Child Outcome Rating Scale. Ft. Lauderdale, FL: Author.

Duncan, B. L., Miller, S. D., & Sparks, J. A. (2003b). Child Session Rating Scale. Ft. Lauderdale, FL: Author.

Duncan, B. L., Miller, S. D., & Sparks, J. A. (2004). The heroic client: A revoluntionary way to improve effectiveness through client-directed outcome informed therapy (rev. ed.). San Franciso, CA: Jossey-Bass.

Duncan, B. L., Miller, S. D., Sparks, J., Claud, D., Reynolds, L., Brown, J., & Johnson, L. (2003c). The Session Rating Scale: Preliminary psychometric properties of a "working" alliance measure. Journal of Brief Therapy, 3, 3-12.

Duncan, B. L., Sparks, J., Miller, S. D., Bohanske, R., & Claud, D. (2006). Giving youth a voice: A preliminary study of the reliability and validity of a brief outcome measure for children, adolescents, and caretakers. Journal of Brief Therapy, 5, 66-82.

Frankiin, C., Corcoran, J., Nowicki, J., & Streeter, C. L. (1997). Using client self-anchored scales to measure outcomes in solution-focused therapy. Journal of Systemic Therapies, 10, 246-265.

Hansen, N. B., Lambert, M. I., & Forman, E. V. (2002). The psychotherapy dose-response effect and its implications for treatment delivery services. Clinical Psychology: Science and Practice, 9, 329-343.

Harmon, S. C., Lambert, M. J., Smart, D. W., Hawkins, E. J., Nielsen, S. L., Slade, K., et al. (2007). Enhancing outcome for potential treatment failures: Therapist/client feedback and clinical support tools. Psychotherapy Research, 17, 379-392.

Hatcher, R. L., & Barends, A. W (1996). Patient's view of psychotherapy: Exploratory factor analysis of three alliance measures. Journal of Consulting and Clinical Psychology, 64, 1326-1336.

Hawkins, E. J., Lambert, M. J., Vermeersch, D. A., Slade, K., & Tuttle, K. (2004). The effects of providing patient progress information to therapists and patients. Psychotherapy Research, 14, 308-327.

Horvath, A. O., & Bedi, R. P. (2002). The alliance. In J. C. Norcross (Ed.), Psychotherapy relationships that work: Therapist contributions and responsiveness to patients (pp. 37-70). New York: Oxford University Press.

Horvath, A. O., & Greenberg, L. 5. (1989). Development and validation of the Working Alliance Inventory. Journal of Counseling Psychology, 64, 223-233.

Jacobson, N. S., & Truax, P (1991). Clinical significance: A statistical approach to defining meaningful change in psychotherapy research. Journal of Consulting and Clinical Psychology, 59, 12-19.

Kazdin, A. E. (2007). Systematic evaluation to improve the quality of patient care: From hope to hopeful. Pragmatic Case Studies in Psychotherapy, 3, 37-49.

Lambert, M. J. (2010). Yes, it is time for clinicians to routinely monitor treatment outcome. In B. L. Duncan, S. D. Miller, B. E. Wampold, & M. A. Hubble (Eds.), The heart and soul of change (pp. 239-266). Washington, DC: American Psychological Association.

Lambert, M. J., Morton, J. J., Hatfield, D., Harmon, C., Hamilton, S., Reid, R. C., Shimokowa, K., Christopherson, C., & Burlingame, G. M. (2004). Administration and scoring manual for the Outcome Question naire-45. Salt Lake City, UT: OQMeasures.

Lambert, M. J., Whipple, J. L., Smart, U W., Vermeersch, 0. A., Nielsen, S. L., & Hawkins, E. J. (2001). The effects of providing therapists with feedback on client progress during psychotherapy: Are outcomes enhanced? Psychotherapy Research, 11, 49-68.

Lambert, M. J., Whipple, J. L., Vermeersch, D. A., Smart, D. W, Hawkins, F. J., Nielsen, S. L., & Goates, M. K. (2002). Enhancing psychotherapy outcomes via providing feedback on client progress: A replication. Clinical Psychology and Psychotherapy, 9, 91-103.

Lee, L. (2000). Bad predictions. Rochester, MI: Elsewhere Press.

Levitt, T (1975, September-October). Marketing myopia. Harvard Business Review, 19-31.

Lovibond, P F., & Lovibond, S. H. (1995). The structure of negative emotional states: Comparison of the Depression Anxiety Stress Scale (DASS) with the Beck depression and anxiety scales. Behaviour Research and Therapy, 33, 248-262.

Luborsky, L., Barber, J., Siqueland, L., Johnson, S., Najavits, L., Frank, A., et al. (1996). The Helping Alliance Questionnaire (HAQ-II): Psychometric properties. The Journal of Psychotherapy Practice and Research, 5, 260-271.

Luborsky, L., Diguer, L., Seligman, D., Rosenthal, R., Krause, E., Johnson, S., et al. (1999). The researcher's own therapy allegiances: A "wild card" in comparisons of treatment efficacy. Clinical Psychology: Science and Practice, 6 (1), 95-106.

Miller, S. D., & Duncan, B. L. (2000). The Outcome Rating Scale. Ft. Lauderdale, FL: Author.

Miller, S. D., & Duncan, B. L. (2004). The Outcome and Session Rating Scales: Administration and scoring manuals. Ft. Lauderdale, FL: Author.

Miller, S. D., Duncan, B. L., Brown, J., Sorrell, R., & Chalk, B. (2006). Using outcome to inform and improve treatment outcomes. Journal of Brief Therapy, 5, 5-22.

Miller, S. D., Duncan, B. L., Brown, J., Sparks, J., & Claud, D. (2003). The Outcome Rating Scale: A preliminary study of the reliability, validity, and feasibility of a brief visual analog measure. Journal of Brief Therapy, 2, 91-100.

Miller, S. D., Duncan, B. L., Johnson, L. (2002). The Session Rating Scale 3.0. Ft. Lauderdale, FL: Author.

Miller, S. D., Duncan, B. L., Sorrell, R., & Brown, G. 5. (2005). The Partners for Change Outcome Management System. Journal of Clinical Psychology, 61, 199-208.

Murphy, J. J. (2008). Solution-focused counseling in schools (2nd ed.). Alexandria, VA: American Counseling Association.

Murphy, J. J., & Duncan, B. L. (2007). Brief interventions for school problems: Outcome-informed strategies (2nd ed.). New York: Guilford Press.

Reese, R. I., Norsworthy, L., & Rowlands, S. (2009a). Does a continuous feedback system improve psychotherapy outcomes? Psychotherapy, 46, 418-431.

Reese, R. J., Usher, E., Bowmao, D., Norsworthy, L., Halstead, J., Rowlands, S., & Chisholm, R. R. (2009b). Using client feedback in psychotherapy training: An analysis of its influ-ence on supervision and counselor self-efficacy. Training and Education in Professional Psychology, 3(3), 157-168.

Rosenberg, M. (1989). Society and the adolescent self-image (rev. ed.). Middletown, CT: Wesleyan University Press.

Safran, J. D., & Moran, J. C. (2000). Negotiating the therapeutic alliance: A relational treatment ifuide. New York: Guilford Press.

Sapyta, I., Riemer, M., & Bickman, L. (2005). Feedback to clinicians. Theory, research, and practice. Journal of Clinical Psychology, 61, 145-153.

Thomas, F. N. (2007). Possible limitations, misunderstandings, and misuses of solution-focused brief therapy. In T. S. Nelson & F. N. Thomas (Eds.), The handbook of solution-focused brief therapy: Clinical applications (pp. 39 1-408). New York: Haworth.

Tracey, T. J., & Kokotovic, A. M. (1989). Factor structure of the Working Alliance Inventory. psychological Assessment, 1, 207-210.

Tryon, G. S., Blackwell, S. C., & Hammel, E. F. (2008). The magnitude of client and therapist working alliance ratings. Psychotherapy: Theory, Research, Training, 45, 546-551.

Wampold, B. E. (2001). The great psychot herapy debate. Mahwah, NJ: Erlbaum.

Wampold, B. E. (2010). The research evidence for the common factors models: A histori-cally situated perspective. In B. L. Duncan, S. D. Miller, B. E. Wampold, & M. A. Hubble (Eds.), The heart and soul of change: Delivering what works in therapy (pp. 49-81). Washington, DC: American Psychological Association.

Whipple, J. L., Lambert, M. J., Vermeersch, D. A., Smart, D. W, Nielsen, S. L., & Hawkins, E. 1. (2003). Improving the effects of psychotherapy: The use of early identification of treatment failure and problem solving strategies in routine practice. Journal of Counseling Psychology, 58, 59-68.

第 III 部

SECTION III

研究のレビュー

第6章
SFBTの効果研究

ウォレス・ジンジャーリッチ／ジョニー・S・キム／
グリート・J・J・M・スタムス／アラスデイアー・J・マクドナルド

序章

　　SFBTが，最初に学術文献に登場して25年が経つ（de Shazer et al., 1986）。SFBTは，少なくとも初期の段階で，知的好奇心，システマティックな観察，そして，創造性や斬新さを含む中で「セラピー界のシンクタンク」と言えるほどに発展した（第1章，Lipchilk et al. 参照）。当時，初期の焦点は，セラピー終了後の効果よりもセラピー過程における変化そのものに置かれており，セッション中やセッション間の効果が重要視されていた。しかし，チームはまた，このセラピーを受けたクライアントが，結果としてポジティブな変化を経験したかどうかといった点も重要であるとし，初期よりいくつかの追跡研究を行っている。これから述べるSFBTの効果研究は，主にアメリカやヨーロッパなどで展開された。

　　本章では，SFBTの効果研究について，マクドナルド（Macdonald, 1994b）によって報告されたヨーロッパ・ブリーフセラピー協会（EBTA）による最初の研究報告から年代順に述べる。次に，ジンジャーリッチとアイゼンガート（Gingerich and Eisengart, 2000）により発表されたSFBTの効果研究に関する最初の質的なレビューを，それに続いてスタムス（Stams, 2006）とキム（Kim, 2008）によるメタ分析のレビューについて取り上げる。最後に，メタ分析の始まりから今日までの重要な研究について述べ，SFBTの効果研究の要約で締めくくることとする。

研究のレビュー

1994年における8つのレポートのまとめ

　　1994年，EBTAはマクドナルドに公刊されたSFBTに関する研究をまとめるよう依頼した。この時点では8つの研究が存在しており，それらは全てクリニックを母集団とする追跡研究であった。このうち7つの研究は，MRIの「成功の尺度（the criterion of success）」を使用している。これは，クライアントがセラピーのゴールに到達できたか，もしくはこれ以上セラピーを必要としないような大きな改善がみられた

かといった尺度である（Watzlawick et al., 1974）。8つの結果報告は，66%から86%の改善に及んだ。

最初の研究報告は，ド・シェイザーらによるものである。1985年，彼は，初回面接公式を受けた28ケースについて，6カ月間の追跡調査の報告を行った。平均5セッション後，23ケース（82%）は改善し，11ケースは主訴に加えて，その他の問題解決へもつながった（de Shazer, 1985）。翌年の1986年，彼らは，BFTCで行われた5年間にわたる1,600ケースのうち25%に電話による追跡調査を実施し，その結果を報告した。それによると，平均6セッション後，72%のケースが改善していたことが明らかになった（de Shazer et al., 1986）。1991年における3回目の追跡調査では，29ケース中23ケース（80%）に本来の問題解決や解決にあたる重要な改善がみられ，18カ月後，改善率は86%に上昇し，67%は他の改善もみられた。この研究における平均セッション数は，4.6回であり，4セッション以上のケースにおいて，より効果がみられていた。

プレッツ・グランデ，アイブソン，ラトナー（Perez-Grande, Iveson, Ratner, 1990）は，ロンドンの彼らのクリニックでセラピーを受けた62組の個人と家族へ6カ月間の電話による追跡調査を行った（41組／66%が結果に満足）。バー（Burr, 1993）は，査読つきジャーナルで発表された最初のSFBT研究を行った。北ドイツにある児童精神科クリニックに紹介された55ケースは，平均9カ月間追跡調査が行われ，回答した34人中26人（77%）は，いくつかの改善を示した（平均4セッション）。また，改善した4ケースとそうでない4ケースに新たな問題が報告された。なお，BFTCとロンドンのクリニックの研究は，第1章と第19章で詳細に述べられている。

プレッツ・グランデ（Perez-Grande, 1991）は，スペインのサラマンカにあるファミリークリニックで行われた97ケース（うち25%が子ども）を対象に研究を発表した。平均5セッションのセラピーの後，71%のケースに改善がみられた。また，追跡調査の対象となった81人のうち13%は，セラピーから6～35カ月（平均19カ月）後の追跡調査期間において，再発が報告された。一方，38%は，主となる問題に加え他の問題の改善もみられた。問題が長引くほど，より多くのクライアントがセラピーを中断した。

モリソンら（Morrison et al., 1993）は，アメリカの小学校における行動と学習の問題に対してSFBTに基づく家族システムズアプローチを用いた。30人（うち6名が特別支援教育を受けていた）が1～7セッションの介入を受け，23人（77%）は改善をみせた。

スコットランドのマクドナルドチームの研究は，成人の精神科臨床における最初のSFBT研究である（Macdonald, 1994a）。1年間の追跡調査を行った41ケース（平均3.7セッション）のうち，29ケース（70%）に改善がみられた。セラピー開始時点で，4年以上にわたり未解決問題を抱えていたクライアントは，あまり改善が見られ

なかった。重要なことは，この介入により，全ての社会経済クラスのクライアントが，同じように改善を示した点である。

これら初期の SFBT の効果に関する追跡研究は，常に約 70% のポジティブな結果がみられている。これは，SFBT が，クライアントに対して肯定的な影響力を持つという予備的なエビデンスを提供するだろう。しかし，エビデンスベースを一層確立するためには，より厳密に統制された研究デザインが必要である。

EBTA は，この執筆時点で 87 の研究を含む最新のデータを保持している。詳しくは，EBTA のウェブサイト http://www.ebta.nu, http://www.solutionsdoc.co.uk を参照されたい。

2000 年における 15 の研究の質的なレビュー

SFBT の効果研究における最初の質的なレビューは，ジンジャーリッチとアイゼンガート (Gingerich and Eisengart, 2000) によって行われた。彼らは，1999 年までの英文献に記載されている，全ての SFBT の効果に関する対照研究を探すため，特定された書誌のデータベース，論文要約，および図書目録を系統的に検索した。対象となる条件は，以下の評価基準を全て満たした時である——SFBT による介入，何らかの形で実験的な統制が行われていること，クライアントの行動や機能的側面についての評価基準，効果はセラピーの最後かその後に評価されたもの。SFBT とみなすために，ド・シェイザーとバーグ (de Shazer and Berg, 1997)，ベイバッハ (Beyebach, 1998) に基づき，介入は，以下の中心的構成要素のうち 1 つ以上を含む。(a) セッション前の変化を探す，(b) ゴール・セッティング，(c) ミラクル・クエスチョン，(d) スケーリング・クエスチョン，(e) 例外を探す，(f) ブレイクでのコンサルティング，(g) コンプリメントと課題が含まれたメッセージ。解決志向という用語は，すでに他のアプローチや介入に関する文献で見られていたため，著者たちは，BFTC のオリジナルグループの研究を参考・引用文献として用いていた場合のみレビューに含めた。

1999 年までに，15 の研究が文献に登場していた。そのうち，上記の構成要素全てを含む研究は，2 つであり，4 つの研究は，2，3 の構成要素を含んでいた。ジンジャーリッチとアイゼンガートはまた，シャンブレスとホロン (Chambless and Hollon, 1998) によるアメリカ心理学会 (Task Force on Promotion and Dissemination of Pychological Procedures, 1995) の基準に基づき，実験的な統制に従ってそれぞれの研究を以下に分類した。よく統制された研究が 5 つ，ほどほどに統制された研究が 4 つ，ほぼ統制されていない研究が 6 つである。

よく統制された 5 つの対照研究は，大学生のうつに関する研究 (Sundsstrom, 1993)，育児能力研究 (Zimmerman et al., 1996)，整形外科のリハビリテーション研究 (Cockburn et al., 1997)，スウェーデンにおける刑務所の累積犯の研究 (Lindforss & Magnusson, 1997)，施設入所中の非行少年の研究 (Seagram, 1997) である。5 つ

の研究は，肯定的な結果を報告した。大学生の3つの研究ではBDIで顕著な改善を示し，育児能力目録（Parenting Skills Inventory）得点も同様に改善を示した。リハビリテーションの患者は，F-COPES（Family Crisis Oriented Personal Evaluation Scales）とPAIS-R（Psychological Adjustment to Illness Scale Revised）において，通常の治療群と比較して有意差があった。また，退院後7日以内に職場へ復帰したのは，SFBTを受けた患者のうち68%であり，比較群は4%であった。刑務所における累犯の研究と施設入所中の非行少年の研究の再犯率は，どちらもSFBTを受けていない群よりも少なかった（30%～50%）。

ジンジャーリッチとアイゼンガート（Gingerich and Eisengart, 2000）は，これらの結果報告からSFBTの治療効果が予備的に支持されると結論付けた（p.495）。

2006年における21の研究のメタ分析のレビュー

2006年，オランダの学者チームは，SFBTの効果に関する最初のメタ分析を行った（Stams et al., 2006）。メタ分析は，出版物の特徴（出版状況，インパクトファクター，出版年），クライアントの特徴（性別，年齢，社会経済的背景，ターゲットグループ，問題のタイプ），介入の特徴（モダリティ，セラピストの専門的知識，セラピーの持続時間とセッション数），研究デザインの特徴（対照研究か非対照研究か，無作為配分かどうか，比較群のタイプ，研究デザインの質）のような調整変数によって説明される研究結果間の不整合性を明らかにすることができる。

検索方法は，MedlineやPsycINFO，ERICといったデータベースを利用し，特定の年代は指定していない。また，検索語は以下の通りである。――「solution-focused therapy」「brief therapy」「SFBT」「therapy」「solution, intervention」。公刊された研究や学位論文のみを対象とした。追加研究は，入手された論文や書誌，学位論文の参考文献リスト，また，2000年のジンジャーリッチとアイゼンガードによるSFBTの効果研究の質的なレビューを利用して行われた。

著者がセラピーについてSFBTと記述している研究は，SFBTの研究とみなされた。スタムスら（Stams et al., 2006）は，ウィークデザインとストロングデザイン両者をメタ分析で扱った。ストロングデザインは，プレ-ポストテスト，一事例実験計画といった対照研究であり，一方，ウィークデザインは，比較群が設けられていない研究か，あるいはポストテストのみの対照研究であった。

スタムスら（Stams et al., 2006）によるメタ分析は，21の研究（$N=1,421$）を対象とし変量効果モデルを用いた。このモデルの有意検定は，研究の全体数に基づいており，結果は一次研究から導かれた研究母集団へ汎用される（Rosenthal, 1995）。

スタムスら（Stams et al., 2006）は，公表バイアスもしくは引き出し問題であるか見分けるためにフェイルセーフメソッドを用いた。結果は，フェイルセーフ数がローゼンタールの公式，$5*k+10$（k：対象となった研究の数）の臨界値を上回ったとき，頑健性があるといえる。ここでは，フェイルセーフ数は引出し効果がなかったことを示唆

し，ローゼンタールの臨界値（21*5+10）を上回った444であった。

変量効果モデルによると，統合された効果量は，SFBTの小から中の大きさの効果を示す$d=.37$（95％のCl，$19<d<.55$），$p<.001$（$Z=3.94$）であった。効果量，$d=.20$，$d=.50$，$d=.80$は，それぞれ小，中，そして大きい差異の指数である（Cohen, 1988）。しかし，研究サンプルは，$Q(20)=63.87$，$p<.001$であり，有意にバラツキがあった。したがって，研究間における効果量の差異を説明する調整変数を同定するために，分散分析が行われた。

メタ分析の結果は表6.1に示す。SFBTは，非治療群と比較して効果があった（$d=.57$, $p<.01$）。しかし，通常行われているようなエビデンスに基づかない治療効果よりも，効果は大きくなかった。（$d=.16$, n.s.）（$Q=5.14$, $p<.05$）。さらに，SFBTの効果は，ジンジャーリッチとアイゼンガート（Gingerich and Eisengar）による2000年のレビュー以前の研究（$d=.29$: $Q=5.71$, $p<.05$）よりも，後に出された研究（$d=.87$）のほうが，より大きかった。分散分析の結果では，成人（$d=.61$）は，子どもと青年（$d=.23$; $Q=5.05$, $p<.05$）よりいっそうSFBTから効果を得たことが明らかになった。非行少年と統合失調症患者を含め，病院といった何等かの施設に入所しているクライアント（$d=.60$）は，家族やカップル（$d=.40$），学生（$d=.21$: $Q=6.06$, p$<$.05）といった施設に入所していないクライアントよりもいっそうSFBTから効果を得ていた。行動の問題（$d=.61$）を抱えるクライアントは，夫婦問題（$d=.55$）や，内的な問題（$d=.49$），あるいは混合された問題（$d=.22$; $Q=8.89$, $p<.05$）を抱えるクライアントと比べて，最も大きいSFBTの効果を得ていたことが明らかになった。グループセラピーのクライアントは，個別のセラピーのクライアント（$d=.33$; $Q=9.17$, p$<$.05）より良い結果（$d=.59$）を示した。最終的に，SFBTの効果は，対照研究（$d=.25$, Q=7.04, $p<.01$）よりも非対照研究（$d=.84$）の方がより大きかった。

スタムスら（Stams et al., 2006）は，統合された効果量に対する調整変数の持つそれぞれの影響を調べるために重回帰分析も行った。全ての有意な調整変数は，重回帰分析の対象に含められ，3つ以上のカテゴリーを有している調整変数が二分ダミー変数に変換された。有意な回帰方程式（$Q(8, 12)=198.62$, $p<.001$, $R=.38$）は，研究間における効果量の差異の65％を説明した。最近の研究は，比較的大きい効果量（$b=.36$, $p<.001$）をもたらし，施設入所のクライアントの効果量は，そうでない治療環境のクライアントより大きかった（標準回帰係数 $b=.36$, $p<.001$）。SFBTの効果量は，外的な問題（反抗挑戦性障害，注意欠陥多動性障害，非行的行動）の方が，夫婦問題，内的な問題（不安とうつ病）と混合問題（$b=.17$, $p<.05$）よりも大きかった。最終的に効果量は，非対照研究よりも対照研究の方が小さかった（$b=-.61$, $p<.001$）。

メタ分析の結果は，SFBTの肯定的で小から中程度の効果を示す。出版年，ターゲットグループのタイプ，問題のタイプ，研究デザインは，それぞれSFBTの有効性

表 6.1 メタ分析の結果 （Stams et al., 2006）

調整変数	研究参加者数 N	研究数 K	変量効果コーエンズ d	信頼区間 95%	Q 研究間分散	Q 研究内分散
出版状況					.68	
ジャーナル	1,283	16	.38***	.19to.55		22.05
学位論文	130	5	0.43	−0.6to.91		3.37
インパクト					8.4	
高	682	12	.47**	.17to.77		14.41
低	731	9	.33**	.08to.58		10.85
出版年数					5.71*	
2000 年以前	1,196	14	.29***	.11to.46		16.87
2000 年以降	217	7	.87**	.33to1.41		3.52
性別					2.45	
男性 60%or more	227	6	.71**	.19to1.24		1.3
女性 60%or more	82	2	0.52	−.10to1.13		0.31
混合 40%to 60%	583	9	.39**	.14to1.13		10.37
年齢					5.05*	
子供と青年	617	10	.23*	.05to.42		5.49
成人	331	9	.61***	.34to.88		4.12
SES（社会経済的背景）					3.97	
下層階級	476	3	0.26	−.15to.67		4.9
混合	211	5	.47**	.13to.82		1.24
上級階級	49	1	0.64	−.81to2.09		0
ターゲットグループ					6.06*	
学生	569	7	.21*	.01to.45		5.62
家族　カップル	558	6	.40*	.02to.78		9.51
施設入所者	286	8	.60***	.28to.93		4.92
問題のタイプ					8.89*	
混合	950	7	0.22	−0.1to.45		9.89
内的問題	98	3	0.49	−.17to1.14		0.27
夫婦問題	82	2	.55*	.10to1.00		0.29
外的問題	283	9	.61***	.26to.96		6.66
モダリティ					9.17*	
個人	590	9	.33**	.08to.58		9.88
グループ	322	9	.59***	.29to.89		1.22
混合	501	3	0.57	−.44to1.57		5.82
セラピスト					2.22	
プロフェッショナル	1,212	15	.31**	.10to.52		19.47
ノンプロフェッショナル	85	3	.53*	.08to.98		1.24
セラピーの期間					1.69	
6 週間かそれ以下	281	7	.46***	.20to.72		2.68
6 週間以上	522	7	.25*	.05to.44		5.12
セッション数					0.03	
6 回以上	344	7	.57***	.31to.84		2.88
6 回以下	313	9	0.54	.19to.88		5.94
統制群					7.04**	
設置	1,006	11	.25**	.09to.41		12.26
未設置	407	10	.84***	.37to1.30		6.8
無作為配置					1.1	
あり	533	4	0.29	−0.5to.63		6.66
なし	473	7	.26**	.08to.44		4.5
比較群					5.14*	
問題志向	872	7	0.16	.00to.31		6.77
非治療	134	4	.57**	.22to.93		0.34
デザイン					1.23	
弱い	889	12	.47**	.13to.80		17.52
強い	524	9	.30***	13to.48		7.35

*$p < .05$.　**$p < .01$.　***$p < .001$.

を説明しうる調整変数として同定された。スタムスら（Stams et al., 2006）は，SFBTは，スタンダードな問題解決志向セラピーと比較して，必ずしも効果が大きいとは言えないが，より少ない時間で効果があり，クライアントの自律性を尊重するものだと結論付けた。

2008年における22の研究のメタ分析のレビュー

キム（Kim, 2008）は，SFBTの有効性に関する先行研究を集め，マグニチュードと治療効果を調べるため，2回目のメタ分析のレビューを行った。このレビューでは，次のような異なったタイプ，外的な問題行動，内的な問題行動，家族あるいは対人関係の問題について分類し，それぞれにSFBTの有効性を調べた。

キム（Kim, 2008）は，さまざまな電子データベースを用いて文献検索を行い，1998年から2005年における研究を抽出した。さらに，同じキーワードを用いて電子データベースUMI Dissertation Abstractよりいくつかの未刊の論文を確認した。キムは，SFBTである条件として，ド・シェイザーとバーグ（Berg and de Shazer, 1997）に基づき，次のSFBTの構成要素を用いている。(a) セラピストはミラクル・クエスチョンについて尋ねる，(b) 最低1回のスケーリング・クエスチョンの使用，(c) 面接の最後に向けて一度ブレイクをとる，(d) ブレイク後，クライアントをコンプリメントし，提案や課題を提示する。これらの構成要素の少なくとも1つは，メタ分析の研究で用いている必要があった。

キム（Kim, 2008）のメタ分析が，比較群を用いた研究のみを扱っているのに対して，スタムスら（Stams et al., 2006）は，比較群を用いた研究（n=11）と一群のプレーポストテストの研究（n=10）を扱った。

キム（Kim, 2008）のメタ分析は，22の研究を対象とした。これらの研究はそれぞれの研究テーマである効果に基づき，次の3つのカテゴリーに分けられた。(a) 外的な問題行動，(b) 内的な問題行動，(c) 家族や対人関係に関する問題。5つの研究は，1つ以上の効果について調査していたため，それらは全て，1つ以上のカテゴリーに含まれた。

外的な問題行動に関する9つの研究が，.43〜.74に及ぶ効果量となった（表6.2）。無条件モデルの結果は，変量効果の重み付け平均効果量の推定値.31を示した（Cohen, 1988）。効果量測定の方向は確かであったが，マグニチュードは有意ではなかった。$t(8) = 1.08, p = .31$は，SFBTグループとSFBTの介入を受けなかった統制群との間に，治療効果においてほとんど真の差異がないことを示している。

内的な問題行動について（表6.3），12の研究が統合された（効果量−.46〜1.18）。無条件モデルの結果は，変量効果の重み付き平均効果量の推定値.26を示した（Cohen, 1988）が，それにもかかわらず統計学的に有意であった（$t(11) = 2.51, p = .0$）。

8つの研究が，家族あるいは対人関係の問題を調査し，−.56〜1.23に及ぶ効果

量を示した。無条件モデルの結果は，変量効果の重み付き平均効果量.26であり，統計的に有意差は得られなかった。

　キム（Kim, 2008）のメタ分析は，SFBTを支持する小さいけれども肯定的な治療効果を示した。しかし，内的な問題行動の全体的な加重平均効果量だけが，$p<.05$レベルで有意であった。SFBTは，多動や問題行動，アグレッション，そして家族や対人関係問題のような外的な問題に対して効果を下げる一方，うつや不安，自己概念，そして自己肯定感を伴うような内的な問題には効果的であるように思われる。

　キム（Kim, 2008）のメタ分析は，全体的な結果を説明するために役立つであろう個々のSFBTの研究間における若干の差異を示している。特に興味深かったことは，全3グループにおけるすべての論文（$n=11$）から，1つの研究が中程度の効果量（.56）を示し，そして1つの研究が大きい効果量（1.8）を示したということである。残りの全ての研究は否定的であるか，あるいは小さい効果量を示していた。キムは，学位論文の否定的で小さい効果量が，全体的な平均効果量を下降させるので，効果量におけるこれらのそれぞれの特徴を検討することで，全体的な平均効果量の推定値の確からしさを増すことができるかもしれないと指摘した。

　キム（Kim, 2008）は，学位論文と公刊された研究間の効果量の差異が，介入の信頼性によって説明されることができたと推測した。ルービンとバビー（Rubin and Babbie, 2005）によれば，介入の信頼性は，「望まれるように，評価されている介入が実際にクライエントに届けられる程度」を伴うとする（p.750）。介入の前にセラピストが受けたトレーニングの内容が重要であり，それらは結果に影響を与える。6つの学位論文はSFBTのトレーニングをわずかしか，あるいは全く受けていないセラピストを用い，3つの学位論文のみが6時間以上のトレーニングを受けたセラピストを用いていた。

　同様に，公刊された7つの研究が，わずかか，あるいは全くトレーニングを受けていないセラピストで，残り4つの研究は最高8週間の期間にわたる，最小限20時間のトレーニングを受けたセラピストであった。セラピストが20時間かそれ以下のトレーニングを受けていた学位論文の4つ全ては小さい効果量を示していた。対照的に，2日間と4日間のトレーニングを提供した2つの研究は，大きい効果量（.70，.74）に近づいた。20時間のトレーニングを提供した研究は効果量ゼロであり，興味深いことに，同じく8週間のトレーニングを提供した研究も効果量ゼロであった。つまり，SFBTのトレーニングが20時間未満であると，セラピーの提供においてその保証は十分でなく，介入の正確さを脅かすと考えられる。SFBTの中核となる構成要素とテクニックの多くはシンプルである一方，セラピーに熟達し，より優れた技能のためには，練習やトレーニングといったものが必要となる。公刊された研究が，学位論文よりも多くのトレーニングを提供したように見受けられ，それらの論文において介入の信頼性への疑問，さらにSFBTのトレーニングとして充分であったかどうかという疑

表 6.2　外的な問題行動の結果（Kim, 2008）

研究	サンプル	サンプルサイズ	セッション数	効果量	クライアント
Franklin et al.（2007）	学生	85	N/A	0.47	(.03, .91)
Gallardo-Cooper（1997）	母親と先生	66	1	−0.14	(−.56, .28)
Huang（2001）	カップル	39	8	−0.43	(−1.24, .38)
Ingersoll-Dayton et al.（1999）	高齢者	21	7	0.32	(−.30, .94)
Marinaccio（2001）	学生・母親・先生	120	4.5	−0.25	(−.56, .06)
Franklin et al.（2008）	学生	59	5.8	0.74	(.20, 1.28)
Newsome（2004）	生徒	52	8	0.22	(−.33, .77)
Seagram（1997）	非行少年	40	10	0.17	(−.47, .81)
Triantafillou（2002）	子供	30	4	0.17	(−.59, .93)

CI = 95% confidence interval.　N/A = not available.

表 6.3　内的な問題行動の結果（Kim, 2008）

研究	サンプル	サンプルサイズ	セッション数	効果量	クライアント
Bozeman（1999）	精神科の患者	52	3	0.56	(−.01, 1.13)
Cook（1998）	学生	68	6	0.28	(−.21, .77)
Huang（2001）	カップル	39	8	0.23	(−.58, 1.04)
Leggett（2004）	学生	67	11	0.04	(.45, .53)
Marinaccio（2001）	学生	48	4.5	0.06	(−.24, .37)
Franklin et al.（2008）	学生	59	5.8	0.74	(.20, 1.28)
Seagram（1997）	青年	40	10	−0.06	(−.70, .58)
Springer et al.（2000）	学生	10	6	0.57	(−.91, 2.05)
Sundstrom（1993）	大学生	40	1	1.18	(.48, 1.88)
Triantafillou（2002）	子供	30	4	−0.46	(−1.23, .31)
Villalba（2002）	学生	59	6	0.11	(−.41, .63)
Wettersten（2002）	大人	65	25	0.26	(−.24, .76)

CI = 95% confidence interval.

表 6.4　家族または対人関係に関する問題の結果（Kim, 2008）

研究	サンプル	サンプルサイズ	セッション数	効果量	クライアント
Adams et al.（1991）	家族	40	9.5	0.7	(.04, 1.36)
Cockburn et al.（1997）	整形外科の患者	48	6	1.23	(.30, 2.16)
Eakes et al.（1997）	家族	10	5	0.52	(−.38, 1.42)
Huang（2001）	カップル	39	8	0.25	(−.56, 1.06)
Sundman（1997）	大人	200	N/A	0	(−.28, .28)
Triantafillou（2002）	子供	30	4	−0.56	(−1.33, .21)
Zimmerman et al.（1996）	両親	42	6	0.17	(−.52, .86)
Zimmerman et al.（1997）	カップル	36	6	0.29	(−.20, .78)

CI = 95% confidence interval.

問を提起する。どのように SFBT の介入の信頼性を改善するべきかについての議論は第 3 章を参照されたい。

近年の研究

スモックら（Smock et al., 2008）は，レベル 1 の薬物乱用外来患者 38 人におけるメンタルヘルスについて，マニュアル化された SFBT 集団療法とヘーゼルデンモデ

ルを比較した。効果は，BDI と OQ-45 (Outcome Questionnaire 45.2) を用いて評価された。SFBT 群は，両尺度で有意な改善を示した (BDI: .64 の効果量，OQ-45 Symptom Distress subscale: .61 の効果量)。比較群は，両尺度とも改善の傾向を示したが，有意差を示すには至らなった。プレテストにおいて，SFBT 群は，両尺度とも高く得点した。しかし，ポストテストでは，両群の得点はおおよそ同等であり，2 群間の差異は，統計上有意に至らなかった。両群は，プレーポストテストとも，OQ-45 の正常域にあった。

　2 つ目の最近の研究は，SFBT と他の 2 つのエビデンス・ベースのセラピーとの大規模な無作為化された対照研究である。ネクトとリンドフォースは，うつ病と不安障害の患者の作業能力とメンタルヘルスに関する，SFBT の効果と短期精神力動的心理療法 (SSP)，長期精神力動的心理療法 (LPP) の効果を比較した (Knekt, & Lindfors, 2004; Kneket et al., 2008a, 2008b) 対象となる条件は，各疾患が DSM-Ⅳ の基準を満たし，2 年以内に心理療法を受けていないことである。また，精神障害，重度のパーソナリティ障害，知的障害，器質的な障害を伴っている場合は対象とされなかった。研究参加者は 326 人であり，無作為に治療群に割り当てられた。

　SFBT の患者は，平均 7.5 カ月間にわたる 9.8 回のセッションを受けた。SPP は，5.7 カ月間，18.5 セッションであり，LPP は，31.3 カ月間，232 セッションであった。また，SFBT におけるセラピストのセラピー経験年数は，平均 9 年であった。SPP のセラピストは平均 25 年，LPP のセラピストは，平均 18 年の経験があった。なお，SFBT は，その通りに使えるようマニュアル化され，SPP，LPP はマニュアル化されていなかった。

　評価期間は 3 年であり，この期間にわたり，結果は，何度もアセスメントされた。メンタルヘルスの尺度として，BDI，シンプソン不安チェックリスト，ハミルトンうつ病評価尺度，ハミルトン不安尺度が用いられた。全ての群において，3 年以上セラピーを継続している患者は，全ての尺度で有意な症状の減少がみられた。最初の年，SFBT と SPP は，LPP より早く効果を示し，結果は同等であった。LPP の効果は，翌年に SFBT と SPP に追い付き，3 年の間で SFBT と SPP を超えた。

　患者は作業能力について，作業能力指数，社会適応スケールによる作業のサブスケール，認知心理的機能スケール，どの程度働いているか，学校に通っているか，あるいは病気休暇日数は何日程度であるかで評価された。作業能力は，全てのセラピーにおいて，3 年の間に改善された。SFBT と SPP は，最初の 1 年間により良い結果を示し，2 年目，3 つのセラピーは同等であり，3 年目には LPP がさらに良い結果を出した。3 年のフォローアップにおいて，3 つのセラピー間に違いはなかった。ネクト，リンドフォースらは，「短期のセラピーが，長期の精神力動的心理療法よりもいっそう早く効果を産み出す。しかし，長い目で見れば長期の精神力動的な心理療法が，短期のセラピーよりも優れている」と結論した (Knekt et al., 2008a, p.689)。

ネクト，リンドフォースらの知見は，メンタルヘルスと役割遂行に関する現在のSFBTの効果について，サンプルサイズや無作為化，標準化された基準の使用といった点で，恐らく今日までの最も厳格な基準を提供しているといえるだろう。

研究の結果

以上，本章では，4つのレビューについて論じてきた。ネクト，リンドフォース（Knekt, Lindfors, 2004），ネクトら（Knekt et al., 2008a, 2008b）は，合計46の研究を報告し，大規模な調査であった（4つのレビューに含まれている46の研究は，ジンジャーリッチとアイゼンガート（Gngerich, Esengart, 2000），キム（Kim, 2008），マクドナルド（Macdonald, 1994b），スタムスら（Stams et al., 2006）の注釈によって参考文献に示されている）。初期の研究は，BFTCやさまざまなクリニックでSFBTを受けているクライエントの追跡研究であった。対照研究は1993年に現れ始め，それ以降定期的にみられており，研究のタイプや質は進歩をみせている。

ジンジャーリッチとアイゼンガート（Gingerich and Eisengar）の質的なレビューは，SFBTの効果に関する最初の対照研究を扱ったものであった。彼らは，SFBTの効果に対して予備的なエビデンスがあることを結論づけた。

2つのメタ分析のレビューでは，SFBTの研究結果を広範囲にわたり要約するために，量的アプローチが行われた。スタムスら（Stams et al., 2006）のメタ分析によって，従来の基準値の中で治療効果を和らげるとする，中程度から小程度の効果量である.37の効果量が示された。治療を行わない群（n=4）とSFBTを比較した研究においては，.57の効果量を示し，SFBTと別のセラピー（n=7）を比較した研究では，わずかに.16の効果量であった。この結果の解釈として，SFBTは，他のアプローチよりも少しだけ優れているか，それらと同程度に良く，全く治療を行わないものより良いということがはっきりした。共通の要因に関するワムポルド（Wampold, 2000）の研究では，全てのアプローチはうまくなされるとき，同様な結果が得られると述べられている。

キム（Kim, 2008）のメタ分析は，異なった結果概念（外的，内的そして家族あるいは対人関係の問題）に基づいて，それぞれの研究結果に対するSFBTの有効性を調査した。SFBTの効果サイズは，外的な問題が.13，内的な問題が.26，家族と関係性の問題が.26の効果量であった。キム（Kim）のメタ分析は，比較群を置いた研究のみを対象としており少ない研究数であったため，比較群のタイプに基づく分類を行わなかった。そのため，スタンダードな治療法と全く治療を行わない両者を比べて，SFBTの効果が上がっているとはいえない。

最近の2つの研究は，確立している治療とSFBTを比較している。スモックら（Smock et al., 2008）は，SFBTが，メンタルヘルスに関するプレ－ポストテストにおいて.61と.64の効果量を算出し，ヘイゼルデンの比較対照条件におけるポストテストに相当していたことに気づいた。ネクトとリンドフォース（Knekt and Lindfors,

2004)は，SFBTとSPP，LPPの比較を行った。3者は，おおよそ等しく，SFBTとSPPにおいては，3年の研究にわたって同等の結果が得られた。LPPは，よりゆっくりと結果を出したが，3年の終わり頃には，SFBTとSPPよりもいい結果を出した。しかし，セッション数でいえば，SFBTとSPPは，3年間にわたり約230セッションを行っているLPPと比べ，約6カ月間に10〜18のセッションしか行っていない。

実践ガイドライン

ここでは，ここ2，30年にわたる研究のタイプや質に関して，SFBT研究の発展をみる。ジンジャーリッチとアイゼンガート（Gingerich and Eisengart, 2000）によるレビューでは，SFBTの研究の質と結果が指し示すものについて詳述している。2つのメタ分析は，いっそう量的なデータを加えることによってこの研究を拡大した。スタムスら（Stams et al., 2006）によるメタ分析は，SFBTの包括的な効果量を算出して，研究の効果量の差異を説明するために調整変数を用いる。キム（Kim, 2008）の研究は，異なるタイプ（内的な問題，外的な問題，そして家族あるいは対人関係に関する問題）ごとに，SFBTの有効性を分類し，これらそれぞれの治療問題について，より包括的な効果量を提供する。

限界

この2つのメタ分析は，さまざまなSFBTの研究を統合して全体の効果量を導くために有効であるが，分析には若干の限界がある。両研究の限界は，厳密なSFBT研究の数の少なさによると考えられる。SFBTに関する研究は，数年の間に，研究方法やデザインの内容の向上が見られているが，サンプルサイズおよび無作為化の欠如という限界がある。この問題は，さらに，メタ分析においてどのように治療問題がグループ分けされうるかということを制限する。それゆえ，2つのメタ分析では，外的な問題や内的な問題といったおおまかな結果のカテゴリーを使わざるを得なかった。

今後の研究

現在までの効果研究に関するメタ分析のレビューは，SFBTが小から中程度までの肯定的な効果があることを示している。しかし，良くデザインされた研究で，確立されているセラピーとSFBTを比較したとき，SFBTはそれらと同等であり，そしてときには，より時間やコストがかからないことが示されている。SFBT研究の次の波は，セラピーの信頼性を高めるために内的妥当性を改善したり，SFBTのマニュアルを含むことで，研究デザインの質を改善し続ける必要があるといえる。

覚えておくべき鍵となる知見

・SFBT（de Shazerら）は，1986年に文献にて発表され，1993年，最初のSFBTの効果

- に関する対照研究が登場した (by Sundstrom)。
- 2つのメタ分析レビューと同様，48以上の研究報告があり，研究の質は進歩している。
- 概して，SFBTは，適度の効果量で，またその他の確立したセラピーに相当するような小さなサイズのものを紹介してきた。

さらなる学びのために

- EBTAにおけるSFBTの研究に関する編集物：http://www.ebta.nu
- ジンジャーリッチのSFBTに関するリサーチセクション：http://www.gingerich.net/SFBT
- ヘルシンキサイコセラピー研究：http://www.ktl.fi/tto/hps/index.en/html
- マクドナルドのSFBTウェブサイト：http://www.solutionsdoc.co.uk
- SFBTA (Solution Focused Brief Therapy Association) リサーチページ：http://www.sfbta.org/research.html

文献

上付き文字は以下のレビューにその研究が含まれているかどうかを示す。

- [G] Gingerich and Eisengart (2000)
- [K] Kim (2008)
- [M] Macdonald (1994b)
- [S] Stams et al. (2006)

[K]Adams J. F., Piercy, F. P., & Jurich, J. A. (1991). Effects of solution focused therapy's "for-mula first session task" on compliance and outcome in family therapy. Journal of Marital and Family Therapy, 17, 277-290.

Bangert-Drowns, R. L. (1997). Some limiting factors in meta-analysis. In W. 1. Bukoski (Ed.), Meta-analysis of drug abuse prevention programs (NIDA Report No. 170, pp. 234-752). Rockyille, MD: National Institute on Drug Abuse.

Beyebach, M. (1998). European Brief Therapy Association Outcome Study: Research defini-tion. Retrieved December 4, 2009, from http://www.ebta.nu/sfbt-researchdefinition.pdf

[S]Beyebach, M., Rodriguez-Sanchdz, M. S., & Arribas de Miguel, J. (2000). Outcome of solution-focused therapy at a university family therapy centre. Journal of Systemic Therapies, 19(1), 116-128.

[K]Bozeman, B. N. (1999). The efficacy of solution-focused therapy techniques on perceptions of hope in clients with depressive symptoms. Unpublished doctoral dissertation, New Orleans Baptist Theological Seminary, New Orleans.

[M]Burr, W (1993). Evaluation der Anwendung losungsorientierter Kurztherapie in einer kinder- und jugendpsychiartischen Praxis [Evaluation of the use of brief therapy in a practice for children and adolescents]. Fami liendynamik, 18, 11-21.

Carlberg, C. G., & Walberg, H. J. (1984). Techniques of research synthesis. Journal of Special Education, 18, 11-26.

Chambless, D. L., & Hollon, S. D. (1998). Defining empirically supported therapies. Journal of Consulting and Clinical Psychology, 66, 7-18

[G,S,K]Cockburn, J. T., Thomas, E N., & Cockburn, 0. J. (1997). Solution-focused therapy and psychosocial adjustment to orthopedic rehabilitation in a work hardening program. Journal of Occupational Rehabilitation, 7, 97-106.

Cohen, J. (1988). Statistical power analysis for the behavioral sciences (2nd ed.). Hillsdale, NJ: Erlbaum.

[S]Conoley, C. W, Graham, J. M., Neu, T., Craig, M. C., O'Pry, A., Cardin, S. A., Brossart, D. E, & Parker, R. I. (2003). Solution-focused family therapy with three aggressive and oppositional-acting children: An N 1 empirical study. Family Process, 42(3), 361 -374.

[K]Cook D. R. (1998). Solution-focused brief therapy: Its impact on the self-concept of elemen-tary school students. Unpublished doctoral dissertation, Ohio University, Athens.

[S]Corcoran, J. (1997). A solution-oriented approach to working with juvenile offenders. Journal of Child and Adolescent Social Work, 14(4), 277-288.

Scorcoran, J., & Stephenson, M. (2000). The effectiveness of solution-focused therapy with child behavior problems: A preliminary report. Families in Society, 81(5), 468-474.

[M]de Shazer, S. (1985). Keys to solutions in brief therapy. New York: Norton.

[M]de Shazer, S. (1991). Putting differences to work. New York: Norton.

de Shazer, S., & Berg, I. K. (1997). What works? Remarks on research aspects of solution-focused brief therapy. Journal of Family Therapy, 19, 121-124.

[M]de Shazer, S., Berg, I. K., Lipchik, E., Nunnally, F., Molnar, A., Gingerich, W, & Weiner-Davis, M. (1986). Brief therapy: Focused solution development. Family Process, 25, 207-222.

Devine, E. C. (1997). Issues and challenges in coding interventions for meta-analysis of prevention research. In W J. Bukoski (Ed.), Meta-analysis of drug abuse (NIDA Report No. 170, pp. 130-146). Rockville, MD: National Institute on Drug Abuse.

Durlak, J. A., & Lipsey, M. W (1991). A practitioner's guide to meta-analysis. American Journal of Community Psychology, 19(3), 291-332.

[G,S,K]Eakes, G., Walsh, S., Markowksi, M., Cain, H., & Swanson, M. (1997). Family centered brief solution-focused therapy with chronic schizophrenia: A pilot study. Journal of Family Therapy, 19, 145-158.

[G]Franklin, C., Corcoran, J., Nowicki, J., & Streeter, C. (1997). Using client self-anchored scales to measure outcomes in solution-focused therapy. Journal of Systemic Therapies, 16, 246-265.

[K]Eranklin, C., Moore, K., & Hopson, L. (2008). Effectiveness of solution-focused brief therapy in a school setting. Children & Schools, 30, 15-26.

[K]Franklin, C., Streeter, C. L., Kim, J. S., & Tripodi, S. J. (2007). The effectiveness of a solu-tion-focused, public alternative school for dropout prevention and retrieval. Children & Schools, 29, 133-144.

[K]GallardoCooper, M. I. (1997). A comparison of three different home-school meetingformats conducted by mental health professionals. Unpublished doctoral dissertation, University of Florida, Gainesville.

[G,S]Geil, M. (1998). Solution-focused consultation: An alternative consultation model to manage student behavior and improve classroom environment. Unpublished doctoral disserta-tion, University of Northern Colorado, Greeley.

[S]Gensterblum A. E. (2002). Solution-focused therapy in a residential setting. Unpublished doctoral dissertation.

[M]George, E., Iveson, C., & Ratner, H. (1990). Problem to solution. London: Brief Therapy Press.

Gingerich, W J., & Eisengart, S. (2000). Solution-focused brief therapy: A review of the outcome research. Family Process, 39, 477-498.

Hedges, L. V. (1982). Estimation of effect size from a series of independent experiments. Psychological Bulletin, 92, 490-499.

[K]Huang M. (2001). A comparison of three approaches to reduce marital problems and symp-toms of depression. Unpublished doctoral dissertation, University of Florida, Gainesville.

^KIngersoll-Dayton, B., Schroepfer, T., & Pryce, J. (1999). The effectiveness of a solution-focused approach for problem behaviors among nursing home residents. Journal of Gerontological Social Work, 32, 49-64.

Kim, J. S. (2008). Examining the effectiveness of solution-focused brief therapy: A meta-analysis. Research on Social Work Practice, 18, 107-116.

Knekt, P., & Lindfors, O. (2004). A randomized trial of the effect of four forms of psycho-therapy on depressive and anxiety disorders (Studies in Social Security and Health 77). Helsinki, Finland: The Social Insurance Institution.

Knekt, P., Lindfors, O., Härkänen, T., Välikoski, M., Virtaja, E., Laaksonen, M. A., Marttunen, M., Kaipainen, M., Renlund, C., & the Helsinki Psychotherapy Study Group. (2008a). Randomized trial on the effectiveness of long- and short-term psychodynamic psycho-therapy and solution-focused therapy on psychiatric symptoms during a 3-year follow-up. Psychological Medicine, 38, 689-703.

Knekt, P., Lindfors, O., Laaksonen, M. A., Raitasalo, R., Haaramo, P., Itirvikoski, A., & the Helsinki Psychotherapy Study Group. (2008b). Effectiveness of short-term and long-term psychotherapy on work ability and functional capacity-A randomized clinical trial on depressive and anxiety disorders. Journal of Affective Disorders, 107, 95-106.

^{G,S}LaFountain R. M., & Garner, N. E. (1996). Solution-focused counselling groups: The results are in. Journalfor Specialists in Group Work, 21(2), 128-143.

^GLambert, M. J., Okiishi, J. C., Finch, A. E., & Johnson, L. D. (1998). Outcome assessment: From conceptualization to implementation. Professional Psychology: Research and Practice, 29, 63-70.

^SLee, M. Y. (1997). A study of solution-focused brief family therapy: Outcomes and issues. American Journal of Family Therapy, 25(1), 3-17.

^KLeggett, M. E. 5. (2004). The effects of a solution-focused classroom guidance intervention with elementary students. Unpublished doctoral dissertation, Texas A&M University-Corpus Christi.

^{G,S}Lindforss L., & Magnusson, D. (1997). Solution-focused therapy in prison. Contemporary Family Therapy, 19 (1), 89-103.

^{G,S}Littrell J. M., Malia, 1. A., & Vanderwood, M. (1995). Single-session brief counseling in a high school. Journal of Counseling and Development, 73, 451-458.

^MMacdonald, A. J. (1994a). Brief therapy in adult psychiatry. Journal of Family Therapy, 16, 415-426.

Macdonald, A. J. (1994b). European Brief Therapy Association Research Page. Retreived October 31, 1994, from http://www.ebta.nu/

^SMacdonald, A. J. (1997). Brief therapy in adult psychiatry-further outcomes. Journal of Family Therapy, 19, 213-221.

Macdonald, A. J. (2007). Solution-focused therapy: Theory, research and practice. London: Sage Publications.

^KMarinaccio, B. C. (2001). The effects of school-based family therapy. Unpublished doctoral dissertation, State University of New York at Buffalo.

Morris, S. B., & DeShon, R. P. (2002). Combining effect size estimates in meta-analysis with repeated measures and independent-groups designs. Psychological Methods, 7, 105-125.

^MMorrison, J. A., Olivos, K., Dominguez, G., Gomez, D., & Lena, D. (1993) The application of family systems approaches to school behaviour problems on a school-level discipline hoard: An outcome study. Elementary School Guidance & Counselling, 27, 258-272.

^SNelson, T. S., & Kelley, L. (2001). Qualitative research-solution-focused couples group. Journal of Systemic Therapies, 20(4), 47-66.

^KNewsome 5. (2004). Solution-focused brief therapy (SFBT) groupwork with at-risk junior high school students: Enhancing the bottom line. Research on Social Work Practice, 14, 336-343.

^MPerezGrande, M.D. (1991). Evaluacion de resultados en terapia sistemica breve [Evaluation of results in brief systemic therapy.]. Cuadernos de Terapia Familiar, [Family Therapy Notebooks], 18, 93-110.

Perry, P. D. (1997). Realities of the effect size calculation process: Considerations for beginning meta-analysts. In W J. Bukoski (Ed.), Meta-analysis of drug abuse prevention programs (NIDA Report No. 170, pp. 120-128). Rockville, MD: National Institute on Drug Abuse.

[G]Polk, G. W. (1996). Treatment of problem drinking behaviour using solution-focused therapy: A single subject design. Crisis Intervention, 3, 13-24.

Rosenthal, R. (1995). Writing meta-analytic reviews. Psychological Bulletin, 188, 183-192.

Rubin, A., & Babbie, E. (2005). Research methods for social work (5th ed.). Belmont, CA: Brooks/Cole-Thomson Learning.

[G,S,K]Seagram, B. M. C. (1997). The efficacy of solution-focused therapy with young offenders. Unpublished doctoral dissertation, York University, Toronto, Canada.

Smith, M. L. (1980). Publication bias and meta-analysis. Evaluation in Education, 4, 18-21

Smock, S. A., Trepper, T. S., Wechtler, J. L., McCollum, E. E., Ray, R., & Pierce, K. (2008). Solution-focused group therapy for level I substance abusers. Journal of Marital and Family Therapy, 34, 107-120.

[S,K]Springer, D. W., Lynch, C., & Rubin, A. (2000). Effects of a solution-focused mutual aid group for Hispanic children of incarcerated parents. Journal for Child and Adolescent Social Work, 17(6), 431-442.

Stams, G. J. J. M, Dekovic, M., Buist, K., & De Vries, L. (2006). Effectiviteit van oplossings-gerichte korte therapie: een meta-analyse [Efficacy of solution focused brief therapy: A meta-analysisi. Ti] dschrtft voor gedragstherapie, 39, 81-94.

[S]Stoddart, K. P., McDonnell, J., Temple, V., & Mustata, A. (2001). Is brief better? A modified brief solution-focused therapy approach for adults with a developmental delay. Journal of Systemic Therapies, 20(2), 24-40.

[G,S,K]Sundman P. (1997). Solution-focused ideas in social work. Journal of Family Therapy, 19, 159-172.

[G,S,K]Sundstrom, S. M. (1993). Single-session psychotherapy for depression: Is it better to be problem-focused or solution-focused? Unpublished doctoral dissertation, Iowa State University, Ames.

Task Force on Promotion and Dissemination of Psychological Procedures. (1995). Training in and dissemination of empirically-validated psychological treatments: Report and recommendations. Clinical Psychologist, 48, 3-23.

[G,K]Triantafillou N. (2002). Solution-focused parent groups: A new approach to the treatment of youth disruptive behavior. Unpublished doctoral dissertation, University of Toronto, Canada.

[K]Villalba J. A. (2002). Using group counseling to improve the self-concepts, school attitudes and academic success of limited-English-proficient Hispanic students in English-for-speakers-of-other-languages/English-as-a-second-language programs. Unpublished doc-toral dissertation, University of Florida, Gainesville.

Wampold, B. E. (2001). The great psychotherapy debate: Model, methods, and findings. Mahwah, NJ: Erlbaum.

Watzlawick, P, Weakland, J. H.,& Fisch, R. (1974). Change: Principles of problem formation and problem resolution. New York: Norton.

[K]Wettersten K. B. (2002). Solution-focused brief therapy, the working alliance, and outcome: A comparative analysis. Unpublished doctoral dissertation, University of Kansas, Lawrence.

[G,K,S]Zimmerman T. S., Jacobsen, R. B., Macintyre, M., & Watson, C. (1996). Solution-focused parenting groups: An empirical study. Journal of Systemic Therapies, 15, 12-25.

[G,K,S]Zimmerman T. S., Prest, L., A., & Wetzel, B. E. (1997). Solution-focused couples therapy groups: An empirical study Journal of Family Therapy, 19, 125-144.

第7章
SFBTにおける単一事例デザイン研究の系統的レビュー

ジョニー・S・キム

はじめに

　研究者やSFBTの臨床家たちは，さまざまな問題や人々に対するSFBTの効果に関して，肯定的な結果もあれば矛盾を示すような結果や否定的な結果もあると指摘している。効果研究のいくつかで行われている研究計画については，矛盾する結果や問題点が指摘されており，研究者や実践者やクライアントに，要約・整理し難い混乱した情報を与えている。SFBTに関する研究，あるいは本書の他の章でとりあげられた研究におけるさまざまな結果を検討するには系統的レビューやメタ分析が有効であろう。最近では，SFBTの有効性を検討する方法として，妥当性を低下させるような内的・外的要因を統制できる実験研究もしくは準実験研究が注目されている。一方で，総合的な考察やセラピーのモデルとしてSFBTが有効かどうかの評価を行っていないような単一事例デザインを用いたものが増えている。本章では，SFBTの使用に関する単一事例デザイン研究を見直し，PND法によって治療の有用性の指標を算出する。

これまで学んできたこと

　当初，調査は短期家族療法センターで行われ，自分たちが自身の目標を達成できたか，あるいは意味のある進歩を遂げたかということに関する，クライアントに対してのフォローアップ調査から構成されていた（DeJong & Hopwood, 1996）。しかしながらこれらの研究は方法論的に限界があり，より厳密な実験計画を用いるべきであると批判されていた。こうしたことから，1990年代，2000年代では，妥当性と信頼性を低下させる要因を統制するため，より実験的な研究計画を用い，サンプル数を増やした研究が増えた。ルービンとバビー（Rubin & Babbie, 2010）によれば，実験デザインあるいは準実験デザインは，サンプルを同質の2つの群（介入または何らかのプログラムを受ける治療群と統制群）に分け，独立変数の影響に関する仮説を検証するものである。統制群を用いてSFBTの有用性を検証する研究が

増えてゆく中で，ジンジャーリッチとアイゼンガート（Gingerich & Eisengart, 2000）は条件を統制した全ての効果研究について系統的レビューを実施した。レビューには，単一事例・反復測定デザインによる研究も含まれており，この研究や他の系統的レビューについては第6章でより詳細に説明されている。

単一事例デザインによる研究手法は，社会福祉学や心理学，教育学などの社会科学や行動科学の多くの領域で用いられてきた（Strain et al., 1998）。単一事例デザインの研究は，介入やプログラムを評価するのに，単一の個人あるいは少数の個人から得られた特定の結果を反復測定することで行う（Rubin & Babbie, 2010）。単一事例デザインは，臨床家や研究者が多くの参加者を用いた群間比較を行うことが不可能である場合に，代替手段として使用される。こうした手法では，群間比較を用いた研究とは異なり，各群の平均値の差を検定するというよりは，分析の単位として個人に着目し，個人内における変動性を検定する（Strain et al., 1998）。

単一事例デザインでは，介入の前，もしくは統制のためのプログラムが基本段階において導入される前に，反復測定が行われる。そうして介入の後に，介入直後に起こった変化を査定するため再び反復測定が行われる（Rubin & Babbie, 2010）。個人についての特定の成果を問うことを目的として得られた単一事例デザイン研究の結果を評価する最も一般的な方法は，データポイントの変化を確認するために，介入の施行前後におけるグラフデータの目視検査を行うことである。残念ながら，こうした視覚分析の手順は，しばしばグラフが曖昧で解釈しがたいことがある。目視検査のかわりになるものとしては，簡単に算出することができ，治療効果を測定する尺度となりうるPND法がある（Scruggs et al., 1987）。本章では単一事例デザイン研究から，SFBTの実証的エビデンスを調べるということを目的とし，単一事例デザイン研究に関する治療効果を判断する手段として，PND法を使用する。

調査方法

1984年から2006年までの間に公表された研究を対象に，PsycINFO, Academic Search Premier, Behavioral and Social Science Indexのデータベースの中で，「brief solution-focused brief therapy」「solution-focused brief therapy」「solution focused therapy, solution building」というキーワードを使用して（「outcome」「evaluation」というキーワードとの相互参照を行った）検索を行った。さらに，未刊行の論文についても，電子データベースであるUMI Dissertation Abstractを使用して，同じキーワード，期間で検索された。

データベース検索の結果，SFBTを用いている単一事例デザイン研究が8件ヒットした。研究は，それぞれが目標としている成果を問う問題に基づく3つのカテゴリーに分類された。つまり，(a) 家族やその関係性の問題，(b) 外在的問題行動，(c) 内在化された問題行動の3カテゴリーである。

比率に基づく効果量 (Percentage of Nonoverlapping Data: PND)

単一被験者のグラフ表示において，効果があった成果を系統的に分析するための一般的な手法の1つは，ベースライン期と処遇期にわたって重複するデータの比率を算出することである (Scruggs et al., 1987)。ベースライン期と処遇期の間の PND を算出することで，治療効果の指標が生み出される (Strain et al., 1998)。この研究にあたって著者は，PND を算出するために，ベースライン期における最も得点の高いデータを基準として，それを望ましい方向に上回っている処遇期のデータ数を一覧表にし，処遇期のデータ総数で割っている (Scruggs et al., 1987)。複数の被験者が同じ特定の尺度・指標に基づいて測定される場合には，比率の中央値をとった PND 得点が報告された。たとえば2人の被験者の PND 値であれば，2人の得点の平均値をその尺度・指標の中央値とする。ND 値が 90 以上であれば非常に高い効果のある治療であるということを示し，70-90 であれば中程度に効果のある治療，50-69 であればやや効果のある治療，そして 49 以下であれば効果のない治療であるということを示す (Mathur et al., 1998, ただし Strain et al., 1998 を引用)。

単一事例デザイン研究による結果は表 7.1 から 7.3 に示されている。しかしながら，PND を測定基準として用いている単一事例デザイン研究をメタ分析的に統合することは，その結果が誤解を招く恐れがあるため，また不正確であるという恐れがあるため，推奨されていない (Salzberg et al., 1987; Strain et al., 1998; White, 1987)。

単一事例デザインの結果

研究計画 | SFBT の効果を検討している 8 件の単一事例デザイン研究のうち，6 件 (75%) が論文審査のある学術雑誌に載っているものであり，2 件 (25%) は未刊行の学位論文であった。もっともよく見られた介入の水準は個人に対する介入であり，5 件の研究が見られた。残りは，小集団 (12.5%)，家族への介入 (12.5%)，カップル (12.5%) という水準の単一研究から構成されていた。

参加者 | 系統的レビューに含まれる 8 件の研究では，合計で 51 人の参加者について，SFBT の有用性を検証している。平均のサンプルサイズは 1 研究あたり 6.38 人の参加者で，1 人から 16 人までの範囲にあった。8 件の研究全てにおいて，参加者の平均年齢とその範囲が報告されている。報告された年齢は 8.5 歳から 45.0 歳までで，平均年齢は 24.2 歳であった。男女比に関しても，8 件の研究全てにおいて報告されている。男性の比率は 20%～100%で，平均すると 55.9%であった。女性の比率は 0%～80%で，平均すると 44.1%であった。

1 件の研究 (12.5%) においてのみ，参加者の民族性についての記載がなかった。他の 7 件においては民族性についての情報が記載されており，白人の平均比率が最も高く (M=74.2%)，次いでアフリカ系アメリカ人 (M=65.5%)，スペイン系アメリカ人 (M=62.0%) という値であった。アジア系アメリカ人，ネイティブ・アメリカン，もし

表 7.1　単一被験者デザインにおける外在的問題行動に関する研究結果

著者	対象者	サンプルサイズ	場面	セッション回数	使用尺度	PND値（中央値）
Polk（1996）	成人	1	従業員援助プログラム	6	断酒した日数	100%
					断酒した日数（縁者による報告）	100%
					出社報告	66.7%
Conoley ら（20003）	反抗的・攻撃的な子ども	3	不明	4-5	両親による日報：問題行動の頻度	0%
Franklin ら（1997）	青年	3	青少年ホームレス用シェルター	5	自記式尺度	100%
Franklin ら（2001）	児童	7	小学校	5-10	コナー教員用評定尺度：多動性	66.7%
					コナー教員用評定尺度：多動性指標	47.7%
					コナー教員用評定尺度：反社会性	81.3%
					コナー教員用評定尺度：行動上の問題	88.9%
					コナー教員用評定尺度：夢指標	60%
Yarbough（2004）	児童	6	小学校	5	宿題の遂行率	93.8%
					宿題の正答率	0%

表 7.2　単一被験者デザインにおける内在化された問題行動に関する研究結果

著者	対象者	サンプルサイズ	場面	セッション回数	使用尺度	PND値（中央値）
Jakes と Rhodes（2003）	妄想症状がある成人	5	不明	6	信念の比率	42.7%
					没頭の度合い	7.1%
					悩み事	0%
Franklin ら（2001）	児童	6	小学校	5	コナー教師用評定尺度：情緒的耽溺	66.7%
					コナー教師用評定尺度：不安の脆弱性	11.1%

表 7.3　単一被験者デザインにおける家族やその関係性の問題に関する研究結果

著者	対象者	サンプルサイズ	場面	セッション回数	使用尺度	PND値（中央値）
Nelson と Kelley（2001）	成人夫婦	5	不明	4	改訂版相互適応尺度	5.0%
					カンザス結婚満足度尺度	2.0%
Naude（1999）	成人夫婦	16	軍のクリニック	4-8	関係計測尺度	86.2%
					目標達成度	0%

くは「その他」を含む研究はなかった。

　場面｜研究のうち7件（87.5%）はアメリカ合衆国，1件（12.5%）は海外で行われた。8件のうち半数は，研究の詳細な場面について記載していなかった。2件（25%）は学校，1件（12.5%）は病院，そして他の1件（12.5%）は社会福祉機関にて行われた。セッションの平均回数は10回で，4回から37回までの範囲であった。

治療の忠実性 全ての研究において何らかの治療マニュアルや治療手順が用いられていたが，カウンセリングのセッションをビデオやオーディオで記録し，治療の忠実性を検証するための評定を行っていたものは3件（37.5%）のみであった。1件の研究のみが，経験のある熟練のカウンセラーと大学院の実習生との両方を治療の提供に起用しており，もう1件（12.5%）では熟練のカウンセラーのみを起用していた。3件の研究（37.5%）では大学院の実習生のみを起用しており，他の3件では誰が治療を提供したのかについて明確に記載していなかった。

外在的問題行動 単一事例デザインの研究において，外在的問題行動に対するSFBTの有用性を検証しているものが最も多かった。8件のうち5件は，出席報告から行動上の問題までに及ぶ外在的問題行動について測定していた。ポーク（Polk, 1996）では，従業員援助プログラムに参加している成人における，飲酒行動や出社率について検証している。PND法に基づく結果から，クライアントとその縁者の双方からの報告による飲酒を控えた日数に関しては，PND中央値100%であることが明らかになった。勤務日数に目を向けると，PNDの中央値は66.7%と算出されている。これらのPND得点から，アルコールの禁制に対しては高い効果があること，そして出社率に対しては中程度の効果があることがそれぞれ示唆された。

フランクリンら（Flanklin et al., 2001）による研究では，小学生に対して，コナーズ教師評価尺度（Conners Teacher Rating Scale）におけるいくつかの下位尺度を用いて，外在的問題行動に関する検証を行った。多動性指標におけるPND中央値は47.65%であり治療の効果がないと考えられる結果であったが，一方で同指標におけるPNDの得点は66.7%と，やや効果のある治療であると考えられる結果であった。白昼夢指標に関するPND中央値もまた60%と，やや効果があるという結果であった。反社会的な問題，そして行動上の問題の指標に関しても，どちらもPND中央値は81.3%から88.9%と，中程度に効果があるといえる範囲であった。

ヤーブロー（Yarborough, 2004）は，6名の小学生を対象として，宿題の遂行とその正答率に対するSFBTの有用性を調査した。この研究についてPNDを使用したところ，2つの問題行動に関して，矛盾する結果が見られた。宿題の正答率に関しては，PND中央値は0%であり効果がないという結果であったが，宿題の遂行に関しては93.8%と非常に効果のある治療であるという結果であった。

フランクリンら（Flanklin et al., 1997）では，3名の青年に対し，外在的問題行動を測定するためにクライアントの自己記入式の尺度を使用している。3名ともが，外在的問題行動について，SFBTのセッションを通して問題が変化することを望んでいると回答していた。この全員のPND中央値が100%であり，非常に高い治療効果を持っていたことが示唆された。

コノリーら（Conoley et al., 2003）による研究では，反抗的な攻撃行動があると診断された3名の子どもについて，その頻度に対する解決志向型アプローチの効果を

検証している。問題の頻度に関する両親の日報から得られた PND 中央値は 0% であり，治療効果はないと考えられる。これらの研究による結果は，表 7.1 にまとめたとおりである。

　内在化された問題行動｜2 つの研究（Flanklin et al., 2001; Jakes & Rhodes, 2003）において，内在化された問題行動に関する検証が行われていた。ジェイクスとローズ（Jakes & Rhodes, 2003）では，妄想で苦しんでいる 5 名の成人に関して，SFBT の有用性を調べている。PND 法に基づく結果から，PND 中央値は信念の比率に関して 42.7%，没頭の比率が 7.1%，悩みが 0% であった。3 つの全ての得点から，治療効果はないといえる。

　フランクリンら（Flanklin et al., 2001）では，内在化された問題行動についても，コナーズ教師評価尺度を用いて 7 名の学生に対して検証を行っている。PND 法に基づく結果から，不安に対する脆弱性の指標に関しては 11.1% であり，治療効果はないという結果であった。そのほか，情緒的耽溺の指標については，PND 中央値は 66.7% であり，やや効果のある治療法だと考えられる。これらの結果については表 7.2 を参照のこと。

　家族や関係性の問題｜ネルソンとケリー（Nelson & Kelley, 2001）の研究では，PND 法を使用して結婚満足度を調査した結果，改訂版相互適応尺度（Revised Dyadic Adjustment Scale: RDAS）における PND 中央値は 50%，カンザス結婚満足度尺度（Kansas Marital Satisfaction Scale: KMSS）における PND 中央値は 20% であった。マザーら（Mather et al., 1998）によって提案されたガイドラインを使用した結果，これらの PND 得点は，やや効果がある（RDAS）というものから効果がない（KMSS）というものまでに及んだ。

　ノーデ（Naude, 1999）の夫婦間問題に関する研究では，関係計測尺度（Relationship Thermometer Ratings）における PND 中央値は 86.2% であり，中程度に効果のある治療であると示唆された。しかしながら，目標達成に関する PND 中央値は 0% であり，効果がないという結果であった。これらの結果については表 7.3 を参照のこと。

実践のガイドライン

　単一被験者デザインの要約｜スクラッグスら（Scruggs et al., 1987）は，治療効果の指標を検証するためには，単一被験者のグラフにおいて，ベースライン期と処遇期にわたる重複データの比率を計算することを推奨している。単一被験者デザインの研究に対する 3 つの測定（前述した (a) 〜 (c) のこと）の結果に関しては，PND 法が多目的に使用されていた。外在的問題行動に対する治療としての SFBT の有用性に関しては，フランクリンら（Flanklin et al, 1997）の研究では 100% の PND を算出しており，このことから SFBT が非常に高い効果を持っていることが示唆された。ポーク（Polk,

1996)の研究もまた，100%の判定結果を示した2つと，やや効果がある66.7%という判定結果を1つ出している。ヤーブロウ（Yarbrough, 2004）の研究では，93.8%という非常に高い効果を示す結果と，0%という結果が提示された。フランクリンら（Flanklin et al., 2001）では，81.3%と88.9%という中程度に効果があることを示すPND値が2つ，66.7%と60.0%というやや効果があることを示すPND値が2つ，そして47.7%という効果がないことを示すPND値が1つ，提示された。コノリーら（Conoley et al., 2003）では，外在的問題行動に対して0%のPND値が示され，効果がないと考えられた。

内在化された問題行動に関しては，ジェイクスとローズ（Jakes and Rhodes, 2003）において出されたPNDによる3つの判定結果は全て，効果がないということを示す結果であった。フランクリンら（Flanklin et al., 2001）もまた，効果がないことを示す11.1%というPND値を提示しているが，もう1つの判定結果については66.7%という結果であり，やや効果があると考えられた。

最終的に，家族やその関係性の問題に関しても，内在化された問題行動の結果と似たような結果が見られた。ネルソンとケリー（Nelson and Kelley, 2001）では20%という効果がないことを示すPND値が1つ提示されているが，もう1つの判定結果については50%というPND値が示されており，やや効果があると考えられる。Naude（1999）の研究では，いくらかましな結果が見られ，1つは中程度に効果がある86.2%という結果，もう1つは0%で効果がないという結果であった。

総合すると，これらの単一事例デザインによる研究では，3つの測定について矛盾を含む結果が見られたが，外在的問題行動において最も有効なPND値が示された。しかしながら，これらの結果に基づいて，SFBTの有用性について決定的な結論を導き出すことに関しては注意が必要である。これらの結果は，研究デザインやレビューされた研究の数の少なさから，一般性に欠けるためである。むしろ，これらの結果はSFBTに実証的な基盤を与えることとなり，本書の他の章で考察されている他の実証的な研究や系統的レビューと相互に関連づけて考えられるべきである。たとえば，キム（Kim, 2008）によるメタ分析では，外在的問題行動については統計的に有意な結果が得られなかったが，本レビューでは，多くの研究の成果において，非常に効果があることを示すPND値が得られた。スタムスら（Stams et al., 2006）のメタ分析においても，外在的問題行動に関して同様に統計的に有意な結果が見られ，SFBTの有用性が一貫して支持されている。SFBTにおいてより多くの研究が行われることで，その有用性に関してより決定的な結論を導くことが可能になるだろう。

本研究の限界

単一事例デザインとPND法が研究を行う上で適切なアプローチとなりうる一方で，そこにはいくつかの限界もある。単一事例デザインでは主に，外的妥当性の低さと，

より大きな集団への一般化の可能性の低さが懸念される。1人もしくは数人のクライアントを対象とした研究から得られたが、良くなっているという結果は、必ずしも他のクライアントに当てはまるとは限らない。それは、これだけクライアントの数が少ないことと、個性的な特徴を持つサンプル集団の独特な性質によるものである（Rubin & Babbie, 2010）。また、実践者が織り込まれている研究デザインの実現可能性に関する懸念も存在する。たとえば、クライアントが危機状態の時や、実践者がかなりの件数のケースを扱っている場合、スーパーバイザーや機関が調査に協力してくれない場合や、クライアントが自己評価などに対して不快に思う場合などに、実現可能かということである（Gerdes et al., 1996; Rubin & Babbie, 2010）。加えて、スクラッグスら（Scruggs et al., 1987）によって詳しく考察されているように、PND法がそぐわないような独特なもしくは複雑なケースもある。

こうしたいくつかの限界があるにもかかわらず、本章では、自身のクライアントについて効果研究を行うことに興味を持った実践者のために、SFBTを学ぶためのもう1つの有用な研究デザインの手順を提供している。残念ながら、ソーシャルワーカーやある種のカウンセラーは、多くのサンプル数が得られないことや、統制群に対して積極的な治療を控えなければならないという懸念から、実践の中で共同研究を行う機会がなかなかない。しかしSFBTがいかに効果を持つかを評価することに興味を持った人は、自身のクライアントに関して単一事例デザインや視覚的な分析を用いることも可能であるし、PND値を算出することも結果の解釈を行う際に役立つだろう。

今後の研究

解決志向の実践者たちは、単一事例デザインの研究を通してSFBTの実証的な基盤を築く上で、重要な役割を果たす。このことは、エビデンスに基づく実践モデルの発展においても重要な一歩である、実践者が自分たちのクライアントとの臨床場面について評価するということの助けになるだけでなく（Gibbs & Gambrill, 2002）、SFBTの有効性を検証する新たな研究を生み出すことにも繋がる。また、複数の似たような結果を示す単一事例デザイン研究を集約することで、この研究法の結果の一般化への制約を弱めることができる。単一事例デザインを使用することは、実践者が管理上のもしくは倫理上の事情によってより厳密な無作為化、統制されたデザインを用いることが禁止されているような場所でクライアントを扱っているような場合に、代替案となり得るだろう（Rubin & Babbie, 2010）。単一事例デザインの柔軟性は、特に、自殺企図や自殺既遂のような複雑な問題に対処する際におけるSFBTの有用性を査定しようとする時などに役立つだろう。解決志向型の実践者たちが、単一事例デザインを使用し、PND値を算出している研究を提供してきたことは、SFBTの実証的な基盤を増大させることに繋がり、そのことは実践者だけでなく、最終的には彼らが向き合うクライアントの利益になるのである。

まとめ

- 5件の単一事例デザイン研究において，外在的問題行動に関して検証が行われていた。内在化された問題行動については2件，家族や関係性の問題については2件がそれぞれ検証を行っていた。
- 外在的問題行動に関して検証を行っていた研究のほとんどにおいて，非常に効果があることを示すPND値が算出された。
- 内在化された問題行動，家族や関係性の問題に関して検証を行っていた研究のほとんどにおいて，効果がない，もしくはやや効果があることを示すPND値が算出された。

さらなる学びのために

- Jones, W.P., Ed.D. 単一事例研究のウェブサイト：http://faculty.unlv.edu/pjones/singlecase/scsantro.htm
- Rubin, A. & Babbie, E. (2010). Research methods for social work (7th ed.). Belmont, CA: Brooks/Cole.
- Special Issue on single-case designs. Research on Social Work Practice Journal. (1996). 6(1), 5-129.

文献

Conoley, C. W, Graham, J. M., Neu, T., Craig, M. C., O'Pry, A., Cardin, S. A., Brossart, D. F., & Parker, R. I. (2003). Solution-focused family therapy with three aggressive and oppositional-acting children: An N = 1 empirical study. Family Process, 42, 361-374.

De Jong, P, & Hopwood, L. E. (1996). Outcome research on treatment conducted at the Brief Family Therapy Center, 1992-1993. In S. D. Miller, M. A. Hubble, & B. L. Duncan (Eds.), Handbook of solution-focused brief therapy (pp. 272-298). San Francisco: Jossey-Bass.

Franklin, C., Biever, J., Moore, K., Clemons, D., & Scamardo, M. (2001). The effectiveness of solution-focused brief therapy with children in a school setting. Research on Social Work Practice, 11, 411-434.

Franklin, C., Corcoran, J., Nowicki, J., & Streeter, C. (1997). Using client self-anchored scales to measure outcomes in solution-focused brief therapy. Journal of Systemic Therapies, 10, 246-265.

Gerdes, K. E., Edmonds, R. M., Haslam, D. R., & McCartney, T. L. (1996). A statewide survey of licensed clinical social workers' use of practice evaluation procedures. Research on Social Work Practice, 6, 27-39.

Gibbs, L., & Gambrill, E. (2002). Evidence-based practice: Counterarguments to objections. Research on Social Work Practice, 12, 452-476.

Gingerich, W, & Eisengart, S. (2000). Solution-focused brief therapy: A review of outcome research. Family Process, 39(4), 477-496.

Jakes, S. C., & Rhodes, J. E. (2003). The effect of different components of psychological therapy on people with delusions: Five experimental single cases. Clinical Psychology & Psychotherapy, 10, 302-315.

Kim, J. 5. (2008). Examining the effectiveness of solution-focused brief therapy: A meta-analysis. Research on Social Work Practice, 18, 107-116.

Mathur, S. R., Kavale, K. A., Quinn, M. M., Forness, S. R., & Rutherford, R. B. (1998). Social skills intervention with students with emotional and behavioral problems: A quantita-tive synthesis of single-subject research. Behavioral Disorders, 23, 193-201.

Naude, J. H. (1999). Evaluating the efficacy of solution-focused couple therapy using single case design. Unpublished doctoral dissertation, Georgia State University: Atlanta.

Nelson, I., & Kelley, L. (2001). Solution-focused couples group. Journal of Systemic Therapies, 20, 47-66.

Polk, G. W. (1996). Treatment of problem drinking behavior using solution-focused therapy: A single subject design. Crisis Intervention, 3, 13-24.

Rubin, A., & Babbie, E. (2010). Research methods for social work (7th ed.). Belmont, CA: Brooks/Cole-Thomson Learning.

Salzberg, C. L., Strain, P. 5., & Baer, D. M. (1987). Meta-analysis for single-subject research: When does it clarify, when does it obscure? Remedial and Special Education, 8, 43-48.

Scruggs, T. E., Mastropieri, M. A., & CasIo, G. (1987). The quantitative synthesis of single-subject research: Methodology and validation. Remedial and Special Education, 8, 24-33.

Stains, G. J., Dekovic, M., Buist, K., & de Vries, L. (2006). Effectiviteit van oplossingsger-ichte korte therapie; een meta-analyse (Efficacy of solution-focused brief therapy: A meta-analysis). Gedragstherapie (Behavior Therapy), 39(2), 81-94.

Strain, P. S., Kobler, F. W, & Gresham, F. (1998). Problems in logic and interpretation with quantitative syntheses of single-case research: Mathur and colleagues (1998) as a case in point. Behavioral Disorders, 24(1), 74-85.

White, O. R. (1987). Some comments concerning "the quantitative synthesis of single-subject research" Remedial and Special Education, 8, 34-39.

Yarbrough, J. L. (2004). Efficacy of solution-focused brief counseling on math assignment completion and accuracy in an elementary school. Unpublished doctoral dissertation, University of Tennessee: Knoxville.

第8章
外在的問題行動を持つ児童および青年への心理療法の効果に関するレビュー

ジャクリーン・コーコラン

はじめに

　本章の目的は，SFBT が青年期の外在的問題行動に対して適用しうるかどうかを論じることである。外在的問題行動には，攻撃的，反社会的，もしくは破壊的行動などの幅広い種類の行動が含まれており，DSM-Ⅳに拠れば，破壊的行動障害，注意欠如／多動性障害（ADHD），反抗挑戦性障害（ODD），そして素行障害（CD）（APA, 2000）が含まれる。

これまで分かっていること

　SFBT は約 15 年前から子どもと青年の問題行動に対して多くの研究で用いられてきた（Clark, 1997; Corcoran, 1997; Selekman, 1993, 1997）。SFBT のいくつかの側面はこの問題領域に理想的に合致している。第一に，クライアントの理想的なタイプ分けがある。問題行動を示す子どもは通常ビジタータイプであり（Selekman, 1993），彼らは，自分たちの周囲（両親，学校，裁判所）よりも自分の行動に関心を持っていない。言い換えれば，彼らはいち早く治療を終わらせようとしている。一方，子どもたちの親（そして教師）はコンプレイナントタイプである。親（教師）は子どもたちを問題とみなしており，子どもたち自身の変化を期待している。SFBT には，両方のタイプのクライアントと接する実践的方法論があり，言葉と質問を通して，クライアントの問題に対する見方，解決構築の可能性，そして，変化への期待を生み出していく（Berg & De Jong, 1996）。

　第二に，解決や未来に焦点を当てる点である。問題行動を持つ青年はしばしば失敗と災難に満ちた人生を体験している。青年の側にいる人たちは，青年の示す行動に苛立ち，また落胆している。SFBT のセラピストは問題のある過去を詳しく聞かないように努める。この治療モデルでは，問題を理解することは必ずしも問題を解決することにつながらないと考えている（DeJong & Berg, 2008）。かわりに，問題の例外に焦点を当てる。つまり青年が社会的に望ましい行動をした場面に焦点を当てる。

実はほとんど気づかれていないが，問題とされる子どもが親や教師の期待通りに望ましい行動をすることは日常生活の中に無数にある。SFBTでは，この例外に基づく解決の構築の方が現在の問題行動を止めたり変えたりすることよりも簡単であり，最終的にはより成果が上がり易いと考えている。また，SFBTでは，例外と共に，問題のない未来に方向づけることももう一つの主要な点としている。この方向づけは子ども，子どもの親，そしてその教師が現在の問題に捉われずに現状から抜け出す方法を想起させ易くする。SFBTでは，否定的な過去，問題，そして通常からの逸脱よりも今を肯定することやこれから解決することに焦点を当てている。

　第三に，SFBTは，援助者に肯定的で実施可能な援助プランを示しうる。ADHD，反抗挑戦性障害（ODD），そして，素行障害（CD）とされる青年と協力的な関係を持つのは，彼らのまとまらなさ，不注意，怒り，反抗によって，困難なものになり易い。SFBTで強調されるのは，短い時間の枠組みで達成可能で，かつ，よく定義づけられたゴールを設定することである。このゴールは長期間のセラピーでしばしば扱われる，比較的固定しており，人々の不変の特徴，たとえば，人格とは正反対の性質のものである（O'Hanlon & Weiner-Davis, 1989）。このゴール設定が，最も大きな変化を起こしうる，と考えられている（Cade & O'Hanlon, 1993）。たとえば，他人の物を破壊したり，他人を傷つけたりする青年は素行障害とされる青年よりも対応しやすい。また，教師に口答えする青年は反抗挑戦性障害とされる青年よりも扱い易い。そして，学校の宿題をやり損ねてしまう青年はADHDとされる青年よりも対処し易い。

　SFBTでは，小さく具体的な変化が新たな変化を産み出す，と考えている。この変化のプロセスは，子どもの問題行動の開始やその維持にも適用し得る。たとえば，問題行動を示す子どもを持つ家族が治療に来たとき，否定的なパターンがすでにでき上がっている。子どもが「動き出す」と，親はその子どもを否定的に視る。親はその否定的な視点からその子どもと会話をする。そして，子どもはこの親の視点と合致するように動くようになる。そして，この循環が続いていく。解決志向の治療では，このパターンを反転させて，肯定的な循環を導くことを目的にしている。親が視たいと思う特定の行動を子どもが行う。子どもの肯定的な行動は親から注目を受け，強化される。そうすると，親は子どもをより好意的に見るようになる。子どもは親の視方と合うように行動しようとする。そしてこの肯定的な循環が続いていく。

　SFBTではクライアントが自分たちの行動でトラブルにもはや巻き込まれないようにすることを主眼においており，そのために達成する必要のあるゴールを設定する。また，困難かつストレスの多い生活を今まで乗り越えてきたクライアントの強みやレジリエンスに焦点を当てる。

SFBTの介入

次に，SFBTのいくつかの技法を説明するために，クラリスという女性の事例を紹介しよう。クラリスはアフリカ系アメリカ人で17歳にして2歳の子どもがいる。クラリスの生育歴から，彼女が学校や家で規則に従わず，学校をずる休みし，成績が悪いことがうかがえた。彼女は現在オルタナティブスクールの9年生普通科ではない中学校3年生である。彼女は現在母親であるサマンサと自分のきょうだいたちと一緒に住んでいる。

セラピストが初めて彼女の家を訪ねたとき，サマンサはいたが，クラリスは予約した面接時間に現れなかった。サマンサは「私たちは電話をいつもかけるんですけど，彼女は電話を取らないの。本も読まないの。クラリスは自分のしたいことをしているの。この前，きょうだいの車に乗せてもらっていたとき，彼女は助手席からお金を盗んだのよ」と言った。

ここではまずジョイニングを行った。ジョイニングとは肯定的で相互協力的な関係を築くためにセラピストが用いる技法の一つである (Berg, 1994)。ジョイニングによってクライアントはセラピストと協働し易くなり，また変化し易くなる (Cade & O'Hanlon, 1993)。また，サマンサはコンプレイナントタイプのクライアントであると見立て，いくつかのSFBTの技法を使った。まず，コーピング・クエスチョンを使った。「何だかとても難しい状況ですね。どうやってこの状況に対処してきたのですか？」コーピング・クエスチョンによって，クライアントが困難に巻き込まれていることをセラピストが気づいている，ということをクライアントに伝える。また，困難な状況にもかかわらず，これらの状況に対処するために母親の強み（能力，技術，リソース）が活かされている，という考えも伝え，促している。この事例の場合，サマンサは他の子どもや孫を世話することに集中することで対処していると報告した。彼女は「私はクラリスを心配することに私の時間の全てを費やすことはできないわ。私たちは家族として一緒に何か楽しいことをするの。映画館やボーリングに行ったり，おもちゃのレーザーガンで撃ち合ったりしているの。もし彼女の気分が悪かったら，彼女を連れて行かないわ。彼女は全部を台なしにしてしまうから」と言った。

セラピストはコンプリメントを表すことによって，こういった強みを強化することができる。この事例の場合，セラピストは「ということは，あなたは他の家族メンバーに注目して，彼らへの世話が疎かにならないようにしているんですね」と言う。コンプリメントとは解決を見つけるためのプロセスの一部であり，ジョイニングによって始まる。

別の場面ではクライアントが他の生活場面で見せる強みにセラピストが気づくことを示している。クラリスをコンプリメントしている最中に，彼女の母親は彼女の妹がクラリスよりも気に入っているということを言った。「妹はまっすぐに成長しているわ。

チアリーディング部だし，学年もクラリスよりも上なのよ」。ここでセラピストはクライアントの言葉を使いながら，間接的なコンプリメントを表した。「妹をまっすぐ成長させるために妹にはどのように異なった方法で接してこられたんですか？」。間接的なコンプリメントでは，セラピストはただ単にクライアントにうまくやっていると伝えるよりも，あえて質問をし，彼女がうまくやるために使っていたクライアント自身のリソースや強みを自ら把握してもらうようにする（De Jong & Berg, 2008）。コンプリメントはクライアントが自分自身のためにリソースや強みを生み出し，それによって力づけられたという体験をしているときにより効果的である。自分自身が有能であるという視点は，自分の短所に対して不快な感情を抱くような視点よりも，変化をより導き易くなる。この例ではセラピストがクライアントと同じ言語，たとえば「まっすぐに成長する」を用いたことにも気づいておく必要がある。SFBTでは，クライアントが理解されたと感じ易いように，専門用語よりもクライアントの言語が使用される。

　コンプレイナントタイプのクライアントに対して，子どもの問題行動がいかに困難であるかということを明らかにし続けるかわりに，SFBTではクライアントを問題のない未来に方向づける。たとえば，「あなたの娘さんとどのようにやっていきたいですか？」という質問によって問題のない未来にクライアントを方向づける。クライアントが自分の娘に対して何を欲しているのかということを詳細に明らかにすることによって，サマンサは過去の問題に拘泥せずに，この問題のない未来に向けて動き出すことができる。

　サマンサが自分の娘との関係を「完璧」にしたいと言ったとき，セラピストはノーマライズとして，「青年や子どもと一緒に住んでいる生活（また人生というものは一般）に完璧というのは決してありえない」と伝えた。ノーマライズとは解決志向の手法の一つであり，人々の懸念を非病理化し，かわりに一般的な人生の困難さを伝える（Bertolino & O'Hanlon, 2002; O'Hanlon & Weiner-Davis, 1989）。

　このセラピストの質問に応えるように，サマンサは「いつ娘が嘘をつかないことがあったの。いつ娘が私たちのかける電話に出たの。娘は母親になろうとしているわ。けど一体どうやって？　私は彼女に聖書とか何かの本を読む必要があるって言うんです」。このとき，セラピストは否定的な行動がない状態よりも肯定的で具体的な行動がある状態を追求しなければならない。たとえば，サマンサは娘が嘘をつかないようになることを望んでいる。したがって，セラピストは以下のように質問できる。「どういったことに関して彼女に本当のことを言ってほしいとお考えですか？」「本当のことを伝えられたとしたら，あなたはどのように対応されますか？」

　SFBTでは，個人の特性ではなく個人の行動によって文脈が形成される，と想定している。この想定は以下のやりとりからもわかるだろう。「今後どのように対応されますか？」という質問に，サマンサは「私にも自分がどのように話しかけているのかわかりません」と答えた。相互作用の流れに着目した質問が再びセラピストの対応で見

られる。「彼女があなたの望むようにふるまっているときに，あなたはどのように話しかけているのですか？」。サマンサは「私たちはただ話しているだけで，冗談を言い合っているんです」と応えた。セラピストはより詳細を明らかにするために，「（そのとき）どんなことをあなたは話しているんですか？」「ということは冗談の感覚を共有しているわけですか？」「どんな種類の冗談を言い合うのですか？」などの質問が行い得るだろう。これらの質問はサマンサに娘との関係，そして娘自身についてより肯定的な側面に焦点を当てさせている，といえる。解決志向ではこの肯定的な側面を拡大し，現状で使用されているリソースを明らかにしていく事の方が，問題を起こさせないようにするよりも生産的であると考えている。

例外の発見というのは問題が起きない（もしくはそれほど切迫していない）ときや状況を特定することを意味しており，SFBTの最も重要な介入になる。

セラピストがやっとクラリスと会ったとき，問題について話すかわりに——クラリスが学校をさぼっていた頃——彼女が授業に出ていたとき，そしてそのときは何が違ったのかを取り上げた。それから，昔から続いているクラリスと元夫との関係について話し合った。

　　クラリス｜そうね。けど，今はよくなったわ。もっと話し合うようになったわ
　　セラピスト｜あなたはもっと話し合えるようになったんですね？ どうやってそんなふうに話しあえるようになったんですか？（間接的コンプリメント）
　　クラリス｜わからないわ。ただこれからどうなるのかについて話しているだけ。私は何でも態度が悪いのよね。他のことで腹を立てていて，それを彼に八つ当たりしてしまうの。みんな，私の態度が悪い，って言ってるわ。

「態度」についての話を聞いている際，セラピストは外在化の方法を使った。「態度が悪い」ということはクラリスに病理的な特性がある，とみなすことになる。そうではなく，セラピストはかわりに変化し得るものという意味で外に表れた対象外在物という概念を使って，態度の話を組み直した。考え得るいくつかの質問として以下のようなものがある。「あなたはどんなときに悪い態度がコントロールできるのですか？」「どんなときにあなたはそういったものをコントロール可能な状態になるんですか？」「悪い態度に対して我慢することができ，そして，それがあなたの関係の中に入り込まないようにすることができるのはどんなときですか？」

一旦クライアントが見つけたゴールについて進みだし——そして進み続けると——，終結へと向かっていく。SFBTの終結では，これまで形成されたゴールへの推進力がより新たな変化を生むためにどういった方法があるのかをクライアントに特定してもらうように方向づける。この事例の終結では，サマンサは孫に対する養育権を一時的なものから永続的なものに変える計画を立てた。クラリスはアルバイトをしており，大卒資格を取るために勉強している。サマンサは「周りの人たちの助けがなければ，ここまでできるなんて思わなかったわ」と言っている。セラピストはサマンサに

彼女が自分や家族のために必要な知識を十分詳しく持っていることを確認した（「これまでのなかで一番役に立ったのは何ですか？」と聞き，サマンサに答えてもらう）。また，これまでどのように対処してきたのかについても詳しく知っていることを確認した（「さまざまな支援サービスをあなたはどのように使われてきたのですか？」と聞き，サマンサに答えてもらう）。サマンサは「娘と話すことが上手くなってきたわ。娘が声を張り上げるとき，私は彼女に落ち着くように言っているの」と言っている。

方法

SFBT の治療効果に関する研究について，最近 2 つの文献研究が行われた。コーコランとピライ（Corcoran, Pillai, 2009）は 1985 年から 2006 年にかけて行われた実験もしくは准実験の研究についてレビューを行った。これらの研究ではクライアントの満足度以外が治療効果の指標として定義されている。このレビューは英語で発表されたものに限定されている。SFBT に関するメタ分析は最近キム（Kim, 2008）によっても行われている。研究に統制群もしくは比較群が含まれていることが分析する条件になっている。また，未公刊の研究（博士論文）もいくつか含まれている。

結果

コーコランとピライ（Corcoran, Pillai, 2009）のレビューでは，10 個の研究のうちの 3 つが子どもの外在的問題行動に焦点を当てている。表 8.1 にこれら 3 つの研究の詳細を示した。効果量は標準化された平均値の差によって計算された（Lipsey & Wilson, 2001）。しかし，これらの研究では治療効果の構成概念が異なるため，効果量の平均値は求められなかった。

キム（Kim, 2008）は外在的問題行動，内在的問題行動，そして人間関係に関する治療効果をそれぞれ別々にまとめている。したがって，外在的問題行動を扱った研究には子ども（Franklin et al., 2007, 2008; Newsome, 2004; Seagram, 1997; Triantafillou, 2002）と成人や老人を対象にした研究とが混在している。コーコランとピライ（Corcoran, Pillai, 2009）同様に，キム（Kim, 2008）はこれらの研究手法の質が低いことを示している。子どもの問題行動に関する研究への評価は 3 から 5 にある（6 段階の評定で）。研究がこのような水準で検討されているので，子どもの外在的問題行動が SFBT の結果としてどの程度良くなったかはよくわからない。総じて，キム（Kim, 2008）のレビューにおける外在的問題行動に関する効果量は低く，統計的には 0 と有意に異ならなかった。

興味深いことにコーコランとピライ（Corcoran & Pillai, 2009）とキム（Kim, 2008）のメタ分析では重複する研究が全くなかった。後者の方は公表されていない博士論文や印刷中の論文を含んでおり，フランクリンら（Franklin et al., 2008）の研究は Corcoran と Pillai がレビューした際にまだ公表されていなかった。コーコランとピライ

表 8.1　コーコランとピライ（Corcoran, Pillai, 2009）における
青年の外在的問題行動についての記述

著者/対象者	介入	デザイン 対象者の数	治療効果	効果量
Corcoran（2006） 素行障害とされる子ども	ソーシャルワーカーもしくは大学院生による家族療法（平均5回）	非無作為治療群と対照群 N=83	Connorsの親評定尺度：子どもへの愛情，態度と行動の尺度	d=0.178
Littrell et al.（1995） 学校で問題があるとされる10代の青年	スクールセラピストによる1回の個人面接	無作為治療群と対照群 2週間から6週間後の追跡調査 N=61	学生の心配事の変化；目標が見つかった，学生の感情の激しさが和らいだ	d=0.172 d=0.113
Zimmerman et al.（1996） 思春期の子どもと葛藤関係を経験している親	夫婦・家族療法を学ぶ大学院生によるグループセラピー（平均6回）	無作為治療群と対照群 N=42	養育スキル尺度の総合得点；家族強度の総合得点	d=0.632

（Corcoran, Pillai, 2009）のレビューでは，統制群もしくは対照群を持たないと言う理由で外された研究も一つある（i.e., Newsome, 2004）。フランクリンら（Franklin et al., 2008）の研究や，他のより新しい SFBT が扱った外在的問題行動に関する効果研究については 16 章を参照してほしい。

研究から示唆される臨床ガイドライン

　結論として，SFBT の研究は少なく，そして子どもの外在的問題行動を単独で集めた研究はほとんどない。したがってここで示せる臨床実践ガイドラインはほとんどない。SFBT の研究の基盤が非常に少ないことを一般的に弁護する理由として，特に青年の外在的問題行動について，いくつか示されている（Corcoran & Pillai, 2009）。第一に解決志向の視点では，初めて会った際のいくつかの質問によって治療的介入が始められる。たとえば「ここに来たことが成功だったということにあなたが気づくためにはここで何が起こる必要があるでしょう」，という質問である。対照的に，治療効果を評定するために使用されるほとんどの指標は問題志向である。したがって，問題志向のアセスメントの時間は SFBT の強みに焦点を当てるということとずれてしまうだろう。しかし，4 章で示されているように，強みに焦点を当てた指標を用いれば，SFBT の今後の研究では治療効果の研究デザインが理論的方向性と合致し，問題の解消についても示し得るようになるだろう。

　解決志向のセラピーに研究が欠けている 2 つ目の理由として，セラピーの簡潔さに焦点を当てている，ということも考えられる。標準化された指標で査定する場合，数回のセッションが査定面接となるが，その査定面接ではほとんど変化が見られない，という議論もある。加えて，クライアントに一定の標準的な時間枠で治療に参加してもらうように依頼することは解決志向のセラピーの持つ哲学と相反するだろう。解決志向のセラピーでは，たとえ 1 回の面接であっても，クライアントは自分自身の

ために，どれくらい面接を続けるかを選択することができるとしている。5章で示されているような，より頻繁で，かつ，簡潔な評定尺度はこういった評定の問題を改善するのに役立つだろう，もちろん，それで全てが解決するわけではないが。

恐らく，研究が乏しいことの最大の理由は，SFBTの起源が社会構築主義であるということにある。社会構築主義の立場からすれば，現実の知識というのは社会的な相互作用によって構築されると考えられる（Berg & DeJong, 1996）。この認識論的な見方はしばしばSFBTの研究に関する一時しのぎの理由として参照されている。しかし，10章で社会的共同構築に関する基礎的実験をレビューしている点からも，解決志向のアプローチがコミュニケーションに関する実験研究に基礎をおいていることは明らかであり，SFBTの社会構築主義的な方向性は実証的に支持されている。言語を通して他者と認識を共有したり，対話を行ったりすることは現実が形作られていく方法でもあり，SFBTによる変化の過程に必須のものである（de Shazer, 1994）。社会構築主義者の変化の過程全てを実証主義的な手法で把握することは困難なことかもしれない。しかし，前の章で説明されているように，SFBTにおける数量的な手法や治療効果の研究は現れてきており，このことはSFBTによる外在的問題行動の治療効果の研究はさらに行うことが可能であることを示している。

今後の研究

青年の外在的問題行動を扱ったSFBTの研究がもっと多く行われることを今後の研究全般に期待している。SFBTの今後の研究では以下に示す点を含んで，研究手法としてより厳密であるよう努めておく必要がある。

・SFBTを受けた群と受けなかった群の群分けを無作為化すること
・適切な標本の量を集めること
・標準化された測定指標を使用すること
・SFBTの治療法に則ったものであることを指標として示すこと
・追跡調査による指標を入れること

この点に関して少なくともいくつかの大規模な研究が行われるまでは，メタ分析を用いて数量的に研究を統合することも困難だろう。また，アメリカ心理学会によって実証的に支持されている治療法としてSFBTを提示することも同様に困難だろう。これらの二通りのことがエビデンスに基づいた治療として確立されたことを示す最優先の方法である。

研究者には，学生がしばしば治療者になっている，という事実を鑑みることも期待したい。コーコランとピライ（Corcoran, Pillai, 2009）のレビューした多くの研究や青年の外在的問題行動を扱った3つの研究のうちの2つで，学生が治療を行っていた。治療法に則っていることの一般的な議論と重要さについては他の章で記されてい

るだろうし，第3章でより詳細に論じられている。恐らく，資格を持った精神保健の専門家は学生よりも SFBT の治療効果が良いだろう。そのため，今後の研究では大学を卒業して SFBT を行う訓練をきちんと受けている専門家を治療者として含めていくべきだろう。

覚えておくべき主要な知見

- SFBT は青年の外在的問題行動に対して個人療法，集団療法，そして家族療法として適用されてきた。SFBT はこういった対象者に対していくつかの利点があるにもかかわらず，外在的問題行動の領域についての研究はほとんどない。
- この領域に関して SFBT が証拠に基づいた治療方法である，というためにはより厳密な方法論に基づいた研究が求められる。

さらなる学びのために

- SFBT の発祥の地，ウィスコン州ミルウォーキーの短期家族療法センター http://wwwpsyctc.org/mirrors/sft/bftc.htm
- ヨーロッパでの短期療法を支援し，毎年学術会議を行うことを目的としている組織，ヨーロッパ・ブリーフセラピー協会 http://www.ebta.nu
- 北米におけるヨーロッパ・ブリーフセラピー協会にあたる組織として，解決志向ブリーフセラピー協会 SFBTA : http://www.sfbta.org

文献

American Psychiatric Association (2000). Diagnostic and statistical manual of mental disor-ders (4th ed., Text Revision). Washington, DC: Author.

Berg, I. K. (1994). Family-based services: A solution-focused approach. New York: Norton.

Berg, I. K., & De Jong, P. (1996). Solution-building conversations: Co-constructing a sense of competence with clients. Families in Society, 77, 376-391.

Bertolino, B., & O'Hanlon, B. (2002). Collaborative, competency-based counseling and therapy. Boston, MA: Allyn & Bacon.

Cade, B., & O'Hanlon, W. H. (1993). A brief guide to brief therapy. New York: Norton.

Clark, M. D. (1997). Interviewing for solutions. Corrections Today, 59(3), 98-102.

Corcoran, J. (1997). A solution-oriented approach to working with juvenile offenders. Child and Adolescent Social Work Journal, 14, 277-288.

Corcoran, J. (2006). A comparison group study of solution-focused therapy versus "treat-ment-as-usual" for behavior problems in children. Journal of Social Service Research, 33, 69-82.

Corcoran, j., & Pillai, V. (2009). A review of the research on solution-focused therapy. British Journal of Social Work, 39, 234-242.

De Jong, P., & Berg, I. K. (2008). Interviewing for solutions (3rd ed.). Pacific Grove, CA: Brooks/Cole.

de Shazer, S. (1994). Words were originally magic. New York: Norton.

Franklin, C., Moore, K., & Hopson, L. (2008). Effectiveness of solution-focused brief therapy in a school setting. Children & Schools, 30, 15-26.

Franklin, C., Streeter, C., Kim, J., & Tripodi, S. (2007). The effectiveness of a solution-focused, public alternative school for dropout prevention and retrieval. Children and Schools, 29, 133-144.

Lipsey, M., & Wilson, D. (2001). Practical meta-analysis. Thousand Oaks, CA: Sage Publications.

Littrell, J., Malia, J., & Vanderwood, M. (1995). Single-session brief counseling in a high-school. Journal of Counseling & Development, 73, 451-458.

Kim, J. (2008). Examining the effectiveness of solution-focused brief therapy: A meta-analysis. Research on Social Work Practice, 18, 107-116.

Newsome, W S. (2004). Solution-focused brief therapy (SFBT) groupwork with at-risk junior high school students: Enhancing the bottom-line. Research on Social Work Practice, 14, 336-343.

O'Hanlon, W. H., & Weiner-Davis, M. (1989). In search of solutions: A new direction in psychotherapy. New York: Norton.

Seagram, B. (1997). The efficacy of solution-focused therapy with young offenders. Unpublished dissertation, York University, Toronto, Canada.

Selekman, M. (1993). Pathways to change. New York: Guilford Press.

Selekman, M. (1997). Solution-focused therapy with children. New York: Guilford Press.

Triantafillou, N. (2002). Solution-focused parent groups: A new approach to treatment of youth disruptive behavior. Unpublished doctoral dissertation, University of Toronto, Canada.

Zimmerman, T. S., Jacobsen, R. B., Macintyre, M., & Watson, C. (1996). Solution-focused parenting groups: An empirical study. Journal of Systemic Therapies, 15. 12-25.

第9章
SFBTでは
いったい何が効いているのか？
変化のプロセスについての研究レビュー

ジェイ・マッキール

> 1970年代初頭，私（ド・シェイザー）がブリーフセラピーの実践をはじめる頃まで，私の研究の問いは，「セラピストはいったいどんな役に立つことをしているのだろうか」であった。1980年代に入ると，わたしたちの問いは，「クライアントとセラピストはいったいどんな役立つことを一緒にしているのだろうか？」へと変化した。
> ——ド・シェイザーとバーグ（de Shazer and Berg, 1997, p.122）

はじめに

　変化のプロセスに関する研究は，SFBTの発展において極めて重要な役割を担っている。まさにこれらの研究によってド・シェイザー率いるBFTCチームは，既存の問題焦点化セラピーモデルから脱却し，新たなセラピーアプローチ——解決志向短期療法——の幕を開けたからである。

　本章は，BFTCチームによる変化のプロセスに関する諸研究の要約である。SFBTにおける変化のプロセス研究は，「技法」「クライアントの楽観主義」「クライアント・セラピスト関係」といういわゆる心理療法の成否を左右する3要素（Duncan et al., 2010; Lambert, 1992; Norcross, 2002）の探求へと向けられている。第1節では，SFBTの技法である「治療前の改善を尋ねる」「前提のある質問」「ミラクル・クエスチョン」「初回面接公式」「セッション間の変化」「スケーリング・クエスチョン」「ソリューション・トーク」に関する研究がレビューされている。セラピストにとってこれらの研究は，特定の技法に対する大多数のクライアントの反応を学ぶことができるという点で役に立つ。第2節ではSFBTをクライアントがどのように体験しているかについての研究が報告されている。

SFBTの技法に関する諸研究

　心理療法の技法研究では考慮すべき重要な事柄がある。1つ目は，技法の効果は，セラピストの技能，技法がいつ使われるか，技法にクライアントの状況がフィットしているか，治療目標，パーソナリティ，ニーズ，動機づけ，感情状態，成育歴など，多くの要因によって左右される可能性があるということ。2つ目は，技法は意図

した目的を達成させる一方で，逆に効果をもたらさなかったり，悪影響を及ぼすことさえあるということ。3つ目は，技法が役立たないという知見を，研究者は研究論文として発表しようとしないこと，あるいは雑誌編集者もまたそれを世に出そうとしない可能性があるということである。

以降は，技法に関する研究のいくつかを順に紹介していく。

治療前の変化

SFBT では，初回面接の最初のほうで「セラピーを受けるまでの間に，すでに起こっている変化はどのようなことですか」と治療前の好ましい変化を質問する (de Shazer, 1985, 1988)。アルグードら (Algood et al., 1995) は，200名中 30% のクライアントが治療前の好ましい変化を報告したと述べており，ハワードら (Howard et al., 1986) は 2,400 名中 15% のクライアントが治療前の重要な変化を報告したと述べている。またある研究では治療前の好ましい変化を語ったクライアントの多くは，セラピーを見事に終結まで至らせていることを示している (Beyebach et al., 1996; Jonson et al., 1998)。治療前の好ましい変化は，セラピストに問われてはじめて語る傾向にあるとの知見もある (Kindsvatter, 2006; Mckeel & Weiner-Davis, 2009)。

治療前の変化の質問の効果は，クライアントの能力やリソースにセラピストが焦点を当てることでもある。それはまた，クライアントの楽観主義を促し，状況がすでに改善していることに気づくことで治療動機を高めるものでもある。そして治療目標を達成するために，クライアントがどんなことを続けてきたかを見極めるのにも役立つものだと言える。

前提のある質問

「かつてうまくいったことをあなたはなさいましたか」という質問がある。これは「前提のある質問」と呼ばれるものであり，過去のうまくいった状況を持ち合わせていないことは絶対に無いことを暗に示すものである。前提のある質問は，クライアントの中に能力，成功，可能性が備わっているという事実を発見しやすくさせ，希望をもたらすための介入として用いられるものである (Macmartin, 2008; O'Hanlon & Weiner-Davis, 1989)。

ワイナー・デイビスら (Weiner-Davis et al, 1987) は初回面接の冒頭で 30 名のクライアントに対して「セラピーの予約時と初回面接の間に，すでに状況が変化しているという報告が数多くなされています。あなたの状況で気づくことはどのようなことですか？」という治療前の変化を前提とする質問を行った。そのうち 20 名が治療前の好ましい変化や問題の改善を語ったと報告している。上記の追試研究 (Lawson, 1994; MacKeel & Weiner-Davis, 2009) においても，さらに多くのクライアントである 60% 以上で，治療前の変化が報告されている。ジョンソンら (Johnson et al., 1998) は前提のある質問を含む質問紙を治療前に行った結果，53 パーセントが改善を報告したとの結果を得ている。一方，マックマーチン (MacMartin, 2008) は，前提のある質

問は，時としてクライアントに，セラピストがきちんと聴いておらずクライアントの状況を理解していないのではないかという感覚にさせるとの知見を得ている。セラピストは，前提のある質問を使う前に，クライアントの問題を正確に把握しておかなければならないと言えよう。

ミラクル・クエスチョン

SFBTのセラピストの多くは初回面接時にミラクル・クエスチョン（DeJong & Berg, 1998）を用いる。この技法はSFBTのなかで最も治療的な技法であるとの評価もある（Skidmore, 1993）。ミラクル・クエスチョンに対する答えは，将来どのようになりたいか，問題が解決したらどんなことが起こるかを特定するので，セラピーの道標となる（de Shazer, 2002）。これは治療目標を明確にするため，希望をもたらすため，クライアントが例外に気づきやすくするためなどを意図して行われる（de Shazer & Dolan, 2007）。

実際にダイン（Dine, 1995）はミラクル・クエスチョンが，具体的で，関係的で，情緒的な変化という広範囲の反応を引き出しやすいという結果を得ている。またクライアントとの面接後のインタビューからは，治療の目標を創造し明確化するのを助けてくれること，目標達成の方法を特定するのを助けてくれることが確証されている（Ishwood & Regan, 2005; Shilfs et al., 1994）。回答後はより希望あふれる感覚になったとの結果も得られている（Dine, 1995; Shilts, 1997）。ナウ（Nau, 1997）とシルツ（Shilts, 2000）は，熟練したSFBTのセラピストの初回面接を観察し，ミラクル・クエスチョンをより効果的にするための4要素として，（1）協働性，（2）例外の探索，（3）共感や状況理解，（4）非誘導性を挙げている。これらによって質問への理解が早まり，協働的になり，回答がより詳細になる。

一方，少数事例を扱った以下の3つの研究では，ミラクル・クエスチョンの限界が報告されている。エストラダとベイバッハ（Estrada & Beyebach, 2007）は，聴覚障害者にとっては答えるのが困難であること，ボウルズ（Bowls et al., 2001）は，終末期の病にあるクライアントは，状況の達成可能な改善ではなく，病気の奇跡的な回復に焦点を当てる傾向にあること，ロイドとドロス（Lloyd & Dollos, 2008）は，重度の知的障害を伴う子どもを持つ母親とその家族にとっては，奇跡という言葉は混乱をきたし不適切な印象を伴うことを示した。以上よりクライアントや臨床的状況によっては質問の言い換えが必要であり，特に奇跡という言葉がセラピーの会話を脱線する場合には注意すべきといえる。しかしながら，ド・シェイザーはしばしば事例報告のなかで，クライアントが究極の困難さや壁に直面しているときにこそミラクル・クエスチョンが有効である例を示している（de Shazer, 2002; de Shazer & Dolan, 2007）。ド・シェイザーはミラクル・クエスチョンを単独の質問では用いず，セラピストが尋ねる質問の中の多様な質問過程で用いるが（de Shazer, 2002），上記3つの研究報告は，セラピストがミラクル・クエスチョンを単独で用いたのか多様な質問過程で用いたのか

は明らかではない。

初回面接公式

「今日から次回お会いするまでの間に，あなたに観察してきてほしいことがあります。これからも続いてほしいどんなことがあなたに（家族に，人生に，結婚生活に，関係に）起こったかを観察し，次回報告してください」（de Shazer, 1985）。SFBT では初回面接の最後にこのような宿題をクライアントに課す。これは良い変化は必ず起こるという希望をもたらし，例外や改善点に気づけるようにし，目標達成のために新たな行動を促すことを意図して行われる。第二回目の面接の冒頭では望ましい変化のデータを集め，その情報をクライアントが解決につなげられるようにしていく。ド・シェイザー（de Shazer, 1985）は，56 名のうち 89% が初回と第二回面接の間に肯定的で価値ある何かが起こったと報告し，82% がこれからも続いてほしい新しくて今までとは異なる何かが起こったと報告し，57% が，状況が好転したとの結果を得た。

アダムら（Adam et al., 1991）は，解決志向の初回面接公式を課されたクライアントからは，より確実な課題遂行，治療目標の明確化，改善点の報告がなされる傾向にあることが示された。一方，問題焦点化セラピーにおいては，治療目標の達成への期待の高さ，意欲の高さが特徴的であることも示された。期待についてはジョーダンとクイン（Jordan & Quinn, 1994）では解決志向でより高い傾向が示されている。加えて解決志向の初回面接をより生産的で肯定的なものと評価するとの結果も示されている。ミレーとインク（Mireau & Inch, 2009）は，SFBT 経験をインタビューしたところ初回面接時の課題について「実際自分がうまく対処できているということを発見し，自分の力に気づかされた」との報告を引き出している。

どんないいことがありましたか？

二回目以降の面接では，面接の冒頭で「前回いらっしゃった時からどんないいことがありましたか」と尋ねる（de Shazer, 1994）。ロイタロフ（Reuterlov et al., 2000）はクライアントの 76% が，面接と面接の間に何らかの改善が見られたとの結果を示している。

スケーリング・クエスチョン

スケーリング・クエスチョン（de Shazer, 1994）は，SFBT のセラピストによってもっとも頻繁に用いられている技法である（Skidmore, 1993）。研究協力者のクライアントによってはミラクル・クエスチョンより有益であると評価しているものもいる。エストラダとベイバッハ（Estrada & Beyebach, 2007）は，スケーリング・クエスチョンを，クライアントにとってより理解しやすいものであり，治療目標の達成や状況改善に気づくのを助けてくれるものだと説明している。ロイドとダロス（Lloyd & Dallos, 2008）は，SFBT の中でもっとも役に立つものだと断定している。研究協力者のあるクライアントは「私が 1 点と感じていることもあれば 4 点や 5 点と感じていたこともあったと気づかせてくれた。比較的よいときのことを思い出させてくれた」とコメントを寄せている。

ソリューション・トーク

ソリューション・トーク (de Shazer, S., 1991, 1994) とはクライアントと共に変化と解決についての会話をセラピストが創造するという技法である。クライアントの答えをよく聴き取り，つながりのよい別の質問をし，将来の進展へと向かうためにその反応を拡大し，構築していくものである (de Shazer & Dolan, 2007)。

ギングリッチ (Gingrich et al., 1988) は，セラピストの初回面接を検討し，クライアントがプロブレムトークと比べてソリューション・トークに対して異なる反応——セラピストが変化について尋ねるならばよりクライアントも変化について語るということ——を発見した。研究当時はいまだBFTCでは，初回面接では大方プロブレムトークを，2回目以降で変化について語るという方法がとられていたが，本研究はその後の初回面接のあり方をがらりと変えることにつながった。

トモリとバーベラス (Tomori & Bavelas, 2007) はSFBTのセラピストと来談者中心療法のセラピストを会話分析で比較した。SFBTのセラピストは，圧倒的に多くの質問 (29対1) と4倍の肯定的な発話に特徴的であった (44対11)。ガレとニューフィールド (Gale & Newfield, 1992) はビル・オハンロンの夫婦面接を会話分析し，質問に対する配偶者それぞれの反応を，ソリューションとして活用していることを示している。その他多くの研究でセラピストとクライアントのソリューション・トークの関連が示されている (Bonse, 2005; Speicher-Bocija, 1999)。またある研究では，ソリューション・トークが治療的帰結とどのような関連があるかを調査した。シールド (Shield, 1991) は初回面接のソリューション・トークの量が，クライアントの継続面接に関連しており，中断ではなく終結の方向に向かう傾向にあることを示した。コーコラン と イブリー (Corcoran & Ivery, 2004) もまたソリューション・トークと面接の終結と関連を指摘している。

SFBTをクライアントがどのように体験しているか？

SFBTとクライアントの楽観主義

上記で概観した研究のいくつかでは，SFBTの技法はクライアントの希望や治療目標の達成への期待を増大するということを示している (Corcoran & Ively, 2004; Dine, 1995; Jordan & Quinn, 1994, 1997; Shilt et al., 1997)。本節では，SFBTがいかにクライアントの楽観主義に影響を与えるかをより一般的に探求した2つの研究をレビューする。

ボーズマン (Bozeman, 1999) は52名のクライアントをSFBTと問題焦点化アプローチかのいずれかに割り当てた。研究協力クライアントに面接後にインタビューをしたところ，SFBT群では，治療目標の達成へのより高い期待を報告している。クイックとギッゾ (Quick & Gizzo, 2007) は，SFBTグループセラピーを受けたクライアントは，彼らの置かれた状況についてより希望を抱かせるモデルであると評価している。ある

研究協力クライアントは，問題への解決とは何かをこう述べている。「おそらくすでに知っていて，実行可能で，手中にある日々の小さな勝利の積み重ねのことなのかもしれない。たとえそれがいかに小さかろうと，うまく行っていることを続けるだけなのである」と。

SFBTにおけるクライアント・セラピスト関係

シモンとネルソン（Simon & Nelson, 2004）はSFBTを終結した91名のクライアントにセラピストの何が役立ったかをインタビューした。53名がセラピストのアプローチ（例：質問，テクニック，宿題）と答え，12名が励ましとフィードバックと答えた。残りの約25%は，問題について話すことが有益であったと報告した。面接VTRのフォローアップ分析では，セラピストとクライアントは初回面接の15.5%（平均41.3分中，7.4分）を問題について話し合い，継続面接では，それは1.4分にまで減少した。これよりクライアントにとって問題について話すことに多大なる時間を費やすことは必ずしも必要ではないと考察されている。

研究協力のクライアントは，SFBTをポジティブな雰囲気と能力に焦点を当てることだとし，それを好ましく感じており（Mireau&Inch, 2009; Morno, 1998），セラピストに対しては励まし手であり協同的であると感じており（Batzel, 1997; Lloyd & Dallos, 2008），サポート，確認，肯定的な焦点化を評価し，エンパワリングなものであると評価し（Lee, 1997; Shilts et al., 1994），クライアントのスキルや達成をセラピストによって認められた事実に感謝している（Lloyd & Dallos, 2008）

セラピストのサポート，問題について語り合う機会，セラピストからのフィードバック，支援については，問題焦点化セラピーとSFBTでは違いがなく（Speicher-Bocija, 1999），治療的同盟にも違いがないことが示さている（Jordan & Quinn, 1994）。

ある特定のやり取りが解決につながることも示されている。コワロックら（Kowalok, 1997）は，SFBTの会話分析において「セラピストは何が起こっているかに敏感であり，彼／彼女のイエス・セットを待ち，それに適切に反応し，タイミングに注意をはらい，彼／彼女の行為と合わせる」ことを示しており，ベイバッハとカランザ（Beyebach & Carranza, 1997）は，クライアントの直前の反応にセラピストの質問や反応が密接に関連しているときに，もっとも解決に向かう傾向を発見した。

逆にベイバッハとカランザ（Beyebach & Carranza, 1997）は，クライアントの会話を邪魔したり会話が重なるときに治療を辞める傾向にあることを示した。ベイバッハ（Beyebach et al., 1996）はドロップアウトが多いのは，情報収集過程，セラピストが支配的で統制的であるとクライアントが経験しているときであることを発見した。ソリューション・トークは直接的な指導をするわけではなく質問を強調しているのであるが，アドバイスや示唆をセラピストが与えたときにクライアントはそれを高く評価するという研究もある（Lloyd & Dallos, 2008）。

マクドナルド（MacDonald, 2003）はある精神保健センターでソリューション・トー

クに関わる実験を実施している。問題について一切聴かずにSFBTの技法を試みたところ，クライアントからは聴いてもらえていない，理解してもらえていないと批判的な感想が寄せられたものの，興味深いことに同センターで伝統的なSFBTを受けたものと帰結としては同じであったとのことである。

その他，ウェッターステン（Wettersten et al., 2005）は，治療における作業同盟はSFBTでは一貫して非常に高いことなどを示している。

課題と展望

変化のプロセスに関する研究からわれわれは有益な知見を得ることができるにもかかわらず，研究の数は概して少ないと言える。技法を使ったとしたら，それをいつ，どのように，誰に対して用いるのが適切かについては十分研究しつくされていない。クライアントから見た技法の意義に関しての研究もいまだ少数と言える。治療的関係の役割を理解するための実験や質的調査はいまだ不足しており，有益な治療同盟を作るためにどうしたらよいかを検討するのも課題である。

今後期待される研究の展開としては，本章で紹介された研究の追試研究や確証研究，いつ，どのように，どのクライアントに技法を用いるかについての量的・質的調査，新しい技法の開発と洗練（Bischoff et al., 1996），治療的課題についての前提のある質問の調査，多様なクライアントと協働した多元質問技法としてのミラクル・クエスチョンの使用とその検討，特殊で困難な臨床的な状況におけるミラクル・クエスチョンの効果とその改良，本章で紹介されていないコーピング・クエスチョンや，面接中のブレイク，チームの使い方などの面接形式，課題などの研究が期待される。また子どもに対する臨床研究なども意義がある（Berg & Steiner, 2003）。また助言や指示の効果的役割，SFBTのアイデアを公的相談機関による受理手続きに導入し統合するための研究，電話予約時にあらかじめ今後も続いてほしいどんなことが初回面接前までに起こったかを尋ねておくこと（Guterman, 1998），SFBTの技法が他の治療モデルの中にどのようにフィットするか，SFBTはクライアントにとってどんな経験であったかに焦点を当てた調査などが期待される。

多くの研究ではクライアントは，聴いてもらえて理解してもらえたという感覚が重要であると報告している。しかしながら，マクドナルド（MacDonald, 2003）とウェッターステン（Wettersten et al., 2005）の研究では，クライアントの満足度と密接な治療関係は，好ましい帰結を達成させるには必要ではないかもしれないということを示している。クライアントの帰結，聴いてもらえて理解してもらえたという感覚，治療への満足度，セラピストとの関係は，4つの別個の調査変数と言えるかもしれない。これら4変数の関連を扱うさらなる研究が，SFBTの発展と実践を拡大すると言えるだろう。

文献

Adams, J. F., Piercy, F. P., & Jurich, J. A. (1991). Effects of solution-focused therapy's "formula first session task" on compliance and outcome in family therapy. Journal of Marital and Family Therapy. 17. 277-290.

Aligood, S. M., Parham, K. B., Salts, C. J., & Smith, T. A. (1995). The association between pretreatment change and unplanned termination in family therapy. American Journal of Family Therapy, 23, 195-202.

Batzel, U R. 5. (1997). Exploration of session perceptions in the words of clients and therapists, Blacksburg, VA: Unpublished doctoral dissertation, Virginia Polytechnic Institute and State University.

Berg, I. K., & Steiner, T (2003). Children's solution work. New York: Norton.

Beyebach, M., & Carranza, V. E. (1997). Therapeutic interaction and dropout: Measuring relational communication in solution-focused therapy. Journal of Family Therapy, 19, 173-212.

Beyebach, M., Morejon, A. R., Palenzuela, D. L., & Rodriguez-Arias, J. L. (1996). Research on the process of solution-focused therapy. In S.D. Miller, M. A. Hubble, & B. L. Duncan (Eds.), Handbook of solution-focused brief therapy (pp. 299-334). San Francisco: Jossey-Bass.

Bischoff, R. J., McKeel, A. J., Moon, S. M., & Sprenkle, D. H. (1996). Systematically develop-ing therapeutic techniques: Applications of research and development. In D. H. Sprenkle & S. M. Moon (Eds.), Research methods in family therapy (pp. 429-443). New York: Guilford Press.

Bonsi, E. (2005). An empirical investigation of the usefulness of solution talk in solution-focused therapy. Unpublished doctoral dissertation, University of Nebraska-Lincoln.

Bowles, N., Mackintosh, C., & Torn, A. (2001). Nurses' communication skills: An evaluation of the impact of solution-focused communication training. Journal ofAdvanced Nursing, 36, 347-354.

Bozeman, B. N. (1999). The efficacy of solution-focused therapy techniques on perceptions of hope in clients with depressive symptoms. Unpublished doctoral dissertation, New Orleans Baptist Theological Seminary.

Corcoran. J., & Ivery, J. (2004). Parent and child attributions for child behavior: Distinguishing factors for engagement and outcome. Families in Society: The Journal of Contemporary Social Services, 85, 101-106.

De Jong, P., & Berg, 1. K. (1998). Interviewing for solutions. Pacific Grove, CA: Brooks/Cole.

de Shazer, S. (1985). Keys to solution in brief therapy. New York: Norton.

de Shazer, S. (1988). Clues: Investigating solutions in brief therapy. New York: Norton.

de Shazer, S. (1991). Putting differences to work. New York: Norton.

de Shazer, S. (1994). Words were originally magic. New York: Norton.

de Shazer, S. (2002). Less is more: The discipline of brief therapy. Presented at the Psychotherapy Networker Conference, Washington, DC.

de Shazer, S., & Berg, I. K. (1997). "What works?": Remarks on research aspects of Solution-Focused Brief Therapy. Journal of Family Therapy, 19, 121-124.

de Shazer, S., Dolan, Y., with Korman, H., Trepper, T., McCollum, E., & Berg, I. K. (2007). More than miracles: The state of the art of solution-focused brief therapy. New York: Hawthorn Press.

Dine, K. R. (1995). Visions ofthefuture: The miracle question and the possibility for change. Unpublished doctoral dissertation, Boston: Massachusetts School of Professional Psychology.

Duncan, B. L., Miller, S. D., Wampold, B. E., & Hubble, M. A. (Eds.). (2010). The heart and soul of change: Delivering what works in therapy (2nd ed.). Washington, DC: American Psychological Association.

Estrada, B., & Beyebach, M. (2007). Solution-focused therapy with depressed deaf persons. Journal of Family Psychotherapy, 18, 45-63.

Gale, J., & Newfield, N. (1992). A conversational analysis of a solution-focused marital therapy session. Journal of Marital and Family Therapy, 18, 153-165.

Gingerich, W J., de Shazer, S., & Weiner-Davis, M. (1988). Constructing change: A research view of interviewing. In E. Lipchik (Ed.), Interviewing (pp. 21-32). Rockville, MD: Aspen.

Guterman, J. T, (1998). Identifying pretreatment change before the first session. Journal of Mental Health Counseling, 20, 370-374.

Howard, K. I., Kopta, S. M., Krause, M. S., & Orlinsky, D. E. (1986). The dose-effect relationship in psychotherapy. American Psychologist, 41, 159-164.

Isherwood, K., & Regan, S. (2005). Solutions not problems: Improving outcomes in an integrated mental health rehabilitation service using a solution-focused brief therapy approach. Social Work and Social Sciences Review, 12, 53-71.

Johnson, L. N., Nelson, T. S., & Allgood, S. M. (1998). Noticing pretreatment change and therapeutic outcome: An initial study. American Journal of Family Therapy, 26, 159-168.

Jordan, K. B., & Quinn, W H. (1994). Session two outcome of the formula first session task in problem- and solution-focused approaches. American Journal of Family Therapy, 22, 3-16.

Jordan, K. B., & Quinn, W H. (1997). Male and female client perception of session two outcome of the problem- and solution-focused approaches. Family Therapy, 24, 23-37.

Kindsvatter, A. (2006). Factors associated with counseling client perceptions of contributions to pretreatment change. Kent, OH: Unpublished dissertation, Kent State University.

Kowalik, Z. J., Schiepek, G., Roberts, L. E., & Elbert, T. (1997). Psychotherapy as a chaotic process II. The application of nonlinear analysis methods on quasi time series of the cli-ent-therapist interaction: A nonstationary approach. Psychotherapy Research, 7, 197-281.

Lambert, M. J. (1992). Implications of outcome research for psychotherapy integration. In J. C. Norcross & M. R. Goldstein (Eds.), Handbook of psychotherapeutic integration (pp. 94-129). New York: Wiley-Interscience.

Lawson, D. (1994). Identifying pretreatment change. Journal of Counseling and Development, 72, 244-248.

Lee, M. Y. (1997). A study of solution-focused brief family therapy: Outcomes and issues. American Journal of Family Therapy, 25, 3-17.

Lloyd, H., & Dallas, R. (2008). First session solution-focused brief therapy with families who have a child with severe intellectual disabilities: Mothers' experiences and views. Journal of Family Therapy, 30, 5-28.

Macdonald, A. J. (2003). Research in Solution-focused brief therapy. In B. O'Connell & S. Palmer (Eds.), Handbook of solution-focused therapy (pp. 12-24). London: Sage Publications.

MacMartin, C. (2008). Resisting optimistic questions in narrative and solution-focused therapies. In A. Perakyla. C. Antaki, S. Vehvilainen, & I. Leudar (Eds.), Conversational analysis and psychotherapy (pp. 80-99). New York: Cambridge University Press.

McKeel, A. J., & Weiner-Davis, M. (2009). Presuppositional questions and pretreatment change: A further analysis. Unpublished manuscript.

Mireas, R., & Inch, R. (2009). Brief solution-focused counseling: A practical effective strat-egy for dealing with wait lists in community-based mental health services. Social Work, 14, 63-70.

Monro, C. C. (1998). Solution-focused brief therapy: A process-outcome study of positively oriented interventions. Langley, BC: Unpublished doctoral dissertation, Trinity Western University.

Nau, D. S. (1997). Before the miracle: The optimum use of the solution-focused miracle ques-tion. Fort Lauderdale-Davie, FL: Unpublished doctoral dissertation, NOVA Southeastern University.

Nau, D. S., & Shilts, L. (2000). When to use the miracle question: Clues from a qualitative study of four SFBT practitioners. Journal of Systemic Therapies, 19, 129-135.

Norcross, I. C. (2002). Psychotherapy relationships that work: Therapist contributions and responsiveness to patient needs. New York: Oxford University Press.

O'Hanlon, W. H., & Weiner-Davis, M. (1989). In search of solutions: A new direction in psychotherapy. New York: Norton.

O'Hanlon, W H., & Wilk, 1. (1987). Shifting contexts: The generation of effective psychother-apy. New York: Cuilford Press.

Quick, E. K., & Gizzo, D. P (2007). The "doing what works" group: A quantitative and qualitative analysis of solution-focused group therapy. Journal of Family Psychotherapy, 18, 65-84.

Reuterlov, H., Lofgren, T., Nordsbrom, K., Ternstrom, A., & Miller, S. D. (2000). What is better? A preliminary investigation of between-session change. Journal of Systemic Therapies, 19, 111-115.

Shields, C. C., Sprenkle, D. H., & Constantine, J. A. (1991). Anatomy of an initial interview: The importance of joining and structuring skills. American Journal of Family Therapy, 19, 3-18.

Shilts, L., Flippino, C., & Nau, D. 5. (1994). Client-informed therapy. Journal of Systemic Therapies, 13, 39-52.

Shilts, L., Rambo, A., & Hernandez, L.(1997). Clients helping therapists find solutions in their therapy. Contemporary Family Therapy, 19, 117-132.

Simon, J., & Nelson, T. (2004). Results of last session interviews in solution focused brief therapy: Learning from clients. Journal of Family Psychotherapy, 15, 27-45.

Skidmore, J. F. (1993). A follow-up of the rapists trained in the use of the solution-focused briej therapy model. Vermillion: Unpublished doctoral dissertation, University of South Dakota.

Speicher-Bocija, J. D. (1999). Comparison of the effect of solution-focused and problem-focused interviews on clients' immediate verbal responses. Akron, OH: Unpublished doctoral dissertation, University of Akron.

Tomori, C., & Bavelas, J. B. (2007). Using microanalysis of communication to compare solution-focused and client-centered therapy. Journal of Family Psychotherapy, 18, 25-43.

Weiner-Davis, M., de Shazer, S., & Gingerich, W J. (1987). Using pretreatment change to construct a therapeutic solution: An exploratory study. Journal of Marital and Family Therapy, 13, 359-363.

Wettersten, K. B., Lichtenberg, J. W, & Mallinckrodt, B. (2005). Associations between work-ing alliance and outcome in solution-focused brief therapy and brief interpersonal therapy. Psychotherapy Research, 15, 35-43.

第10章
実験室と面接室をつなぐ
マイクロ分析・共同構築・SFBT

ジャネット・ビーバン・バーベラス

　本章では，対面の会話場面でのコミュニケーションは話し手と聞き手のコラボレーションによって成立することを示した実験研究を紹介する。また，対話のマイクロ分析を用いることで，SFBTの面接場面での話し手と聞き手のコラボレーションの様子を詳細に明らかにする。

背景

　SFBTでは，言語をはじめとするコミュニケーションは話し手と聞き手がコラボレーションすることで成立するという側面を重要視してきた（たとえば，de Shazer & Berg, 1994; De Jong & Berg, 1998, 2002, 2008）。また，セラピー内でのコミュニケーションに関しては，対面上の対話について多くの知見が蓄積されてきた（Bavelas & Chovil, 2000, 2006; Bavelas et al., 1997; Chafe, 1994; Clark, 1996; Fillmore, 198; Garrod & Pickering, 2004; Goodwin, 1981; Levinson, 1983; Linell, 2005）。しかしこれらの知見は，心理学や心理言語学以外の領域ではあまり知られていない。そのため，応用コミュニケーション学のカリキュラムやコミュニケーション・コースでは，「コミュニケーションは学ぶべきもの」という前提に基づいてトレーニングが行われている。ところが本章で示す通り，対面上の会話は人間の行動のなかで最も技術を要する高度なものでありながら，人々が何らトレーニングを受けることなく自然かつ最も効率的なかたちで行っているものである。本章は，この点を実証した実験研究，および臨床実践における対話のマイクロ分析の知見を紹介する。

コラボレーションモデルとは

　会話のコラボレーションモデル（たとえば，Clark, 1992, 1996）とは，会話は話し手と聞き手の共同の行為であり，話し手と聞き手が共に情報を作り出すと考えるモデルである。コラボレーションモデルでは，話し手と聞き手がコラボレーションして，その瞬間ごとに相互の理解を確かめていく。このモデルは，構成主義の思想と独立して発展してきたが両者には共通点が多い。たとえば，社会構成主義（たとえば，

Berger & Luckmann, 1966) とコラボレーションモデルは，いずれも対話でのやりとりに焦点を当てており，意味とは対話のプロセスによって形成され，維持されると考えている。

このコラボレーションモデルに対して，従来から提示されてきたモデルが独立モデルである。この独立モデルでは，各個人を独立した存在とみなし，会話をモノローグのように扱う。聞き手は，話し手が提供した情報を注意深く聞くだけの単なる受け身の存在とされ，話し手と聞き手がかわるときに，それぞれが役回りを交替するものとみなす。このような独立モデルや本質主義的な視点に基づくとき，会話は，単に考えを伝達するためのパイプのメタファーでたとえられる (Lakoff & Johnson, 1980; Reddy, 1979)。すなわち，考えは言葉のなかに含まれているもので，お互いの心がコミュニケーション（＝パイプ）を通じて行き来していると見なされる。こうした考え方は，積極的傾聴のなかに暗に前提として存在している。積極的傾聴とは，クライアントの語りを伝え返したり，繰り返すことであり，クライアントが語った意味を変えることなく送り返すことが重要であるという考えである。この積極的傾聴とパイプのメタファーは，私たちのコラボレーションモデルや構成主義の考え方と大きな隔たりがある。

スタンフォード大学の言語使用研究グループの知見

クラークの理論と実験研究のプログラムでは，コラボレーションモデルを支持する知見が提示されてきた（たとえば，Clark, 1992, 1996; Schober, 2006; Schober & Brennan, 2003)。以下では2論文を要約して紹介し，コラボレーションモデルの枠組みと特徴を述べる。

クラークとウィルケス・ギブス (Clark & Wilkes-Gibbs, 1986) ｜この研究では，表現することが難しいものをどのように説明するかという対話課題を用いた実験を行い，マイクロ分析の手法を用いて分析している。実験では，被験者のペア（話し手と聞き手）はタングラムカード（図10.1）をそれぞれ渡され，パーテーション越しにやりとりをする。このとき，お互いに相手のカードを見ることはできないが，その点以外は不自由なくやりとりができる。各ペアは，話し手が説明する順に聞き手が12枚のカードを並べるよう教示される。カードには名前がないので，話し手は説明する方法について一から考えなければならない。この課題は，各ペアあたり6回繰り返し行われた。分析の結果，話し手が正しい情報を持っているにもかかわらず，彼らが一方的に自分で説明を続けるわけではないことが明らかになった（例1）。また，回を重ねるごとに話し手と聞き手が一緒に説明を作り出していることが分かった（例2）。

例1

話し手1｜えーと，次のは，何かを運んでいる人です。左にくっついています。くっついているものは，上下がさかさまの帽子みたいです。

聞き手1｜今回も左を向いている人ですか？

図 10.1　全タングラムカード図形（Clark & Wilkes-Gibbs, 1986 and Schober and Clark（1989））

話し手 1｜ええ，左を向いています，その通り。
聞き手 1｜分かりました。(Clark & Wilkes-Gibbs, 1986, p.23)

例 2

話し手 2｜
1 回目｜それでは，次の図ですが，アイススケートをしている人のようです。ただ，両手が前にありますが。
2 回目｜えーと，次の図は，2 本の腕があるアイススケートをしている人ですかね？
3 回目｜4 番目の図は，2 本の腕のあるアイススケートをしている人です。
4 回目｜次の図は，アイススケーターです。
5 回目｜4 番目の図はアイススケーターです。
6 回目｜アイススケーターです。(Clark & Wilkes-Gibbs, 1986, p.12)

　対話が進むにつれて，それぞれのペアは 2 人で共有された短い言葉を使い始めている。このプロセスは，しばしば同化と呼ばれ，セラピーを含めて多くの対話で見受けられるものである。なお，セラピーでの同化は，誰の言葉が選ばれるのか，という点にとりわけ多くの関心が払われる。

　スコーバーとクラーク(Schober & Clark, 1989)｜ところで対話場面では，聞き手は 2 種類の異なる機能をもつ存在に分けられる (Clark & Wilkes-Gibbs, 1986)。一つは，話し手とやりとりをする聞き手 addressee である。もう一つは，ただ話し手の語りを聞くだけで，話し手と話をしない聞くだけの聞き手 overhearer である。スコーバーとクラークは，先述したタングラムカードの課題で，この 2 種類の聞き手役を設定して対話実

験を行った。その結果，やりとりをする聞き手は聞くだけの聞き手よりも有意に課題の成績が良いことが示された。やりとりをする聞き手は，2回目のテストまでに正答率が平均で100％近くに達したが，聞くだけの聞き手は最後の回のテストでさえもうまく正答することができなかった。この実験でやりとりをする聞き手と聞くだけの聞き手は，ともに話し手から同じ説明を聞いており，さらに聞くだけの聞き手は，話し手がやりとりをする聞き手にした説明とやりとりをする聞き手が行った対話を全て聞いていた。それにも拘わらず，やりとりをする聞き手のほうが成績が良かったのである。それでは，なぜ聞くだけの聞き手の成績は良くなかったのだろうか。この疑問に答えるヒントは，共通理解のための確認作業にある。この実験で聞くだけの聞き手は，独立モデルで示されたようにあくまで聞き役に徹して振る舞わなければならなかった。すなわち，彼らは受け身で情報を受け取るだけの存在であり，対話を作るプロセスに寄与できなかった。そのため，自身の理解も確認できず，ついには課題がやりづらくなってしまった。それに対してやりとりをする聞き手は，話し手とやりとりをすることが可能であり，単なる受け身の聞き手以上に相互理解を達成することができたのである。いわば，彼らは，「話し手と聞き手が個々に独立してふるまうことを越えて，お互いにコラボレーションする。その瞬間ごとに言われたことや，理解したことを確かめる」ことができたのである（Schober & Clark, 1989, p.211）。このプロセスが，共通理解のための確認作業と呼ばれるものである。全ての対話がなされている間，共通の理解のための確認作業は以下に示すように瞬間的で絶え間なく行われている。

例3
1. 話し手1｜3番目は，本を左手に持って読んでいる人です。
（話し手が情報を提示する）
2. 聞き手1｜分かりました。立っている感じですか？
（聞き手は，話し手の情報を受けて，自分の理解を示す）
3. 話し手1｜そうです。
（話し手は，聞き手の理解について，把握する）（Clark & Wilkes-Gibbs, 1986, p.22）

ヴィクトリア大学のマイクロ分析グループ

私たちは，コラボレーションに関するモデルとして統合メッセージモデル（integrated message model）（Bavela & Chovil, 2000, 2006）に基づいて研究を行ってきた。この統合メッセージモデルとは，対話に参加する人々は，話し言葉に加えて特定の目に見える形で示される発話に関連した行動（ハンドジェスチャーや表情，視線）を伴って対話していると考えるモデルである。目に見える形で示される非言語行動は，タイミングと意味の両面で，そのときの話し言葉と正確に調和される[2]。こうした非言語行動はしばしば単独で情報を伝えたり，言葉の意味を補い，対話の理解に不可欠なものである。

このモデルは，初期の相互作用システム理論（Watzlawick et al., 1967, 第4, 5章）

で用いられている用語とは異なっている。ワツラウィックらの相互作用システム理論は，表面的には相互影響の言語的な側面に特化して焦点をあてた理論であるため，言語行動のみならず特定の非言語行動を合わせて解明するには新しいモデルが必要になる。なお，われわれの研究は，パーテーション越しの対話についての実験ではなく，対面状況での対話に関するものであることも付言したい。

バーベラス，コータスとジョンソン（Bavelas, Coates, and Johnson, 2000a）　この研究では，話し手と聞き手のコラボレーションについて，パーテーションを用いずに，ペアが対面で対話をする実験が行われた。対話内容については，クラークらが用いたような話し手と聞き手の協力が前提になる課題（受信の成功という共通した明確な目的がある課題）ではなく，共有している知識と明確な目的がない課題（話し手が過去に本当にあった危機一髪体験について話してもらうこと）であった。危機一髪体験とは，何かの危機に遭遇しながらも，最終的には事なきを得たという体験である（たとえば，車やスキーの事故，卒業の試験に落ちそうになったことなど）。聞き手は，話を聞くまでその内容を知らないため，ただ聞くことしかできないという状況である。私たちは，次のように仮説 a，b を立てた。

仮説 a　ただ話を聞くことしかできない聞き手でも，目に見える形，耳に聞こえる形で対話に貢献しているだろう。

分析では対話のマイクロ分析を用いて，聞き手が話し手の語りに対して行ったほぼ全ての反応を特定した。その反応は，一般反応と特殊反応である。前者は，うなずきや「ふーん」「ええ」などの反応を指し，語りのどの部分でも見られ，話し手が語る内容に関係のないものである（例 4）。後者は，話し手が何か起こったかについて話し始めたときに示される反応などである（例 4a）。

（聞き手の反応は［　］内に示す）

例 4 〈一般反応〉
話し手 4　えっと，私はヘッドボードがついたシングルベッドを持っていまして，
［やりとりをする聞き手は，文末の部分で「うん，うん」と言いながら頷き，注意深く見る］
話し手 4　それで，私はクリスマスなのでライトを付けました。
［やりとりをする聞き手は，文末の部分でわずかに頷く］
話し手 4　ランプはヘッドボードの上に置いておきました。
［やりとりをする聞き手は，文末の部分でわずかに頷く］

例 4a 〈特殊反応〉
話し手 4　それで，私はライトをつけっ放しにしていたんだと思います。
［やりとりをする聞き手は，微笑むのを止め，眉毛が上がり，心配そうな表情をする］
話し手 4　そして，ライトはものすごく強く熱くなってしまいました。
［やりとりをする聞き手は，唇を噛む］

聞き手の特殊反応は，話し手がその瞬間に話す内容に深く関連している。たとえば，話し手が危機の結末について話し始めると，聞き手は話し手を不安そうに見つ

めて，心配そうな様子をみせた。これらの反応は，危機にいたる前置きを語る部分や，全てが事なきを得た後の話をしているときは適切ではない。なお，聞き手の一般反応と特殊反応は，いずれも音声的ではなく視覚的なものであり，話し手の語りと同時に生起することが多い。こうした聞き手反応によって，話し手と聞き手は話のターンを交替せずに，かつ聞き手が話し手の話を遮ることなく対話が進んでいく。

　この一般反応と特殊反応は，いずれも話し手と聞き手の共通理解の確認作業に寄与するものである。しかし，2つの聞き手反応は，それぞれ会話のなかで生起するタイミングが違っていた。一般反応は，話し手が物語の導入として背景情報を語る物語の前半に多く，特殊反応は，危機一髪体験の結末が明らかになる物語の後半に多くみられた。このように，聞き手は話し手の語りにあわせて反応を変えていたことから，聞き手は話し手の言葉を説明し，語りを共に形作っていると考えることができた。したがって，仮説 a) は支持され，ただ話を聞くことしかできない聞き手でも，目に見える形や耳に聞こえる形で対話に貢献していることが明らかになった。

　仮説 b | 話し手にとって聞き手とのコラボレーションは不可欠であろう。

　2つ目の仮説，聞き手が話し手の語りに協力することが求められていない状況であってもコラボレーションが行われるという仮説について検証した。実験条件として，聞き手は以下の2群のいずれかに無作為に振り分けられた。一つは，普通に話を聞く群で，もう一つは，話し手の語りを聞く際に関係のない認知的課題をする群であった。認知的課題とは，聞き手が話し手の語る単語のなかで「t」から始まる単語を何回言ったか数えるものである。このような認知的課題をする場合は，聞き手は語り手の語りに注意深く耳を傾ける必要があるが，その注意の向け方は間違ったものになる。なぜなら「t」をカウントする聞き手の場合，語りそのものとは関係のない側面に着目することになるからである。

　分析の結果，聞き手が語りそのものとは関係のない側面に着目すると，聞き手の反応数が減少していた。「t」をカウントする聞き手では，特殊反応はすべて消えて，一般反応も有意に減少するようになったのである。また，話し手にも影響を与えた。実験条件を知らない第三者は，「t」を数える条件の聞き手に話した群を，普通に話を聞いてもらった話し手と比べて，有意に会話が下手であると評価した。さらに話の結末について，「t」を数える条件下の話し手は，自分で語りを正当化しようとしたり，語りが流暢でなくなったり，終わりの部分を繰り返すといった特徴がマイクロ分析から明らかとなった。つまり「t」をカウントする聞き手に話す条件では，聞き手が話し手の語りに協力しないため，話し手は聞き手が話を理解してくれているのかサインが得られなかったのである。それゆえに，話し手はあたかも聞くだけの聞き手に語っているかのようにならざるを得なかった。この結果は，仮説 b を支持するものであり，自分の危機一髪体験というモノローグのような話し手の語りでも，話し手だけではなく，聞き手も話し手の語りに貢献しているといえるだろう。つまり，語り手が

物語の背景情報を語っている部分では、聞き手は話を普通に聞くことで話し手が物語を形作るのを手助けしており、物語のクライマックスとなる部分では、特殊反応をすることで話し手の物語を形作る手助けをしていく。このように聞き手が対話に参加しないと、話し手は自分の物語をうまく話すことができなくなるのである。

この研究は、次のような臨床的な示唆をもたらしてくれる。すなわち、セラピストが陥りやすいリスクの一つは、セラピストが「t」をカウントする聞き手になり得ることである。セラピストが自分の考えた見立てのことばかり考えてクライアントの話に注意を向けていないと、クライアントは自分の話をうまく伝えられなくなる危険性がある。また、セラピストがクライアントの語りに応じた自発的で自然な反応をするのではなく、紋切型で変化のない中立的な聞き手反応（一般反応をし続けることになりがち）に従事してしまう場合もある。

バーベラス、コータスとジョンソン（Bavelas, Coates, and Johnson, 2002）｜私たちの後続の研究では、話し手と聞き手がどのようにコラボレーションして対話を作り上げているのか、そのなかでも特に、話し手が語っている間、いかにして話し手と聞き手が一瞬で共通理解の確認作業を行っているか検討した。具体的には普通の聞き手の条件のペアのデータを用いて、聞き手行動（一般反応か特殊反応のいずれか）の前および後に、対話のなかで何が起こっているのかをマイクロ分析によって再検討した。その結果、話し手と聞き手は、彼らの行動を視線によって調節していることが明らかになった。私たちは、この一連のプロセスを視線の窓と呼んでいる。

視線の窓のプロセスにおいては、聞き手がほとんどずっと話し手を見続ける一方、話し手は時々聞き手に視線を向ける。その後、話し手が聞き手の方をチラッと見ると、ほんの一瞬だけ二人の視線が合い、アイコンタクトが行われる。この視線の窓の瞬間に、聞き手は一般反応や特殊反応をする。分析の結果、聞き手の反応は視線の窓の瞬間に有意に多く行われており、このことは同じ結果は9組全てのペアで確認された。一言で云うならば、話し手が見て、聞き手が返答するのである。

このようなペアの行動は、話し手が聞き手に目を向ける行為によってのみ規定されるわけではない。話し手は、あくまで聞き手の反応の後に視線を外すパターンになる。聞き手が反応した後に視線を外してから視線の窓を閉じるとも言える。例4と4aにおける危機一髪体験の話は、このやり取りのパターンを例証している。また、このパターンから唯一外れる場合は、たとえば話し手がその以前に述べたことについて簡単に説明していたり、言い換えている場合がある。こうした場合、話し手は受け手を見続けて、受け手は応答し続ける。つまり、視線の窓を開け続けることによって、話し手は受け手からより多くのフィードバックを受け取り続ける。

ここまで示してきたような視線のパターンは、常に起こるわけではない。この研究の結果は、あくまで西洋文化圏の実験協力者のデータに基づいたものであり、実験条件としては自由に視線が向けることができるものに限られている。異なる文化圏や

異なる対話状況でも（たとえば，車の運転手と同乗者，3人以上の集団での対話場面などが挙げられる）視線のパターンは同一のものとなるとは限らない。しかし，ここで重要なことはスコーバーとクラーク（Schober & Clark, 1989, p.229）が強調しているように，共通理解の確認作業が柔軟なプロセスであることである。視線での共通理解の確認作業が難しい場合，人々は別の方法で共通理解の確認作業をしていると考えられる。

実証研究の知見のまとめ

ここまで，対話が聞き手と話し手によって共同でつくられることを実験研究から明らかにし，セラピーを含め対話では共同構成が不可欠であることを示唆した。このように，聞き手と話し手がコラボレーションして対話をすることが自然であることが示された以上，共同構成はすべてのセラピストにとって必要な視点であるといえるだろう。本章の残りの節では，対話のマイクロ分析を用いて，セラピー場面で具体的に何が起こっているかを明らかにする。

SFBTのマイクロ分析と共同構成

私たちの研究グループでは，1980年代半ばから，さまざまな実験データの映像を分析し，対話のマイクロ分析という実験手法を作り上げてきた。マイクロ分析は，観察することのできるコミュニケーション・プロセスを詳細かつ再検討が可能な形で検討することを目的としている。分析では，瞬間ごとの対話におけるコミュニケーション・プロセスを検討し，とりわけ観察された各コミュニケーションの要素が対話においてどのような機能を持っているかという点に着目する（従来の研究との方法論の差異については，バーベラス（Bavelas, 1987, 1995, 2005）で論じている）。マイクロ分析を用いた実験研究の知見は，共同構成がどのように起こるのか明らかにでき，さらにはセラピー場面で具体的に何が起こっているかを明らかにできる。

1990年代後半からは，私たちはトレーニングビデオを用いてエキスパートのセラピーのマイクロ分析を行ってきた。これまでの研究では，会話における3つの道具に焦点を当て，それらのセラピーの対話場面での機能を明らかにした。なお，これから紹介する3つの道具の他にも検討できる側面があることを言及しておく。

(a) フォーミュレーション

フォーミュレーション（Garfinkel & Sacks, 1970）とは，会話のなかで一方が相手の言ったことを要約したり，相手の言ったことについて話すことである。反映，反射，言い換えと呼ばれることもあり，日常会話だけではなくセラピーでも見受けられる。フォーミュレーションには，クライアントがフォーミュレーションに返答をする余地がある開かれたフォーミュレーションと，フォーミュレーションに返答をする余地がない閉じられたフォーミュレーションがある。前者は，分かりやすい質問のような形をとることもあれば，ニュアンスとしてほのめかされることもある（たとえば，疑問を呈す

るイントネーションであったり，相手に話順をゆだねてしばらく無言であったりといったことなど）。後者は，セラピストがフォーミュレーションの後に話し続けて，クライアントがコメントをする機会がなくなる状況などがある。フィリップス（Phillips, 1998, 1999）の分析では，積極的傾聴をしている調停人のフォーミュレーションは，解決焦点型よりも問題焦点型になりやすいことが示されている。また，積極的傾聴をしている調停人は，クライアントによって用いるフォーミュレーションが異なっていた。一方で，SFBTのセッションでは，セラピストのフォーミュレーションは，ほぼすべてのフォーミュレーションが解決焦点型で，開かれたものとなっており，この傾向はすべてのクライアントに対して一貫していた。

セラピーにおけるフォーミュレーションを，共通理解の確認作業のプロセスの一部であり（Korman, De Jong & Bavelas, 2011），以下のようにクライアントが語った内容についての自身の理解を示すために用いられることが多いと考えられる。

1. クライアントが情報を提示する
2. クライアントの情報を受けて，セラピストは自分の理解を示す
3. クライアントは，セラピストの理解について把握する

フォーミュレーションでは，語られた内容はある程度変換される。フォーミュレーションで語られた内容は，クライアントがセラピストのフォーミュレーションを受け入れることによって，セラピストとクライアントのあいだで共同構成された語りになるのである。

私たちは，3つのアプローチの熟達したエキスパートが行った面接導入時のフォーミュレーションを比較し，クライアントの語った内容のうち，セラピストがどの部分を用いて，どの部分に自分のことばを言い加えたのかを特定した（Korman et al., 2011）。その結果，SFBTのエキスパートのフォーミュレーションでは，認知行動療法や動機づけ面接のエキスパートのフォーミュレーションに比べて，セラピスト自身の解釈を伝える以上に，クライアントが語った言葉を用いていることがわかった。

(b) セラピストの質問

セラピストの質問は，セラピストが意図しているかどうかに関わらず，治療的な介入として機能している。マギーは，心理言語学における原理および，彼自身の臨床の実践経験に基づき，次のようなモデルを作り上げた。すなわち，セラピストの質問によって，セラピー場面での会話が共同構成されるというモデルである。マギーは質問のなかの信念が共同構成に強い影響をあたえると仮定した。質問の中にある信念は，質問の根底をつくる前提となり，分かりやすく表現されずに質問の中に暗に含まれている。面接が始まる場面でのセラピストの質問を比較すると，セラピストが導入しようとしている前提がよくわかる。

「今あなたを最も悩ませていることは何ですか?」(McGee, 1999, p.5)
「私たちはどういったかたちで役立つことができますか?」(De Jong & Berg, 2008, p.55)

以下の例5でも，質問に含まれる前提によって対話が方向づけられている。

例5
セラピスト｜ここ2, 3週間はどうでした? 他の日に比べて，ましな日は何日かありました?
クライアント｜ええ，何日かは。ありましたよ。(セラピスト｜ふーん。) 何日かはましでした。
セラピスト｜そうなんですね。最近で最もましだった日は，,
クライアント｜(質問を遮って)，問題なのは……
セラピスト｜ふーん (長い沈黙)。
クライアント｜(驚いた様子で) いつものことなんです。(セラピスト｜ふーん。)
クライアント｜身体のほうなんですよ，本当に，ええ。飲んだときに変な感じになるのはね。ただ，他の人と一緒で生活していくなかでいろいろと問題があるわけなんですよ。
セラピスト｜ええもちろん，そうですよ。(クライアント｜分かります?) もちろんです。

(未公表のビデオ記録の逐語記録。$250,000 is enough; de Shazer, 1994, pp.246ff より)

「ここ2, 3週間はどうでした? 他の日に比べて，ましな日は何日かありました?」という質問には，事態は良くなりうること，過去に何日かは事態がましな日があった，事態がマシな日がここ2, 3週間にあった，というセラピストの信念が込められている。クライアントは，こうしたセラピストの信念に基づいた質問に対して，この信念を受け入れたうえで答えを探すようになる。そして，質問に答えることで質問に含まれた前提を受け入れ，その前提に基づいた情報を提供することになる。つまり，クライアントが返答できる範囲は，セラピストの質問の中に埋め込まれた前提によって制限されているのである。しかし，あくまでクライアントが答えを提供することは忘れてはいけない。すなわち，クライアントが質問に答えたときにはじめて，セラピストとクライアントはともに，「事態がマシになり得る」ということ，そして「最近の3週間のうちでちょっとでもマシな日があった」という共通認識を持つことができるのである。共通認識の土台が作られたことで，つづけてセラピストは次の質問で「一番最近で良かった日」について訊ねることができる。そしてクライアントが，2つ目の質問に答えたことで，クライアントはこの前提が彼の経験に見合ったものであるかのように思うようになる。このとき，もしも「他の日に比べてちょっとでもひどかった日」という質問をすれば，おそらく話は違った方向に進んだだろう。(もちろん，クライアントは質問の前提を受け入れないということもあり得る。こういった場合には，セラピストは即座に再び質問の段階に戻り，異なる前提に基づいた質問をすると良いだろう。なお，質問に埋め込まれた前提は，直接言及されたものでないために，修正することが可能である(詳しくは，McGee et al., 2005, p.380 を参照してほしい)。

(c) 肯定的/否定的内容

フィリップス (Phillips, 1998, 1999) は，問題に関する会話と，解決に関する会話

(de Shazer, 1994, 第7章) でのフォーミュレーションを検討した。なお，フィリップス以降においても，トモリ (Tomori, 2004; Tomori & Bavlas, 2007) が SFBT の際立った特徴について検討している。フィリップスは，2 人の SFBT のエキスパート (インスー・キム・バーグ とスティーヴ・ド・シェイザー) と，2 人のクライアント中心療法のエキスパート (カール・ロジャースとナサニエル・J・ラスキン) による計 4 つのデモンストレーションのビデオを用いて，面接の初期の段階におけるセラピストの質問とフォーミュレーションの内容を検討している。質問とフォーミュレーションの内容は，肯定的，否定的，中立的のいずれかに評定された。発言内容の評価基準は，シンプルなものである。すなわち，セラピストが発言した内容がクライアントの人生にとって望ましい方向性のものであるか，望ましくない方向性であるかである。たとえば，「ユーモアのセンスがある」ことについて話すことや，「一番最近のマシな日」について話すことは肯定的な内容であり，「困り事や警察に行ったことといったこと」は否定的な内容である。中立的な内容は，肯定的にも否定的とも評定できない発言である。(ここで誤解しないでほしい点は，肯定／否定の内容が強調して区別されていることについて，セラピストが何を言うことがセラピー場面において適切で有用であるのか価値判断しているわけではないということである。) 肯定／否定／中立の内容について独立した評定者が評定したところ，一致率は良好であった。分析の結果，2 つのアプローチには大きな違いが見られた。面接導入直後のインスーとド・シェイザーの質問とフォーミュレーションはほとんど肯定的なものであったが，ロジャースとラスキンの質問とフォーミュレーションは否定的なものとなっていた。クライアント中心療法のモデルでは，セラピストがクライアントに対して中立的ないし肯定的な関わりをしていると考えられているが，ロジャースとラスキンによる面接の開始当初ではこうした前提は当てはまらなかった。

同様にスモックらは，SFBT と認知行動療法のエキスパートの面接を用いて，それぞれのアプローチ間で肯定的な内容と否定的な内容について比較した (Smock et al., 2011)。評定に関しては，トモリの研究と同様に評定者間で高い信頼性が得られた。なお，彼らは面接の始まりから終わりまですべてを分析に用いて，セラピストとクライアントが語った全ての言葉を分析対象としている。分析の結果，予想されたように，SFBT の面接の内容は，認知行動療法の面接に比べて肯定的なものとなっていた。SFBT のエキスパートは，みな肯定的な語りであるのに対して，認知行動療法のエキスパートは，語りの肯定度に個人差があった。

この他にもスモックは，これまで述べてきた点の他に 2 つの興味深い結果を示している (Smock et al., 2011)。一つ目は，セラピストの肯定的な語りはクライアントの肯定的な語りにつながる一方で，セラピストの否定的な語りはクライアントの否定的な語りにつながることである。したがって，セラピストが肯定的な側面を扱うことは面接全体が肯定的なものに共同構成されていく一方，セラピストが否定的な内容につい

て扱うことは面接全体が否定的に共同構成されると考えられる。また，もう一つ興味深い結果として，SFBTのエキスパートはみな肯定的な語りをするのに対して，認知行動療法のエキスパートは語りの肯定度に個人差があった。この結果はコーマン（Korman et al., 2011）の研究でも支持されている。

まとめ

本章では，SFBTの研究者と実践者に向けて，実験研究の結果を紹介し，対話はかならず共同構成されることを示してきた。そして，対話のマイクロ分析を用いて，(1) セラピーにおける共同構成のプロセス，(2) SFBTの実践と他のアプローチの実践との違いを示してきた。セラピーでの対話のマイクロ分析は，操作的定義や評定者間の信頼性，さらには再現可能性において，実験研究や無作為化統制試験と同程度の水準に達している。今後もこれらの水準を有したマイクロ分析がさらに活用され，実証研究に新たな可能性が広がることを期待したい。

付記

1. 実験では，対象を明確にするために，語り手は男性，聞き手は女性とした。なお実際の場面では，すべての性別の組み合わせがあり得ることを付記する。
2. 非言語行動に関する私たちの考え方は，ボディ・ランゲージの考え方とは異なる。ボディ・ランゲージは，不特定の非言語行動で，発話とは関係のないものであり，言葉に現れない感情や思考を明らかにするものであると（実証されていないものの）考えられている。

文献

Argyle, M., & Cook, M. (t976). Gaze and mutual gaze. Cambridge: Cambridge University Press.
Bavelas, J. 13. (1987). Permitting creativity in science. In D. N. Jackson & I. P Rushton (Eds.), Scientific excellence: Origins and assessment (Pp. 307-327). Beverly Hills, CA: Sage Publications.
Bavelas, J. B. (1995). Quantitative versus qualitative? tn W Leeds-Hurwitz (Ed.), Social approaches to communication (pp. 49-62). New York: Guilford Press.
Bavelas, J. B. (2005). The two solitudes: Reconciling social psychology and language and social nteraction. In K. Fitch & R. Sanders (Eds.), Handbook of language and social interaction (pp. 179-200). Mahwah, NJ: Erlbaum.
Bavelas, J. B. (2006, March). Research on psychotherapy: A variety of methods. Lecture presented to the Department of Psychology, Free University of Brussels, Belgium
Bavelas, J. B., & Chovil, N. (2000). Visible acts of meaning. An integrated message model of language use in face-to-face dialogue. Journal of Language and Social Psychology, 19, 163-194.
Bavelas, J. B., & Chovil, N. (2006). Hand gestures and facial displays as part of language use in face-to-face dialogue. In V. Manusov & M. Patterson (Eds.), Handbook of nonverbal communication (pp. 97-115). Thousand Oaks, CA: Sage Publications.
Bavelas, J. B., Coates, L., & Johnson, T. (2000a). Listeners as co-narrators. Journal of Personality and Social Psychology, 79, 941-952.

Bavelas, J. B., Coates, L., & Johnson, 1. (2002). Listener responses as a collaborative process: The role of gaze. Journal of Communication, 52, 566-580.

Bavelas, J. B., Hutchinson, S., Kenwood, C., & Matheson, D. H. (1997). Using face-to-face dialogue as a standard for other communication systems. Canadian Journal of Communication, 22, 5-24.

Bavelas, J. B., McGee, D., Phillips, B., & Routledge, R. (2000b). Microanalysis of communi-cation in psychotherapy. Human Systems, 11, 3-22.

Berg, I. K. (2008). Irreconcilable diferences. [DVD]. (Available from the Solution Focused Brief Therapy Association, http://www.sfbta.org/SFBT dvd_store.html).

Berg, I. K. (1994). So what else is better? [Videotape]. (Previously available from the Solution Focused Brief Therapy Center, Milwaukee, WI).

Berger, P., & Luckmann, T. (1966). The social construction of reality. New York: Penguin.

Beyebach, M. (2011). Change Factors in Solution Focused Therapy: A Review of the Salamanca Studies. Manuscrript submitted for publication.

Beyebach, M., Rodriguez Morej6n, A. R., Palenzuela, D.L., & Rodriguez-Arias, J. L. (1996). Research on the process of solution-focused brief therapy. In S. D. Miller, M. Hubble & B. Duncan (Eds), Handbook of Solution-Focused Brief Therapy (pp. 299-334). Jossey-Bass: San Francisco.

Chafe, W L. (1994). Discourse, consciousness, and time: The flow and displacement of con-scious experience in speaking and writing. Chicago: University of Chicago Press.

Clark, H. H. (1992). Arenas of language use. Chicago: University of Chicago Press.

Clark, H. H. (1996). Using language. Cambridge: Cambridge University Press.

Clark, H. H., & Schaefer, E. F. (1989). Contributing to discourse. Cognitive Science, 13, 259-294.

Clark, H. H., & Wilkes-Gibbs, D. (1986). Referring as a collaborative process. Cognition, 22, 1-39.

Davis, K. (1986). The process of problem (re)formulation in psychotherapy. Sociology of Health and Illness, 8, 44-74.

De Jong, P., Bavelas, J. B., & Korman, H. (2011). Microanalysis of formulations, Part I. Observing co-construction in psychotherapy. Manuscript submitted for publication.

De Jong, P., & Berg, I. K. (1998). Interviewing for solutions. Pacific Grove, CA: Brooks/Cole.

De Jong, P., & Berg, I. K. (2002). Interviewing for solutions (2nd ed.). Pacific Grove, CA: Brooks/Cole.

De Jong, P., & Berg, I. K. (2008). Interviewing for solutions (3rd ed.). Belmont, CA: Thomson Brooks/Cole.

de Shazer, S., & Berg, I. K. (1991). The Brief Therapy tradition. In J. H. Weakland & W A. Ray (Eds.), Propagations: Thirty years of influence from the Mental Research Institute (ch. 20, pp. 249-252). New York: Haworth.

de Shazer, S. (1994). Words were originally magic. New York: Norton.

Duncan, S., Jr., & Fiske, D. W (1977). Face-to-face interaction. Hillsdale, NJ: Erlbaum.

Fillmore, C. (1981). Pragmatics and the description of discourse. In P. Cole (Ed.), Radical pragmatics (pp. 143-166). New York: Academic Press.

Garfinkel, H., & Sacks, H. (1970). On formal structure of practical actions. In J. C. McKinney & E. A. Tiryakian (Eds.), Theoretical sociology (pp. 337-366). New York: Appleton-Century-Crofts.

Garrod, S., & Pickering, M. 1. (2004). Why is conversation so easy? Trends in Cognitive Science, 8, 8-11.

Gingerich, W J., Kim, J. S., Stains, C. J. J. M., & Macdonald, A. J. (2011). Solution-Focused Brief Therapy Outcome Research. In C. Franklin, T. S. Trepper, E. McCollum, & W J. Gingerich (Eds.), Solution-Focused Brief Therapy. A handbook of evidence-based practice (pp. 301-305). New York: Oxford University Press.

Goodwin, C. (1981). Conversational organization: Interaction between speakers and hearers. New York: Academic Press.

Heritage, J., & Watson, R. (1979). Formulations as conversational objects. In G. Psathas (Ed.), Everyday language: Studies in ethnomethodology (pp. 123-162). New York: lrvington.

Jackson, D. (Ed.). (1968a). Communication, family and marriage (Human communication, Vol. 1). Palo Alto, CA: Science & Behavior Books.

Jackson, D. (Ed.). (t968b). Therapy, communication and change (Human communication, Vol. 2). Palo Alto, CA: Science & Behavior Books.

Kendon, A. (1967). Some functions of gaze-direction in social interaction. Acta Psychologica, 26 (22-63).

Korman, H., Bavelas, J. B., & De Jong, P. (2011). Microanalysis of formulations, Part II: Comparing Solution Focused Brief Therapy, Cognitive Behavioral Therapy, and Motivational Interviewing. Manuscript submitted for publication.

Lakoff, G., & Johnson, M. (1980). Metaphors we live by. Chicago: University of Chicago Press.

Leeds-Hurwitz, W (1987). The social history of the Natural History of an Interview: A multidisciplinary investigation of social communication. Research on Language and Social Interaction, 20, 1-51.

Levinson, S. C. (1983). Pragmatics. Cambridge: Cambridge University Press.

Linell, P. (2005). The written language bias in linguistics: Its nature, origins and transforma-tions. London: Routledge.

McGee, D. (1999). Constructive questions. How do therapeutic questions work? Unpublished doctoral dissertation, Department of Psychology, University of Victoria, Victoria, B.C., Canada. Available at http://www.talkworks.ca/CQ.pdf

McGee, D., Del Vento, A., & Bavelas, J. B. (2005). An interactional model of questions as therapeutic interventions. Journal of Marital and Family Therapy, 31, 371-384.

Phillips, B. (1998). Formulation and reformulation in mediation and therapy. Unpublished master's thesis, Department of Psychology, University of Victoria, Victoria, B.C., Canada.

Phillips, B. (1999). Reformulating dispute narratives through active listening. Mediation Quarterly, 17, 161-180.

Reddy, M. (1979). The conduit metaphor. In A. Orlony (Ed.), Metaphor and thought. Cambridge: Cambridge University Press.

Roberts, G. K., & Bavelas, J. B. (1996). The communicative dictionary: A collaborative theory of meaning. In J. Stewart (Ed.), Beyond the symbol model: Reflections on the nature of language (pp. 139-164). Albany: SUNY Press.

Sackett, 0. L., Straus, S. E., Richardson, W S., Rosenberg, W., & Haynes, R. B. (2000). Evidence based medicine (2nd ed.), London: Churchhill Livingstone.

Schober, M. F. (2006). Dialogue and interaction. In K. Brown (Ed.), Encyclopedia of language and linguistics (2nd ed., pp. 564-571). Oxford: Elsevier.

Schober, M. F., & Brennan, S. E. (2003). Processes of interactive spoken discourse: The role of the partner. In A. C. Graesser, M. A. Gernsbacher, & S. R. Goldman (Eds.), Handbook of discourse processes (pp. 123-164). Mahwah, NJ: Erlbaum.

Schober, M. F., & Clark, H. H. (1989). Understanding by addressees and overhearers. Cognitive Psychology, 21, 211-232.

Smock, S., Froerer, A., & Bavelas, J. B. (2011). Microanalysis of Positive and Negative Content in Solution Focused Brief Therapy and Cognitive Behavioral Therapy Expert Sessions. Manuscript submitted for publication.

Tomori, C. (2004). A microanalysis of communication in psychotherapy: Lexical choice and therapy direction. Unpublished honours thesis, Department of Psychology, University of Victoria, Victoria, B.C., Canada.

Tomori, C., & Bavelas, J. B. (2007). Using microanalysis of communication to compare solution-focused and client-centered therapies. Journal of Family Psychotherapy, 18, 25-43.

Watzlawick, P., Beavin, J., & Jackson, D. D. (1967). Pragmatics of human communication: A study of interactional patterns, pathologies, and paradoxes. New York: Norton.

Watzlawick, P, & Weakiand, J. H..(1977). The interactional view: Studies at the Mental Research Institute, Palo Alto 1965-74. New York: Norton.

第 IV 部

SECTION IV

SFBTの臨床的有用性

第11章
裁判所命令のDV加害者との解決志向モデル

モー・イー・リー／エイドリアナ・ウーケン／ジョン・シーボルド

はじめに

　家庭内暴力（以下DV）は，個人，家族，子どもたちに壊滅的な打撃を与えてきた。被害者とその子どもたちを保護するため，1970年代には暴力を振るわれた女性たちの運動（The Battered Women's Movement）が起こり，その活動は加害者治療のみならずDVの法的制裁にまで拡がった。これは，DVへの整備された制度的対応に欠かせないものの1つとなった（Roberts &KurstSwanger, 2002）。加害者プログラムの全国的な急増の一方で，加害者が暴力とは無縁の人生を送れるようになるための決定的な治療モデルが今も模索されている。現在DV加害者に対する治療プログラムの多くは，暴力において個人の性格特性や問題を主にターゲットとする認知行動療法的アプローチ（e.g. Geffner & Mantooth, 1999; Saunders, 1996）あるいはDVの社会文化的ルーツに焦点化するフェミニストの視点に基づく（e.g., Martin, 1976; Pence & Paymar, 1993; Walker, 2000）。これら心理教育プログラムは通常，参加者に直面化をせまり，自身の暴力に気づかせ認めさせること，問題の全責任をとらせること（Lindsey et al., 1993; Pence & Paymar, 1993; Russell, 1995），アンガーマネジメントの新しい方法の学習，配偶者と効果的にコミュニケーションすること（Geffner&Mantooth, 1999; Sonkin, 1995; Wexler, 1999）に焦点化する。DV加害者治療の進展における認知行動フェミニストアプローチの貢献は決して過大評価ではないが，臨床および結果の観点からその有効性に疑問が呈されてきた。加害者治療の大きなハードルは動機の問題である（De Jong & Berg, 1999）。認知行動フェミニストアプローチは，認知行動理論とフェミニストの視点を特徴としたアプローチだが，内容は，患者の問題認識とは合致しない可能性がある。ゴンドルフとホワイト（Gondolf and White, 2000）は，4つの確立された加害者プログラムの参加者800人以上から，「加害男性のプログラムはどのような変更または改良をすべきか」（p.201）について回答を求めた。その結果，回答者はカウンセラーから受けたアプローチの内，より支持的なカウンセリングを志向した。ダットン（Dutton, 1998）は，「暴力的な男性は

恥を感じやすいため，問題を他者のせいにする傾向がある」(p.160) ことを示唆している。加害者が責任をとるような教育に焦点化する治療は，非難として受け取られ，抵抗の増大，治療に対する感受性の減少，自分の行動に対する責任回避 (Linton et al., 2005; Mankowski et al., 2002)，プログラム離脱率の上昇 (Cadsky et al., 1996; Chang & Saunders, 2002) といった結果を招きかねない。

加えて現在の治療プログラムの実証研究の知見は有効性を結論づけられていない。ダルース (Duluth) DV 介入プログラム (ダルースモデルに基づき開発) は再犯率 40% であった (Shepard, 1992)。サンダース (Saunders, 1996) も，認知行動フェミニストアプローチは再犯率 45.9% と報告した。グループ治療を受けた人と受けなかった人では，彼らの態度，信念，行動 (Feder & Forde, 2000; Feber & Wilson, 2005)，被害者からの新しい暴力事件の報告 (Davis et al., 2000) に有意差はなく，加害者治療プログラムにはおよそ効果がないことを 2 つの研究は明らかにした。加えて従来の加害者治療プログラムは非常に小さな効果しか生みださない (警察の報告による実験研究では .12，パートナーの報告による実験研究では .09)。ダルースモデルの効果は，警察の報告によると .19，パートナーの報告によると .12 であった。つまりこれらプログラムは逮捕されてプログラムを受けていない場合よりもわずか 5% 程度再犯を減少させるにすぎない (Babcock et al., 2004)。再犯に与えるプログラムの完遂の影響に関して，ベネットら (Bennett Larry Bennett and his colleagues, 2007) は，治療完遂者は未完遂者よりも，再犯率が有意に低いことを見出した。DV の再逮捕者は，治療完遂者では 14.3%，治療未完遂者では 34.7% であった。治療プログラムの完遂は再逮捕の可能性を 62% から 39% まで減少させるがプログラムの離脱率は高い。裁判所命令であるにもかかわらず，実際参加者の平均 50% がプログラムを離脱してしまう (Daly & Pelowski, 2000)。

こうした研究や臨床評価は，サービス提供者が DV 加害者治療の既存のパラダイムを再検討したり，別の治療方法を探ったりするためのきっかけになるだろう。

これまで学んできたこと——DV 加害者との SFA

1991 年に始まったプラマスプロジェクト DV 治療プログラムは，1970 年代と 1980 年代の治療モデルの発想と応用からのラディカルな展開である (Uken et al., 2007)。ミルウォーキーのブリーフ・ファミリー・セラピー・センター (Brief Family therapy Center) でのインスー・キム・バーグ，スティーブ・ド・シェイザーらの仕事に触発され (Berg & Kelly, 2000; de Shazer, 1991)，SFA (Solution Focused Approach) では DV 加害者は問題の責任ではなく解決の責任を負う。クライアントの持つ強みと，時間制限アプローチを用いることで，DV 加害者のための SFA は，問題ではなく解決に焦点化することで比較的短期間に肯定的で長期的な変化を示す。加害者の既にある解決，能力，強みへの焦点化は，彼らの暴力を軽くみると

いうことではない。他の治療プログラムと同様，被害者に暴力をふるう加害者の役割とその治療プログラムをふまえた，DVへの組織的コミュニティによる対応の一つである。加えてSFAプログラムの有効性は暴力を制裁する法的システムのサポートを条件とする。認知行動フェミニストアプローチと異なり，SFAは言語や「既解決と強み」のシンボルを使い，治療過程で問題に焦点化しない。

　SFAは，強みの強化や変化の過程を始めるにあたり，DV加害者治療中に遭遇する臨床的な問題に有益な視点を与える。第一に，非難しないスタンスや患者個人にとって意味のある目標への焦点化により，変化の過程で加害者にはるかにかかわりやすくなり，患者個人にとって意味のある望ましい未来を描くのを助け，動機を高める。第二に，加害者が問題の責任をとることや，何が正しく何が間違っているかを学ばせることを強調する社会的制裁機能を避け，患者が生活上有益な変化を起こすことに焦点化する。治療者が加害者を制裁する社会的権限をもたないために，治療は社会的制裁機能を果たせない。むしろ治療者は自ら変化の過程をたどる人々を支援するよう専門的に訓練される。治療から罰を分離するSFAを用いる利点は次のとおりである。(a) 治療者と加害者が有意義な治療同盟を結びやすい。治療者は加害者の刑罰を決定せず治療するだけだからである。(b) 加害者は出所のために肯定的な印象を与えたいだけというのではなく，必要な変化に関わる問題を話す。(c) 治療者は治療提供者と同時に社会的制裁者となるジレンマから解放される (Lee et al., 2003a)。最後に，SFAは診断を用いて治療方針を決めるのではなく，患者個人にとって意味のある目標達成を目指し，個々の文脈と観察可能な行動をアセスメントしていく。なぜなら人間は常に診断名以上の存在だからである (de Shazer, 1994)。伝統的な診断アプローチは，人間の欠点という問題に焦点化する傾向がある。ラベリングは意図せずして，誰が患者なのか，彼らは何ができるのかといったより広範な現実に基づくのではなく，診断に基づく仮定によって問題という現実をファシリテーターに維持してしまう (Berg & Miller, 1992)。SFAでは，診断に焦点化せず，文脈に沿った観察可能な行動を強調することで，患者と治療者は，患者の強み，例外，リソースに気づきやすくなる。われわれの研究は診断が成功に関連しないことを示してきた (Lee et al., 2004)。

　DV加害者へのSFA介入は，次の実践前提に導かれる (Lee et al., 2003a, 2004)。

・解決や強みへの焦点化 (Bateson, 1979; de Shazer, 1985; de Shazer, 1985; Berg, 1994)
・強みと成功の言語の活用 (de Shazer, 1994; Miller, 1997; de Shazer, 1994; Miller, 1997)
・解決の説明責任 (Berg & Kelly, 2000)
・目標の定義，解決の構築 (Miller, 1997)
・現在および将来の方向 (De Jong & Berg, 2007)
・協働的治療関係 (Cantwell & Holmes, 1994 ; Lee et al., 1999; Murphy & Baxter, 1997)
・非指示的／教育的アプローチとしてのユーティライゼーション (Berg, 1994)

SFAの介入

　治療モデルは，8セッション（1回1時間3カ月）を男性治療者1名と女性治療者1名が共同で行う，解決志向・目標指向プログラムである。参加者はDV治療を受けるように裁判所が命じた男女の加害者である。治療モデルは，主にDVを伴う問題に関する目標設定により，参加者が強みとリソースに気づき，再発見し，再獲得していけるような文脈を設定する。目標設定は治療グループに欠かせないもので，変化を起こすための最大の焦点の1つである。初回セッションの主要課題は，参加者と治療グループのルールを共有することに加えて，参加者にとっての目標課題の明示に専念することである。参加者はセッション3までに彼らが取り組む目標を決めなければならない。各セッションにおいて目標達成に向けた努力を共有することが必要である。

　目標設定に関する有用な先行研究から，目標設定の際の課題と条件を次に記述する（Lee et al., 2007, p.4）。

- 「人生をよりよいものとするためにあなたが有用と思う，あなた自身の目標をあなたに作成してほしいんです」（コミットメントを高める自己決定した目標）
- 「目標は対人的なものでなければなりません。つまり，あなたが目標に取り組めば，他者はあなたの変化に気づき，あなたの振る舞いに彼らもまた潜在的に影響されるようなものです」（対人的な，観察可能で，特定の）
- 「そのための方法としてビデオ撮影があります。目標への取り組みをビデオに撮影できれば，あなたがかつてしていたこととの違いが分かるし，そうした変化が他者にどのような影響を与えているかを示すことにもなるからです」（目標特異性）
- 「目標は何か違うもの，あなたが以前には普段していなかった行動です」（違った，新しい）
- 「目標は何か大きなものである必要はありません。実際それは小さく実行可能であるほうがよいです」（目標に取り組む自信を高める自己効力感）
- 「進捗状況を把握するために，面接時には目標の達成状況を報告してほしいんです。そのためには，1週間のうち数回は行えるような行動を目標に設定することが重要です」（進捗状況を測定するために有用なフィードバックを提供する）

　次の5つの治療段階それぞれにおいて達成されるべき主要課題は次のとおりである（Lee et al., 2003a）。

段階1｜SFAの初回面接（治療グループの開始前に）
- 協力関係の開始
- 変化に向けた主導権の構築
- 即時的かつ将来的な変化に向けた準備

- グループへの期待の定義
- 強みの探索

段階2 | はじめに（セッション1）
- グループのルールと体制の確立
- 協力関係の確立
- 目標課題の提供

段階3 | 有用な目標の設定（セッション2および3）
- 有用なウェルフォームド・ゴールの設定を援助
- 解決，変化，例外，過去の成功への焦点化を援助
- 有用な目標の設定に「没頭する」ことを援助

段階4 | 目標の活用／解決像の拡大（セッション4, 5, 6）
- 肯定的な変化の確認
- 現実生活の解決行動の拡大，増幅，強化を援助
- 行動と肯定的な成果の接続を援助
- 肯定的な変化を強化，コンプリメント

段階5 | 変化の統合と賞賛（セッション7, 8）
- 目標のふり返り，進捗状況の評価，将来の計画
- 意味のある変化の記述，あるいは「新しい」アイデンティティを個々に統合
- 行動と肯定的な成果の間の接続を開発
- 目標達成の確認，コンプリメント
- 変化の賞賛。目標達成の所有

　変化の過程を容易にするために，DV加害者のSFAでは評価的質問と呼ばれる質問群を用いる（Lee et al., 2003a）。評価的質問はファシリテーター主導の治療的応答とは異なる。評価的質問は参加者に直接フィードバックするかわりに，参加者自らセルフフィードバックし始めるのを助ける。評価的質問は参加者に，彼らの行動，思考，感情の自己評価を求める。ファシリテーターは，参加者の状況を解釈せず，何のアイデアも提案しない。参加者が生活状況のさまざまな側面を自己評価するのを助ける質問をするだけである。評価的質問は好奇心から行い，治療者ではなく参加者が答えを持っているのだ，というメッセージを伝えていく。われわれは，プログラムの過程を研究するためすべてのグループ・セッションを録画し書き起こした。その結果，参加者とファシリテーターの対話のうち51％がファシリテーターから始められており，そのうち46％が質問形であった。参加者が解決に向けて話し始めるときにこそ変化が生じるため，治療者は質問以上のことはしないしできない。われわれが使用した治療的質問のリストは次の通りである（Lee et al., 2003a）。

- 探索的質問 Exploring questions
- 計画的質問 Planning questions（Nardone & Watzlawick, 1993）

- 指針の質問 Indicator questions
- 例外の質問 Exception questions（de Shazer, 1985）
- スケーリング・クエスチョン Scaling questions
- 効果の質問 Effect questions
- 関係性の質問 Relationship questions（Berg, 1994）
- 有効性の質問 Helpfulness questions
- 実現可能性の質問 Feasibility questions
- 接続の質問 Connection questions
- 意味の質問 Meaning questions
- 所有の質問 Ownership questions

研究方法のサマリー（表 11.1）

　どんな介入もその有効性がテストされる必要があるが，ブルース・ルースビル，カサリーン・キャロルらは行動療法の研究をすすめるのに有用な段階モデルを提案している（Carroll & Nuro, 2002; Carroll & Rounsaville, 2009; Rounsaville et al., 2001）。ステージⅠ：パイロット／実現可能性テスト，最初のマニュアル執筆，トレーニングプログラム開発，新しい治療モデルのための忠実度測定の開発。ステージⅡ：マニュアル化ならびにパイロットテストされた治療の有効性を評価する比較臨床試験。ステージⅢ：多様な集団での効果，モデルを使用するセラピストの訓練方法，治療の費用対効果など，テストされた治療のポータビリティ評価研究。DV の SFA グループ治療研究はこのなかのおよそステージⅠに該当し，その焦点は実行可能性研究および治療マニュアル作成と忠実度測定にある。

　合計 4 つの研究をこれまでに行ってきている（研究 1：Lee et al., 2007; 研究 2：Lee et al., 2003a; 研究 3：Lee et al., 2003b; 研究 4：Lee et al., 1999）。表 11.1 はこれらの研究手法をまとめたものである。

研究結果のサマリー（表 11.2）

　表 11.2 はこれらの研究結果をまとめたものである。全体として DV 加害者への SFA グループ治療モデルの効果を支持する最初のエビデンスが提示された。DV 事例の SFBT の活用については 12 章も参照されたい。

調査研究の限界

　DV 加害者への SFA に関する諸研究は有効性のエビデンスとなりうるが，まずはその限界を認識することが必要である。(a) サンプルサイズが限られ，サンプルは合目的的であった。(b) 他の確立された治療モデルの有効性と本アプローチの有効性を比較する無作為割付けによる対照群ないし比較群がなかった。(c) 自己報告による過程や成果の測定は報告バイアスがかかりやすい。たとえば，目標に対する参加者

の自信や，加害者の行動に対する配偶者の評価は，自己評価によるのみで，第三者によるものとは異なりうる。とはいえ，回答者の自己評価や，体験の理解の検証に自己報告は一般的に使われる妥当な方法である。(d) 諸研究は，自己効力感やかかわり行動の測定に標準化された尺度を使用する一方，目標コミットメント，目標合意，目標特異性，自信等の他の変数は，単一項目，3件法によるリッカート尺度で評価した。単一項目尺度の利用は，潜在的に測定誤差の可能性を増加させる。(e) 研究1は参加者127名中，欠損データのある39名を除く，88名が対象となった。効果研究（研究2）のために行った，6カ月後のフォローアップ時点の参加者と配偶者の回答率は約55％であった。デモグラフィック変数，子ども時代の体験，DSM-IVの診断について，研究1と2の完遂者と非完遂者との間に有意差はなかったが，調査結果はどうしても被験者数の問題に影響されてしまう（Fraser, 2004）。(f) 再犯測定に問題があった。研究1は，プログラム参加者の再犯率を定義するため，地区検察局，被害者証人局，保護観察局からの公式記録のみを使用した。研究2は，再犯測定に配偶者やパートナーの報告を含めた。両研究は，再犯の定義に包括的基準を採用したが，そのため言葉や感情的な虐待のような他の形態で発生しうるDVは報告されていないかもしれない。また，被害者による暴力事件の過少報告の問題もある。これらの限界は，DVの治療プログラムに関わる将来の研究に展望をもたらす。

　研究デザインの限界はあるが，諸研究の知見は患者に対する実践ガイドライン開発に有用な影響を与える。

実践の指針

1. 諸研究はDV加害者による目標の自己決定が再犯を減少させる上で重要であることを確認した。研究1の最終モデルは，加害者の再犯の分散の58%を説明した。特に，目標特異性と目標合意は，目標に取り組む自信を肯定的に予測し，それは再犯を否定的に予測した。つまり，専門家は治療プログラム中に達成されるべき加害者の具体的な目標の設定を助けなければならない。加えて，目標の有効性についてプログラム参加者とファシリテーター間で同意がとれているほど，参加者が終了時点で目標に継続的に取り組んでいく自信を強め，再犯を否定的に予測する。
2. **有効な治療コンポーネント**｜肯定的側面に焦点化し非難しない目標指向治療，自身に焦点化した非教示的な学習，新しい有益な思考や行動の育成，参加者の進捗を確認できる小さく達成可能な変化の焦点化，内側からの解決の強調
3. **有効な治療行動**｜参加者に目標到達の責任感や期待感を持たせること，思考を促しやすい質問をすること，「〜しない」ではなく「〜する」に焦点化すること，フィードバックすること，コンプリメントすること，肯定的でいること，懲罰的でないこと，セッションに責任を持つこと，効果的にコミュニケーションすること，参加者個々のニーズに沿うこと，参加者個人の理解への到達を助けること
4. **治療者の促進的なかかわり**｜従事すること，励ますこと，支持的であること，聴くこと，

表 11.1 研究方法のサマリー

	研究デザイン	サンプル	尺度	データソース	統計手法
研究1 Lee et al. (2007)	自己決定した目標がDV加害者の再犯を予測するかどうかを調査する再犯データのポストテストデザイン(年間フォローアップをともなう)	SFA、目標志向治療プログラムに裁判所命令により参加した加害者88名 79.5%男性、21.5%女性 年齢:19歳から74歳(平均=37.5歳、SD=9.8) エスニシティ:87.5%コーカソイド、6.8%アフリカ系アメリカ人、2.3%ネイティブアメリカン、3.4%ヒスパニック系アメリカ人 教育:平均12.6 (SD=1.76; range=8-19) DSM-IV 1軸診断:17% DSM-IV 2軸診断:29.5% DSM-IV 3軸診断:3.4(脳障害)	予測変数:目標特異性、自信 媒介変数:自信 従属変数:再犯	目標合意 グループファシリテーターデータ 加害者 被害者証人局 保護観察局 地区検察局	予測変数、媒介変数、従属変数間の関係をテストするMplus統計プログラム3.12 (Muthen&Muthen,2005)を用いたパス解析
研究2 Lee et al. (2004)	6カ月後のフォローアップをともなう1グループのプレテスト-ポストテストデザイン	裁判所命令を受けたDV加害者90名 85.6%男性、21.5%女性 年齢:19歳から61歳(平均=37.2歳、SD=9) エスニシティ:84.1%コーカソイド、3.4%ネイティブアメリカン、10.2%アフリカ系アメリカ人、2.3%ヒスパニック系アメリカ人 教育:平均12.6 (SD=1.5; range=9-19) DSM-IV 1軸診断:18.8% DSM-IV 2軸診断:25.5%	解決同定尺度 (Goldman & Baydanan, 1990):かかわり行動 自己効力感尺度 (Hudson,1992) 再犯率 プログラム完遂率	パートナー/配偶者 加害者 被害者証人局 保護観察局 地区検察局 自己報告 公式記録	対応のあるz、t検定 記述的分析

研究3 Lee et al. (2003b)	DV加害者ならびに配偶者のSFA治療プログラムでの体験を理解するための質的方法	加害者とその配偶者 90名		加害者がグループから学んだことをグループのフォローアップの最後に1ページ書く宿題 6カ月後のフォローアップの電話インタビュー 加害者への質問: (1) グループ内で最も有効あるいは有効であった出来事は何ですか? (2) 有効あるいは有効でなかったグループファシリテーターが言ったりしたことは何ですか? 6カ月後のフォローアップの電話インタビュー 配偶者とパートナーへの質問 (1) あなたの配偶者やパートナーがプログラムに参加した後、どんなポジティブな変化が生じたか、ご自身の言葉で述べてください。(2) プログラムにとってあなたの配偶者やパートナーにとって有効あるいは有効でなかったと思うものは何ですか?	加害者 配偶者/パートナー	質的データを探索するために使用されたたえざる比較法/グラウンデッド・セオリー・アプローチをもとにした創発デザイン
研究4 Lee et al. (1999)	1グループのプレテスト-ポストテストデザイン	研究A:メンタルヘルスセンターでグループ治療に裁判所命令で参加した男性DV加害者		包括的評価尺度 怒りへの対処についての自己評価 再犯率 プログラム完遂率	グループファシリテーター 加害者 再犯に関する地方裁判所の報告	対応のあるt検定 記述的分析

表 11.2 研究結果のサマリー

	結果	再犯率	プログラム完遂
Lee et al. (2007)	最終モデル： [χ^2 (df=9, N=88)=7.966, p=.538, CFI=1.0, RMSEA=0.0] 目標特異性と目標合意は、目標に取り組む自信を有意に予測 (それぞれ r=.45 と.20)。再犯を否定的に予測 (probit coefficient= -.08, S.E.=.04)。目標特異性は再犯の直接的なバイアスを示し、再犯を否定的に予測 (probit coefficient= -.82, S.E.=.28)。治療モデルは加害者の再犯の分散の58%を説明。	10.2% (被害者証人局、警察局の再犯記録による)。保護観察局、地区検察局の再犯記録を有する男性参加者11.4%および女性参加者5.6%)	92.8%
Lee et al. (2004)	治療前後で親密な関係における参加者のスキルは有意に改善。プログラム完遂後6カ月維持 (配偶者/パートナーの解決同意尺度を使った評価による)。治療前後で加害者の自尊心は有意に増加。プログラム完遂後6カ月維持 (加害者の自己効力感尺度を使った自己報告による)。	公式記録 (n=90) 地区検察局 (DA)：6.75% 保護観察所 (PO)：4.4% 被害者証人 (VW)：15.5% 累積 (DA, PO, ないし VW) 16.7% 配偶者/パートナーの報告 (n=22)：13.5% プログラム参加者の報告 (n=47)：2.1%	92.8%
Lee et al. (2003b)	加害者と配偶者のナラティブは、有効あるいは有効でなかった治療コンポーネント、加害者のポジティブな変化に寄与する変化に寄与したファシリテーターの有益でない行動のなかわり、治療プログラムへの参加によって生じた学習を明らかに。 有効な治療コンポーネント：肯定的側面指向治療、自身に焦点化した非指示的な学習、新しい有益な思考や行動の育成、参加者の進捗を確認できる小さく達成可能な変化の焦点化、内側からの解決の強調、男女を含む混合グループ 有効でない治療コンポーネント：グループが大きすぎたり、セッションが短すぎたりすること、アルコールの議論を欠くこと	NA	NA

	有効な治療行動：参加者に目標到達の責任感や期待感を持たせること、思考を促しやすい質問をすること、「〜しない」ではなく「〜する」に焦点化すること、フィードバックすること、コンプリメントをすること、肯定的でないこと、懲罰的でないこと、責任に焦点を持つこと、効果的にコミュニケーションをすること、セッションを次々に治ろうこと、参加者個人の理解への到達を助けること、支持的であること、参加者個々のニーズに治ろうこと、場所を与えること、公正かつ誠実であること、励まずること、従事すること、治療者の促進的なかかわり：支持的であること、公正かつ役に立つ学習、関係スキルの開発、有益な態度の開発、参加者からの配偶者が評価するアンガーマネジメント：感情スキルへの動機グループの強化、家族の関係やパートナーが評価するポジティブな変化に特に関連した変化コンポーネント：加害者が責任を取ること参加者の配偶者が有効な治療の結果を理解するボート、希望を与えること、対人スキルの深めること、行動の変化への焦点化、肯定的側面への焦点化	75%
Lee et al. (1999)	治療前後でGASスコアの有意な増加 [$t = -17.8, df=70, p < .001$] 評価アンケート：5ポイントリッカート尺度上の5項目すべての回答平均は4であった（1は "とても反対" で5は "とても同意"）。項目は次の通り：治療グループは役に立った；私は攻撃的行動をとらなくなるだろう；グループリーダーはアンガーマネジメントの学習を助けてくれた；グループメンバーはアンガーマネジメントの学習を助けてくれた；同様の問題を持つ他者にこのグループを勧める	7%

場所を与えること，公正かつ利用可能かつ誠実であること
5. **参加者の配偶者やパートナーが評価する有効な治療コンポーネント**｜加害者が責任を取ること，非難しないこと，加害者が自身の行動の結果を理解すること，洞察を深めること，希望を与えること，行動の変化への焦点化，肯定的側面への焦点化
6. **有効でない治療コンポーネント**｜グループが大きすぎたり，セッションが短すぎたりすること（参加者が学習を処理する余裕がなくなるため）

今後の研究

これまでの DV 加害者への SFA の限界に関するレビューから，以下のような効果研究が今後望まれる。(a) 治療プロトコルの開発，標準化。(b) マニュアルに向けた観察にもとづく忠実度測定プロトコルの改良，パイロットテストの実施。(c) 無作為化統制試験の実施，無作為割付けによる対照群ないし比較群の包含。(d) 報告バイアスを回避するための複数のレポートソースの使用。(e) 再犯率を測定するための複数のレポートソースの使用。(f) 被験者数の問題を改善するためのデータコレクション過程の慎重なモニター。

DV 加害者治療のための本アプローチの厳格な効果研究の実施，加害者の肯定的な変化に寄与する行動メカニズムの理解が重要である。DV 加害者の変化の過程（非線形の可能性が高い）や，加害者の肯定的な変化に寄与する治療的対話や過程，あるいはサバイバー用治療プログラムの社会的影響についての理解を研究の焦点に含めるべきである。定性的手法はこれら研究課題の検証に役立つだろう。治療的会話が治療場面でいかに機能するかを解き明かし，治療的会話の言語的，談話的な変化の過程を示すには，マイクロ分析も有用な研究手法である (Bavelas et al., 2000)。インターパーソナルプロセスリコール (Kagan & Kagan, 1997) のようなテクニックは，参加者あるいはファシリテーターが加害者の肯定的な変化に寄与する重要な過程や出来事を捉えるのに役立つ。諸研究の信頼性をいっそう高めるには，監査プロセスやメンバー確認 (Lincoln & Guba, 1985) のような手順を適宜設定するのも重要である。

まとめ

- 再犯率 10.2%（研究 1：公式の逮捕記録と被害者証人局，保護観察局，地区検察局が報告した全再犯ケースによる）。再犯率 6.7%（研究 2：公式の逮捕記録と 6 カ月後のフォローアップ面接での配偶者やパートナーの自己報告による）。
- 治療前後で親密な関係における参加者のスキルは有意に改善，プログラム完遂後 6 カ月維持（配偶者やパートナーの評価による）。
- 治療前後で加害者の自己効力感は有意に増加，プログラム完遂後 6 カ月維持（加害者の自己報告による）。

- プログラム完遂率92.8%。
- 目標特異性と目標合意は，目標に取り組む自信を肯定的に，再犯を否定的に予測。目標特異性は再犯率（10.2%）の低下にも関連。治療モデルは加害者の再犯の分散の58%を説明。

文献

Babcock, J. C., Canady, B. E., Graham, K., & Schart, L. (2007). The evolution of battering interventions: From the dark ages to the scientific age. In 1. Hamel & T. Nicholls (Eds.), Family intervention in domestic violence: A handbook of gender inclusive theory and treatment (pp. 215-246). New York: Springer.

Babcock, J. C., Green, C. F., & Robie, C. (2004). Does batterers' treatment work? A meta-analytic review of domestic violence treatment. Clinical Psychology Review, 23, 1023-1053.

Bograd, M. (1992). Values in conflict: Challenges to family therapists' thinking. Journal of Marital and Family Therapy, 18, 245-256.

Brush, L. D. (1990). Violent acts and injurious outcomes in married couples: Methodological issues in the National Survey of Families and Households. Gender & Society, 4(1), 56-67.

de Shazer, S., Dolan, Y., Korman, H., Trepper, I. S., McCollum, E. E., & Berg, I. K. (2007). More than miracles: The state of the art of solution-focused brief therapy. New Yorlc Haworth Press.

Dobash, R. F., & Dobash, R. P. (1979). Violence against wives: A case against the patriarchy. New York: Free Press.

Feder, L., & Wilson, D. B. (2005). A meta-analysis of court-mandated batterer intervention programs: Can courts affect abusers' behavior? Journal of Experimental Criminology, 1, 239-262.

Gondolf, F. W. (1988). Who are those guys? Toward a behavioral typology of batterers. Violence and Victims, 3(3), 187-203.

Holzworth-Munroe, A., & Stuart, G. (1994). Typologies of male batterers: Three subtypes and the differences among them. Psychological Bulletin, 116, 476-497.

Johnson, M. P., & Ferraro, K. J. (2000). Research on domestic violence in the 1990s: Making distinctions. Journal of Marriage and the Family, 62, 948-963.

Jose, A., & O'Leary, K. D. (2009). Prevalence of partner aggression in representative and clinic samples. In K. D. O'Leary & F. M. Woodin (Eds.), Psychological and physical aggression in couples: Causes and interventions (pp. 15-35). Washington, DC: American Psychological Association.

McCollum, E. F., & Stith, S. M. (2007). Conjoint couple's treatment for intimate partner violence: Controversy and promise. Journal of Couple and Relationship Therapy, 6 (1&2), 71-82.

McCollum, E. E., & Stith, S. M. (2008). Couples treatment for IPV: A review of outcome research literature and current clinical practices. Violence and Victims, 23, 187-201.

McFarlane, W R. (2005). Psychoeducational multifamily groups for families with person with severe mental illiness. In J. Lebow (Ed.), Handbook of clinical family therapy (pp. 195-227). Hoboken, NJ: Wiley.

Miller, W R., & Rolinick, S. (2002). Motivational interviewing: Preparing people to change addictive behavior (2nd ed.). New York: Guilford Press.

O'Leary, K. D. (2002). Conjoint therapy for partners who engage in physically aggressive behavior: Rationale and research. Journal of Aggression, Maltreatment & Trauma, 5, 145-164.

O'Leary, K. D., Vivian, D., & Malone, j. (1992). Assessment of physical aggression against women in marriage: The need for multimodal assessment. Behavioral Assessment, 14, 5-14.

Pan, H. S., Neidig, P. H., & O'Leary, K. D. (1994). Predicting mild and severe husband-to-wife physical aggression. Journal of Consulting and Clinical Psychology, 62, 975-981.

Rosen, K. H., Matheson, J., Stith, S. M., & MeCollum, E. E. (2003). Negotiated time-out: A de-escalation tool for couples. Journal of Marital and Family Therapy, 29(3), 291-298.

Schumm, W. R., Nichols, C. W, Schectman, K. L., & Grigsby, C. C. (1983). Characteristics of responses to the Kansas Marital Satisfaction Scale by a sample of 84 married mothers. Psychological Reports, 53, 567-572.

Stets, 1. F., & Straus, M. A. (1990). Gender differences in reporting marital violence and its medical and psychological consequences. In M. A. Straus & R. J. Gelles (Eds.), Physical violence in American families: Risk factors and adaptations to violence in 8145 families (pp. 151-166). New Brunswick, NJ: Transaction.

Stith, S. M., McCollum, B. B., & Rosen, K. H. (2007). Domestic violence focused couple treat-nient: Multi-couple treatment manual. Unpublished manuscript, Marriage and Family Therapy Program, Virginia Tech - Northern Virginia Center, Falls Church, VA.

Stith, S. M., McCollum, E. E., Rosen, K. H., Locke, L., & Goldberg, P. (2005). Domestic violence focused couples treatment. In J. Lebow (Ed.), Handbook of clinical family ther-apy (pp. 406-430). New York: Wiley.

Stith, S. M., McCollum, E. F., & Thomsen, C. J. (2008, July). Effectiveness of domestic vio-lence focused couples treatment. Paper presented at the International Family Violence Research Conference, Portsmouth, NH.

Stith, S. M., Rosen, K. H., McCollum, E. E., & Thomsen, C. J. (2004). Treating intimate partner violence within intact couple relationships: Outcomes of multi-couple versus individual couple therapy. Journal of Marital and Family Therapy, 30(3), 305-318.

Straus, M. A., & Gelles, R. J. (1990). Physical violence in American families: Risk and adapta-tions to violence in 8,145 families. New Brunswick, NJ: Transaction.

Straus, M. A., Hamby, S. L., Boney-McCoy, S., & Sugarman, D. B. (1996). The revised Conflict Tactics Scales (CTS2): Development and preliminary psychometric data. Journal of Family issues, 17, 283-316.

Walker, L. (1989). Psychology and violence against women. American Psychologist, 44, 695-702.

Wile, D. B. (1993). After the fight: Using your disagreements to build a stronger relationship. New York: Guilford Press.

第12章
カップル間の暴力問題に対する合同カップル面接によるSFBT

エリック・E・マクコラム／サンドラ・M・スミス／シンシア・J・トムセン

はじめに

　配偶者間の暴力問題 (intimate partner violence: IPV) は，莫大な医療費等の社会的経費がかかることや，その問題がもたらす否定的な心理的影響の大きさから深刻な社会問題の一つと考えられている。国勢調査によれば，約10%の男女がこの一年の間に配偶者から身体的暴力を受けたと報告されている (Straus & Gelles, 1990)。重大な社会問題としての家庭内暴力に関するレビューについては，11章参照してほしい。セラピストにとって特に重要な事実は，一般的な結婚生活の悩みで外来治療を受けているカップルの間で，身体的暴力がかなり多く発生しているということである。オリーリら (O'Leary et al., 1992) によると，臨床サンプルのうち，主訴が暴力と判断されたカップルは6%以下であったが，より詳細なアセスメントの結果，身体的・心理的暴力が発生しているカップルの割合ははるかに高いことが示された。ホセとオリーリ (Jose and O'Leary, 2009) のレビューでは，通院するカップルの36%～58%において身体的暴力が，70%～95%において心理的暴力（たとえば，言葉による暴力，脅迫的行為，社会的孤立）が発生していることが報告されている。すなわち，セラピストは，IPVを経験しているカップル (IPVの自覚があるかどうかにかかわらず) と日常的に接していることになる。

　IPVの伝統的な治療は，男性優位の社会通念を背景に，男性は加害者で女性が被害者というモデルをもとに発展してきた。②従来，男性の暴力は女性パートナーへの支配力を確立して維持するための方略の一つとされ (Dobash & Dobash, 1979)，一方，女性の暴力は男性パートナーから暴力を受けた際の反応と考えられてきた (Walker, 1989)。IPVは男性によってもたらされるとするこのような前提において，合同カップル面接は，男性による暴力の責任を分散するという利点はあるが，実際に暴力を受けている女性までも問題を解決するための戦力と見做されるため，夫婦間での解決努力がさらなる暴力の機会を生む可能性がある (Bograd, 1992)。こうしたリスクにもかかわらず，IPVに対してわれわれが合同カップル面接を検討してきたのに

は，いくつかの理由がある。

　なかでも特に重要視している理由は，研究者や臨床家のなかで「親しい関係における暴力を全て同一のものと見なすことはできない」という認識が共有されていることである。これまで，暴力問題を抱える関係性について数多くの類型が提案されてきた (Gondolf, 1988; Holtzworth-Monroe & Stuart, 1994; Johnson & Ferraro, 2000.)。それらを総括すると，IPV は，関係性の特性そのものから生じるものと，関係性がおかれた状況から生じるものとの 2 つに大別することができる (Babcock et al., 2007)。バブコックら (Babcock et al., 2007) によれば，関係性の特性そのものに起因する IPV では，被害者と加害者が明確であること，加害者の主な目的が支配と統制であること，加害者は暴力の程度を最小限にすることといった共通点が示されている。一方，状況に起因する IPV では，誰が加害者で誰が被害者かはそれほど明確ではないこと，加害者は暴力を最小限にしないこと，暴力が支配と統制の役目を果たさないことなどの特徴が示されている。これらの特徴を鑑みれば，バブコックら (Bobcock et al., 2007) も報告しているように，合同カップル面接による治療は，関係性が置かれた状況に起因する IPV の方によりフィットすると考えられる。

　その他の理由として，伝統的な治療法はわれわれが望んでいるほど機能していないという報告が増えてきていることが挙げられる。男性を対象とした治療においては，治療脱落者の割合が 50% 程度と高いことが指摘され (O'Leary, 2002)，さらに，治療終了後においても，明らかな改善効果が認められない傾向が示されている。バブコックら (Bobcock et al., 2004) によるメタ分析では，逮捕・拘留による暴力の減少はわずか 5% 程度で，フェーダーとウィルソン (Feder & Wilson, 2005) では，治療を受けた者とそうでない者の間には，暴力の再発率に 7% の差しかみられないことが示されている。

これまでにわかってきたこと

　家庭内暴力に焦点化したカップル治療 (Domestic Violence Focused Couples Treatment：DVFCT) プログラムとは，カップルに合同面接を適用するために，われわれが 12 年間かけて開発した安全で効果的なアプローチである。DVFCT は，概念基盤としてスティスら (Stith et al., 2007) の治療マニュアル，およびド・シェイザーら (de Shazer et al., 2007) の SFBT (以下，SFBT) を援用しており，IPV の治療に来たカップルに対して特に有用であると考えられる。SFBT では問題解決に親しい家族成員を利用するため，他の人には打ち明け難い問題について支援を求める際に多くの人が感じる気まずさを減じることができる。また，多くのカップルがわれわれの治療を受けるまでに，司法当局，裁判所，他の専門家といったカップル間の関係性の悪さに焦点化する支援者と関わってきているため，彼らは専門家が指摘する関係性の問題を認めるか，これまでの関係性を維持するかの選択に迫られることになるが，

肯定的な側面に焦点を当てる SFBT を援用すれば，IPV 治療をより協働的に進めることが可能になるだろう。

　治療過程では，IPV の問題に焦点を当てる一方で，患者の目標設定を重要視する SFBT の原則も採用してきた。患者は，暴力や関係性による葛藤などの困難な作業にあたっても治療を続けられるよう，望ましい将来への見通しを持つ必要があるため，セラピーの最初で，ミラクル・クエスチョンを使って現在の問題が消えたときの生活に関するカップルのイメージを引き出し，外的に設定される目標と同等にカップルの内的ニーズと希望に焦点を当てる。

　加えて SFBT では，患者に過去の苦しみや激しい感情を一度話してもらえれば，その後はできれば避けたい辛い経験と直面せずに，自らの未来を明確にして，未来志向性を手に入れることができるため，IPV 治療に有効であると考えられる。

　われわれは SFBT モデルによって DVFCT は大きく進展すると確信しているが，患者の身体面および感情面の安全性により一層の配慮をするためには，SFBT に一貫して従事するのではなく，時として指示的治療アプローチを採る必要があることについて述べなければならないだろう。IPV に必要なセラピストの指示が多いアプローチと SFBT 中心の指示の少ないアプローチという一見一貫性のない 2 つの立場を統合させるには，ワイル (Wile, 1993) が示したセラピーにおける第一と第二のスキーマが役に立つ。これは，全く異なる 2 つの立場を統合し，それぞれをいつ，何のために使うのかを明確にするための指針となる。ワイルによれば，第一のスキーマとは「セラピスト個人の頭の中に常にある一連のスキーマ」であるとされる。われわれの治療においては，解決志向の信念 (SFBT) に相当すると考えられる。この信念は，患者のセラピーに対する姿勢，つまり，患者自身が目標を設定し治療過程を導くことを前提としているため，患者たちは，終わりのない葛藤や苦しみの真っただ中にあっても，自らの強みや能力を治療に利用することができる。その一方で，ワイルによれば，どんなセラピストも第二のスキーマを持つとされている。第二のスキーマとは，「直接的な根拠により一時的に選択されるスキーマ」である。この第二のスキーマは，セラピストが第一のスキーマから離れなければならないような制約に直面した際に利用されることになる。セラピストは時として，解決に焦点化した患者中心の立場が使用できなくなるような制約に出くわすことがある。暴力の危険性を増加させ，安全性を脅かすような制約が生じたとき，セラピストは指示的立場 (第二のスキーマ) に移行する。具体的には，タイムアウト法を用いてカップルを離れるよう指示したり，パートナーに別々に自宅へ戻るよう指示することなどが含まれる。制約が解消されれば，また第一のスキーマ (SFBT) に戻ってくる。たとえば，この 1 週間の間に，口論になって妻が夫をひっぱたこうとしたとき，夫が妻の腕を掴んだという話が夫婦から語られた場合，われわれは，タイムアウトを検討し夫と妻に今後可能性のある身体的暴力に対する恐怖の程度を査定するための個別に面接を行う。暴力の危険性がないと確認され

れば，解決志向の枠組みで合同治療を再開するが，夫婦にさらなる身体的・精神的暴力の危険性があると判断されれば，その危険性が解消されるまで指示的な治療を続けることになる。

SFBT の介入——DVFCT の実施

DVFCT はカップルがこのプログラムに適しているかどうかの入念なアセスメントから始まる。このアセスメントプロセス（McCollum & Stith, 2007; Stith et al., 2005），および IPV 問題を抱えるカップルのアセスメントの実践（McCollum & Stith, 2008）については他ですでに詳しく述べられているが，概略すると，DVFCT ではアセスメント結果に基づく評価と，臨床面接から得られる情報とを総合的に判断して，プログラムを進めていく。DVFCT の治療対象は以下の基準を満たし，かつ暴力が比較的深刻なカップルとした。①どの参加者も自発的に参加していること，②どの参加者も関係の修復を望んでいること，③どの参加者も困難な問題について話し合った場合もパートナーからの報復を恐れていないこと，④参加者それぞれの暴力に関する説明がある程度矛盾していないこと。

DVFCT は，18 週間のセッションから構成され，複数のカップルによる集団形式，または個別形式で行われる。どちらの形式でも，協働治療者チームが採用することで，リスクに柔軟に対応することができる（たとえば，リスクマネジメント上必要と判断されれば，参加者との個別的な話し合いも並行して行う）。

最初の 6 週間では，今後予定される合同カップル面接に対するカップルの適性を評価すると同時に，心理教育も行う。この 6 週間のうちのほとんどは，同性のグループによる集団形式，または個別形式で，参加者それぞれが分かれて話し合いを行う。治療の初期段階では，各セッションにはプログラムで決められた課題があり，たとえば第一セッションでは，参加者たちに自分たちの話をする時間を与えて，治療同盟を構築していく。第二セッションは，最初の 6 週間のうち，唯一カップル合同で実施され，個別形式の場合はミラクル・クエスチョン（de Shazer et al., 2007），集団形式では改良版ミラクル・クエスチョン（健康的な関係性を築く自宅エクササイズ Healthy Relationship House exercise）を使用する。健康的な関係性を築く自宅エクササイズとは，家の概略図を載せたフリップチャートを使って，患者が思う幸せな家庭の特徴について記述させることで，ミラクル・クエスチョンに対する答えと同様に，今後の治療セッションを左右する将来への見通しを提供することができる。その他この 6 週間では，IPV に関する基本的な情報，安全が確保された計画，取り決めによるタイムアウト法（従来のタイムアウト法をカップルに適用できるよう改良したもの；Rosen et al., 2003），気づきの瞑想法，動機づけ面接をもとに作られた薬物乱用モジュールの自己アセスメント（Miller & Rollnick, 2002）について心理教育が行われる。

われわれはこれまで心理教育的要素を解決志向に基づく治療プログラムにどのよ

うに組み込むかについて考えてきた。専門家による心理教育プログラムはセラピストが患者の知識よりも優れた知識を持つことをそれとなく示唆し，介入することでそれが患者に伝わってしまう（McFarlane, 2005）ため，われわれは最後の教え（teach last）と呼ぶ心構えを考案した。これは，まずセラピストが患者たちの意見，知識，有効な方略等をできるだけ引き出し，そのグループからはこれ以上重要な情報が引き出せないと感じたときに最後の頼みとして，セラピストの意見や情報を提供するのである。

　カップル合同のセッションに進む前に，セラピストたちは，そのセッションでカップル合同治療を進めても安全かどうかを内々で話し合い，安全と判断されれば，合同セッションに進み，そうでなければ，リスクマネジメントを行う。リスクマネジメントでは，集団の場合，一人のセラピストが対応に注意が必要な高リスクのカップルと話し合い，もう一人のセラピストが他の低リスクカップルを対象に合同セッションを実施する。合同セッションでは，特定のテーマ（たとえば，育児に関する意見の相違など）について話し合われ，カップルたちは，自分たちの関心があることだけに意識を向けるのではなく，互いの共通点を見つけ，助け合うように促されるため，集団の団結力が深まっていく。合同セッションの最後は，一人ずつ個別に面接を行い，参加者がそれぞれのパートナーとこれから一緒に帰宅することに不安がないか確認するとともに，合同セッション中に新たな危機が生じていないかを特定し，対処する。

　合同治療の段階は，患者のニーズや希望によってそれぞれ違うため，定式化された形態を詳細に記述するのは困難であるが，ここでも基本的には SFBT の原則にのっとって行うこととなる。例外に気づかせて拡張し，望ましい結果へと近づいていることを強調することなどが，セラピストの基本的な役割となる。同時に，合同セッション中，セラピストは安全性を確保するため，常にリスク評価を行い，どの程度指示的アプローチをしていくべきか，またそのタイミングはいつなのか考えなければならない。

　18 週間にわたる DVFCT プログラムの治療目標は 2 つある。1 つは，カップルの関係性から生じている暴力がなくなるよう参加者を支援していくことである。そのために，参加者が自身の行動に対する責任感を持てるようになることが目指され，プログラム開始直後から 6 週間にわたって行われる一連の行動技法がある。2 つ目は，カップルの関係性が改善していく過程で生じうる暴力のリスクを最小限にすることである。パンら（Pan et al., 1994）が，夫婦間の不和が 20% 増加するごとに，配偶者に対する軽度の暴力が 102%，深刻な暴力は 183% 増加することを示していることからも，暴力のリスクを最小限にとどめるにはリスク評価が必要不可欠である。

DVFCT に関する留意点

　DVFCT は，治療を必要とするカップル全てに適用できるわけではない。前述のよ

うに，カップルのうちどちらかが強制的に参加させられている場合，カップルのうちどちらかが暴力に関する話題が出された時の報復を恐れている場合，暴力に関する報告がカップルの間で大きく差がある場合などは適用することができない。

また，カップルの関係性を必ずしも維持させることを目的としているわけではないため，DVFCTの過程で，関係を解消せざるをえないカップルもいる。その他，18週間という期間内でカップルが治療に持ち込む数多くの問題を全て扱うことはできないため，カップルの多くはプログラムが終了すると他のセラピー（安全性が確保されていないと思われる）を受けに行く可能性がある点には留意しなければならない。

方法

分析対象

現在までに，われわれはDVFCTの効果を2つの研究によって評価してきたが，最初の研究（Stith et al., 2004）は，米国国立精神保健研究所（NIMH）の助成を受けて行われた。この研究では，治療を完遂した「単一のカップルでDVFCTを行う群」14組，「複数のカップルによる集団形式でDVFCTを行う群」16組，統制群9組が分析の対象となった。NIMHの助成が終了した後もわれわれは研究（Stith et al., 2008）を続け，そこで得られたデータを最初の研究（Stith et al., 2004）データに加え，②治療を完遂した「単一のカップルでDVFCTを行う群」20組，「複数のカップルによる集団形式でDVFCTを行う群」29組，統制群9組が分析対象となった。

尺度

改訂版葛藤方略尺度（Conflict Tactics Scale Revised: CTS2; Straus et al., 1996）｜CTS2はIPVを評定する上で最もよく使われている尺度の一つで，特定の期間内に，相手からどのような仕打ち（精神的・身体的・性的）をどの程度されたのか，また，相手にどのような仕打ちをどの程度してしまったのかをカップルの双方に尋ねる暴力認知尺度である。たとえば，「私は相手に突き飛ばされたり，押さえつけられたりする」という項目と「私は相手を突き飛ばしたり，押さえつけたりする」という項目が対で提示される。本研究では，CTS2の「精神的暴力（例：デブやブサイクなどと罵るなど）」，「深刻な身体的暴力（例：ナイフや銃を突きつけるなど）」，「軽微な身体的暴力（突き飛ばしたり，押さえつけたりするなど）」という3つの下位尺度を用いた。暴力認知得点は自己報告ではなく，パートナーからの報告に基づいて得点化された。

カンザス結婚満足度尺度（Schumm et al., 1983）｜夫婦関係の満足度を測定する3項目から構成され，高い信頼性を有している。

結果

最初の研究（Stith et al., 2004）では，統制群と比較し，集団形式の参加者には有意差が認められたが，個別形式には有意な差が見られなかった。具体的には，集団形式の参加者は，個別形式および統制群の参加者と比較して，パートナーによる身

表12.1 DVFCT（個別形式／集団形式）に参加した夫婦の暴力認知得点及び結婚満足度得点の平均値

グループの形式／性別	pre	post	
個別形式（$n=17$）			
身体的暴力の認知*			
夫	14.29	4.65	$p < .001$
妻	11.53	4.65	$p < .01$
精神的暴力の認知*			
夫	21.12	12.88	$p < .001$
妻	17.47	14.88	
結婚満足度			
夫	11.12	11.76	
妻	10.24	12.29	$p < .05$
集団形式（$n=27$）			
身体的暴力の認知*			
夫	11.21	4.79	$p < .01$
妻	8.75	5.96	
心理的暴力の認知*			
夫	22.11	14.57	$p < .001$
妻	17.64	13.61	$p < .05$
結婚満足度			
夫	13.04	14.59	$p < .05$
妻	9.48	13.22	$p < .001$

＊パートナーの報告に基づく得点
DVFCT（Domestic Violence Focused Couples Treatment）：家庭内暴力に焦点化したカップル治療

体的・精神的暴力が有意に減少していた。同様に，集団形式の参加者の結婚満足度は有意に増加していたが，統制群および個別形式の参加者では有意な増加はみられなかった。

　次に，プログラム終了時から6カ月後および2年後における，夫による身体的暴力の再発率について検討した。男性の身体的暴力は，女性の身体的暴力に大きな被害をもたらし得る（Brush, 1990; Stets & Straus, 1990）と指摘されていることからも，夫による身体的暴力の再発率は検討する必要があるだろう。妻が夫から暴力行為を受けたとCTS2において報告した場合，その夫は再発したと判断した。この基準により分析した結果，プログラム終了時から6カ月後，統制群の67%，個別形式の43%，集団形式の25%で夫による身体的暴力の再発が認められた。また集団形式における夫の再発率は，統制群よりも有意に低かった。しかし，個別形式における夫の再発率は，統制群，集団形式と比べて有意な差が見られなかった。

　またその2年後，妻に夫からの暴力の再発について再び評価するよう求めた。その結果，集団形式に参加した妻のうち一人だけが夫による暴力の再発を報告し，個別形式に参加した妻のなかには一人も再発を報告する者はいなかった。一方，統制群に参加した妻のうち50%が夫による暴力の再発を報告した。

　スティスら（Stith et al., 2008）では，最初の研究（Stith et al., 2004）をより洗練して分析を行った。その結果，集団および個別形式に参加した夫は，プログラム終了後，身体的暴力および精神的暴力が共に有意に低くなることが示された（表12.1）。

しかし，結婚満足度に関しては集団形式に参加した夫のみ，有意に増加していた。一方妻に関して，個別形式では身体的暴力が有意に低くなることが示されたが，精神的暴力では有意差が見られなかった。逆に，集団形式では妻の精神的暴力が有意に低くなることが示されたが，身体的暴力では有意差が認められなかった。妻の結婚満足度に関しては，集団形式および個別形式において共に有意に増加していた。

以上 2 つの研究より，DVFCT は，特に集団形式において，暴力を低減させ，関係性の満足度を増加させることが実証的に示された。

実践ガイドライン

われわれは DVFCT に関して積み重ねてきた経験と，IPV に対するカップルの合同セッションについてこれまでさまざまな文献の中で指摘されてきた知見に基づいて，使用する心理療法の種類に関わらず合同カップル面接を実施する上でのガイドラインを提案してきた（McCollum & Stith, 2008）。

- **IPV に対する組織化されたコミュニティ内のサービスを提供する**｜IPV などの問題に対する援助プログラムは，合同面接単独でなく，物質依存支援プログラム，シェルタープログラムなどといったより広範なサービスを併用しながら進めるべきである。
- **慎重なスクリーニング**｜合同カップル面接を始める前に，カップルのスクリーニングを慎重に実施し，合同カップル面接を実施することによってさらなる暴力が誘発されるようなことがないかを事前にチェックすることが重要である。スクリーニングに関するより詳細なガイドラインとしてはスティスら（Stith et al., 2004; 2005）を参照してほしい。
- **IPV と葛藤的関係に焦点化する**｜暴力問題を抱えたカップルに合同面接を行う際は，暴力の問題や二者間の緊張した葛藤的関係に特に焦点を当てるべきである。
- **安全性を確保する目的で尺度を選択する**｜安全性を完全に保証することは困難であるが，少しでも合同カップル面接における安全性を確認するためにも尺度選択には慎重にならなければならない。危険性を具体的・計画的にアセスメントすることは，われわれのアプローチにおける要であり，カップル双方の個別的状態を定期的にチェックすることは，伝統的な治療セッションの構造と一線を画すものであろう。
- **IPV とシステミックカップルセラピーの両方の知識と技能を持ったセラピスト**｜暴力問題に対して合同カップル面接を行うセラピストは，両者に精通していなければならない。個人内の感情的側面と個人間の関係性の中での生じた根深い対立とをマネジメントする必要があるために，セラピストには熟練が求められる。また，微妙で捉え難いカップル間の力関係や支配関係を理解し，そのような関係性に起因する暴力とより状況依存的・偶発的な暴力とを見分けるためにも，セラピストには熟練が求められる。

限界と今後の展望

現段階では，DVFCT の効果に関する予備的なエビデンスがあるだけにとどまって

いるため，今後より一層の調査研究が望まれる。またDVFCTがゲイやレズビアン，ラテンアメリカ人などといったより広範の患者に対しても有用であるとわれわれは考えているため，未だ適用したことのない患者に対してもこのモデルが有用であるかどうかを今後検討していく。さらにわれわれは，DVFCTがどのようにしてカップルに変化をもたらすのかを検討するために，より広範囲な要因について検討する必要があると考えており，一時的でない変化を起こす上で，重要な役割を果たす変数を同定するための研究が求められるだろう。

文献

Babcock, J. C., Canady, B. E., Graham, K., & Schart, L. (2007). The evolution of battering interventions: From the dark ages to the scientific age. In J. Hamel & T. Nicholls (Eds.), Family intervention in domestic violence: A handbook of gender inclusive theory and treatment (pp. 215-246). New York: Springer.

Babcock, J. C., Green, C. F., & Robie, C. (2004). Does batterers' treatment work? A meta-analytic review of domestic violence treatment. Clinical Psychology Review, 23, 1023-1053.

Bograd, M. (1992). Values in conflict: Challenges to family therapists' thinking. Journal of Marital and Family Therapy, 18, 245-256.

Brush, L. D. (1990). Violent acts and injurious outcomes in married couples: Methodological issues in the National Survey of Families and Households. Gender & Society, 4(1), 56-67.

de Shazer, S., Dolan, Y., Korman, H., Trepper, I. S., McCollum, E. E., & Berg, I. K. (2007). More than miracles: The state of the art of solution-focused brief therapy. New Yorlc Haworth Press.

Dobash, R. F., & Dobash, R. P. (1979). Violence against wives: A case against the patriarchy. New York: Free Press.

Feder, L., & Wilson, D. B. (2005). A meta-analysis of court-mandated batterer intervention programs: Can courts affect abusers' behavior? Journal of Experimental Criminology, 1, 239-262.

Gondolf, F. W. (1988). Who are those guys? Toward a behavioral typology of batterers. Violence and Victims, 3(3), 187-203.

Holzworth-Munroe, A., & Stuart, G. (1994). Typologies of male batterers: Three subtypes and the differences among them. Psychological Bulletin, 116, 476-497.

Johnson, M. P., & Ferraro, K. J. (2000). Research on domestic violence in the 1990s: Making distinctions. Journal of Marriage and the Family, 62, 948-963.

Jose, A., & O'Leary, K. D. (2009). Prevalence of partner aggression in representative and clinic samples. In K. D. O'Leary & F. M. Woodin (Eds.), Psychological and physical aggression in couples: Causes and interventions (pp. 15-35). Washington, DC: American Psychological Association.

McCollum, E. F., & Stith, S. M. (2007). Conjoint couple's treatment for intimate partner violence: Controversy and promise. Journal of Couple and Relationship Therapy, 6 (1&2), 71-82.

McCollum, E. E., & Stith, S. M. (2008). Couples treatment for IPV: A review of outcome research literature and current clinical practices. Violence and Victims, 23, 187-201.

McFarlane, W R. (2005). Psychoeducational multifamily groups for families with person with severe mental illiness. In J. Lebow (Ed.), Handbook of clinical family therapy (pp. 195-227). Hoboken, NJ: Wiley.

Miller, W R., & Rolinick, S. (2002). Motivational interviewing: Preparing people to change addictive behavior (2nd ed.). New York: Guilford Press.

O'Leary, K. D. (2002). Conjoint therapy for partners who engage in physically aggressive behavior: Rationale and research. Journal of Aggression, Maltreatment & Trauma, 5, 145-164.

O'Leary, K. D., Vivian, D., & Malone, j. (1992). Assessment of physical aggression against women in marriage: The need for multimodal assessment. Behavioral Assessment, 14, 5-14.

Pan, H. S., Neidig, P. H., & O'Leary, K. D. (1994). Predicting mild and severe husband-to-wife physical aggression. Journal of Consulting and Clinical Psychology, 62, 975-981.

Rosen, K. H., Matheson, J., Stith, S. M., & MeCollum, E. E. (2003). Negotiated time-out: A de-escalation tool for couples. Journal of Marital and Family Therapy, 29(3), 291-298.

Schumm, W. R., Nichols, C. W, Schectman, K. L., & Grigsby, C. C. (1983). Characteristics of responses to the Kansas Marital Satisfaction Scale by a sample of 84 married mothers. Psychological Reports, 53, 567-572.

Stets, 1. F., & Straus, M. A. (1990). Gender differences in reporting marital violence and its medical and psychological consequences. In M. A. Straus & R. J. Gelles (Eds.), Physical violence in American families: Risk factors and adaptations to violence in 8145 families (pp. 151-166). New Brunswick, NJ: Transaction.

Stith, S. M., McCollum, B. B., & Rosen, K. H. (2007). Domestic violence focused couple treat-nient: Multi-couple treatment manual. Unpublished manuscript, Marriage and Family Therapy Program, Virginia Tech - Northern Virginia Center, Falls Church, VA.

Stith, S. M., McCollum, E. E., Rosen, K. H., Locke, L., & Goldberg, P. (2005). Domestic violence focused couples treatment. In J. Lebow (Ed.), Handbook of clinical family ther-apy (pp. 406-430). New York: Wiley.

Stith, S. M., McCollum, E. F., & Thomsen, C. J. (2008, July). Effectiveness of domestic vio-lence focused couples treatment. Paper presented at the International Family Violence Research Conference, Portsmouth, NH.

Stith, S. M., Rosen, K. H., McCollum, E. E., & Thomsen, C. J. (2004). Treating intimate partner violence within intact couple relationships: Outcomes of multi-couple versus individual couple therapy. Journal of Marital and Family Therapy, 30(3), 305-318.

Straus, M. A., & Gelles, R. J. (1990). Physical violence in American families: Risk and adapta-tions to violence in 8,145 families. New Brunswick, NJ: Transaction.

Straus, M. A., Hamby, S. L., Boney-McCoy, S., & Sugarman, D. B. (1996). The revised Conflict Tactics Scales (CTS2): Development and preliminary psychometric data. Journal of Family issues, 17, 283-316.

Walker, L. (1989). Psychology and violence against women. American Psychologist, 44, 695-702.

Wile, D. B. (1993). After the fight: Using your disagreements to build a stronger relationship. New York: Guilford Press.

第13章
服薬アドヒアランス向上における
SFBT 導入の試み

プラメン・A・パナヨトフ／ボヤン・E・ストラヒロフ／アネタ・Y・アニクキナ

はじめに

　アドヒアランスとは，患者が積極的に治療方針の決定に参加し，その決定に従って治療を受けることを意味する。患者の服薬アドヒアランスが慢性期治療の効果を予測することは医療臨床の領域では周知の事実となっている。したがって医療従事者は，治療方針に患者が確実に協同するようにと，さまざまな方法で力を尽くしてきた (Jansse et al., 2006; Koop, 2007; Starner, 2006)。そして精神科医は，心理療法や心理教育がアドヒアランス向上をもたらす可能性に関心を示している。精神科医療では，患者は治療に打ち込むほどに，治療の計画にもより協力して取り組むようになり (Bauml et al., 2006; Hogarty et al., 1991)，また，重要な他者としての家族も，患者に治療を促すことを想定している。

　伝統的な訓練を受けた精神科医は，患者に対して医学的な専門用語を用いる。そして患者自身の精神状態について，伝統的な精神科用語で切り取った像を受け入れるよう求める。精神医療という言語ゲームに参入するよう求められた患者は混乱し抵抗し，結局は治療に応じがたい存在となる。

　アプローチとしてのSFBTの活用は，患者を薬物治療に結びつけることを可能にするのだろうか？　たとえばSFBTは，生活や問題について患者の個人的な視点の活用を促すかもしれない。また日常の言葉を用いることにより，薬物治療を含むかたちでかれら自身の治療のゴールが展開するかもしれない。

　精神科の現場は，精神科医，患者，家族それぞれによる問題についての記述，という3つの異なる言語ゲームと視点とを含む。これら3者の参加者が方向性について話し合っても折り合わないことは，ある意味当然である。精神科医の提案は治療的なものであり，一方患者は，医療から解放された自らの生を送ることを望む。さらに患者の家族は，患者の「厄介な」行動がなくなるような精神科医の関わりを望んでいる。

　カルテに「患者は治療に抵抗している」「家族は非協力的だ」としばしば記載され

るように，これら3つの立場は相いれない。

> 精神科医｜あなたの病気とは……です。そしてわれわれは……を用いて治療します
> 患者｜これはわたしたちの人生です
> 家族や親族｜彼にもっと良くなってほしいのです

解決志向の視点は，この「三すくみ」状態を新たな，かつ葛藤的ではないやり方でリフレームする。ゴールを現実的かつ精神科医ではなく患者自身に意味があるものとし，ゴール達成の方法を定めていく。これによりクライアントの症状も，ゴール到達への障害として共同構築される。そして薬物治療も，患者のゴールへの道のりの「助けとなる道具」となる。このように治療に対する患者の取り組みが変化し，目標が家族で一致し共有されると，共通の土俵で会話が築かれる。そのための特別な言葉は必要ない。というのも患者のゴールとは，常に患者自身の言語により構築されているものだからだ。

事例から学ぶ

薬物治療を取り入れるか否かの決定に際する，ゴール設定の重要性を，臨床例から示すこととしよう。

患者，A氏は44歳。一児の娘の父であり，離婚している。娘とは月に1回の面会を許されていた。ただ，彼が統合失調症であることから，裁判所は母親＝元妻が同席するよう命じていた。解決志向の面接の過程で患者は，娘にもっと「少なくとも2週に1回，母親抜きでも」会いたい，と話した。そして，働いてお金を稼ぎ，良好で安定した状態であることを裁判所に認めさせることで，娘との面会について有利な条件を勝ち取る，というゴール・セッティングを行った。A氏は自身で薬物治療の継続を決め，2年以上続けた。しかし，裁判所はその後のヒアリングで彼の要求を却下した。A氏が服薬を止めたのは，その2日後だった。

そして，仕切り直しのSFBTが実施された。A氏のゴールは変わることはなかったが，前妻がもっと娘に会わせてくれるようになる，という再定義がなされた。稼いだお金の使いみちを「使えない法律家」から「自分の娘」へと向け直そうと考えた。仕事も継続し，娘とはほぼ毎週会えるようになった。治療も継続中である。

B氏，54歳は30年以上前にパラノイド的な統合失調症との診断を受けていた。妻と暮らすB氏は，長年薬物治療を忌避していたが，今や彼は，デポ剤による神経遮断薬の毎月の治療日も忘れない。この変化は，6年ほど前に「もし薬物治療を受けないなら，私は出て行く」と妻が彼に対し宣言した後に起きた。B氏は，自分は結婚生活を大事にしたいのだ，妻を愛しており，関係を保つためには何だってやるさ，と宣言した。彼の言葉でいえば，「薬物治療を受けることで彼女をなだめた。ずっとそうであってほしいと願う」。

ここまで，服薬アドヒアランスとゴール・セッティングとを結びつける意義について述べてきた。そしてわれわれは，より一般的な臨床場面におけるアドヒアランス向上に際するSFBTの有効性を明らかにするために，包括的なパイロット・スタディを実施した。

理論的根拠

抗精神薬は，統合失調症患者の陰性症状を抑制する標準的治療である。一般に用いられる抗精神病薬は耐性を有しており，何かしらの副作用を伴う。慢性の精神病患者は，薬物治療を中止前に4.6カ月受けている。

パイロット研究

SFBTは統合失調症を，アイデンティティを規定する存在から治療により乗り越えられるものへと変容させる助けとなりうるのか？　抗精神病薬の治療を受け入れ，患者が自身のゴールへと到達する助けとなるのか？　SFBTは，レジリエンスやクライアントの強みに焦点をあてる肯定的なオリエンテーションとして世界的に受け入れられているが，薬物治療のアドヒアランス向上にも効果的と考えられる。多くの研究では，クライアントの平均的な満足レベルは問題の性質とは無関係であり，70～85%である (Gingrich & Elsengart, 2000; Kim, 2008)。

われわれは，SFBTを治療プログラムの一つとするブルガリアの2つのクリニックで，実施前後の患者の記録を参照した予備的分析を行い，アドヒアランス向上におけるSFBTの効果を観察することができた。

方法

対象者は，51人の統合失調症の患者 (年齢は19歳から65歳で平均38歳。男性28人，女性23人)。ブルガリアの2つのクリニックで外来治療を受けており，少なくとも1回，SFBTの面接を受けていた。被験者は統合失調症の診断を受けており (DSM-IV-TR 295.0)，SFBTの介入以前に，向精神薬による治療を1回は受け，その際には副作用も経験していた。つまり，薬物治療は服用を止めるほど不快なものであったといえる。被験者は，治療のどこかで少なくとも1回のSFBTのセッションを受けるよう求められた。

方法は，自然観察法による回顧法的な単一事例研究である。われわれは服薬アドヒアランスについてのデータを，SFBTの実施前，最中，実施後に集めた。患者に関する最長42年前からの臨床データが，治療記録や患者と家族の報告から収集された。患者のアドヒアランスは，治療を受ける程度や期間についての利用可能な情報に依った。臨床データはそれぞれ，(a) ケース記録 (37人)，(b) 患者自身の報告 (32人)，(c) 家族や親戚の報告 (32人)，(d) その他の (4人) に依った。そして，被

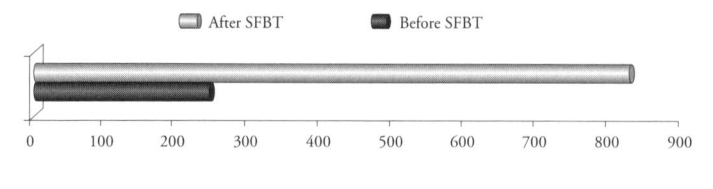

図13.1　投薬治療の継続期間（日）

験者それぞれの服薬遵守行動が，SFBT 実施の前後で比較された。

患者と家族への SFBT は，ヨーロッパ式のブリーフセラピーマニュアル（Beyebach, 2000）に沿って行われた。とくに注意を注いだのは，ド・シェイザー（de Shazer, 1980）を参考とした，次のようなウェルフォームド・ゴールの設定である。(a) 小さく明確で，覚えておける，(b) 詳細を含む，(c) 行動に関することばで記述されている，(d) クライアントにとって真に迫るもの，(e)「不在や欠如」ではなく「現在の発展」について述べている，(f) クライアントにとって有用かつ達成可能，(g) 達成には「困難な課題」が必要，とクライアントに受け取られること。

薬物治療については，クライアント自身が自発的に持ち出した場合のみ，話題とされた。治療を受けるかどうかは SFBT のトピックにはされず，精神科医からの提案がなされることもない。かわりにクライアントのゴールがスケーリングされた。続いて，クライアントが薬物治療を受けるかどうかにかかわりなく，ゴール（「問題への例外」）と出会うとき，スケーリングがゴールへと近づくとき，家族や友人が変化に気づくときに関する話し合いがなされた。

結果

SFBT 実施の前後で服薬アドヒアランスが向上しているかどうかを調べるために，統計的な分析が行われた。SFBT を受ける前，被験者は薬物治療を平均で 244 日受けていた。SFBT 実施の後は，827 日受け続けていた。つまり介入後に薬物治療へのアドヒアランスは 3 倍以上となり，39 人の被験者（76%）が薬物治療を受け続けていた（図13.1）。

さらなる研究に向けた実践的な含意と提案

結果から，SFBT は薬物治療のマネジメントを補助する役割を果たしていたことが示された。慢性患者に対する SFBT は，患者自身の言語と目標とを用いることにより，薬物治療を患者自身にとって意味あるものにしていた。

限界

本パイロット研究の第一の限界は，群間比較を行わなかったことにある。今後は，本研究の結果に基づき，SFBT 介入群と非介入群それぞれのアドヒアランスを比較す

ることで，外部変数が統制され，実際の効果が測定しうる。また，本研究のような回顧的研究の場合，情報の正確性は限定的である。予測的な研究の方が，アドヒアランスについての情報を，より統制されたかたちで収集しうる。さらに，サンプル数を増やすことで，統合失調症の類型，発症からの期間，性別などをそれぞれ独立変数に設定した実験デザインが可能となると考えられる。

発見

精神科領域で主流の言語とは，生物学的異常の有無を中心に据えるものである。それは，精神科医には有用とはいえ，患者が自身について語る際の価値は限られたものにすぎない。われわれは，SFBTとは，とても役立つ実際的な会話であり，患者自身が治療により能動的に参加するよう促すと信じるものである。結論を次に示す。

- 患者が服用しなければ薬物治療の意味はない。服薬のアドヒアランスに配慮することは重要である。
- SFBTは，患者のアドヒアランスを向上させることに寄与する。
- アドヒアランスにおけるSFBTの有用性とは，患者自身のゴールと言葉を活用し，肯定的な言語を用いること，そして未来志向な点にある。
- 製薬会社は，精神科医や医療スタッフに対するSFBTのトレーニングに関心を持つだろう。

謝辞

- 本研究は，ヨーロッパ・ブリーフセラピー協会の助成を受けた。

更なる学びのために

- ブルガリア・ルーセのSFBTカウンセリングセンター http://www.solutions-cemtre-rousse-bulgaria.org/，そしてPIK（Psychological Research and Counseling）センター，ブルガリア・ソフィア http://www.pikcenter.eu/
- 解決志向の考え方に基づき設立された両センターでは，多様な領域にSFBTの原理を応用するツールや方法が開発されている。

文献

Agassi, A. (2009). Open: An autobiography. New York: HarperCollins.
Bäuml, J., Frobhse, T., Kraemer, S., Rentrop, M., & Pitschel-Walz, C. (2006). Psychoeducation: A basic psychotherapeutic intervention for patients with schizophrenia and their families. Schizophrenia Bulletin, 32 (Suppl 1), 51-59.

Beyebach, M. (2000). EBTA outcome research definition. Retrieved 20 June 2009 from http://www.ebta.nu/sfbtresearchdefinition.pdf

de Shazer, S. (1980). Putting difference to work. New York: Norton.

Gingerich, W, & Eisengart, S. (2000). Solution-focused brief therapy: A review of the out-come research. Family Process, 39, 477-498.

Hogarty, G. E., Anderson, C. M., Reiss, D., et al. (1991). Family psychoeducation, social skills training and maintenance chemotherapy in the aftercare treatment of schizophrenia: II. Two-year effects of a controlled study on relapse and adjustment. Archives of General Psychiatry, 48, 340-347.

Janssen, B., Gaebel, W, Haerter, M., Komaharadi, F., Lindel, B., & Weinmann, S. (2006). Evaluation of factors influencing medication adherence in inpatient treatment of psy-chotic disorders. Psychopharmacology (Berlin), 187(2), 229-236.

Kim, J. S. (2008). Examining the effectiveness of solution-focused brief therapy: A meta-analysis. Research on Social Work Practice, 18(2), 107-116.

Koop, C. E. (2007). Drugs don't work in patients who don't take them. Retrieved 14 June 2010 from http://www.cadexwatch.com/clinicals.html

Lewis, S., Lieberman, J. (2008) CATIE and CUtLASS: can we handle the truth? The British Journal of Psychiatry, 192, 161-163.

Stainer T. (2006). The price of noncompliance. Retrieved 12 June 2010 from http://www.amcp.org/data/jmcp/JMCPSuppB_JulyAugO8.pdf

Wittgenstein, L. (1953/1973). Philosophical investigations. New York: Prentice Hall.

第14章
サインズ・オブ・セイフティと
子どもへのソーシャルワーク

ジョン・ウィーラー／ヴィヴィ・ホッグ

はじめに

　司法関係者など子ども福祉の専門家は，日々大量の仕事に追われ，大きなプレッシャーを抱えている。不機嫌な人，介入を拒む人，人の目をあざむくことに長けた人。このような人たちとも協働しなければならない。かれらの多くは貧しい。ときに失業中で教育の機会も乏しく，親業のロールモデルもない。犯罪や薬物に手を染める者もいる。表面的にはかれらは，ソーシャルサポートやリソースもなく，希望なく陰うつに生きているように見える。このような家族に立ち入る子ども福祉ワーカーは，矛盾する情報に翻弄されつつも，子どもの安全を守るために，何が起きており，何をすべきかを瞬時に把握し行動を起こさねばならない。

　SFBTを導入するにはなんとも手強い領域ではある。なぜならSFBTの要点とは，クライアントがソーシャルワーカーと協働し，彼らがなりたい将来像を達成する自身のリソースを引き出すことにあるからだ。とはいえ精力的かつ希望と楽観を兼ね備えたワーカーが，家族に対して子どもによい結果をもたらし敬意を持った関係を築くことができると信じ関わることは，やはり重要なのである。

　ディヤング（De Jong, 2003）は，ミシガン州での子ども福祉サービスにおいてSFBTを適用した経験から，「子どもの安全を保証し，虐待やネグレクトのある家族を支える唯一かつ重要な力とは，家族の強み（ストレングス）や多様性，そしてリソースについて丁寧に収集した情報とあわせて，虐待やネグレクトについての主張を慎重かつ丁寧になぞることである」と述べる。

　著者自身らの研究（Hogg & Wheeler, 2004）では，SFBTの次のような力が示されている。ワーカーらが，出来事の詳細な記述を引き出すこと，家族における良循環を探ること，共有された目標に沿った協力を作り出すこと，作業が本題から逸れないように保つこと，そして，子どもの安全を確かなものにするため専門職の力が創造的に用いられるよう促すことである。子ども福祉におけるSFBTの効果的な適用は，他にも数多く示されている（Berg 1991; Berg & Kelly, 2000; de Vries, 2002; Mylan &

Lethem, 1999; O'Neill & McCashen 1991; Walsh 1997)。

とはいえ，SFBTがそのままの形で実施される場合はほとんどない。子どもへのSFBTの例としては，カナダのアルバータ州（2004）で若者と家族の機能強化の活動において，低度〜軽度の危険を持つケースに推奨されたものがあった。

これまで学んできたこと

研究領域としての子ども福祉は，研究遂行および，エビデンス同定についての困難性を抱えている。王道としての無作為化統制試験も，統制群となる子どもにとってリスクがあれば不可能である。危機のさなかにある子どもに対しては，可能な限り最良の方法を適用するため，研究を評価してくれる助成金にめぐりあったとしても，研究の着手に先立つ査定が間に合わないこともしばしばである。また，エビデンスを同定するにしても，職員や家族，およびそれぞれの関係性の影響など，複雑化を避けえない。たとえばワーカーと保護者との良好な関係性は，必ずしも子どもの安全に直結しない（Dale et al., 1986）。また，親子分離の減少はワーカーと保護者との効果的な協働によるものかもしれないが，親子分離の増加はワーカーが詳細に事態を理解しタイミングを熟知しうる立場にあるからこそ，という逆向きの説明も成り立たないわけではない。

この子ども福祉領域において，ワーカーのSFBTトレーニング経験と，サービス利用者との関係性との関連を検討したのがサンドマン（Sundman, 1997）とド・ヴリス（de Vries, 2009）である。サンドマン（Sundman, 1997）は，フィンランドにおいて訓練を受けたソーシャルワーカー11人と，訓練を受けていない9人を対象に，SFBTの効果を量的／質的な指標を用いて検討した。382人のサンプルから無作為に10人のクライアントが抽出された。ワーカーは，クライアントの現在の仕事，ゴール，ゴール達成の意味についての質問紙に回答した。一方クライアントには，ワーカーの関わりが役立った程度を調べる質問紙が送付された。質問紙は12カ月と18カ月の間隔を置いて，再度実施された。また，質的分析として，ワーカーそれぞれの面接記録が無作為に抽出され，会話がクライアントの関心とゴールにどの程度たどりついたかが，独立した調査者により評価された。結果，クライアントは関わりに満足しており，自身の変化というゴールに焦点をあてており，ワーカーと問題解決に熱心に取り組んでいた。ワーカーはクライアントの力に気づき，より幅広い視点を用いるようになっていた。関係性は肯定的に，より焦点付けられたものとなった。変化についての目標が絞られたことで，クライアントはより自分自身で取り組むようになった。さらに，ゴールを定める際のワーカーとクライアントとの相互作用に光があてられた。そして，次のような問いが導かれた。それは，SFBTを用いるワーカーが，保護者との関係は維持しつつ，子どもの安全に焦点をあて，保護者からの説明を得る強力な方法とはどのようなものか，というものである。

ド・ヴリス（de Vries, 2009）は，オランダで900人以上のソーシャルワーカーに実施した訓練に基づき，SFBTがワーカーに与える影響を4つの時期に分けて報告している。訓練後1カ月に面接を受けた70人のワーカーは，ほぼ全員がSFBTを用い始め，仕事に直接役立ったという。訓練後8カ月の時点では，80人のワーカーのうち多くが，仕事が楽で効率的になり，取り組みの変化に気づき，満足度も上がっていた。クライアントの問題に対する解決を探すという重荷がなくなったことで，問題志向からエンパワーメントへの焦点の変化を経験した。クライアントは肯定的かつ希望を持ち，解決を迅速に見つけ行動に移すようになり，自身の責任や機会について，より自覚的になった。訓練の18ケ月後には，ワーカーはこのアプローチをさらに徹底して用いていた。この変化は，3年後，23人のワーカーの調査でも維持され，いくらかは増加していた。

　サンドマン（Sundman, 1997）とド・ヴリス（de Vries, 2009）の研究は，SFBTが，子ども福祉の仕事をバランスよく綿密に遂行しうる助けとなることを示唆するが，SFBTの導入により子どもの安全が軽視されていないかも目配りする必要がある。ド・ヴリスの例の場合，ワーカーへのトレーニングは4カ月にわたり行われていたことから，アプローチはワーカーに十分理解された上で用いられていたと考えられる。われわれの調査（Wheller, 2005）でも，訓練の量が増えると，ワーカーがSFBTをより自信を持って用いるようになり，対処力も向上することが示されている。

SFBTの導入

　ディヤング（De Jong et al., 2003）は，ミシガン州の子ども福祉サービスにSFBTを適用した。それが1999年に開発されたストレングス・ベイスドを用いたプロトコルである。このプロトコルは，ソーシャルワーカーの実践の知恵が生かされており，クライアントについてワーカーが抱える懸念をより明確にするものである。これは，通常問題から解放された会話を強調するSFBTとは一見矛盾しているようだが，ソーシャルワーカーにとっては，自身の家族に対するかかわりが，バランスがとれ細やかなものである，という確かな自信を提供するものである。

　またターネルとエドワーズ（Turnell & Edwards, 1999）は，西オーストラリアで家族にSFBTを導入した経験から，子どものソーシャルワークに解決志向の考え方をより建設的に用いるためのテンプレートとして，「サインズ・オブ・セイフティ・アセスメントの指針と枠組み」を示した（図14.1）。この枠組みでは，次の4つの観点から検討がなされる（Turnell, 2008）。

- 気がかりは何か？（過去の傷，将来の危険や複雑な要因）
- うまくいっていることは？（現在の強みや安全）
- 起きてほしいことは？（未来の安全）

```
危険/有害となるもの          ⟵                        ⟶    安全
マルトリートメントの可          コラム内の危険と安全との極の          安全を証明する全て
能性を示す，全ての視点          間の空間に項目を書き入れる          の視点のリスト
のリスト

安全とコンテクスト
についての尺度
            ┌─────────────────────────────────────────────────┐
            │ 安全の尺度  安全か危険かの情報があれば，その状況を 0 から 10 までのど │
            │ こかに位置づける。0 は，深刻な虐待/ネグレクトが確実に生じうる事態，  │
            │ 10 は，子どもの安全が十分確保できるほど，ケースとの関わりがある状態。 │
            ├─────────────────────────────────────────────────┤
            │ コンテクストの尺度  ケースについての 0 から 10 の尺度。10 は，どんな │
            │ 行動もなされるべきではない，0 は当該機関が経験してきた子どもの虐待  │
            │ /ネグレクトにおいてもっとも最悪のケース。             │
            └─────────────────────────────────────────────────┘

機関のゴール
このケースとの望ましい関わりとして，機関が求めるものは何か？

家族のゴール
家族の望み，そして安全に関する望みとは何か。

当面の進歩
機関にとって小さな進歩とは何か。
```

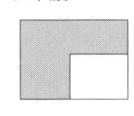

図 14.1　サインズ・オブ・セイフティ のリスクアセスメントと手順のフォーム

- 0 から 10 の間でどこに位置するのか。10 は十分に安全が保たれ，機関がケースとの関わりが持てるとき。0 は疑いなく子どもが虐待されうるとき。

　ターネル（Turnell, 2008）は「何万もの子ども福祉の臨床家がフィンランドやスウェーデン，デンマーク，オランダ，フランス，イギリス，カナダ，アメリカ，日本，そしてニュージーランドでサインズ・オブ・セイフティの訓練を受けている」と述べる。この拡がりにより，子ども福祉におけるストレングス・ベイスドのソーシャルワークでは，「サインズ・オブ・セイフティ」の有用性を示す多くの研究が生まれることとなった。

サインズ・オブ・セイフティについての研究──方法と結果

　ターネルとエドワーズ（Turnell & Edwards, 1999）は，オーストラリアのパースで 15 人の臨床家に対し，SFBT とサインズ・オブ・セイフティの効果について，訓練前と訓練後 6 カ月に質問紙を用いた評価を行った。専門性についての 10 件法の自己評価では，「平均すると，臨床と業務についての自己評価はほぼ満点にまで上昇した」という。この研究は限界やバイアスを含む。とはいえワーカーにとっては，SFBT が構造化されることで，よりバランスと厳密性をもって利用しうることを示唆する端緒であった。

　サンドマン（Sundman, 2002）は，フィンランドの子ども福祉サービスにおいてサイ

ンズ・オブ・セイフティの効果についてのパイロット研究を，1年間にわたるワーカーの自己評価と事例研究，およびソーシャルワーカーと保護者への半構造化面接により行った。結果，サインズ・オブ・セイフティは専門性にこそ影響を与えなかったものの，ソーシャルワーカーの報告では，家族を明確にゴールに焦点づける助けとなり，子どもにおよびうる危険について，保護者とよりオープンに話ができるようになった。一方，ゴール設定が葛藤的な場合は，保護者との合意困難性を指摘するワーカーもおり，さらに保護者が精神的に不安定な場合や，親子分離が必要な状況では，モデルは適用不可能と報告された。

　サンドマン（Sundman, 2002）は，サインズ・オブ・セイフティの利点として，ソーシャルワーカーが，内省する時間を見つけるようになったこと，また，新たなスキルの学びにより，それぞれの業務がよりはかどるようになったことをあげた。ウェストブロック（Westbrock, 2006）は，ミネソタ州でサインズ・オブ・セイフティの効果を検証する量的研究を実施した。子ども福祉サービスのスーパーバイザーが，それぞれ伝統的なアセスメントモデルと，サインズ・オブ・セイフティを受けた9組の両親にインタビューを実施し，クライアントの立場から見たクライアントとワーカー関係の違いを調べた。9人中7人の回答者は，2つのアセスメントの間の差異を報告した。サインズ・オブ・セイフティでは，より協働関係の改善がみられていたことが示唆された。ワーカーは思いやりにあふれ，時間を割き説明をするようになり，個人的にあたたかく話を聞き，辛抱強く多くの選択肢を提供し，非指示的であった。ウェストブロックはこれをサインズ・オブ・セイフティの子ども福祉サービスへの有効性を示す強力な証拠と捉えている。

　アップルトンとウェルド（Appleton & Weld, 2005）は，ニュージーランドにおけるストレングス・ベイスドの実践（SBP）を，国の青少年と家族サービスに適用する政策と，そこでのサインズ・オブ・セイフティの役割について報告している。プロジェクトチームは，「習得を実践する実験」のアプローチを用いて，タウランガを試験地に，SBPの実践の適用について検証した。SBPやサインズ・オブ・セイフティといったトレーニングの枠組みが，スーパーバイザーを含む5つのチームの現場のワーカーへ伝えられた。チーム統括者は，ふり返りのセッションの構造化のためサインズ・オブ・セイフティを用いるよう，訓練された。セッションは2週間ごとに約2時間，数カ月にわたり行われた。それぞれ独立した研究者であるホール（Hall, 2004）とラジーム（Latheam, 2004）によりワーカーとの半構造面接，ケース記録の参照，および警察や裁判所，NGOへの面接により質的評価がなされた。

　結論として，このSBPは，公的機関における子どもへのソーシャルワークを効果的にする実行可能な枠組みを提供した。タウランガのスタッフに受けいれられ，熱心に用いられた。離職率は低下しスタッフのモラルも改善した。また，スタッフや管理者，地域の事業者が，このアプローチをサポートした。SBPはスタッフが実践を組織化・構造化したことにより，さらに子どもの安全と福祉に焦点が当てられ，家族を巻きこ

む助けとなった。家族の自発的同意は増加し，すすんで子どもに必要なケアを受けさせ，再統合計画に参加するようになった。

ターネル（Turnell et. al., 2007）は，ソーシャルワーカーとその上司，および保護者の視点から，単一事例デザインを用いてサインズ・オブ・セイフティの果たした役割を調査した。母親は妊娠時に福祉サービスの援助を受けていた上に，すでに7人もの子どもを養子に出していたので，子どもの養育は無理だと考えていた。しかし，サインズ・オブ・セイフティのアセスメントは，両親と赤ちゃんが出生後すぐに引き離されるのではなく，母子施設での経過観察を継続する根拠となった。グランデッドセオリーにより，ソーシャルワーカーの意思決定プロセスと，サインズ・オブ・セイフティがワーカーの思考を組織化したやり方，そして上司の役割が探られた。さらに両親がこのアセスメントをどう経験していたのかが，子どもが約2歳のときのインタビューにより調査された。ワーカーと保護者のインタビューからは，実践は，両親が理解されリスペクトされたと感じるような協働関係に基づいていたこと，またワーカーは，親の強みと変化を目指す思いをくみ取りつつ，子どもの安全については細心の注意を払っていたことが示された。また，両親が子どもを養育しうる可能性についてワーカーが当初から率直だったことから，両親は希望を持ち，機会を得たと感じることができた。そしてワーカーは，両親の不安が高まった際の協働関係の維持に注意を払っていた。さらに，サインズ・オブ・セイフティを共有の枠組みとするコンサルテーションが，利用可能なエビデンスに基づく専門職としての判断を保証していた。上司はワーカーを信頼し，権限を認める一方で，緊急時のセーフティーネットとなっていた。

ニュージーランドのケドル（Keddle, 2009）は現在，子ども福祉のワーカーのサインズ・オブ・セイフティアプローチの利用，および意思決定にもたらす影響について調査し，さらに何名かの児童や青年，両親や里親にインタビューしている。ケドルの意図は，サインズ・オブ・セイフティアプローチについての，次のような効果をあきらかにすることにある。①ワーカーの情報収集や推論，ケースの解釈や意味帰属への影響，②ワーカーとクライアントとの関係への影響，③「サインズ・オブ・セイフティ」に基づく協同関係が，合意形成に及ぼす影響，④これらの合意の意味が意思決定にもたらす影響，⑤子どもと家族，ソーシャルワーカー，これら現在の関係に対してもたらされる結果について。

予備調査では，ワーカーとクライアントとの関係性の影響が大きいことが示唆されている。サインズ・オブ・セイフティが，協働関係とクライアントへの敬意を示すやり方を提供することから，クライアントは自身を有能な存在だと認めることができる。また，子どもの安全の保証が両親の助けともなることから，合意の形成にも寄与しうる。

2005年から2008年にかけて，デンマークの子どもと家族のサービスでは，サインズ・オブ・セイフティアプローチとBFTCによる研修プログラムと実習が行われた。

全ての社会福祉事業所の380人のワーカーに対し，3つの年間プログラムが行われ，ホルムガード・ソレンソン（Sorenson, 2009）が171人のワーカーに行ったインタビューにより評価がなされた。それによるとワーカーのうち87%は，訓練により，アットリスク状態の家族との仕事に変化が生じたと答え，75%は，以前のものと比較して，有用なツールやスキルだと答えた。72%は，家族のリソースへの焦点付けが増し，55%は，家族の戦略や解決策がより網羅的になったと述べた。さらに49%は，自分たちが家族に対してより敬意を払っていることに気づいた。また，96%のワーカーが，サインズ・オブ・セイフティの枠組みを用いた同僚や家族との目的志向のポジティブなミーティングを考案していた。79%はチームミーティングに日常的に取り入れており，69%は家族とともに使用し，66%は専門家とのネットワーク会議で用いていた。最後に，88%のワーカーは，専門家としての感覚と仕事の質がトレーニングにより上がり，特に家族と建設的なコミュニケーションが増えたことで孤立感が減り，結びつきが増した，と報告している。

イギリスでは，青少年を対象にした3つの子ども福祉ソーシャルワークのチームが，SFBTとサインズ・オブ・セイフティを試行的に導入し，トレーニングを行っている（Alcock et al., 2009）。全国的な導入に先立ち，①子どもの安全は改善したか，②関係性は思いやりにあふれていたか，③懸念についての理解は共有されていたか，これらについて，青少年，ソーシャルワーカー，その他のメンバーのそれぞれの見方がスケーリング・クエスチョンにより評価され，ソーシャルワーカーによるインタビューが行われた。予備調査の結果は以下の通り。

- 子どもおよび若年層は，サインズ・オブ・セイフティを大人同様には理解しておらず，彼らにはまた異なる枠組みが必要かもしれない。
- サインズ・オブ・セイフティは，子どもや家族が，人生における困難を解決する過程に参加するよう促す。
- サインズ・オブ・セイフティにより，家族関係の改善がみられた。
- 機関間の協同については，方法やゴール，アプローチの方法について，さらなる共有が必要と考えられたが，サインズ・オブ・セイフティが協同の助けとなっているエビデンスもいくらかあった。

効果に関するデータ

近年，サインズ・オブ・セイフティの効果を示唆する2つのデータが提示されている。

ターネル（Turnell, 2008）によると，オルムステッド州の子ども家族サービス（OCCFS）は，2000年以降，サインズ・オブ・セイフティを独自のバージョンで用いた形で子ども福祉のソーシャルワークを体系化している。2007年までの12年間，

OCCFとかかわる子どもの数は3倍になったが，保護された子どもと裁判所に連れて行かれた家族の数は，ともに半分となった。この目覚ましい結果に，サインズ・オブ・セイフティは大きな役割を果たした。ただ，この結果は，チームの構築や，ケース会議，訴訟手続きになどの根本的な変化のコンテクストのなかで生じたものであり，結果がどこまでサインズ・オブ・セイフティと直接関連したものなのか，同定の困難さは残る。

またターネルによると，2004年の終わりにサインズ・オブ・セイフティを導入したカーバー州の地域社会福祉サービス（CCCSS）では，2004年と2005年では21家族の親権がはく奪されたが，2006，7年では4組にとどまっており，家庭外および長期処遇の子どもたちは，ここ2年とはいえ，減少傾向にあるという。またコゾレック（Koziolek, 2009，私信）によると，カーバー州でのマルトリートメントによる措置児童数は，サインズ・オブ・セイフティ導入前の約半数であり，60日以内の新たな措置児童の数は，2006年に57だったのが2007年には35，2008年には26と，著しく減少している。

実践ガイドライン

- 子どもソーシャルワーカーにとって，適切な実践のツールの存在は，業務上の困難に熱心に向き合い，子どもの将来の幸福に望みを抱く手助けとなる。本論での研究は，サインズ・オブ・セイフティのような一貫した枠組みと実施法とをワーカーが手にした場合に，SFBTはより影響を与え，結果も持続することを示している。
- 子どもソーシャルワーカーが，福祉サービスにおける懸念について，明快かつ非審判的な態度で話し合いを持つならば，クライアントもこの懸念を共有し，子どもの安全を重視することを変化の目標として大事にするだろう。そのためにはワーカーがSFBTを熟練して用いることが求められる。そして，とくにサインズ・オブ・セイフティのように，明確に名づけられ，現在の困難を探る枠組みを用いた際に，達成されると考えられる。
- 子どもソーシャルワーカーがクライアントの視点をより積極的に求めると，クライアントがサービスへの関わりを好まない時ですら，面接の頻度が増える。SFBTの訓練を受けることでも頻度はある程度増えるが，サインズ・オブ・セイフティのように，会話や進行中の仕事を統合され焦点づけられた形でマッピングする枠組みを活用することで，より顕著となる。
- ニュージーランドのニッキーとマギーは，サインズ・オブ・セイフティやSFBTでは捉えられない子ども自身の声を拾い上げるため，サインズ・オブ・セイフティの枠組みとストレングス・ベイスドの考え方に触発された「3つの家」（心配，いいこと，夢，について描かれた家を使う）と呼ばれるツールを開発した。この「3つの家」は，サインズ・オブ・セイフティのアセスメントと計画プロセスに子どもの声を取り込む，実践的かつ強力な方法だと報告されている。
- 子どもソーシャルワーカーが，リスクアセスメントと活動計画についての一貫した枠組みを用いると，他の子ども福祉のサービスも，その枠組みに自らの意見を建設的なやり

方で加えうる。ネットワーク・ミーティングでのサインズ・オブ・セイフティの導入により，サービスが協働的となり，クライアントとの協力関係が生じうることが示されている。
- 組織全体でストレングス・ベイスドアプローチが用いられた場合，ワーカーはよりバランスがとれた精緻なサービスを提供しうる。とくに，スーパーバイザーや上司が，解決志向のスーパービジョンを用いる訓練を受けたり，サインズ・オブ・セイフティを用いた質問を行うなどすることで，並行するプロセスが適切に実行された場合に，ワーカーは自信を持ち，より独創性を持ってSBPを使い続けることができるだろう。

今後の研究

今後，子ども福祉のサービスの結果の継時的な変化を記録するシステムの整備がなされたならば，SFBTとサインズ・オブ・セイフティを用いる効果について，より長期的なエビデンスを提供しうる。また，SFBT，およびサインズ・オブ・セイフティがワーカーに与える影響の発言についてのさらなる研究が，複雑な変化にワーカーが直面した際の対処力の習得に寄与しうる。

全体として，ソーシャルワークの効果は，サービスに対するレディネスに左右されるとはいえ，研究者としては利用可能な機会の活用が求められる。それは既存のデータの活用，ソーシャルワーカーへの影響の調査，さらには事例研究から立ち現れる臨床の知，あるいは利用者自身の経験かもしれない。また，ウェストブロック (Westbrock, 2006) のような，導入の前後での比較かもしれない。このように多様な方法論が，SFBTとサインズ・オブ・セイフティが，子ども福祉臨床に貢献する青写真を提示する助けとなりうる。

発見

- SFBTとサインズ・オブ・セイフティは，クライアントを評価し関係を構築する有効なスキルをワーカーに提供する。
- ソーシャルワーカーにとってSFBTと自らのスキルの組み合わせが最も有用な形態とは，子ども福祉の業務と直結する，統合的なプロトコルのようだ。
- SFBTは，問題の精査と解決構築とを統合するやり方をソーシャルワーカーに求める。それはワーカーがクライアントに直接かかわる力を伸ばし，仕事への満足感を大きくする。
- SFBTの方法論は，サインズ・オブ・セイフティの枠組みにより補強され，持続的なシステム全体において実施された際に，より明確な差異を生むと考えられる。

謝辞

アンドリュー・ターネルへ。彼は本章の執筆全体をサポートし，サインズ・オブ・セイフティの発展における自身の広汎な経験からくるアイデアを提供してくれた。ま

た，多くの場所での実施をサポートしてくれた。

そして子どもの人生に違いを生む，子どもソーシャルワーカーたちへ。

さらなる学びのために

- サインズ・オブ・セイフティのメインのウェブサイトは，http://www. signsofsafetynet.である。ミシガンの児童養護サービスにおける発展についての文書のウェブサイトは，http://www.SFBTA. org/trainingdl. html. である。
- Turnell, A. & Edwards, S. (1999). Sign of Safety: A safety and solution oriented approach to child protection casework, New York: WW Norton.

文献

Alcock, H., Wilcockson, S., Donaldson, G., & Barnes, J. (2009). Does the Signs of Safety Social Work model focus upon highlighting strengths as well as difficulties, improve the participation of and outcomes for children and their families whilst ensuring that agencies adopt integrated, common approaches? Children's Workforce Development Council, London HMSO.

Appleton, C., & Weld, N. (2005). The journey of strengths-based practice and integration of the Signs of Safrty tool within the Learning Lab at Tao ranga service delivery site for the Department of Child Youth and Family Services, New Zealand. Presented at the Signs of Safety Gathering, Gateshead, England, August 2005.

Berg, I. K. (1991). Family preservation: A brief therapy workbook. London: Brief Therapy Press.

Berg, I. K., & Kelly, S. (2000). Building solutions in child protective services. New York: Norton.

Child, Youth and Family Enhancement Act. (2004). Retrieved from http://www.southwestalbertacfsa.gov.ab.ca/home/514.cfm

Dale, P., Davies, M., Morrison, T., & Walters, J. (1986). Dange rous families: Assessment and treatment of child abuse. London: Tavistock.

De long, P. (2003). Field guide for Strengths-Based Interviewing protocols for use in CPS inves-tigations and safety/service planning, and CPS follow-up contacts. State of Michigan Children's Protective Services. Retrieved from http://www.sfbta.org/handouts/field.pdf on 14.4.09.

DeVries, S. (2002). Kortdurende oplossingsgerichte therapie. Maatwerk, 3, 15-20.

Hall, K. (2004, July). Evaluation of strengths-based practice ftnr Child Youth and Family. Qualitative report. Wellington, New Zealand: Kathryn Hall Research and Evaluation Limited.

Hogg, V., & Wheeler, J. (2004). Miracles R them: Solution-focused practice in a social services duty team. Practice: The News Magazine for the British Association of Social Workers, 16(4), 299-314.

Holmgkrd Sorensen, T. (2009). Familien I Centrum, Socialcentrenes Implementering af Losningsfokuserede Metoder, Mdl of Rammekontoret for Born og Familier (The Family in Focus, Social service centre for implementation of Solution-focused methodologies, gol ori-entations of the office for children and families)P. Socialforvaltningen (Social Services Department), Kobenhavns Kommune Copenhagen, Denmark.

Latham, J. (2004). The Tauranga experience-a qualitative evaluation of the development of strengths based practice for statutory social work by Child Youth and Family Tauranga,. Palmerston, North New Zealand: School of Sociology, Social Policy and Social Work, Massey University.

Mylan, T., & Letham, J. (1999). Searching for strengths in child protection assessment: From guidelines to practice. London: Brief Therapy Press.

O'Neill, D., & McCashen, W (1991). Competency based family support: Brief therapy as a tool in goal setting and family valuing in child protection work. Family Therapy Case Studies, 6(2), 3-12.

Sundman, P (1997). Solution-focused ideas in social work. Journal of Family Therapy 19(2), 159-172.

Sundman, P (2002, July). How to get an evaluation process going in social work. Presented at the Fourth International Conference Evaluation for Practice, Tampere, Finland.

Turnell, A. (2008). Adoption of Signs of Safrty as the Department for Child Protection's child protection practice framework: Background paper. Internal report. Department for Child Protection, Western Australia. Retrieved from http://www.signsofsafety.net/?q=node/54 on 14.4.09.

Turnell, A. (in press). Building safety in child protection practice:. working with a strengths and solution-focus in an environment of risk, London: Palgrave.

Turnell, A., & Edwards, S. (1999). Signs of Safety: A safety and solution oriented approach to child protection casework. New York: Norton.

Turnell, A., Elliott, S., & Hogg, V. (2007). Compassionate, safe and rigorous child protection practice with parents of adopted children. Child Abuse Review, 16(2), 108-119.

Walsh, I. (Ed.). (1997). Solution focused child protection- towards apositiveframefor social work practice. Dublin: University of Dublin Press.

Weld, N. (2008). The three houses tool: Building safety and positive change. In M. Calder (Ed.), Contemporary risk assessment in safeguarding children (pp.224-231). Lyme Regis, England: Russell House.

Weld, N., & Greening, M. (2005Issue 29, December). The three houses: A new tool for gathering information. Social Work Now, 34-37.

Westbrock, S. (2006). Utilizing the Signs of Safety framework to create effective relation-ships with child protection service recipients. St. Paul, MN: MSW Clinical Research, University of St. Thomas.

Wheeler, J. (2005). Summary account of the delivery of Solution Focused training in Passport to Services. Internal report. Gateshead UK Social Services.

第15章
家出や問題行動を起こす青年に対する解決志向ファミリー・セラピー

サナ・J・トンプソン／カザリーン・サンチェス

はじめに

どのような治療を提供する場合でも，家族が支援を受ける機関を探す際，および実際に支援を受ける際にはいくつかの障害がある。たとえば，面接室までの交通手段がないことや，日ごとに変わる勤務時間や深夜の業務，金銭の不足や子どもの養育上の都合などが挙げられる（Kazdin & Wassell, 1999; Sanders, 1999）。これらの障壁によって面接室への来談が難しくなることも多い。こうした事実は，訪問型の支援のほうが面接室型の支援に比べてセラピーに対するクライアントの参加率や満足感を高める可能性を示唆する。そこで本研究は，問題行動や家出の問題がある青年家族に対する，自宅と面接室それぞれの形態での解決志向ファミリーセラピー（Solution focused family therapy: SFFT）の治療効果について測定・比較することを目的とする。

これまでわかったこと

青年の問題に家族の要因が関連することが示されてきた（問題行動のリスクと養育行動の悪さ；Dumas et al., 2005; Kilpatrick et al., 2000; 家出と親子葛藤，家庭環境の悪さ；Johnson et al., 2005など）。また，問題のある青年に対処するとき，家族を含めて対応することの有効性が確認されている（Hawkins et al., 1992; Thompson & Pillai, 2006）。そして家族に焦点を当てた介入は，ピアグループによるセラピーや親に対する心理教育，複数の家族への介入，および個人カウンセリングよりも効果があることも示されている（Liddle & Hogue, 2000）。また，家族集団を支援対象とした実証的な研究では，家族がふだん生活している環境を支援する単位として扱うことの有効性が示されている（Alexander et al., 2000; p186）。これら結果は，家族療法を家庭内で実施するとき，その効果が増すことを示唆している（Mosier et al., 2001）。

これまで訪問型の家族療法は，しばしば従来の面接室型のセラピーが適用できない場合に実施されてきた（Yorgason et al., 2005）。たとえば，虐待やネグレクトがある家庭において，青年が非行と家出を繰り返しているような場合（Mosier et al.,

2001）や，外在化した問題を持つ青年へ対処する場合である（Lay et al., 2001）。このように，現在に至るまで訪問型の支援が，クライアントの治療への動機付けや，セラピーへの関与度の向上を目指す際に，貴重な治療戦略となることが示唆されている（Slesnick et al., 2006）。訪問型の支援によって，とりわけ青年はセラピーに継続して参加しやすくなり，他の心理療法アプローチと比べて治療からの途中離脱が少なくなる（Liddle et al., 2001）。訪問型の支援を提供するセラピストは，家族成員との間に強い同盟関係を築くことが多いが，この強い同盟関係は長期間経過した後の治療効果と密接に関連する要因である（Mattejat et al., 2001）。それゆえに，家族の住む自宅などの日常場面で支援が提供されることで，よりよい治療効果が得られる可能性が示唆される（Thompson et al., 2009）。

近年の実験研究や準実験研究のメタ分析では，コミュニティ場面における解決志向アプローチは，統制群に比べ効果量は少ないながらも（効果量=.11-.26），有意に高い治療効果をもつことが示されている（Kim, 2008）。さらに SFBT のほうが他のアプローチにくらべてクライアントにとって良い結果をもたらしている（Kelly et al., 2008）。これらの結果は，方法論上の限界から結果の解釈には一定の考慮を必要とするものの，訪問型の SFBT は治療効果をあげることを示唆しているといえる。

本研究における介入の方法

本研究では，面接室型と自宅訪問型という 2 つの形態の SFFT を設定した。セラピストは，数カ月以上のトレーニングとスーパーヴィジョンを受けた社会学修士号クラスのセラピストによって提供される。

両形態ともにまず，目標の設定を行った。このとき，問題があるとされている青年のみではなく，全ての家族成員がこの作業に参加することが重要となる。加えて，家族は目標の達成度合いの評価も行った。このとき，目標の達成度合いの評価にはスケーリングを用いた。スケーリングは各面接時に，前回の面接で立てた目標と，面接全体の目標の少なくとも 2 つの目標の達成度合いを確認するために用いられた。

目標の達成度合いについて話し合ったのち，セラピストは家族のリソースを引き出し，SFBT の方法で，家族が問題について話し合えるように展開した。そのなかでセラピストは，家族が主訴につながる一連の行動において，それぞれの家族成員が果たす役割を明確化するよう支援した。同時にセラピストは，問題に関連する家族の例外的な出来事や行動を見つけることで，困難の解消を目指した。

面接中の会話において，セラピストは，クライアント家族には肯定的な部分があり，解決は家族の持つ強みや能力，過去の成功体験に基づくという前提を持つ。また会話や質問は，問題についてではなくクライアントの行動や目標の肯定的な側面に焦点を当てた。こうしたやりとりを通じて，クライアントの間でラポールと協力体制を形成した。また，クライアントの望む生活上の変化を尋ねることで，家族が小さく，

具体的な目標を立て，その目標を達成することをサポートした。このとき，セラピストは言い換えや要約といった基本的な傾聴のスキルを用い，クライアントの強みや能力に基づいてコンプリメントを行い，クライアントのことばの意味を肯定的なものに変えることを試みた。

訪問型と面接室型のいずれも SFBT を用いた家族療法を実施したが，面接場所によってセラピストの面接の進め方が異なった。面接室の場合，従来のカウンセリングを実施した。一方，自宅訪問型の場合，セラピストは形にしばられることなく独創的な方法で家族を治療に参加させた。たとえば，エクササイズを用いて親や青年，セラピスト間のやり取りを促進させた。こうした活動は面接をリラックスした肯定的な雰囲気にし，家族を積極的に面接に参加させるよう促した。Box15.1 に本研究で用いたエクササイズを掲載した。

実験デザインと実験方法，実験協力者

本研究は準実験デザインによる実験研究であった。実験群はクライアントの自宅で行う訪問型 SFFT であり，比較群は面接室で行う SFFT であった。実験の参加者は，テキサス州中部で社会支援団体に支援を申し込んだ家族である。参加家族が抱える問題は，青年の非行，怠学，家族の葛藤，家出であった。実験手続きとして，まず社会組織団体のスタッフから，家族に対して以下の研究の参加条件について説明を行った。それは，(a) 青年が 12～17 歳で，自宅で家族と一緒に暮らしていること，(b) 家族がこの社会支援団体から半径 30 マイル以内に住んでいること，(c) 少なくとも一方の親が家族療法を希望し，子どもの参加について同意が得られることであった。条件に同意が得られた親と子どもには，その後研究全体の説明がなされ，訪問型，面接室型のいずれかの支援形態を選択してもらった。なお，実験へ参加を承諾した家族に対しては担当者が家を訪問し，家族と青年に同意書への署名を求めた。同意書の署名後，一方の親と青年は質問項目について回答が求められた。同様の質問項目は面接終結後も（最高 12 回まで），再度回答することが求められた。また，面接の回数も記録された。青年と家族は，訪問型・面接室型のいずれかの形式においても，アンケートへの回答に対して謝礼が提供された。なお，本実験の実施について，所属大学の機関から承認を得ている。

方法

面接に参加した回数に加え，親と青年のそれぞれの目標の達成度が各セッション時に測定された（図 15.1 参照）。達成度の測定は，簡便なフォーマットによって時間の経過に伴う目標の達成の程度を観察することができる（Kiresuk & Sherman, 1968）。目標はクライアントが達成できそうと判断した順に書かれている。このとき達成度は 1（全く達成できなかった）から 10（完璧に達成できた）の間で評価された。

Box.15-1 ■研究で用いられたエクササイズ「大切な出来事」

実施の方法

　セラピストはクライアント家族に「あなたの家族にとっての大切な出来事」と書かれた大きな紙を渡す。さらに，各家族成員に付箋を一束渡し，その付箋に自分にとって大切な出来事を書き，書き終わったら付箋は大きな紙の上に貼付けるよう依頼する。この作業を家族全員が大切なできごとを書き終えるまで続ける。このとき，特に青年は「大切」という言葉を肯定的に捉える傾向があるため，前もって「大切（meaningful）」と「肯定的（positive）」ということばが持つ意味の違いについて検討してもよい。たとえば，愛する人の死は大切な出来事であるが，必ずしも良いことではない。一方，楽しい家族旅行は肯定的で大切なものである。セラピストは，各家族成員から少なくとも3つの付箋を貼ってもらうよう促す。一番望ましいのは，付箋に書かれた出来事をきっかけに家族が話し合いをはじめることである。作業の最中，セラピストは家族全員が大切な出来事について自由に表現できるような雰囲気をつくる必要がある。

　ここまでの作業が終わったら，セラピストは家族に互いの大切な出来事を共有すること，さらには家族の話し合いが促進するように働きかける。

　このときの話し合いのきっかけとして，以下のようなものがあげられる。

・その出来事が起こっているとき，その人が何を感じていたか。
・そのときその人は何をしていたか。
・その出来事からその人は何を学んだか。そして，今振り返るとどのようなことを学ぶことができるか。
・何個の出来事が家族同士で重なったか。
・何かの始まり，終わり，転換点や楽しい出来事につながっていそうなテーマ。
・家族の反応の中で，他の家族を驚かせるものは何か。
・同じ出来事に関する各家族成員の印象の違い。

　エクササイズで作った紙は，家族に預けられる。セラピストはその紙をよく見える場所に置いておくように家族に勧める。

実際に実施したセラピストが感じたエクササイズの臨床的な意義

　このエクササイズによって，家族は経験したことを互いに打ち明け，分かち合うことができる。また，互いの重要なことについて共通理解をはかることができることや面接室での家族面接ではあまり知りえない家族のエピソードが出てくることもある。

　さらに，このエクササイズは自分自身と家族について肯定的な現実をつくる働きがある。肯定的に視点が変化することは，互いの行動や雰囲気に変化を生み出し，さらには家族間の結びつきや，セラピストとの結びつきにもつながる。

　大切な出来事のうち，一見すると否定的と判断されるものに，大きな病気，失職，離婚，愛する人の死別などがある。セラピストはこうした出来事について，悲しいものであることを共有しつつ，家族全員が悲しい経験をした以降も生活してきたという点に焦点を当てることで，喪失を経験しながらも回復してきた家族のレジリエンスをコンプリメントする機会を持つことができる。

　また，このエクササイズは，家族が共有していることを思い出すきっかけとなり，肯定的なコミュニケーションパターンを改めて作り出す手助けにもなる。こうした肯定的なコミュニケーションパターンは，家族間の信頼を高め，各々に対する理解や共通認識を深めることにつながる。さらには，こうした絆や共通理解の深まりを通じて解決できないと思われた葛藤を解決につなげていくのである。

```
目標達成度測定用紙
                                     セッション No. _____
  クライアント名 _____  ケース番号 _____  セラピスト名 _____

  何かよりよくなっているか？                              達成度
   対処のレベル…………………………………………………0-1-2-3-4-5-6-7-8-9-10
   目標 1 _____0-1-2-3-4-5-6-7-8-9-10
   目標 2 _____0-1-2-3-4-5-6-7-8-9-10
   新たな目標 _____

  新たな困りごと：
   今週の新しいステップ _____
   誰が達成するか _____
   達成度を評価する日 _____

   うまくいっていること _____

   家族成員からのサイン _____
   セラピストのサイン _____
```

図 15.1　目的達成度測定用紙（Goal Attainment Scaling Form）

クライアント自身による自分と治療の評価尺度（Client Evaluation of Self and Treatment: CEST）（Joe et al., 2002）がクライアントの面接の評価を把握するために用いられた。CEST はセラピーの 5 つの側面を測定するが，本研究では，そのうちセラピーに対する満足感，面接中の話し合いの参加度，セラピストとのラポール関係という 3 つの評価に関してのみ報告する。なお，CEST は，全ての下位尺度に対して十分な信頼性（alpha ＞ .70）と，適切な構成概念妥当性が得られている（Joe et al., 2002）。

結果

調査協力者の特徴

83 組の家族が本研究に参加した。そのうち 42 組が訪問型の SFFT を受け，残りの 41 組が面接室型の SFFT を受けた。両群合わせた青年の平均年齢は 14 歳（SD +1.5），親の平均年齢は 42 歳（SD + 9.4）であった。人種の比率は，ヒスパニック／ラテン系（n=44, 53%），白人（n=14, 17%），アフリカ系アメリカ人（n=11, 13%）

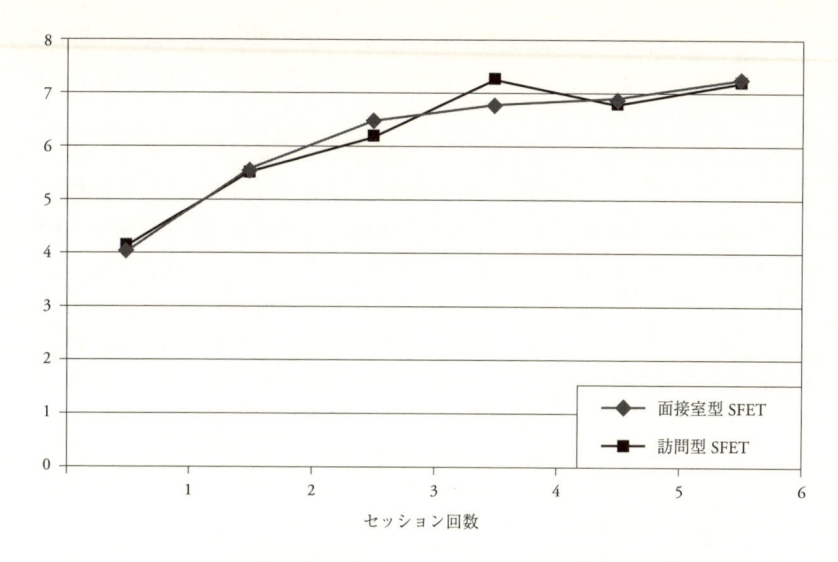

図15.2 訪問型と面接室型の両群の1回目から6回目の目標達成度の平均値

の順であった。過半数の親は常勤で働いており（n=42, 52%），最終学歴は大学教育（n=39, 47%）であった。また，両親そろっている家族も過半数を超えていた（n=49, 59%）。また，いくつかの側面において，訪問型の家族と面接室型の家族に差があった。一つ目は，親の年齢で，訪問型の親（M=44.1, SD + 9 years）の方が面接室型の親（M=39.8, SD + 9.5years）に比べて有意に年齢が高かった［$t(81)=-2.03, p<.05$］。また，訪問型の家族の方が子どもの数が有意に少なかった（M=2.61, SD + 1.1）［$t(81)=2.05, p<.05$］。そして，訪問型の家族（52.4%）の方が面接室型の家族（29.3%）よりも，一人親である割合が多かった［$\chi^2(1, N=83)=4.58, p<.05$］。

実施したセラピーの回数

訪問型の家族の方が（9.6回, SD + 3.1）面接室型の家族（4.4回, SD + 3.9）に比べ，統計的に有意に多い回数の面接を受けていた。［$t(81)=-6.66, p<.001$］。また，過半数の面接室でセラピーを受けた家族（53%; n=23）は3回で面接を終結していた。

目標の達成度

面接形態による各面接時に測定された目標達成度の差を検討した。また，面接が6回未満で終了している場合はその回までの達成度を用いた。その結果，両条件で同様の結果であった。15.2 に，1回目から6回目までの目標の達成度合いの平均値の推移を示す。なお，面接室型も訪問型も，初回面接後から6回目の面接終了後までの目標達成度がほぼ同じであった（初回面接終了後：面接室型=4.3; 訪問型=4.2），$t(81)=-.53, p=.59$; 6回面接終了後：面接室型=7.4; 訪問型=7.1），$t(73)=-.62, p$

= .54。なお，およそ半数の面接室型の家族が3回の面接で終結しているが，図15.2で示したように，3回目の面接終了後の目標達成度も両群ほぼ同一であった（面接室型 = 6.2; 訪問型 = 6.4），$t(54) = -.73, p = .47$。

セラピーの評価

最終回の面接終了後，訪問型と面接室型の両群に対してセラピーの評価を依頼した。その結果，訪問型の親（$M = 41.6, SD + 6.4$）は，面接室型の親（$M = 38.4, SD + 6.9$）と比べてセラピーに対する満足度が高かった［$t(81) = -2.18, p = .03$］。同様に，訪問型の親（$M = 42.5, SD + 5.1$）の方が面接室型の親（$M = 39.7, SD + 6.6$）に比べてセラピストとのラポールを強く感じていた［$t(81) = -2.19, p = .03$］。一方，面接中の話し合いの参加度については，訪問型と面接室型の両群で差がなかった。なお，青年による回答ではすべての質問項目について，セラピーの形態による差がなかった。

実践のためのガイドライン

SFFTの実施場所による最も顕著な違いは，家族がセラピーを受ける期間の長さであった。訪問型のセラピーを受けた家族の方が3倍の長さであったが，この違いは自宅の方が面接室まで出向くよりも支援を受けやすいためであろう。先行研究（Scannapieco, 1994; Slesnick et al., 2006）と同様に，本研究に参加した親と青年は，自宅で支援を受けることで，セラピーを続けやすいと報告している。一方，面接室型の面接の難点として，交通手段がないことや，子どもの世話，経済的な制限を報告した。加えて，訪問型の家族はセラピストに感謝を述べることも多かった。

さらに，訪問型のSFFTの場合，セラピストが日程をはじめ家族の都合に合わせる必要があった。その結果として，自宅の訪問が夜や週末となることが多かった。こうしたスケジュールの問題に加え，クライアントの自宅ではプライバシーを維持できる静かなスペースが限られているという難点もあった。しかしながら，自宅を訪問する訪問型のSFFTでは，従来の面接室で行う面接では見ることのできない家族間の相互のやりとりを直に目にすることができ，家族をより深く理解することができた（Thompson et al., 2007）。

家族療法の治療効果を最もよく予測する要因は，セラピーへ参加する意欲の高さである（Karver et al., 2006; Lay et al., 2001）。本研究では面接回数を家族のセラピーへの意欲の高さとした。面接室型の家族の方が，自宅訪問型の家族に比べてセラピーの期間は短かったが，目標の達成度については，同程度であった。この結果から，SFBTの視点で解決のために立てた目標の達成には，多くの面接は必要ないと推察される。さらに，訪問型の支援を受けた家族の方がセラピーとセラピストの両方に肯定的な印象を持ち，満足度も高かったが，この評価の差が目標の達成度に差をもたらさなかった点は注目すべきである。

また，訪問型・面接室型のいずれのSFFTにおいても，彼らの強みやリソース，動機づけの高さが変化にとって，もっとも重要なものであり（Tallman & Bohart, 1999, p.91），家族が何を達成したいかということに焦点を当てる一方，問題には深く焦点をあてなかった。この視点を共有していたために，面接形態が違えども，面接の目標達成度には差が見られなかったのかもしれない。

　なお，訪問型・面接室型のいずれの形式においても，すべての家族との間に同盟関係を結ぶことは難しい。特に現状の変化に対する動機づけに家族間で相違がある場合や，ある家族が感情的になり，面接から離脱するときなどである。しかし，クライアントの否定的な反応はのちの治療同盟の深化や面接参加の促進につながることがある（Beck et al., 2006; Digiuseppe et al., 1996）。そのため，協働関係を拒絶する家族との関係を変えることは，治療において最初に行うべき重要な課題の1つであろう（Diamond et al., 1999）。

本研究の限界と今後の展望

　本研究の結果を解釈するにあたり一定の考慮を必要とする。まず面接形態の割り当てが無作為でない点である。さらに引っ越し等の事情によって何組かの家族からは面接終了後に調査の協力を依頼できなかった。そのため，今後の研究では，より厳密な方法論に基づいてSFFTの効果を評定する必要があるだろう。さらに，今後は家族療法の実施による変化を測定するための大規模サンプルによって標準化された臨床尺度が求められるだろう。

さらなる学びのために

　ヨーロッパ・ブリーフセラピー協会（EBTA）では，多機関研究プロジェクトを通じて，SFBTを客観的な指標によって測定する研究を継続的に実施している（European Brief Therapy Association, 2011）。EBTAの効果研究において用いられるセラピーは，スティーヴ・ド・シェイザーとインスー・キム・バーグのSFBTモデルの要件を満たしている必要がある。関心のある人はマニュアルを無料で閲覧できる（http://www.ebta.nu/page2/page30.html）。

　また，OYIT（The Ohiro Youth in Transition）のASAP（Alumni Support and Assistance）のSFBT介入の予備的プロジェクトでは，里親施設から実家へ戻る移行期の少年（以前に里親施設に入所していた子どもや家出やホームレスの子ども）に対するSFBT的集団への介入法の開発とその効果の検証を目指している（http://csw.osu.edu/research/key/interventions/youth/）。このプロジェクトでは，介入法として環境を変えたばかりの少年に問題や欠点ではなく解決や今すでに持っているスキルに目を向ける手助けをしている。この介入は比較的容易で，労力を必要としないため，支援やサポートを必要とする多くの少年たちに受け入れやすく，身近なものとなっている。

文献

Adams, J. F., Piercy, F. P., & Jurich, J. A. (1991). Effects of solution-focused therapy's formula first session task on compliance and outcome in family therapy. Journal of Marital and Family Therapy, 17, 277-290.

Alexander, J., Robbins, M., & Sexton, T. (2000). Family-based Interventions with older, at-risk youth: From promise to proof to practice. The Journal of Primary Prevention, 21(2), 185-205.

Cockburn, J. T., Thomas, F. N., & Cockburn, 0. J. (1997). Solution-focused therapy and psychosocial adjustment to orthopedic rehabilitation in a work hardening program. Journal of Occupational Rehabilitation, 7, 97-106.

De long, P., & Berg, I. K. (1998). Interviewing for solutions. Pacific Grove, CA: Brooks/Cole.

de Shazer, S., Dolan, Y., Korman, H., McCollum, E., Trepper, T., & Berg, I. K. (2007). More than miracles: The state of the art of solution-focused brief therapy. New York: Haworth Press.

Dembo, R., Williams, L., la Voie, L., Berry, F., Getreu, A., Kern, J., et al. (1990). Physical abuse, sexual victimization and marijuana/hashish and cocaine use over time: A structural analysis among a cohort of high risk youths. Journal of Prison & Jail Health, 9(1), 13-43.

Diamond, G. M., Liddle, H. A., Hogue, A., & Dakof, C. A. (1999). Alliance-building interventions with adolescents in family therapy: A process study. Psychotherapy, 36(4), 355-368.

Digiuseppe, R., Linscott, J., & Jilton, R. (1996). Developing the therapeutic alliance in child adolescent psychotherapy. Applied & Preventive Psychology, 5(2), 85-100.

Dumas, I. E., Nissley, I., Smith, E. P., Prinz, R. J., & Levine, D. W. (2005). Home chaos. Sociodemographic, parenting, interactional, and child correlates. Journal of Cliniccd Child & Adolescent Psychology, 34(1), 93-104.

European Brief Therapy Association. (2011). European brief therapy association outcome study: Research definition description of the treatment. Retrieved 2011, from http://www.ebta.nu/page2/page30/page30.html.

Hawkins, J., Catalano, R. F., & Miller, J. Y (1992). Risk and protective factors for alcohol and other drug problems in adolescence and early adulthood: Implications for substance abuse prevention. Psychological Bulletin, 112(1), 64-105.

Henggeler, S. W, Rowland, M. D., Randall, J., Ward, D. M., Pickrel, S. G., Cunningham, P. B., et al. (1999). Home-based multisystemic therapy as an alternative to the hospital-ization of youths in psychiatric crisis: Clinical outcomes. Journal of the American Academy of Child and Adolescent Psychiatry, 38(11), 1331- 1339.

Johnson, K. D., Whitbeck, L. B., & Hoyt, D. R. (2005). Substance abuse disorders among homeless and runaway adolescents. Journal of Drug Issues, 35(4), 799-816.

Joe, G. W, Broome, K. M., Rowan-Szal, G. A., & Simpson, D. D. (2002). Measuring patient attributes and engagement in treatment. Journal of Substance Abuse Treatment, 22(4), 183-196.

Karver, M. S., Handeisman, 7. B., Fields, S., & Bickman, L. (2006). Meta-analysis of thera-peutic relationship variables in youth and family therapy: The evidence for different relationship variables in the child and adolescent treatment outcome literature. Clinical Psychology Review, 26(1), 50-65.

Kazdin, A. E., & Wassell, G. (1999). Barriers to treatment participation and therapeutic change among children referred for conduct disorder. Journal of Clinical Child Psychology, 28(2), 160-172.

Kelly, M. S., Kim, J. S., & Franklin, C. (2008). solution-focused brief therapy in schools. New York: Oxford University Press.

Kilpatrick, 0. G., Acierno, R., Saunders, B., Resnick, H. S., Best, C. L., & Schnurr, P. P. (2000). Risk factors for adolescent substance abuse and dependence: Data from a national sample. Journal of Consulting and Clinical Psychology, 68(1), 19-30.

Kim, 1. 5. (2008). Examining the effectiveness of solution-focused brief therapy: A meta-analysis. Research on Social Work Practice, 18(2), 107-116.

Kiresuk, T., & Sherman, R. E. (1968). Goal attainment scaling: A general method for evalu-ating comprehensive mental health programs. Community Mental Health Journal, 4, 443-453.

Kumpfer, K., & Kaftarian, S. (2000). Bridging the gap between family-focused research and substance abuse prevention practice: Preface. Journal of Primary Prevention, 21(2), 169-184.

LaFountain, R. M., & Garner, N. E. (1996). Solution-focused counseling groups: The results are in. Journalfor Specialists in Group Work, 21(2), 128-143.

Lay, B., Blanz, B., & Schmidt, M. H. (2001). Effectiveness of home treatment in children and adolescents with externalizing psychiatric disorders. European Child & Adolescent Psychiatry, 10(Suppl 1), 80-90.

Liddle, H. A., Dakof, G. A., Parker, K., Diamond, G. S., Barrett, K., & Tejeda, M. (2001). Multidimensional family therapy for adolescent drug abuse: Results of a randomized clinical trial. American Journal of Drug and Alcohol Abuse, 27(4), 651-688.

Liddle, H. A., & Hogue, A. (2000). A family-based-developmental-ecological preventive intervention for high-risk adolescents. Journal of Marital and Family Therapy, 26(3), 265-279.

Liddle, H. A., Rowe, C., Diamond, G. M., Sessa, F. M., Schmidt, S., & Ettinger, 0. (2000). Toward a developmental family therapy: The clinical utility of research on adolescence. Journal of Marital and Family Therapy, 26(4), 485-500.

Littrell, J. M. (1998). Brief counseling in action. New York: Norton.

Litrell, J. M., Malia, J. A., & Vanderwood, M. (1995). Single session brief counseling in a high school. Journal of Counseling and Development, 73, 451-458.

Mattejat, F., Hirt, B. R., Wilken, J., Schmidt, M. H., & Remschmidt, H. (2001). Efficacy of inpatient and home treatment in psychiatrically disturbed children and adolescents. European Child & Adolescent Psychiatry, 10(Suppl 1), 71-79.

Paradise, M., Cauce, A. M., Ginzler, J., Wert, S., Wruck, K., & Brooker, M. (2001). The role of relationships in developmental trajectories of homeless and runaway youth. In B. R. Sarason & S. Duck (Eds.), Personal relationships: Implications for clinical and community psychology (pp. 159-180). New York: Wiley.

Paschall, M. J., Ringwalt, C. L., & Flewelling, R. L. (2003). Effects of parenting, father absence, and affiliation with delinquent peers on delinquent behavior among African-American male adolescents. Adolescence, 38(149), 15.

Rowe, C., Liddle, H. A., McClintic, K., Quille, T. J., & Kaslow, P W. (2002). Integrative treat-ment development: Multidimensional family therapy for adolescent substance abuse. In F. W Kaslow, J. J. Magnavita, & T. Patterson (Eds.), Comprehensive handbook of psychotherapy: Integrative/eclectic (Vol. 4, pp. 133-161): New York: Wiley.

Sanders, M. R. (1999). Triple P-Positive Parenting Program: Towards an empirically vali-dated multilevel parenting and family support strategy for the prevention of behavior and emotional problems in children. Clinical Child and Family Psychology Review, 2(2), 71-90.

Slesnick, N., Bartle-Haring, S., & Gangamma, R. (2006). Predictors of substance use and family therapy outcome among physically and sexually abused runaway adolescents. Journal of Marriage and the Family Therapy, 32(3), 261-281.

Spoth, R., & Day, S. (2002). Universal family-focused interventions in alcohol-use disorder prevention: Cost-effectiveness and cost-benefit analyses of two interventions. Journal of Studies on Alcohol, 63(2), 219-229.

Taliman, K., & Bohart, A. C. (1999). The client as a common factor: Clients as self-healers. In M. A. Hubble, B. L. Duncan, & S. D. Miller (Eds.), The heart and soul of change (pp. 91-131). Washington, DC: American Psychological Association.

Thompson, S. J., Bender, K., Lantry, J., & Flynn, P (2007). Treatment engagement: Building therapeutic alliance in family-based treatment. Contemporary Family Therapy, 29(1/2), 39-55.

Thompson, S. J., Bender, K., Windsor, L. C., & Flynn, P (2009). Keeping families engaged: The effects of in-home family therapy enhanced with experiential activities. Social Work Research, 33(2), 121-126.

Thompson, S. J., & Pillai, V. K. (2006). Determinants of runaway episodes among adolescents using crisis shelter services. International Journal of Social Welfare, 15, 142-149.

Thompson, S. J., Windsor, L. C., Lantry, J., Bender, K., & Maddox, C. (2006). The quagmires of conducting clinical research: One team's quest for creative solutions. Reflections, 12(2), 36-45.

Triantafillou, N. (2002). Solution-focused pare nt groups. A new approach to the treatment of youth disruptive behavior. Unpublished doctoral dissertation. University of Toronto, Canada.

Waidron, H. B., Slesnick, N., Brody, J. L., Charles, W, & Thomas, R. (2001). Treatment outcomes for adolescent substance abuse at 4- and 7-month assessments. Journal of Consulting & Clinical Psychology, 69(5), 802-813.

Watts, R. E., & Pietrzak, D. (2000). Adlerian "encouragement" and the therapeutic process of solution-focused brief therapy. Journal of Counseling & Development, 78(4), 442-447.

Wills, T. A., Schreibman, D., Benson, C., & Vaccaro, D. (1994). Impact of parental substance use on adolescents: A test of a mediational model. Journal of Pediatric Psychology, 19(5), 537-555.

Yorgason, J. B., McWey, L. M., & Felts, L. (2005). In-home family therapy: Indicators of success. Journal of Marital and Family Therapy, 31(4), 301-312.

Zimmerman, T. S., Prest, L. A., & Wetzel, B. E. (1997). Solution-focused couples therapy groups: An empirical study. Journal of Family Therapy, 19, 125-144.

第16章
学校における SFBT

シンシア・フランクリン／ジョニー・S・キム／ケイトリン・スチュアート・ブリグマン

はじめに

　SFBT は 1990 年代から学校現場で用いられるようになり，90 年代半ばには論文が発表されている (Kral, 1995; La Fountain & Garner, 1996; Metcalf, 1995; Murphy, 1996; Sklare, 1997)。以後，欧米の学校現場では SFBT が使われ (Kelly et al., 2008)，生徒の問題行動や学業上の問題における SFBT の効果研究が増えてきている (Berg & Shilts, 2004; Franklin & Gerlach, 2007; Kelly et al., 2008; Metcalf, 2008; Murphy & Duncan, 2007; Webb, 1999)。この章では，最新の学校研究 (Kim & Franklin, 2009) を要約し紹介する。

これまでに学んできたこと

　SFBT は学校に適用できる心理療法の 1 つである。なぜなら，SFBT は学校で生じるさまざまな問題に対応でき，その対象となる集団も広範に及ぶからである。たとえば，SFBT は以下のような場合に用いられる。

- 個人，集団，家族への介入になど，危機的状況にある生徒を援助する場合 (Franklin et al., 2001; Murphy, 2008)。
- 特別支援学級で教師がソリューション・トークを使えるように研修を行う場合 (Kelly et al., 2008 に要約されているワーキング・オン・ワット・ワークス (Working on What Works: WWOW) プログラムを参照のこと)。
- 保護者同席面接において，保護者と教師間，あるいは保護者と生徒間の相互作用を変化させる場合 (Metcalf, 1995, 2008)。
- ヒスパニック系にみられる妊娠中あるいは育児中の学生のように，中退の危機にある生徒の学業成績を改善させる場合 (Harris & Franklin, 2008)
- 学校全体が解決志向の変化の哲学を取り入れ，全教職員に SFBT の技法の研修を行うなど，学校文化を変革する場合 (Franklin & Streeter, 2003, cited in Kelly et al., 2008)。

　SFBT が学校で機能する理由の 1 つ目として，移民や 10 代の親だけではなく，問

題に直面している生徒の多くは中退傾向や，学業不振，欠席，またはホームレスなどといった社会的問題を不本意にも抱えているという点があげられる。これは問題の一部だが，学校は傷つきやすい年頃である生徒の精神的健康を守る中心機関である。SFBTはこうした複雑な事例への治療的アプローチとして発展してきた。2つ目に，学校は困難事例への対応が求められるが，長期の治療介入を行う時間や予算がほとんどない。そのため，スクールカウンセラー（以下SC）やスクール・ソーシャルワーカー（以下SSW）は，短期で実用的な解決法を必要としている。3つ目に，SFBTにはクライアントの既解決行動を処方するという，クライアントの強み（strength）を利用して問題解決を行う特徴があるからである。加えて，SFBTは生活に関係する他者との協力を促進する。SFBTは，教育介入への反応（Response to Intervention: RTI）や特別支援教育で使用される個別の支援計画（Individual Education Plans: IEPS）といった目標志向のアプローチやその他のチームアプローチとも併用できる。SFBTはとても柔軟で，専門家や教師が活用できる，今までとは異なる援助方法を提供するのである（Franklin & Gerlach, 2007; Kelly et al., 2008）。

　SFBTが学校現場で効果をあげることを明らかにした研究結果が発表されている。（第6章のキム（Kim, 2008）を参照（Franklin et al., 2007, 2008; Springer et al., 2000））。最近では，学校でのSFBT介入の効果に関する体系的なレビューが完成している（Kim & Franklin, 2009）。以降では，このレビューを概観し，学校で使われる介入や，現在のSFBTの効果研究に対する理解を深めていく。

学校におけるSFBT介入

　学校で使用されているSFBT介入を整理するために文献を検討した（Kim & Franklin, 2009）。PsycINFOやExpanded Academic Search Premier, Social Service Abstract, ERICといったデータベースを使用し，「SFBT」と「学校」を相互参照のキーワードとして検索し，先行研究について調査した。また，学校でのSFBTをトピックにした書籍のレビューを行った（Duncan & Murphy, 2007; Kelly et al., 2008; Mahlberg & Sjoblom, 2004; Metcalf 2008; Webb, 1999）。学校で使用されているSFBT介入のほとんどは，解決志向ブリーフセラピー協会（Solution- Focused Brief Therapy Association: SFBTA）の研究委員会によって開発された治療マニュアルと一致していた（マニュアルは第2章参照）。治療マニュアルはSFBTの3つの一般特性を示している。それは，(a) クライアントの心配事を中心とした会話，(b) クライアントの心配事に対する新たな意味の再構築に焦点を当てた会話，(c) クライアントが将来のビジョンを再構築し，問題解決に役立つ過去の成功や長所を探すための具体的な技法の使用，である（Trepper et al., 2008）。

　学校におけるSFBTの文献でも，以下に示すようなアプローチが構成要素の中心として記述されている（Gingeric & Eisengart, 2000）。それは，(a) ミラクル・クエスチョ

ンの使用，(b) スケーリング・クエスチョンの使用，(c) ブレイク，クライアントへのコンプリメント，(d) 課題の設定，(e) 能力や長所，解決を探すこと，(f) 目標設定，(g) 例外探し，である。これらの要素は現在も重要な技法であり，学校での SFBT 介入に不可欠である。著者は学校において SFBT 技法を活用した以下のような事例を経験している。

- SC が生徒との個人面接でスケーリング・クエスチョンを活用した事例。
- SSW が教師とのコンサルテーションで生徒への印象をリフレーミングした事例。
- 校長がコンプリメント技法を生徒に用いた事例。

学校における SFBT の調査研究

学校で SFBT が応用可能であることを事例からも知りうるが，実験的に効果を検証することも重要である。学校での介入効果を評価するためには，実験計画法，あるいは準実験計画法を用いるのがよい（第 6, 7 章参照）。しかし，実験計画法を用いた効果研究は，費用や期間，規模の大きさ，厳密性などから（Frazer et al., 2009），あまり学校現場では使われていない（Franklin et al., 2009; Hoagwood & Erwin, 1997; Roans & Hoagwood, 2000）。効果研究の質は下がってしまうが，学校研究ではリソースの少なさや場の性質に対応するため，準実験計画法がよく採用される。

学校での SFBT 介入の効果研究はほとんどがこの 10 年程で行われている。次の項では，学校での SFBT についての体系的なレビュー（Kim & Franklin, 2009）から，主要な調査結果を詳述していく。

調査方法

先述のように，キムとフランクリン（Kim & Franklin, 2009）のレビューは，「SFBT」と「学校」をキーワードにして検索した研究を調査するものだった。レビューでは，アメリカで 1988 ～ 2008 年までに行われた研究を抽出し，学位論文以外は除外した。ギングリッチとアイゼンガルト（Gingerich & Eisengart, 2000）の基準で，SFBT の構成要素が含まれているものをレビューに加えた。効果量が報告されていないものについて，十分な統計情報が得られた研究に関しては，著者が算出した。

レビューでは，7 つの SFBT に関する学校研究が紹介されている。表 16.1 には調査方法と結果が示してある。1 つは実験計画法，その他の研究は準実験計画法であり，うち 1 つは単一事例研究法を用いている。標準化尺度と正確な評価法，治療マニュアルや実験計画表を用いて，複数の研究者によって実施されたことがこれらの研究の強みである。調査は実際の学校現場で行われたため，実践家による効果的な用い方についても示している。

現在の SFBT 学校研究の限界

まず，研究数が少なく標本数が小さいことから，治療効果を一般化するだけの決

定的な結論を導けないことである。さらに，研究のほとんどが準実験計画法を採用している。フローシュレら（Froeschle et al., 2007）だけが，完全無作為の実験計画を用いていた（Kazdin, 2002; Rubin & Babbie, 2005）。標本数の小ささや実験計画の弱さは，学校研究においては珍しいことではない。しかし，臨床的な知見を一般化するためには，今後 200 以上の標本数を持つ無作為化統制試験が必要である。

限界はあるものの，他の治療方法や教育的介入と比較した場合，SFBT は効果的な成果をあげている（Weisz et al., 2004）。特筆すべきは，ほとんどの研究が現場で行われているということである。つまり，実験の結果は実際の学校現場で SFBT が使える可能性を示している（Kim, 2008）。

学校研究の結果

標本数は 7 ～ 86 人であった（表 16.1）。4 つの研究（Franklin et al., 2001, 2008; Froeschle et al., 2007; Newsome, 2004）は中学生を対象とし，1 つの研究（Springer et al., 2000）は小学生を，もう 1 つの研究（Franklin et al., 2007）は高校生を対象としていた。さらに，研究の 1 つ（Corcoran, 2006）は小・中・高の全学年を対象としていた。研究では SFBT の技法を用いて，非行や犯罪などの外在的行動や，うつや自尊心の低下，不登校や引きこもり，いじめの被害者となるなどの内在的行動，自尊心，学業成績などを含むさまざまな問題に対処していた。効果測定では，SFBT が機能する領域が明らかになった。以下に内容を示す。なお，効果量と効果の大きさは表 16.1 にまとめている。

学校研究での主要な発見

2 つの研究（Corcoran, 2006; Franklin et al., 2001）で，深刻な問題行動を抱える生徒に SFBT を適用した。コーコラン（Corcoran, 2006）は，攻撃性や衝動性といった問題行動に対する SFBT の有効性を検証した。被験者は 5 歳～ 17 歳の合計 86 人で，SFBT か認知行動療法いずれかの技法を組み入れた家族治療プログラムを受けた。被験者はコナーズ親評価尺度（CPRS : Conners' Parent Rating Scale）と FAB-C（Feelings, Attitudes, and Behaviors Scale for Children）で評定された。インスー・キム・バーグのデモンストレーションをビデオ学習し，講義，ディスカッション，ロールプレイを通じて訓練された 20 人の修士課程 2 年生のインターンが，4 ～ 6 回のセッションで SFBT 介入を行った。

どちらのプログラムを受けた群も攻撃性や衝動性において改善が見られたが，群間に有意差はみられなかった。しかし，統制群の治療には，有効性が認められている認知行動療法が組み込まれているため，有意差が出ないことも想定内であった。なお，両群とも中断が多かったが，SFBT 介入を行った実験群は統制群に比べて中断が少なく，治療契約をよく維持していた（Corcoran, 2006）。

フランクリンら（Franklin et al., 2001）は中学生を対象に研究を行った。被験者は，例外の質問，ミラクル・クエスチョン，スケーリング・クエスチョンを用いたセッショ

表16.1　学校におけるSFBT研究

研究者（年）	実験手法	標本数	被験者	測定概念	効果量	効果
Springer, Lynch, & Rubin (2000)	準実験計画	10	小学生（ヒスパニック）	自尊心	HSES=0.57	中
Franklin, Biever, Moore, Clemons & Scamardo (2001)	単一事例	7	中学生	問題行動	計算不可能	×
Newsome (2004)	準実験計画	52	中学生	学業成績	評定＝0.43 出席率＝計算不可能	中 ×
Corcoran (2006)	準実験計画	86	5〜17歳	問題行動	CPRS=0.08 FAB-C=0.48	小 小
Franklin, Streeter, Kim, & Tripodi (2007)	準実験計画	85	中退の危険がある高校生	学業成績	単位＝0.47 出席率＝−1.63 卒業率＝効果なし	中 × ×
Froeschle, Smith, & Richard (2007)	実験計画	65	8年生の女生徒	薬物乱用 自尊心 問題行動 学業成績	ADAS=0.65 SASSI-A2=0.76 身体的徴候テスト=1.76 Piers-Harris2=0.17 HCSBS=0.63 SSBS-2=1.16 リファー率=−0.38 評定平均=0.35	中 大 大 小 中 大 小 小
Franklin, Moore, & Hopson (2008)	準実験計画	59	中学生	自尊心 問題行動	YSR ・内向尺度=0.08 ・外向尺度=0.86 TRF ・内向尺度=1.40 ・外向尺度=0.61	小 大 大 中

（脚注：州により違いがあるが、アメリカの中学生は7、8年生と呼ばれる。また高校は4年制で義務教育である）

ンを 5 〜 10 回受けた（各回 30 〜 45 分）。さらに，協働的会議プロセスとメットカルフ（Metcalf, 1995）によって開発された質問等を用いて，ケースの進捗状況を教員と共有した。研究では学習障害や問題行動でリファーされた 7 人の子どもについて AB デザインの単一事例実験が行われた。行動の変化はコナーズ教師評価尺度（CTRS: Conners' Teacher Rating Scale）を用いて測定された。研究者は 4 週間の間に週 2 回生徒を観察し（6 〜 8 回），週 1 回はセッションが行われた（5 〜 10 回）。

結果として，多動や問題行動，怠惰，自己中心的行動などが改善した。効果量は計算できないが，単一被験者のグラフから得られたデータ（PND）は本書の第 7 章で詳しく報告されているので，そちらを参照されたい。

スプリンガーら（Springer et al., 2000）は服役者の子どもに SFBT のグループアプローチを行い，子どもの自尊心について検討した。10 人の小学生を 5 人ずつ実験群と統制群に分けた。実験群のリーダーは，スケーリング・クエスチョンやミラクル・クエスチョンのような SFBT の技法を用いて 6 回のグループ・セッションを行った。また，リーダーは相互援助グループプロセスを用いた。

SFBT 群の児童は介入直後にハーレー自己効力感尺度（Hare Self-Esteem Scale: HSES）得点が有意に増加したが，統制群では変化がなかった。また，6 週間の研究終了時に，群間に有意差はみられなかった。

フランクリンら（Franklin et al., 2008）は，67 人の中学生に対し，アッヘンバッハの子どもの行動調査票（Achenbach Child Behavioral Checklist: CBCL）から，子どもの行動チェックリスト（教師用）（Teacher Report Form: TRF）とユース・セルフレポート（Youth Self Report: YSR）を用いて準実験計画法の研究を行った。

結果として，SFBT 群は事後に TRF の内向尺度（ひきこもり，身体的訴え，不安抑うつ）と外向尺度（非行行動，攻撃行動）両方が臨床レベル以下に下がり，フォローアップ時にも低い状態を維持していた。統制群は，事前，事後，フォローアップ間にほぼ差がなかった。内向尺度では実験群と統制群の間に有意差は見られなかったが，外向尺度では実験群が臨床レベルを下回り，フォローアップ時にも維持されていた。

ニューサム（Newsome, 2004）は，成績と出席日数に深刻な問題を持つ中学生に対する SFBT の有効性を研究した。52 人中 26 人は SFBT 介入を受け，残り 26 人で統制群を構成した。SFBT 群には 8 週間の間，授業中（35 分間）にグループ・セッションを行った。ファシリテーターはスケーリング・クエスチョンやミラクル・クエスチョン，目標設定や課題の設定などの技法を使用した。統制群の成績が平均評定 1.66 から 1.48 に変化した一方，SFBT 群の成績は平均評定 1.58 から，1.69 まで上昇した。成績には効果があった一方，出席については群間に差が見られなかった。

フランクリンら（Franklin et al., 2007）は単位取得や出席率，卒業率への SFBT の影響を検討するために，2 校の高校生を被験者として調査を行った。目的は，SFBT

を用いて中退予防を行うオルタナティブスクールの有効性を評価することだった。実験群は46人で，統制群は同じように中退の危機にある他校の生徒39人だった。両群が取得単位率を増加させたが，実験群が統制群よりも取得単位の割合が高かった。出席率は統制群の方が改善したが，SFBTの生徒は一定のカリキュラムが終了すれば授業に出席しなくてもよかったため，この比較は妥当ではない。出席率は，介入の有効性を判断する指標とはならないだろう。

被験者のうち，2004年の春学期に12年生（高校3先生）になる予定の生徒すべてを対象として卒業率を調べた。2003～2004年度までに，統制群では27人（90%）が卒業したのに対し，実験群は37人の生徒のうち23人（62%）が卒業した。実験群の未卒業者14人の内9人は留年し，その中の7人が翌年に卒業したことで，総合的に見れば実験群の卒業率は30人（81%）だった。その上，留年しなかった5人の内3人は他のオルタナティブスクールに，1人は公立高校に編入した（Franklin et al., 2007）。

フローシュレら（Froeschle et al., 2007）は，10代女子に起きている薬物乱用と問題行動を減らすために，SFBTのグループ・セッションとメンターシップ，アクションラーニングを用いた完全無作為の研究を行った。統計解析では，薬物乱用，薬物への態度，薬物乱用による身体的兆候，そして親と教師が報告する行動の得点において，SFBTを支持する結果となった。薬物乱用による身体的兆候についての理解と，学校内での社会的行動尺度2（School Social Behavior Scales (Second Edition): SSBS-2）はどちらも大きく改善し，アメリカ薬物・アルコール調査（American Drug and Alcohol Survey: ADAS），思春期の薬物乱用スクリーニング・インベントリー（Substance Abuse Subtle Screening Inventory Adolescent Version 2: SASSI-A 2），そして家庭と地域における社会的行動尺度（Home and Community Social Behavior Scale measures: HCSBS）も改善が見られた。しかし，問題行動では群間の差は見られなかった。効果量はキムとフランクリン（Kim & Franklin, 2009）で得たデータから算出した。ピエール・ハリス子ども自己概念尺度2（Pier-Harris Children's Self-Concept Scale-2）や，成績の評定平均，病院へのリファー率など，表16.1にまとめている。

実践の指針

SFBTは，学業や問題行動に効果的に適用できるだろう。最も厳密な実験デザインで施行された研究は児童期（5・6年生）で良い結果を示したが（Franklin et al., 2008），その他の研究では思春期（7・8年生）の生徒に対しても良い結果を示しているため，SFBTは児童期と思春期に効果があると考えられる。学校でのSFBT研究は，科学的根拠に基づくガイドラインを開発するには至っていないが，研究すべき問題は明らかになっている。その問題を調査することで，SFBTの適用範囲を知ることができるだろう。

研究を横断するテーマ

学業成績｜SFBT は，生徒の成績を上げ，単位修得をサポートするだろう。学校で最も関心事となる単位習得（Franklin et al., 2007）と成績（Newsome, 2004）において，SFBT は成果をあげた（Hoagwood et al., 2007）。

外在的行動｜SFBT は外在的行動を減らす可能性がある（Franklin et al., 2001, 2008; Froeschle et al., 2007）。フランクリンら（Franklin et al., 2008）の研究は，SFBT が教師や校長，SC が解決できなかった外在的行動を改善させることを示した。外在的行動で成果をあげたことは，その効果の大きさや重要な問題（行為障害，多動，薬物乱用など）に対処できるという点において，実践家にとって大切な意味を持っている。しかし，より大きな研究で再現され，他の調査と比較する必要がある（第 6 章キム（Kim, 2008）のメタ分析や第 8 章コーコランの論文を参照）。スタムズら（Stams et al., 2006）によるメタ分析では，SFBT は行為障害や反抗性障害，ADHD，外在的行動の改善に有効であり，教育の場ではより大きな成果が得られると述べられている。この章では学校での外在的行動の改善には良い結果が得られたが，安定して同様の結果が得られるという保証はない。研究間には調査状況（標本や実験デザインなど）の差があり，それを補填するだけの十分な研究数はまだ見られない。

解決の早さ｜SFBT は学校で生じる問題を早期に解決するだろう。多くの研究では 4 〜 8 回のセッションが行われ，よい結果が得られた。2 つの研究（Franklin et al., 2001; Froeschle et al., 2007）では，8 回以上の面接が行われた。学校現場では短期解決や行動を変化させる実践的なやりとり，あるいは成績改善が求められるが，介入を通して得られた成果から，SFBT の臨床的有効性が示された（Franklin & Gerlach, 2007）。

出席率と卒業率｜SFBT が出席率や卒業率に与える影響はまだ明らかでなく，さらなる研究が必要である。2 つの研究（Franklin et al., 2007; Newsome, 2004）は SFBT が生徒の出席率を改善させないという結果を示しているが，実験計画の脆弱さが関係していた可能性がある。ニューサム（Newsome, 2004）の研究には，標本数の問題が見られた。フランクリンら（Franklin et al., 2007）の研究においては，SFBT の生徒は単位取得後は登校を求められないものの，記録上は欠席がつく自習型カリキュラムであったことが結果に影響していたのだろう。この研究は中退の可能性が高い生徒を対象にしており，SFBT は卒業を援助するものの，これまで行われてきた一般的な取り組みほどには機能しないことが示された。

自尊心｜生徒の自尊心は SFBT で改善されないが，この知見は，生徒の学業成績にあまり関連がないかもしれない。スプリンガーら（Springer et al., 2000）とフローシュレら（Froeschle et al., 2007）は，SFBT が自尊心を改善しないとした。しかし，最近の調査では行動や成績の改善を測る尺度に自尊心を用いることが疑問視され，バウマイスターら（Baumeister et al., 2003）は高い自尊心が成績を改善しないことを

研究で示した。事実，高すぎる自尊心は，思春期においては喫煙や薬物乱用，早期の性交渉などを増加させる可能性がある。

今後の研究展望

SFBTが強力な科学的根拠を示すためには，実践家や研究者がより多くの研究を提供する必要がある。今後の研究では，SFBTが最も効果的な対象と問題領域の検討が求められる。また，研究計画を改善し，精度の高い尺度を用いてこれまでの知見を再現し，SFBTの新しい効果を学校で調査するべきである。無気力や規範意識，出席率，中退，成績や進学意欲のように，学校ではさまざまな問題があるが，最も優先されるのは成績である。今後のSFBT研究は，学校現場にとって最大の関心事である成績に注意を払い，臨床的有用性を実証すべきである（Franklin et al., 2009; Hoagwood et al., 2007）。

また，今後の研究は外在的行動と内在的行動の問題両方に対する効果を評価すべきである。外在的行動の問題は学校では特に悪質であり，別々の観察者（たとえば，生徒と教師）が報告する形で成果が再現される必要がある。これは実践家と研究者の双方にとって大きな関心事だろう。自尊心はSFBTでは改善が見られず，学校の成績を予測するのに適切な尺度ではない。しかし，心理的な概念と比較するときに，行動の結果を測定することは重要である。薬物乱用についても，学校臨床上有効な働きかけで改善されうるものとして捉えられるのではないだろうか。

その他の研究領域としては，学校がさまざまな問題に対応するための治療マニュアルを作成することである。学校でのSFBTは難治例の治療だけでなく，予防や矯正のツールとして適用される可能性がある。さらに，SFBTは精神保健の専門家，SCやSSW，または教師や管理職を含む多様な人材によって，個人，グループ，家族，あるいは組織的な介入といったさまざまな介入様式で行える。今後，SFBTが最も効果的とされる介入レベルの研究が求められる。学校における変化のメカニズムだけではなく，臨床的なプロセスの問題や評価について注意が払われるべきである。臨床医がSFBTの有効性を理解し，使うことを選択するには，プロセス研究は間違いなく必要とされる。プロセス研究と効果研究がさらに行われ，SFBT介入が入りやすい学校のコンテクストに関する研究が進んでいくことが望まれる。

覚えておくべき重要な所見

- SFBTは，子どもや家族，教師が抱える問題の迅速な改善に焦点をあてて取り組ませるため，短期介入として有効であろう。このレビューで検討した研究の大半は4～8回のセッションで良好な成果をあげた。
- 小さく，具体的な目標を定義する解決志向の実践は，時間とリソースの限られた学校においてとても現実的である（Murphy, 1996）。
- 学校研究で得られた肯定的な結果は，否定的な感情を減じたり，単位取得のような

学業上の問題を改善したり，問題行動や薬物乱用を減らすなど，生徒を援助するのにSFBT が有効であると示している。
- SFBT は行動の変化を起こすという点では認知行動療法と同様に効果的であり，クライアントを治療過程に留まらせるという点では SFBT がより効果的であった。
- 今後，SFBT が最も効果的な対象や問題領域について，さらに注意深く調べることが求められる。

さらなる学びのために

- 学校における解決構築について，ロンドンの BRIEF ウェブサイト：http://www.brief.org.uk!training-details.php?item_id=65&CourseCode=21
- ガルザ高校のウェブサイト：http://www.austinschools.org/campus/garza/html/aboutgarza.htm
- スクール・ソーシャルワークと研究のインターネットグループのサイト：http://www.luc.edu/sswsig

文献

Baumeister, R. F., Campbell, J. D., Krueger, J. I., & Vohs, K. D. (2003). Does self-esteem cause better performance, interpersonal success, happiness, or healthier lifestyles? Psychological Science in the Public Interest, 4, 1-44.

Berg, I. K., & Shilts, L. (2004). Classroom solutions: WOWW approach. Milwaukee: Brief Family Therapy Center Press.

Corcoran, J. (2006). A comparison group study of solution-focused therapy versus "treatment-as-usual" for behavior problems in children. Journal of Social Service Research, 33, 69-81.

Duncan, B. L., & Murphy, J. J. (2007). Brief interventions for school problems (2nd ed.). New York: Guilford Press.

Franklin, C., Biever, J. L., Moore, K. C., Clemons, D., & Scamardo, M. (2001). Effectiveness of solution-focused therapy with children in a school setting. Research on Social Work Practice, 11, 411-434.

Franklin, C., & Gerlach, B. (2007). Clinical applications of solution-focused brief therapy in public schools. In T. S. Nelson & F. N. Thomas (Eds.), Handbook of solution-focused brief therapy: Clinical applications (pp. 168-169). Philadelphia: Haworth Press.

Franklin, C., & Hopson, L. (2009). Involuntary clients in public schools: Solution-focused interventions. In R. H. Rooney (Ed.), Strategies for work with involuntary clients (2nd ed., pp. 322-333). New York: Columbia University Press.

Franklin, C., Kim, J. S., & Tripodi, S. J. (2009). A meta-analysis of published school social work intervention studies: 1980-2007. Research on Social Work Practice, 19(6), 667-677.

Franklin, C., Moore, K,, & Hopson, L. (2008). Effectiveness of solution-focused brief therapy in a school setting. Children & Schools, 30, 15-26.

Franklin, C., Streeter, C. L., Kim, J. S., & Tripodi, S. J. (2007). The effectiveness of a solution-focused, public alternative school for dropout prevention and retrieval. Children & Schools, 29, 133-144.

Franklin, C. & Streeter, C. L. (2003). Solution-focused Accountabilty Schools for the Twenty-first Century: An Evaluation of Garza High School. The University of Texas at Austin, Hogg Foundation for Mental Health.

Frazer, M. W., Richmond, 1. M., Galinsky, M. J., & Day, S. H. (2009). Intervention research. New York: Oxford University Press.

Froeschle, f. G., Smith, R. L., & Ricard, R. (2007). The efficacy of a systematic substance abuse program for adolescent females. Professional School Counseling, 10, 498-505.

Gingerich, W, & Eisengart, S. (2000). Solution-focused brief therapy: A review of outcome research. Family Process, 39, 477-496.

Harris, M. B., & Franklin, C. (2008). Taking charge: A school based ljfe skills program for adolescent mothers. New York: Oxford University Press.

Hedges, L. V., & 01km, I. (1985). Statistical models for meta-analysis. New York: Academic Press.

Hoagwood, K. E., & Erwin, H. D. (1997). The effectiveness of school-based mental health services for children: A 10-year research review. Journal of Child and Family Studies, 6, 435-451.

Hoagwood, K. E., Olin, S. S., Kerker, B. D., Kratochwill, T. R., Crowe, M., & Saka, N. (2007). Empirically based school interventions targeted at academic and mental health func-tioning. Journal of Emotional and Behavioral Disorders, 15, 66-92.

Hopson, 1. M., & Kim, J. 5. (2005). A solution-focused approach to crisis intervention with adolescents. Journal of Evidence-Based Social Work, 1, 93-110.

Kazdin, A. E. (2002). Research design in clinical psychology (4th ed.). Boston: Allyn & Bacon.

Kelly, M. 5., Kim, J. S., & Franklin, C. (2008). Solution-focused brief therapy in schools: A 360-degree view of the research and pra ctice principles. New York: Oxford University Press.

Kim, J. S. (2008). Examining the effectiveness of solution-focused brief therapy: A meta-analysis. Research on Social Work Practice, 18, 107-116.

Kim, J. S., & Franklin, C. (2009). Solution-focused brief therapy in schools: A review of the literature. Children and Youth Services Review, 31(4), 464-470.

Kral, R. (1995). Solutions for schools. Milwaukee: Brief Family Therapy Center Press.

LaFountain, R. M., & Garner, N. E. (1996). Solution-focused counseling groups: The results are in. Journalfor Specialists in Group Work, 21, 128-143.

Mahlberg, K., & Sjbblom. M. (2004). Solution-focused education. Stockholm, Sweden Smedjebaken: Mahlberg & Sjoblom.

Metcalf, L. (1995). Counseling toward solutions: A practical solution-focused program for working with students, teachers, and parents. San Francisco: Jossey-Bass.

Metcalf, L. (2008). A field guide to counseling toward solutions. San Francisco: Jossey-Bass.

Murphy, J. J. (1996). Solution-focused brief therapy in the school. In S. D. Miller, M. A. Hubble, & B. S. Duncan (Eds.), Handbook of solution-focused brief therapy (pp. 184-204). San Francisco: Jossey-Bass.

Murphy, J. J., & Duncan, B. S. (2007). Brief interventions for school problems (2nd ed.). New York: Guilford Publications.

Murphy, J. J. (2008). Solution-focused Counseling in Schools. Alexandria, Virginia: American Counseling Association.

Newsome, S. (2004). Solution-focused brief therapy (SFBT) groupwork with at-risk junior high school students: Enhancing the bottom-line. Research on Social Work Practice, 14, 336-343.

Roans, M., & Hoagwood, K. (2000). School-based mental health services: A research review. Clinical Child and Family Psychology Review, 3, 223-241.

Rubin, A., & Babbie, E. (2005). Research methods for social work (5th ed.). Belmont, CA: Brooks/Cole-Thomson Learning.

Skiare, G. B. (1997). Brief counseling that works: A solution-focused approach for school counselors. Thousand Oaks, CA: Sage Publications.

Solution-Focused Brief Therapy Research Committee. (2007). Solution-focused therapy treatment manual for working with individuals. Retrieved July 15, 2007, from http://www.

.org/

Springer, D. W., Lynch, C., & Rubin, A. (2000). Effects of a solution-focused mutual aid group for Hispanic children of incarcerated parents. Child & Adolescent Social Work Journal, 17, 431-432.

Stains, C. J. J. M., Dekovic, M., Buist, K., & De Vries, L. (2006). Effectiviteit van oplossings-gerichte korte therapie: een meta-analyse [Efficacy of solution focused brief therapy: A meta-analysis]. Tijdschrift voor Gedragstherapie, 39, 81-94.

Trepper, T. S., McColluin, E. E., De Jong, P., Korman, H., Gingerich, W, & Franklin, C. (2008). Solution focused therapy treatment manual for working with individuals. Solution Focused Brief Therapy Association Research Committee. Retrieved April 22, 2010, from http://www.sfbta.org/Research.pdf

Webb, W H. (1999). Solutioning: Solution-focused interventions for counselors. Philadelphia: Accelerated Press.

Weisz, J. R., Chu, B. C., & Polo, A. J. (2004). Treatment dissemination and evidence-based practice: Strengthening intervention through clinician-researcher collaboration. Clinical Psychology: Science and Practice, 11, 300-307.

第17章
保護者になること
妊娠中・子育て中の思春期のための解決に焦点を当てたグループプログラム

マリー・ベス・ハリス／シンシア・フランクリン

はじめに

　思春期の妊娠の問題は，社会，経済，宗教，人種，文化にかかわらず起こり，重大な社会問題となっている。いったん思春期の女性が妊娠すれば，彼女の世界は突如大きく変わる。児童期から少しずつ抜け出て，大人になるために準備する期間である思春期は切り上げられなければならなくなる。普通は20代で身につく社会的，生活的スキルは，思春期で母親になると17歳，15歳，もしくはもっと若くすぐに必要になる。思春期に子どもを育てなければいけない女性は，良い親，自立した大人になるのに一般の人より労力がかかる。妊娠中，および子どもを産んでから1年以内に若い母親がとる行動や決定は，その後の母親と子ども両方の生活の質に長く，大きく影響するであろう。

　さまざまな国の政府が，思春期の妊娠や母親と子ども両者に存在する危険性を認識している。その結果，思春期の妊娠を防ぎ若くして子どもを産むのを避けるために，さまざまなことが行われている。しかし，これらの努力にもかかわらず，思春期の妊娠は増え続けている。たとえばアメリカでは，約80万人の思春期の女性が毎年妊娠しており，40万人が出産している。これは先進国の中で最も高い思春期の女性の出産率である。もちろん思春期の妊娠は単にアメリカだけの問題ではない。ヨーロッパやカナダなど他の国々でも深刻な問題となっている。また，ほとんどの先進国では10代の妊娠の割合を引き下げて，子育て，健康，社会的および経済的な福祉を支援するプログラムを実施している。

　本章の目的は，解決に焦点を当てた「子育て支援（Taking Charge）」介入（以下 TC法——思春期の母親を助けることを目指した，学校教育に基づいたプログラム）について述べることである。

強みに焦点を当てる——思春期の母親の生活の質を予測する

　TC法の開発において，10代の母親を手助けするために，強みに基づくアプローチを提供することが重要だと考えている。思春期の母親の生活の問題の複雑さに焦

点を置くかわりに，若い年齢で子どもがいるにもかかわらず肯定的な結果がもたらされているとき，なにが異なっているのかを強調する。われわれは思春期の母親の生活の質を予測するのに重要な4つの領域を発見した。(1) 教育，(2) ソーシャルサポート／プライベートの関係，(3) 子育ての効果，(4) 雇用やキャリアのための準備，である。

研究によって以下のことが明らかとなっている。これら，4つの領域——教育，ソーシャルサポート／プライベートの関係，子育て，および雇用／キャリアの準備——がすべて相互作用し，互いに影響し (Harris & Franklin, 2008, 2009 ; Zupicich, 2003)，10代の母親とその子どもの肯定的な人生に必要なものとなっている。この研究の調査については，ハリス & フランクリン (Harris & Franklin, 2008) を参照せよ。

下記は，これらの4つの要因がいかに相互的に働くか，そして10代の母親の生活の結果にいかに影響するかについてのいくつかの例である。より社会的なサポートおよび家族や子どもの父親，仲間との肯定的な関係を持っているほど，いい母親になる能力を高めることや学校に行くことが可能である。彼女の家族，赤ん坊の父親および友人は，彼女の負担を取り除き，育児における彼女の経験不足を補い，情緒的な，社会的な，経済的なサポートも提供することができる。10代の母親は学校に通うほど合格点を達成し，かつ教育にコミットしていると感じられる。妊娠した10代の少女の60％以上が学校を中退しているので，これは非常に重要なことである (Laird et al., 2007)。これは，毎年アメリカで24万人の思春期の少女が出産したために学校を中退しているということである。非常に多くの10代の母親が高校を卒業せず，雇用がむずかしくなるということは，彼女らおよび彼女らの子どもたちが貧困になる可能性があるということである (Zill & O'Donnel, 2004)。

例を続けると，思春期の母親が卒業まで成し遂げると，卒業後のトレーニングや大学，キャリアについて熟考する可能性がより高くなる。一方，若い母親が家族によって，あるいは赤ん坊の父親との葛藤において支持されない場合，あるいは彼女が自分の学問的なニーズを教師やカウンセラーに伝えられない場合，希望ややる気はしぼみ，あきらめて中退するかもしれない。このようなことが起こったとき，統計にも出ているように，若い母親の生活と将来は制限されてしまう。

支援のための最良のアプローチおよび戦略

一般に，若い母親たちは想像以上にレジリエンスがあり，強く，スタミナや決断力がある。われわれは，何百もの若い母親を研究し観察し，そして，その強みを直接見ている (Harris & Franklin, 2002, 2008, 2009)。われわれはソーシャルワーク，心理学，教育の分野などの，思春期の子どもに最適な実践について研究し，10代の母親に効果的であると考えられる強みに基づくアプローチを開発した。

社会的に，思春期の母親は他の10代よりも多くのことを期待され，妊娠したとき

も，10代ではないように扱われるが，彼女らはまだ10代なのである。彼女たちは10代が遭遇するすべてのストレスに対処し続け，その上はるかに多くのストレスに対処し続けている。仲間には今後3年間から5年間は不要であるスキルが彼女たちにはすぐに必要なのである。

われわれの仕事は，彼女たちが必要とする大人のスキルを見極める方法を学習するのを支援することである。それは，改善された学業成績，ソーシャルサポート，子育ておよびキャリアレディネスを要求する分野において，自分自身のゴールを設定し，解決に向かって進行することができるような学習過程を提供することによって行われる。

TC法を開発する際に，われわれは，新しい行動の学習および若い母親の思考の変化に注目したSFBTアプローチと認知行動療法の介入の両方を使用した。それらは新しい行動を学び，若い母親の考えを変化させることに着目したもので，そのやり方で行動と人生への対処方法を変えるものである。われわれは，促進することと支持することによって，10代の母親が挑戦に応じて才能を発揮することができ，そして才能を発揮するだろうと考える。全般的にみて10代の母親との経験から，われわれの仮定が正しかったことがわかった。

新しいライフスキルをすぐに学習する重要性

10代の母親が大人のライフスキルをすぐに学習しなければならないことはすでに述べた。若い母親は自給自足できる大人や親になるためにどんなライフスキルが必要なのだろうか。ソーシャルワーカー，カウンセラーあるいは教師は，彼女が新しい役割やスキルを演じ，自信をつけるのを手伝うためにどのようにすればいいのか？　この段落では，重要な3つのスキルについて述べる。(a) ゴール・セッティング，(b) 社会的な問題の解決，(c) 積極的に対処することの3つである。

われわれは，以下の認知行動療法の介入によって10代の母親が新たな解決を練習し，新たな行動や人生におけるスキルをマスターするのを援助した。

1. 専門家（ソーシャルワーカー，カウンセラーなど）は，10代の母親とのセッションにおいてスキルをモデル化する。
2. セッションにおいて，10代の母親ロールプレイとスキルの実践が行われる。
3. 10代の母親は，現実におけるスキルを練習し続けるためにホームワークを割り当てられる。
4. 専門家は，10代の母親とスキルの練習における彼女の成功について話し合い，最初の結果によって実行を調節する。

われわれは，さらに，SFBTを用いて，10代の母親がスキルを学習している間，彼女たちの強みやリソースに注目し，日常生活の困難にうまく対処する自信をつけるようにした。

社会的問題の解決およびコーピングスキル

　思春期の母親には，毎日の生活の中に対処しなければならない多くのストレッサーがある。学校へ行き，宿題をし，毎日の責任を管理することに加えて，赤ん坊の世話をしなければならない。研究では，ティーンエイジャーが典型的にはさまざまな方法でこれらのようなストレスに対処していることが明らかになった。

　(a) 多くの 10 代の母親は単にその問題を回避し，それらが去ることを望む。(b) その問題を変えられないもの，コントロールできないものとして受け入れる人もいる。(c) その問題を変化させたり解決したりするために行動することに焦点を当てる人はごく少数であった (Harris & Franklin, 2008)。

　ストレスの回避と受動的に受け入れることはもはや現実的ではない。SFBT は，10 代の母親が一生のうち起こしたい変化はどのようなものか，そして変化を達成するためにどのような解決策が必要なのかに注目することにより，10 代の母親がストレスに対処するのを援助する。

　ハリスとフランクリン (Harris & Franklin, 2008)，パッシーノ (Passino et al., 1993) の研究において，未来に注目することができ，問題を解決するために処置を講ずることにより解決策を開発することができる若い母親は，ストレスがより少なく，学校でもっとうまくいき，子どもたちに対応するときに，よりおおらかに受け入れたり，温かかったり，役に立ったりすることが明らかになった。TC 法では，教育，ソーシャルサポート，子育ておよびキャリアレディネスの 4 つの人生の領域を横断して，母親が自分自身のゴールを見極める，解決を構築するアプローチに社会問題を解決するアプローチを統合している。一旦母親がこれらのゴールを見極められれば，自分で解決を構築できる。

SFBT に基づく介入——TC グループ

　TC 法は 8 〜 12 週間の学校でのプログラムにおいて提供される。そのプログラムは課題が中心となるグループにおけるものである。TC グループの課題は，思春期の母親が積極的に問題解決でき，対処能力を増強するような新しい解決の構築に注目する。順番に，実行された解決策は教育，ソーシャルサポート／プライベートの関係，子育て，雇用／キャリアの 4 つの生活の領域を横断してよりよい結果を獲得するために使用される。言いかえれば，母親が領域の 1 つで解決を構築するごとに，より多くの領域が改善する可能性がある。われわれは，セラピストと教育者をガイドする治療マニュアルを公表した。変化のプロセスおよび TC の中核となる治療要素を以下に要約する (Box17.1)。しかし，臨床家は，このアプローチについてよりよく理解するためには治療マニュアルそのものを読むべきである。

TC 法がグループを変化させるプロセス

　TC グループは行動刺激とゴール・セッティングおよび解決構築を組み合わせた，8

> **Box17.1** ■社会的な問題解決プロセス
>
> 1. 現在自分にとって本当に問題である状況を確認せよ。
> 2. この状況の基礎をなすより小さな問題を確認せよ。
> 3. この問題を解決するために，自分のゴールを記述せよ。
> 4. 自分が自分のゴールに達することができなかった障壁を確認せよ。
> 5. ゴールに達するのを助けてくれるリソースを特定せよ。
> 6. ゴールに達するのを助けるために，できるだけ多くの考えられる戦略を並べよ。
> 7. 最高の可能性が続くと信じられる戦略を選べ。
> 8. 戦略を実行するためにすぐにすることができる2つの仕事を決めよ。
> 9. さあ，やってみよう！

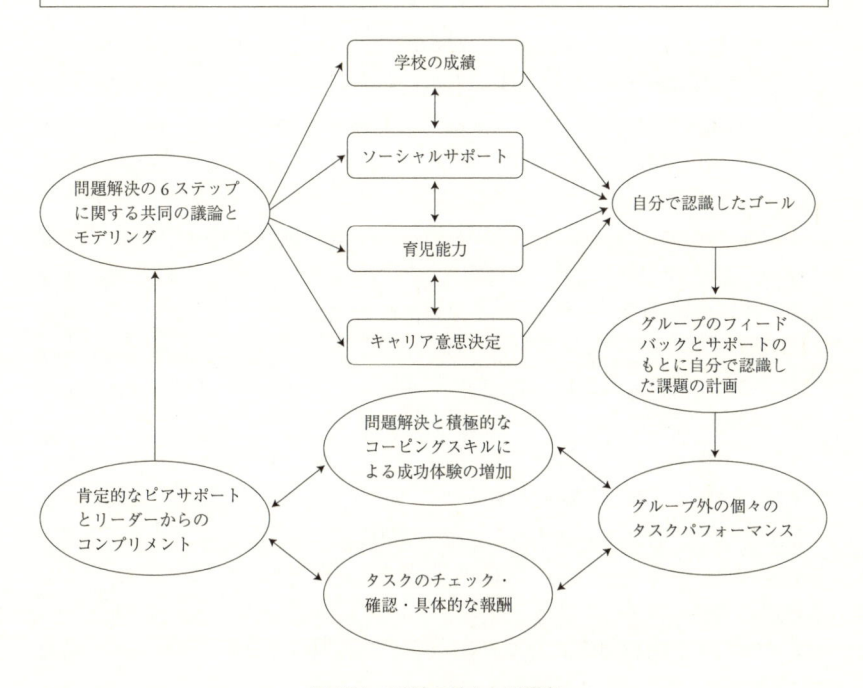

図17.1　TC法の核となる要素

〜12人の妊娠中もしくは子育て中の10代の課題中心グループである。課題中心グループでは，10代に自分自身の目標や課題を決めさせる。それは学校，個人，関係性，子育て，キャリアの準備の領域を横断して，行動の変化を自己選択させることにつながる。その介入の主要な要素は，個人のゴール・セッティングを含むものである。すなわち，社会的な問題解決について学び実行すること，積極的に問題に対処すること，解決構築のスキル，コンプリメントとポイントシステムを通しての刺激の

使用である。課題中心グループはさらにピアグループのサポートを提供する。そのピアサポートは4つの領域における自己選択したゴールの達成につながる行動の課題の構築と実行をサポートする。TC法の主要な要素については図17.1を参照せよ。

TC法の主要な要素を実行する

個人のゴール・セッティングおよび解決構築 | 各参加者は4つの領域それぞれにおいて解決に焦点を当てたゴールを決める。参加者は協力的な議論を通じて社会問題を解決するプロセスを教えられる。また、グループ・リーダーは、積極的な対処行動や解決構築のスキルの学びを促す。10代の母親自身はそれぞれ、グループ・セッションの間に選択した課題を行い、次に、グループに自分の結果を報告する。ゴール・セッティングは、自分の日常生活にとって重要なものと思う領域の解決策の開発に結びつく。

ゴールを設定し、行動し始めたら、次の学習は、10代の母親によって必要とされる生活技能の開発となる。われわれは若い母親の強みに注目し、自身の解決策を見つけるのを支援する。われわれは、さらに、10代の母親が自身のゴールを決めるのを助けることが必要だと考えている。ゴール・セッティングの際に次のプロセスを使用する。

ゴールは行動として定義され、若い母親にとって重要であるものでなければならない。さらに、それは責任を持って設定されなければならないし、大変な仕事だと認識されなければならない。最後に、それは、社会的なプロセスの一部として記述されなければならない。言いかえれば、母親が誰といつこれをなすのか記述されなければならない。さらに母親は、彼女の解決がどのようにうまくいったかについて報告するとグループに約束しなければならない。

ゴール・セッティングにおいて、われわれの考えを押しつけるのではなく、母親が自分自身のゴールや戦略、課題を決めるプロセスを支援するように注意しなければならない。母親に、自分自身の成功につながる能力を見つけてほしいのである。「正解」を与えることは、モチベーションを奪い、自分自身の体験への責任を持てなくさせてしまう。

コンプリメントと動機づけ | TCプログラムでは、思春期の母親は、努力したことを頻繁に直接的にも間接的にも賞賛される。たとえば、グループ・リーダーは、「私はあなたがお姑さんといたが、本当に忍耐強かったことに驚嘆します」とか「学校でよい成績をとったんですね」と言うかもしれない。

あるいは、リーダーは「どのようにそれを起こしましたか。もう一度その段階を教えてください。そんなに若いのにそれが起こせたなんて、信じられません」というように言ってもよいかもしれない。

動機づけは、参加を強め、かつグループの利点を最大限にするために提供される。ポイントシステムは、課題を行うモチベーションをあげ、学校の出席と参加を増加さ

> **BOX 17.2** ■社会的問題解決の事例
>
> ソーニャ／私のプライベートな関係のゴール
>
> 1. **私の問題**｜私の義母と私は，ずっとうまくいっていない。義母は私に冷たくて，見た目や服装，料理の仕方，特に私が赤ちゃんの世話をする方法を批判する。
> 2. **より小さな問題**｜私の夫は，義母に立ち向かわない。夫は義母が怖いのだと思う。義理の父とうまくやっていけたとしても，義理の父も義母に立ち向かわない。私が学校にいる間，義母は私の赤ちゃんの世話をするので，義母は私と同じくらい赤ちゃんと過ごすことになる。夫は溶接学校にいて，1週間に20時間だけ最低賃金の仕事をしている。それで，私たちはもう一年間も彼の親に経済的に依存している。私は車を持っていないので，赤ちゃんと会うため義母に連れていってもらわなければならない。
> 3. **私のゴール**｜義母が今より私のことを好きになり，こんなに私を非難するのを止めること。
> 4. **可能性がある障壁**｜私が私たちの間で何かを変えようとするならば，それは事態をより悪くするかもしれない。私は義母がこわいので義母から距離をとるようにしている。私は，義母とどう話せばいいかわからない。私は，全然義母のことが好きでない。
> 5. **私のリソース**｜私の夫は私を愛していて，私にいてほしいと望んでいる。もう一つのリソースは保護観察官のいとこである。いとこは，私がよりよく私の義母を理解するのを手伝おうとする。もう一つは，私の夫の姉妹である。冷静で，私の義母を無視するように私に言う。
> 6. **考えられる戦略**｜(1) 義母が変わらないならば，立ち向かって，出て行くと脅迫する。(2) それについて話すことなく，義母を喜ばせる努力をする。(3) もっと義母を知る。(4) 義母との関係をよくするために私ができることを知るために，義母との風通しをよくする。(5) 赤ちゃんを連れて実家に戻る。
> 7. **私の選択**｜私の義母と風通しをよくして，どうやったら関係をよくすることができるかについて知るという戦略。
> 8. **課題**｜(1) 私の夫の姉妹に私のゴールについて語って，彼女の母と話す方法についての彼女のアドバイスを得ること。(2) 私が義母との良い関係を築きたいと考えていることを義母に伝え，私に何ができるかについて義母に尋ねること。

せるモチベーションをあげる。グループ参加者は，学校およびグループへの出席，課題の実行，宿題や単位外の課題をするとポイントを稼ぐことができる。ポイントを集めると商品券のような賞が贈られる。ランチまたは軽食が各セッションの初めに出される。また，小さな意外な贈り物が2回のセッションでもらえる。これらの実質的な動機づけ以上に，グループは，リーダーや他の集団成員からの頻繁なコンプリメントに注目している。

課題と能力構築の重要性｜TC法は，母親が自身の能力に気づくように，ゴール・セッティング，解決構築および課題実行のプロセスを使用する。思春期の母親が自分のために設定する課題を行うことは，新しい生活技能を習得する重要な過程である。課題はこの変化のプロセスにとって，小麦粉がパンに不可欠であるのと同じくらい必要なものである！ ゴール・セッティングによって思考の変化が起こり始めるが，ゴー

ルを達成するために必要とされる課題を実際に行うことによって，思考と行動においてまさに変化が駆り立てられる。思春期の母親が問題に直面し，それを変化させ解決するために行動すると，この経験は自信につながる。解決志向におけるわれわれの仕事は，やってみるように促し，この状況で解決構築ができる可能性があることを保証し，思い出させ，最初に思ったほどうまくいかないときにはサポートし，再度試みることを支持することである。

リサーチ法——TCグループの介入の効果測定に関する研究

ハリスとフランクリン（Harris and Franklin, 2002, 2008, 2009）は，メキシコとの国境近くのスクール・ソーシャルワーカーからのリクエストに応じて TC 法を開発した。ソーシャルワーカーは，高校で思春期の母親の欠席や落第が少なくなるようにと支援を求めた。現在まで，TC 法に関する3つの効果研究が行われている。次の研究は，TC 法が最初に使用された支援に関するものである。現在1つの無作為化臨床実験（RCT：研究1）と2つの準実験的実証研究が行われている。

研究1

最初の TC 法研究は，テキサス州エルパソ学区，イスレタ学区の5校の高校（n=73）で，行われた RCT である。参加者はみなメキシコ人かメキシコ系アメリカ人で，TC 法による介入をした TC 条件か普段の学校生活条件（対照条件）のいずれかに無作為に割り当てられた。結果として，出席と成績が有意に改善されたことが示された。具体的には，事前テストでは，TC 群（83%の出席）および対照群（84%の出席）は，出席においてほとんど同一であった。両群は6週間で平均約5日間欠席していた。事後テストでは，TC 群（90%の出席）は，出席率が7%増加し，わずか平均3日しか欠席していなかった。対照群（83%の出席）は出席を1%低下させて，平均約5日欠席していた。また，はじめは，TC 群の学業平均値（GPA; 78.75）も対照群（GPA; 78.52）もほとんど同一で，平均 C に分類されていた。9週間後の事後テストでは，TC 群は平均 C から B まで上昇して，2ポイント以上（80.79）上昇した。これは事後テストの対照群（GPA; 72.63）より有意に高いという結果である。研究2と3でも同様の結果が示された。さらに TC 群では社会的問題解決と積極的なコーピングの指標も，対照群と比べて変化したことが明らかとなった（Harris & Franklin, 2002）。社会的問題解決は，改訂版社会的問題解決スキル尺度（Social Problem Solving Skills Inventory-Revised: SPSI-R Short Form; D'Zurilla & Nezu, 1990）を使用して測定された。事後テストでは，TC 群の得点は，対照群より有意に高く，TC 法が参加者の社会問題を解決する技術にポジティブな影響を与えたことが示された。これらの結果は6週間後のフォローアップでも維持されていた。積極的なコーピングは思春期の問題に対する対処方針尺度（Adolescent Coping Orientation for Problem Experiences: A-COPE: McCubbin & Thompson, 1991）の3つの下位尺度によって測

表17.1 3つのTC研究の記述統計

	研究1 n=73		研究2 n=46		研究3 n=19	
	TC群 n=33	対照群 n=40	TC群 n=27	対照群 n=19	TC群 n=12	対照群 n=7
	年齢					
平均	17.89	17.97	16.93	16.84	16.66	17.14
SD	1.44	1.39	1.38	1.11	2.32	1.53
範囲	6.00	6.00	6.00	6.00	4.00	4.00
	学年					
9年生	2 (6%)	4 (10%)	3 (11%)	3 (16%)	2 (17%)	1 (14%)
10年生	8 (24%)	3 (8%)	2 (7%)	2 (11%)	5 (42%)	1 (14%)
11年生	7 (21%)	14 (35%)	9 (33%)	6 (32%)	2 (17%)	2 (29%)
12年生	16 (48%)	18 (45%)	13 (48%)	8 (42%)	3 (25%)	3 (43%)
その他	—	1 (2%)				
	文化／人種					
メキシコ系アメリカ人	26 (79%)	37 (93%)	4 (15%)	5 (26%)	10 (83%)	7 (100%)
メキシコ人	5 (15%)	2 (5%)				
アフリカ系アメリカ人	—	—	12 (44%)	5 (26%)		
アジア系アメリカ人	—	—	2 (7%)	1 (5%)		
アングロ系アメリカ人	—	—	8 (30%)	6 (32%)	2 (17%)	
アメリカインディアン	—	—		2 (11%)		
その他	2 (6%)	1 (2%)	1 (4%)			
	親の状態					
妊娠中	7 (21%)	10 (26%)	9 (33%)	5 (42%)	v	v
子ども有	24 (73%)	26 (67%)	13 (48%)	10 (53%)	4 (33%)	3 (43%)
妊娠中＋子ども有	—	2 (5%)	5 (19%)	5 (26%)	3 (25%)	1 (14%)

定された。これらの下位尺度は独立意識，ソーシャルサポート，家族問題の解決の3つの領域において問題に焦点を置いた積極的対処行動を測定するものである。事後テストでは，介入群で有意な効果がみられた。これらの結果は，ラテン系の思春期の母親が積極的なコーピングの使用を増加したこと，および6週間のフォローアップでそれを保持したことを示している。

研究2

第2の研究（n=46）は，準実験デザインで行われたが，結果の変数は研究1と同一であった。研究は文化的に多様な学生がいる北部テキサス学区で行われた（Harris & Franklin, 2008）。対象者はアフリカ系アメリカ人（37%），白人（30%），ヒスパニック（20%），アジア系アメリカ人（7%）およびアメリカインディアン（6%）の思春期の母親である。研究2の結果として，TC群が対照群より出席，学業成績，問題解決，積極的な対処行動が統計的に有意に高いことが示された。

社会的問題解決は，改訂版社会的問題解決スキル尺度（D'Zurilla & Nezu, 1990）で測定された。事後テストでは，TC群の得点は対照群より有意に高く，介入が参加者の社会的問題を解決する技術にポジティブな影響を与えることが示唆された。これらの結果は6週間後のフォローアップでも保持された。積極的なコーピングは，研究1と同様の尺度で測定された。事後テストでは，TC群において有意な変化がみら

表 17.2　3 つの TC 研究結果

事前・事後・フォローアップにおける A-COPE の下位尺度得点の平均と標準偏差				
	研究 1		研究 2	
	TC 群	対照群	TC 群	対照群
事前テスト				
平均	58.52	58.35	53.88	57.58
SD	10.41	9.05	9.03	7.04
事後テスト				
平均	65.58	56.85	61.48	55.58
SD	10.47	11.09	8.42	7.61
フォローアップ				
平均	64.07	56.62	59.37	56.21
SD	9.57	12.55	7.78	6.50

研究 1 分散分析結果：$F=19.49$；$d.f.=1.7$；$p < .000$；eta squared$=.22$
研究 2 分散分析結果：$F=5.48$；$d.f.=1.41$；$p < .024$；eta squared$=.29$

事前・事後・フォローアップにおける SPRI-R ショートフォーム 得点の平均と標準偏差				
	研究 1		研究 2	
	TC 群	対照群	TC 群	対照群
事前テスト				
平均	12.88	12.98	12.53	11.35
SD	3.14	2.85	3.71	3.88
事後テスト				
平均	14.94	12.08	13.92	11.35
SD	3.17	2.86	3.26	3.88
フォローアップ				
平均	14.93	12.88	13.46	11.00
SD	3.56	3.43	2.56	3.69

研究 1 分散分析結果：$F=19.49$；$d.f.=1.70$；$p < .000$；eta squared$=.22$
研究 2 分散分析結果：$F=5.48$；$d.f.=1.41$；$p < .024$；eta squared$=.29$

事前・事後・フォローアップにおける SPRI-R ショートフォーム 得点の平均と標準偏差						
	研究 1		研究 2		研究 3	
	TC 群	対照群	TC 群	対照群	TC 群	対照群
事前テスト						
平均	0.83	0.84	0.78	0.81	0.80	0.80
SD	0.14	0.17	0.14	0.11	0.08	0.16
事後テスト						
平均	0.90	0.83	0.86	0.77	0.88	0.78
SD	0.01	0.15	0.12	0.20	0.06	0.14
フォローアップ						
平均	0.75	0.86	0.75	—	—	—
SD	0.12	0.20	0.14	0.21	—	—

研究 1 分散分析結果：$F=9.791$；$d.f.=1.70$；$p < .003$；eta squared$=.12$
研究 2 分散分析結果：$F=5.373$；$d.f.=1.43$；$p < .025$；eta squared$=.11$
研究 3 分散分析結果：$F=15.178$；$d.f.=1.16$；$p < .001$；eta squared$=.49$

事前・事後・フォローアップにおける SPRI-R ショートフォーム 得点の平均と標準偏差						
	研究 1		研究 2		研究 3	
	GPA		Curriculum Units		GPA	
	TC 群	対照群	TC 群	対照群	TC 群	対照群
事前テスト						
平均	77.84	77.45	7.26	8.00	80.62	83.43
SD	9.52	7.89	5.77	3.74	4.95	7.19
事後テスト						
平均	79.59	71.63	12.44	8.58	82.66	80.73
SD	11.03	16.48	8.72	3.89	0.34	9.48

研究 1 分散分析結果：$F=7.07$；$d.f.=1.64$；$p < .010$；eta squared$=.10$
研究 2 分散分析結果：$F=21.66$；$d.f.=1.43$；$p < .000$；eta squared$=.34$
研究 3 分散分析結果：$F=25.625$；$d.f.=1.16$；$p < .000$；eta squared$=.62$

れた。また6週間後のフォローアップでもこの結果が保持された。

研究3

研究3（n=23）はニューメキシコのやや郊外にある学区で行われた。参加者はメキシコ系アメリカ人（89%），アングロ系アメリカ人（11%）であった。サンプル数が少なかったので，成績と学校への出席のデータだけが集められ分析された。結果として，TC群では出席および成績（Harris & Franklin, 2009）で有意な効果が認められた。

学校にとどまることについてのフォローアップ分析

3つの研究すべてにおいて中退の事後統計分析が行われた。その結果，TCグループに参加することが，妊娠中および子育て中のティーンエイジャーが学校にとどまることに，肯定的な影響を及ぼすことが示唆された。これは中退した人数によって測定された。研究1に参加した73名の学生のうち，対照群8名（20%），TC群1名（3%）が中退した。研究2に参加した46名の学生のうち，TC群は中退者0名に対し，対照群は3名（16%）であった。研究3では，対照群4名（36%）が中退，TC介入群は0名であった。

研究の限界

研究1の実験デザインと準実験デザインの研究2，研究3は事前テストにおいて人口統計と結果の変数はほぼ同一であった。しかし，デザインの欠点として，研究2と3で使用された準実験デザインが，事後テストでの群の差の程度に影響を与える可能性のある両群の差を認識できないことが挙げられる。

研究3の課題としてはサンプル数の少なさ（n=23）が挙げられる。対照群の4名が研究中に参加をやめたため，2つの群においてサイズが異なってしまったことも弱点として挙げられる。

研究1と3はラテン系のサンプルのみなので，一般化が難しい。メキシコ系アメリカ人であることに加えて，研究1と3の対象者である思春期の母親は，主として家族あるいは赤ん坊の父親の家族と，あるいは自分の家族と住んでいた。3つの研究で，住宅や養護施設に住んでいる参加者はいなかった。また，身体的・精神的障害はなかった。TC法が違う場所に住むヒスパニック系や，同じ場所でも違う出自をもつ人にも効果的だと断定することはできない。それでも，研究2は，文化的に広く多様なサンプルで検討しており，TC法が文化にかかわらず思春期の母親にとって有効であることを示唆している。同様に，学校のティーンエイジャーを対象とした，認知的および行動的スキルアップを目指した研究（Dupper, 1998; Harris & Franklin, 2007; Kim & Franklin, 2009）は，これらのタイプの介入が種々の文化をもつティーンエイジャーにとって有効かもしれないという証拠を提供している。このことは，適切な文化的修正がなされる場合TC法カリキュラムが一般化できることを示唆している。

今後の展望

今後の展望として，対象者数を増やして研究1～3を追試し，高校卒業までの最終結果を評価する必要がある。さらに解決構築，社会的問題解決および活発なコーピングの介入効果を検討しなければならないかもしれない。先行研究においては，われわれは社会的問題解決や積極的なコーピングの指標が有意に改善されたことを示した。しかし，われわれは，卒業を成し遂げることに対するこれらの変数の効果を検討することができなかった。3つの研究において，社会的問題解決とコーピング，成績の改善と出席の効果測定は検討したが，子育てとキャリアレディネスの介入効果については検討しなかった。これらを検討することも意義のあることと考えられる。SFBT介入の重要性は持続力であるとも考えられる。したがって，思春期の母親とのより長いフォローアップは今後の研究において重要になる。

実践ガイドライン

ここまでの研究結果は，解決に焦点を置いたTCグループが学生である思春期の母親のための有効な介入であることを示唆している。アメリカ少年司法局はTC法を有望な実践であると評価した。

次の実践ガイドラインは，TC法研究結果，および研究の長所，短所の検討に基づいたものである。

1. TC法マニュアルを使用すること。マニュアルに誠実に従うこと。
2. 地域コミュニティと住民に適合するように，TCプログラムを修正すること。ある地方の学校の若い母親に効果的なプログラムは，全く違う文化では有効ではないかもしれない（都市対地方，南西対北東（ラテン系対アジア系））。
3. 集団成員の文化を知って，プログラムがグループの文化的志向と合うことを確認すること。
4. プログラムの評価をデザインする際に，できるだけ多くの参加者を得ること。ただし，人数が少なくても，効果測定の重要なステップであることも理解すること。
5. プログラムを評価する際に対照群を設定すること。

TC法の長所

第一に，TC法は臨床研究で検討されており，米国の公立学校において，学校への出席，成績，社会的問題解決，および積極的対処行動の改善に効果的であることが実証された。さらに，それは解決に焦点を置いた理論的な枠組みに基づき，学校での若い母親の発展的なニーズおよび現在の人生の問題に適切である。

3つの研究で観察された第二の長所としては，参加者のTCグループへの例外的な受容性が挙げられる。グループに参加した若い母親は，興味や動機づけが高かっ

た。3つの研究の参加者はほとんどが賞のための十分なポイントを得ており、2回以上の欠席をした人は20%未満であった。

第三に、TC法は、グループ・リーダーが文化的能力に注目するのを支援する。研究1と3において肯定的な反応に影響を及ぼす可能性のある一つの要因は、文化的に適切な活動の統合であった。マニュアルによって示されるように、ラテン系の10代のための文化的に適切な構成要素が伝えられたことは重要である。たとえば、グループ・セッションにランチまたはスナックをともに食べる習慣は、ヒスパニックの文化的伝統である。食事を計画し、準備し、シェアすることは、メキシコのグループ（特に女性のグループ）で、結合力のある活動である。校内カフェテリアで行われるセッションでシェアされるランチはより、快適で、文化的になじみのある活動となった。一般的に、プログラムは英語で書かれており英語で伝えられるが、2カ国語を話すリーダーはスペイン系が多いグループでは、頻繁にスペイン語を話した。

最後に、TC法はマニュアルの有効性および使用によって支えられている。マニュアルによって、グループ・リーダーは正確で深いトレーニングをすることができる。すべての研究のリーダーは、毎週、セッションの準備をするためにマニュアルを使用し、しばしばセッション中にそれを引用すると報告した。

まとめ

- 思春期の妊娠は社会、経済、宗教、人種・文化にかかわらず生じている世界的な社会問題である。ほとんどの先進国は妊娠している10代と思春期の母親の子育て、健康、および社会および経済的福祉のプログラムに資金を提供している。
- 統計によると、出産し続けるティーンエイジャーを支援する有効な介入を継続的に提供する必要がある。TC法はSFBTおよび認知行動療法のカリキュラムである。思春期の母親の強みやリソース、人生のゴール、発達課題を利用して開発された。
- 調査によって、思春期の母親とその子どもたちのための肯定的な人生の結果を予測する、4つの領域があることがわかった。それは教育、ソーシャルサポート／プライベートな関係、子育ておよび雇用／キャリアの準備である。
- TC法は8〜12週の学校教育に基づくプログラムであり、課題中心のグループである。TCグループの課題は、思春期の母親の積極的な問題解決と対処能力を強くする、新しい解決策の構築に注目する。
- 現在まで、TC法に関する3つの効果研究が行われた。それらは1つのRCTおよび2つの準実験の実証研究である。また、これらの研究は、解決に焦点を置いたTC法の使用の最初の支援であった。
- 公表されたマニュアルは、臨床家や研究者が、TC法についてのより進んだ研究を実行する方法を学習するのに利用可能である。

さらなる学びのために

- Franklin, C., Corcoran, J., & Harris, M. B. (2004). Risk and the protective factors foradolescent Pregnancy: Basis for effective intervention. In M. W. Fraser (Ed.), Risk and resilience in childhood: An ecological perspective (pp.281-314). Washington, DC: NASW Press.
- Harris, M. B. , & Franklin, C. (2008). Taking charge: Aschool-based life skills program for adolescent mothers. New York: Oxford University Press.
- The National Campaign to Prevent Adolescent Pregnancy: http://www. thenational campaign. org
- United States Health and Human Services, Office of Population Affairs: http://www. hhs. gov/opa/familylife/

文献

Dupper, D. R. (1998). An alternative to suspension for middle school youths with behavior problems: Findings from a "school survival" group.Research on Social Work Practice, 8 (3), 354-366.

D'Zurilla, T. J., & Nezu, A. (1990). Development and preliminary evaluation of the Social Problem Solving Invenory. Psychological Assessment: A Journal of Consulting and Clinical Psychology, 78, 104-126.

Guttmacher Institute. (2006). U. S. teenage pregnancy statistics national and state trends and trends by race and ethnicity. Retrieved from http://www. guttmacher. org/pubs/2006/09/12/USTPstats. pdf

Guttmacher Institute. (2010). U. S. teenage pregnancy statistics national and state trends and trends by race and ethnicity. Retrieved from http://www. guttmacher. org/pubs/ USTPtrends. pdf

Hamilton, B. E., Martin, J. A., & Ventura, S. J. (2007). Births: Preliminary data for 2006. National Vital Statistics Reports, 56(7). Hyattsville, MD: National Center for HealthStatistics. Retrieved February 25, 2008, from http://www. cdc. gov/nchs/data/nvsr/nvsr56/nvsr56_07. pdf

Harris, M. B. (2008). Best school-based practices with adolescent parents. In C. Franklin, M. B. Harris, & P. Allen-Meares (Eds.) The school practitioner's concise companion to preventing dropout and attendance problems (pp.101-110). New York: Oxford University Press.

Harris, M. B., & Franklin, C. (2002). Effectiveness ofa cognitive-behavioral group intervention with Mexican American adolescent mothers. Social Work Research 17(2), 71-83.

Harris, M. B. & Franklin, C. (2008). Taking Charge: A life skills group curriculum for adolescent mothers. New York: Oxford University Press.

Harris, M. B., & Franklin, C. (2009). Helping adolescent mothers to achieve in school. Children & Schools, 31(1), 27-34.

Haveman, R. H., Wolfe, B., & Peterson, E. (1997). Children of early child bearers as young adults. In R. A. Maynard (Ed.), Kids having kids (pp.257-284). Washington, DC: Urban Institute.

Haveman, R., Wolfe, B., & Wilson, K. (1997). Childhood poverty and adolescent schooling and fertility outcomes: Reduced-form and structural estimates. In G. J. Duncan & J. Brooks-Gunn (Eds.), Consequences of growing up poor (pp.419-460). New York: Russell Sage Foundation.

Herrenkohl, E. C, Herrenkohl, R. C, Egolf, B. P., & Russo, M. J. (1998). The relationship between early maltreatment and teenage parenthood. Journal of Adolescence, 21, 291-303.

Hogue, A., & Liddle, H. A. (1999). Family-based preventive intervention: An approach to preventing substance abuse and antisocial behavior. American Journal of Orthopsychiatry, 69, 275-293.

Kim, J., & Franklin, C. (2009). Solution-focused, brief therapy in schools: Are view of the outcome literature. Children and Youth Services Review, 31, 461-470.

Kirby, D. (2002). The impact of schools and school programs upon adolescent sexual behavior. Journal of Sex Research, 39(1), 27-33.

Laird, J., DeBell, M., Kienzl, G., & Chapman, C. (2007). Dropout rates in the United States: :2005 (NCES 2007-059). U. S. Department of Education. Washington, DC: National Center for Education Statistics. Retrieved February 25, 2008, from http://nccs.ed. gov/pubs2007/2007059. pdf

McCubbin, H. I., & Thompson, A. (1991). Family assessment inventories for research and practice (2nd ed.). Madison: University of Wisconsin.

National At-Risk Education Network (2006). Who is at-risk? Retrieved July 12, 2006, romhttp://www.atriskeducation. net

National Center on Addiction and Substance Abuse at Columbia University (CASA). (1997). Back to school 1997- National survey of American attitudes on substance abuse III: Teens and their parents, teachers and principals. New York: Columbia University.

National Center on Addiction and Substance Abuse at Columbia University (CASA). (1999). Dangerous liaisons: Substance abuse and sex, 1999 analysis of 1997 YRBS data. New York: Columbia University.

National Center on Addiction and Substance Abuse at Columbia University (CASA). (2002a). CASA 2002 teen survey. New York: Author.

National Center on Addiction and Substance Abuse at Columbia University (CASA). (2002b). National survey of American attitudes on substance abuse III: Teens parents, and siblings. New York: Columbia University.

National Center on Addiction and Substance Abuse at Columbia University (CASA). (2002c). Youth Knowledge and Attitudes on Sexual Health: A national survey of adolescents and young adults. In Dangerous liaisons: Substance abuse and sexual behavior, 2002. New York: Columbia University.

Passino, A. W, Whitman, T. L., Borkowski, J. G., Schellenbach, C. J., Maxwell, S. E., & Keogh, D. R. (1993). Personal adjustment during pregnancy and adolescent parenting. Adolescence, 28(109), 97-123.

Raj, A., Silverman, J. G., & Amaro, H. (2000). The relationship between sexual abuse and sexual risk among high school students: Findings from the 1997 Massachusetts Youth Risk Behavior Survey. Maternal and Child Health Journal, 4(2), 125-134.

Zill, N., & O'Donnell, K. (2004). Child poverty rates by maternal risk factors: An update. Un published manuscript. Rockville, MD: WESTAT.

Zupicich, S. (2003). Understanding social supportive processes among adolescent mothers. Dissertation Abstracts International Section A: Humanities and Social Sciences, 63(11-A), 3869.

第18章
アルコール治療における SFBT

ステファン・ヘンドリック／ルク・イザバート／イヴォンヌ・ドラン

はじめに

SFBT（de Shazer et al., 2007; Isebaert & Cabie, 1999）では，問題の設定や分析に焦点を当てる伝統的な心理療法のパラダイムを転換し，クライアントの強みと回復力に焦点を当てていく。SFBT は，アルコール治療においても成果を上げてきた（Berg & Miller, 1992; Miller & Berg, 1996）。本章では，まず SFBT が効果的な治療原則をどのように取り入れているかを示し，アルコール治療における SFBT の可能性を探る。次に，ベルギー，ブルージュのセントジョンズ病院（以下 St 病院）におけるアルコール治療プログラム（以下ブルージュモデル）に，SFBT の原則をどのように用いているかを紹介する。最後に，St 病院における 3 つの小規模なパイロット研究を報告し，アルコール問題に対する SFBT の有効性を示す。

先行研究のレビュー

ミラーら（Miller et al., 2003）は，381 のアルコール治療の効果研究を見直し，累積インデックススコア（cumulative index score: CES）を開発している。CES は研究デザインの質（たとえば，統制群があるかどうか）や方法論の質（無作為かどうか，フォローアップが完了しているかどうか，面接者がブラインド状態かどうかなど）を評価に取り入れた質的指標である。47 の治療法を，問題の重症度，研究における方法論の質，効果に従ってランク付けした結果，ブリーフ・セラピーモデルは，CES が最も高いモデルであることが明らかとなり，ブリーフ・セラピーモデルのアルコール治療への有効性が示唆された。飲酒患者は，数回のセッションで治療をドロップアウトしやすいため，治療初期に集中的に介入するアプローチが効果的なのだと考えられる。

次に，ミラーら（Miller et al., 2003）は，結果に強い影響を及ぼす治療上の共通因子（共感，希望，自己肯定感）を見出している。共通因子は，アプローチにかかわらず共有されるものである。なかでも共感は，アルコール治療における重要な共

通因子とされる（Miller, 1995）。ミラーら（Miller et al., 2000）は，過量飲酒患者に対する臨床医9名の共感の度合いを評価する実験を行い，結果として，共感と転帰[訳註1]には高い相関（$r=-.819, p<.01$）が示された。共感的なセラピストほど，クライアントの飲酒量が少なかったのである。

動機づけ強化療法（Motivational Enhancement Therapy: MET）は，物質乱用者，特に動機づけの低いクライアントに効果的である。ミラー（Miller, 1995）は，変化の段階理論（stages of change theory）に基づいてMETのマニュアルを開発した。マニュアルには，クライアントが治療段階を順に踏んでいけるような動機づけ面接のガイドラインが記されている。動機づけは，アルコール乱用者の支援において重要な課題である。またミラーら（Miller et al., 1993）は，飲酒患者に対するセラピストの支持・非対立的態度の重要性を示している。飲酒患者に対する，指示的・対立的な面接態度とクライアント中心療法的な面接態度との差異を比較した結果，セラピストの指示的・対立態度はクライアントからより多くの抵抗を誘発することが明らかとなった。

SFBTと効果的な治療原則

アルコール治療において実証された効果的な治療原則を，SFBTがどのように利用しているかについて詳述していく。まず，原則と技法（Hendrick, 2007a & b）という2つの概念を区別することから始めたい。原則とは，何を，なぜすべきかを説明するものであり，治療の全過程を通して適用される一連のルールである。たとえば「クライアントの能力を高め，用いる」というものがある。一方，技法は，特定の結果を得るために使用される特定の手順である。SFBTにおけるミラクル・クエスチョン（de Shazer, 1988）は，その好例といえよう。原則は常に適用されるが，技法は使用されないこともある。こうした仮定はSFBTモデルを特徴づけるものである。

アルコール治療において，SFBTは効果的な治療原則を用いている。たとえばSFBTでは，最初のセッションをクライアントの評価に費やすかわりに，医学モデルで行われる診断を徐々に進めながら初回から治療を開始していく（Berg & Dolan, 2001）。セラピストは，セラピーが役に立ち，「ここに来てよかった」とクライアントが言えるためには何が起こることが必要か，ということに焦点を当てていく（de Shazer et al., 2007）。そのためSFBTは，アルコール依存症のように早期にドロップアウトしやすい患者に対しては理想的であるといえるだろう。

また前述のように，的確な共感は，薬物乱用治療における重要な因子である。SFBTでは，クライアントが治療で表す行動や認識にはおそらく「正当な理由」（Berg & Dolan, 2001）があるという前提に基づいて，解釈を意図的に控え，クライアント

訳註1　治療経過および結果のこと。

の使用する単語やフレーズを的確に質問に組み込みこんでいく。こうした的確な共感は，SFBT アプローチを象徴するものであるといえるだろう。次に，SFBT の基本的な原則のいくつかを分析，検討していく。

クライアントの段階に合わせ，クライアントの段階から始めよ

ド・シェイザー（de Shazer, 1988）は，コンプレイナント，ビジター，カスタマーと3つの患者タイプを提案している。この分類は，クライアントの特性というよりも治療関係における段階として見立てられる（Isebaert, 2004, 2007）。また，こうした関係への働きかけは，クライアントを引きつけるのに役立つ。

クライアントの変化の過程に合わせることも，薬物乱用治療における他研究から支持されている。プロチャスカら（Prochaska et al., 1992）は，変化の過程における6つの段階を提案している。前熟考（無関心）の段階，熟考（関心）の段階，準備の段階，実行の段階，維持の段階，そして再発の段階。これらの変化の過程は，薬物乱用治療にも広く適用され，また有効であることが明らかになっている（Velasquez et al., 2001）。前熟考（無関心）の段階は，ビジターポジション（治療に積極的でない関係）に，熟考（関心）の段階はコンプレイナントポジション（関係を探っている関係）に，準備と実行の段階はカスタマーポジション（治療に積極的な関係あるいは専門家とのコンサルティング関係）にそれぞれ対応している。クライアントの段階に合わない治療行為を選択してしまうと，治療の失敗につながる。これらの段階は円環的であり，クライアントは，ある段階から別の段階に移っていく。また再発の場合には，その循環の任意の地点から再び始まっていくのである。

クライアントの能力を利用し，そして高めよ

クライアントが能力とリソースを持っている，という認識も SFBT の前提の一つである（Berg & Dolan, 2001）。そのため治療では，否定的な経験よりも肯定的な経験に焦点が当てられる。特定の考えに焦点を当てると，心の中でその考えの重要度があがる（Yapko, 2001）。そのため，能力のなさや失敗に焦点を当てると心の中でこれらが増幅するが，逆に能力や成果に焦点を当て，治療場面でそれらを再体験できれば，問題状況において発揮されるクライアントの技能が高まるだろう。

また，すべてのクライアントは，あらゆる治療的介入の前から技能や対処方法を持っている。治療過程は，「解決」を企てるセラピストから成り立っているのではなく，すでにある解決をクライアントが見つけ実行することから成り立っている。クライアントの能力と自己効力感を育むことは治療的変化における中核的要因の一つであり，多くの治療モデルで強調されている。また，共通因子研究は，セラピストが患者の自己治癒過程に基づいて解決策を提案した場合に治療がうまくいく，ということを示しており，SFBT もこうした原則に基づいている。

明確なゴールを定義し，クライアントの協力を得る

明確かつ具体的な目標の設定は重要である（de Shazer & Isebaert, 2003）。St 病院

における物質乱用治療に用いられているように，SFBTには目標の明確な設定を意図した技法がある。ミラクル・クエスチョン（de Shazer, 1988），スケーリング・クエスチョン（Berg & Dolan, 2001），未来からの手紙（Dolan, 1991）などの技法は，目標達成への進捗状況を評価するのに役立つ。初回面接公式（FSFT）（de Shazer et al., 2007）や「幸せな生活のための3つの質問」（Isebaert, 2007）は，クライアントがこれまでに行ってきたことを見極めるのに役立つだろう。

解決志向FSFT（de Shazer, 1991）については第9章に記されている。FSFTに関する研究では，飲酒問題を持つクライアントとセラピストとが協働し，明確な目標を定めていくのにSFBTアプローチは有用であるということが示唆されている。アダムスら（Adams et al., 1991）は，SFBT単独での介入と，SFBTと構造的・戦略的介入とを組み合わせた介入の影響を検討しており，この研究では60家族を，第2回面接までに3つのグループに無作為に割り当てている。(a) 解決志向FSFT後の問題志向セラピー，(b) FSFT後の解決志向セラピー，(c) 問題志向型課題（problem-focused task: PFT）後の構造的・戦略的セラピー。

第二回面接後と退院時に自己評価尺度と観察者評価尺度で評価した結果，コンプライアンス，目標の明瞭度，楽観的思考，転帰といった従属変数のうち，コンプライアンス，目標の明瞭度，および転帰について，治療の初期段階においてFSFTは効果的な介入であり，FSFTの2群（AとB）はPFT群（C）よりも優れていた。FSFTは目標の明瞭さとコンプライアンスを高めることが明らかとなった。

クライアントの認識と経験を変化させる

何か新しいことを学ぶ機会をクライアントに経験させる技能は，ブリーフセラピーにおける重要な要素である（Dewan et al., 2004）。修正感情体験という用語は，新しい認知あるいは行動の発達というニュアンスを含んでおり，洞察を得るというよりも，何かもっと新しい経験をするものとして定義される（Greenberg et al., 1988）。ブルージュモデルではクライアントの新たな行動や経験に焦点を当てている。SFBTにおいて，クライアントが解決を見出し，その結果への直面を可能にさせることは，修正感情体験を起こす手段であるといえるだろう。

家族療法のアプローチをつかう

SFBTは，短期／家族療法から生まれている。ブルージュモデルでは，家族療法の優れた実践のうち（Sexton et al., 2003），いくつかの家族療法アプローチを用いている（Isebaert, 2004, 2007）。主には，リフレーミング，負の相互作用の減少，変化のための解決の創造，相互作用と行動力の向上である。

リフレーミング｜初回面接において，クライアントは通常，問題ついての持論をもって訪れる。大抵は因果関係の説明であり，家族を責める傾向にある。このような認識をリフレーミングすることは効果的であり，また早期（可能であれば，初回時）であるほど容易である。われわれはMETと同様，欠点に対する非難を緩和するため

にリフレーミングを用いている。たとえば、ミラーら (Miller et al., 1993) によれば、アルコール依存症を疾患ととらえるクライアントよりも、悪い習慣であると考えるクライアントのほうが、週間飲酒日数は有意に少なかった (m=1.33, s.d.=1.41)。この視点は、ブルージュモデルの中心的なコンセプトである (Isebaert, 2004, 2007)。

負の相互作用の減少 | 負の相互作用を減らすことは、例外——問題に関係することが存在しない、またはあまり起こっていないとき——の自然な増加につながる。

変化のための解決の創造 | 問題から解決へ焦点を移すことで、失敗から成功を見分けることはより簡単になり、コントロールの問題から関係の問題へ視点を移すことで、変化は容易になる (Diamond and Liddle, 1996)。SFBT の原則を示す好例として、「会話の内容や感情のトーンを、より生産的な治療的対話を生むトピックおよび感情状態に変えていく」介入がある。St 病院におけるプログラムでも、プロブレムトークからソリューション・トークに移るために、SFBT の例外の質問 (de Shazer et al., 2007) を用いており、例外や解決についての質問を繰り返していく。

相互作用と行動力の向上 | 良好な家族内コミュニケーションや相互作用は、改善に不可欠であり、良好な相互作用の促進のために SFBT のシステミックな質問 (de Shazer et al., 2007) を用いていく。家族研究において示されているように、特に青少年の薬物乱用問題においては、家族間相互作用の改善と治療効果には関係がある。治療成果を家族単位で考える場合には、コミュニケーションや愛着を改善し、家族役割や世代間境界のテーマについて取り組み、関係を再構築していくことが重要である (Dennis et al., 2004)。

解決志向言語の重要性

SFBT は、セラピストが信頼と尊重の態度をとり、クライアントが独自の解決策を発見することを援助するものである。セラピストのスタイルは、決して対立的あるいは指示的なものではない。

他の家族療法と同様、クライアントの言語を用いることは信頼関係を確立するための手段である。セラピストは、クライアントの単語やイントネーションなどの言語特性を取り入れていく。またセラピストは別の視点やより肯定的な視点を示すだけで、クライアントの信念や世界観に立ち向かったり説得したりしようとしない。

動機づけ面接法 (MET) のスタイルと解決志向言語は共通点が多い。MET の基本原則は次のとおりである。共感、議論の回避、自己効力感のサポート、選択の自由をクライアントに与えること、診断ラベルをつけないこと、楽観主義と期待の促進、クライアント自身の自然な変化の過程とリソースの信頼、クライアントからアイデアを引き出すこと、抵抗をクライアントの問題ではなくセラピストの問題として認識すること。

セントジョンズ病院（St 病院）にて行われた研究

St 病院は，人口12万のブルージュにある地方公立病院である。全900床のうち，急性期は80床であり，物質乱用者対象は26床，うち90%がアルコール依存である。加えて，外来で18名までのデイケア施設がある。外来患者のフォローアップは，通常は退院後4～6週後である。

精神科の全職員は，SFBTにおけるブルージュモデルの訓練を受けている（de Shazer & Isebaert, 2003; Isebaert, 2004, 2007）。平均入院期間は，解毒（脱アルコール）やデイケアを含めて3～4週間である。入院治療は，解毒（脱アルコール）と情報収集段階（5～10日），入院集団療法（1～3週間），デイケア集団療法（1～2週）で構成されている。強制ではないが，外来でのフォローアップもある。St 病院物質依存症病棟における3つの研究を以下に示す。

研究1

1999年に，1994年から1995年にかけて入院していた患者の転帰に関して，社会的および個人的変数の予測値を調査した（Sylvie Buyseとの共同研究）。

対象 635名の入院患者から無作為に選択した132名（うち，13名はインターバル中に死亡）が対象である。被験者数は明確な結論を下すには小さいが，結果は，患者群以外のものと差異はなかった。男性67.4%，女性32.6%であり，年齢の中央値は46歳で，最年少は19歳，最高齢は74歳である。

方法 第一期（以下，T1）において，アルコール乱用の重症度を，ミュンヘン・アルコール・テスト（MALT）得点によって測定した。MALTは，十分検証されたドイツの質問紙で，クライアントの評定（MALT-Z）と医師の評定（MALT-A）の両方で構成されている。0-5点は正常，6-10点は高リスク，11-52点はアルコール乱用である。第二期（以下，T2）では，電話調査にて，配偶者の有無，生活環境，収入源，個人・家族状況の満足度，および日常機能，さらに過去6カ月におけるアルコール消費量について評価した（表18.1）。

T2の調査によると，既婚，同棲は63.9%で，独居26.9%，両親と同居7.6%，施設入所1.7%である。また，就労中は58.5%で，生活保護7.3%，年金受給11.9%，休職中19.5%である。132名中108名は4週間の治療プログラムを終え，早期退院者は24名である。両者に有意差は認められなかった。

T1において，MALTの平均値は27.39，標準偏差7.82である。98%の患者は，MALT得点が10点以上である。なお，MALTの得点範囲は，4点から49点である。

仮説 (1) T2で断酒か節酒（飲酒の場合には機会飲酒の割合が増え，男性の場合30g以下／日，女性は20g以下／日）のどちらかにアルコールの消費パターンが変化する。この変化は，直近6カ月にわたって安定するが，MALT得点が高いほど，

表 18.1　T2（第二期）における結果

成　果	N	%
断酒	60	45.45%
節酒	40	30.30%
過量飲酒	19	14.39%
死亡*	13	9.85%
死亡時の内訳		
一飲酒中の死亡	9	6.82%
一飲酒時以外での死亡	2	1.52%
一不明	2	1.52%

＊死因：自殺-5　肝硬変-2　膵炎-1　事故-2　癌-2　心停止-2

結果は不良である。断酒者は，節酒者よりも良い結果になる。

　(2) 変化が，治療効果によるものではなく，単にT1とT2の時間経過によるものである場合には，いくつかの個人的，環境的要因が影響を与えている。(a) 女性より男性のほうが安定して回復する。(b) 男性の場合，既婚者のほうがより安定して回復する。(c) 失業者や年金受給者より有給雇用者のほうが安定して回復する。(d) 日常的な活動性（日常機能）が高い者のほうが安定して回復する。(e) 配偶者の問題や家族の不調和がないとき，より安定して回復する。(f) 節酒者は，断酒者よりも，社会経済的地位と家族の調和度が高い。(g) アルコール関連の死亡率は，男性よりも女性の方が1.5〜2倍高い。

　結果｜74%の患者は，治療後再入院していない。最初の仮説については，MALT得点の高低における治療成功率に有意差は認められなかった。断酒者は節酒者よりも良い結果であったが統計的に有意ではなかった（$\chi^2 (1)$ 2.177）。ただ，もともと節酒を選んだ者の26.66%は，その後断酒するようになったとフォローアップで報告されていることは興味深い。

　第二の仮説については，日常的な活動性（日常機能）にのみ有意差が認められ，よく動く（日々家事をする）患者はより高い成功率を示した（$\chi^2 (1)$ 5.314, $p < .05$）。

　研究1の検討｜本研究の限界について検討する。まず統制群がないという限界は，一般的に認められている文献から仮説が立てられているということによって緩和されるだろう。第二に，併存疾患が考慮されていない点であるが，多くの実態調査では，併存疾患の第一位がアルコール乱用である。他に，アルコール依存症とアルコール乱用の区別がされてないことも本研究の限界であるが，ただ本研究におけるMALTの平均得点は高かった。最後に，T2での結果が自己申告によるものである，という点である。ただ，ほとんどの患者は良好な結果を達成しており，また守秘義務は遵守されていた。加えて，患者家族には可能な限り患者の回答を確認するよう求めているため，これらの点によって，その限界は弱められると考えられる。

　本研究の強みは，(a) 被験者数が多いこと，(b) 除外基準を設けなかったことである。より実態に即した研究にするために，解毒（脱アルコール）直後のクライアントも研究対象となっている。興味深い点は，4つある。第一に，1つの個人要因（日

常機能）を除き，個人要因や環境要因が結果に有意な影響を与えなかった点である。これは，T1とT2との間の時間経過だけでなく治療行為も，結果にプラスの影響があったことを示唆している。第二に，重度飲酒者と軽度飲酒者とで，有意差が認められなかった点からも，同様の結論が示唆される。第三に，安定して回復した患者と再入院した患者とで，結果において異なる傾向を示した点である。最後に，断酒者と節酒者とで，結果に有意差が認められなかった点である。

研究2

対象 | 2001年から2002年において，73名の無作為に選ばれた患者のうち，フォローアップ研究への参加に同意した50名が対象である。T1は入院3週目で，T2は退院1年後であり，T2において追跡不可となった13名，調査拒否した7名を除く30名が対象となった。30名の被験者のうち，男性は60%，女性は40%である。年齢の中央値は45歳で，最年少は21歳，最高齢は70歳である。既婚，同棲は40%，独居60%で，独居者のうち離婚30%，独身20%，未亡人10%である（Eva de Steckerとの共同研究）。

方法 | 入院3週目（T1）と退院1年後（T2）に，9つの尺度が施行された。

- NEO FFI 人格検査（FFF: neo-Five Factor Inventory）
- SCL-90 精神症状チェックリスト（SCL-90 Symptom Checklist）
- ユトレヒト・コーピングリスト（UCL: Utrecht Coping List）
- 結婚適応尺度（DAS: Dyadic Adjustment Scale）
- OQ45 成果質問紙（OQ-45 Outcome Questionnaire）
- MINI 精神疾患簡易構造化面接法（MINI International Neuropsychiatric Interview）
- 機能の全体的評定尺度（GAS: The Global Assessment of Functioning Scale）
- 関係機能の全体的評定尺度（GARF: The Global Assessment of Relational Functioning Scale）
- タイムラインフォローバック[訳註2]（Timeline Follow-Back; Sobell et al., 2003）

仮説 | (1) T2においてアルコール消費量は有意に減少する。(2) 性格特性（誠実性，神経症傾向，外向性，開放性，調和性）とT2の結果との間に相関がある。神経症傾向とアルコール消費量の間には正の相関があり，誠実性，調和性とアルコール消費量との間には負の相関関係がある。(3) 年齢や性別などの社会人口学的要因の影響。(a) 年齢とアルコール消費率の間には相関がない。しかし，高齢者はより頻回に飲酒するのに対して，若年者は飲酒日ごとの摂取量が多い。(b) 不安や抑うつは悪影響を与え，女性は男性よりも不安や抑うつが高い傾向にあるために，女性の再発率は高い。(c) T1において不安障害が併存している患者は，再発率が高い。(d) T1においてうつ病が併存している患者は，不安障害を併存している患者よりも

訳註2　タイムラインフォローバック | 日記や手帳をふり返りながら飲酒量をチェックする方法。

低いとはいえ,高い再発率を示す。(e) T1において,対人関係上の問題がある患者は,高い再発率を示す。(4) 断酒と節酒とでは再発率が異なる。(5) 入院期間が長い (4-6週間) ほうが入院期間が短い (1-3週間) 場合よりも転帰は良好である。(6) 全体的,関係的な機能は,T2でより改善している。

結果 | まず飲酒習慣の大幅な改善がみられた。一日あたりの最大ユニット数[訳註3]は,21.20から15.13に減少した。0ユニットの最大日数は,10.67から14.00に増加した。一日あたりのユニットの中央値は,11.93から7.76に減少した。0ユニット日数の割合は,31.87から70.02に増加した。

neo-FFIにおいて高い誠実性を示した患者は,低・中等度の誠実性を示した者よりも,すべての項目で,T2において有意に低い得点であった。なお,neo-FFIの他の要因 (神経症傾向,外向性,開放性,調和性) に有意差は認められなかった。また,参加者の年齢や性別における再発への影響,UCLで測定された参加者の対処方略の影響は認められなかった。併存疾患としてのうつ病 (MINIによる測定) の,アルコール消費量に対する影響は認められなかった。ただ,うつ病患者の割合は,T1で70%,T2で30%となり,またT2で抑うつ的だった者は非抑うつ者よりも飲酒量が少なかった (r=−.383)。併存疾患としての不安障害 (MINIとSCL-90で測定されたパニック障害,広場恐怖,社会恐怖,全般性不安) についても,アルコール消費量への影響は認められなかった (ただし患者数も非常に少なかった)。ただ,T2において,SCL-90で高い不安や広場恐怖を示した者は飲酒量が少なかった (r=−.369)。次に,T1においてDASとGARFで測定された対人関係上の問題は,結果への影響が認められなかったが,全体機能は,T1よりもT2で良好であった (OQ-45: 84.23から66.00, GAP: 35.27から64.30)。次に,断酒と節酒における再発率に有意差は認められなかった。最後に,入院期間の長さによる再発率に有意差は認められなかったが,入院期間の長さは飲酒継続者の減少につながっていた。

研究2の検討 | 本研究にはいくつかの限界がある。異なる特性や併存疾患に関して,全体としての参加者数が少ないために,それぞれが非常に少数であった。第二に,いくつかの検査や質問紙 (neo-FFI, MINI, SCL-90, OQ-45, UCL) は妥当性が確認されているが,他のもの (GARF) は不十分であった。本研究の強みとしては,いくつかは妥当性が十分確認された検査,質問紙を用いている点である。またシルヴィ・バイス (Sylvie Buyse) による研究と同じく,性格特性と併存疾患が,SFBT実施後の治療結果にはあまり影響を与えないということも示された点は興味深い。

研究3

St病院物質依存病棟のサリアクス・オパーマン (Dr. Thariax Opperman) 医師によって,2007年に行われた。

訳註3　ユニット | アルコール摂取量とその影響を算出するのに使われる標準度量単位。

対象｜飲酒量の中央値が168g／日の重度の飲酒者が対象である。95%の患者に，超音波検査によって脂肪肝（軽度20%，中等度33%，重度26%）が認められた。すい臓の脂肪腫症は46%に見られ，16%はすい臓の石灰化を伴うものであった。HIV，B型ないしC型肝炎，急性感染症は全員に認められなかった。1名には，過去に違法薬物の使用歴があった。3週間の入院治療に参加し，退院後の継続的なフォローアップを希望する患者が対象となった。治療中断や拒否で追跡不能となった者を除く30名の対象者のうち，男性は18名（60%），女性12名（40%）である。独居は83%で，23%は誰からの支援も得られない孤立状態にある。38%は別居状態にあり，うち離婚は33%，独身10%，死別者3%である。また，73%は無職である。

方法｜フォローアップは退院後，6～12週間隔で，12カ月間である。タイムラインフォローバック法（Sobell et al., 2003）を用いて，断酒した日数（断酒日数の割合，percentage of days abstinent: PDA），飲酒日におけるアルコール摂取量（飲酒日ごとの飲酒量，drinks per drinking day: D/DD），過量飲酒の日数（男性の場合50g／日以上，女性の場合40g／日以上。過量飲酒日の割合，percentage of heavy drinking days: PHDD）について患者からの報告を得た。使用されたバイオマーカーは，γ-グルタミルトランスペプチダーゼ（GGT），アラニンアミノトランスフェラーゼ（ALT），アスパラギン酸アミノトランスフェラーゼ（AST），平均赤血球容積（MCV）である。

仮説｜(a) 完全な断酒も，持続的な節酒も達成されないが，飲酒日と飲酒日におけるアルコール摂取量の全体的な減少は見られる。(b) この改善は，バイオマーカーに反映される可能性がある。

結果｜19例（63.3%）において，断酒日の増加に伴い，絶対的な一日飲酒量に有意な減少がみられ（168g／日から79g／日），また有意ではないものの大量飲酒日の減少（12.3日から9.3日）がみられて，飲酒行動の全体的な改善が認められた。改善を示した19例のうち，8例はすべてのバイオマーカーにおいて正常域に戻り，残りの11例は，4つのうち3つのバイオマーカーにおいて正常域にもどった。しかし，それらの数値は統計的に有意ではなかった。

研究3についての検討｜本研究の限界は，症例数が少ないこと，統制群がないこと，検査者と治療者が同一であった点である。加えて，タイムラインフォローバックは，合理的で正確な尺度であるが，アルコール摂取量については自己申告による評価であった。本研究において興味深い点は，まず大量飲酒と社会的孤立が数年にわたって続いていた重症者が対象であった点である。次に，症例が少なく統計的な有意性は認められなかったが，アルコール乱用の減少は，バイオマーカーに反映されたという点である。

今後の展望

St病院における研究は，大規模な類似研究と無作為臨床試験が将来行われる際の，基盤を提供するものである。これらの研究において飲酒行動の減少が示されたものの，現時点では，アルコール治療におけるSFBTの全体的な有効性に関して，明確な結論を導き出すことはできない。1つの論点は，治療コンポーネントそのものの重要性と，METなど薬物乱用に対する他の効果的なアプローチとの類似点と相違点である。今後の研究においては，アルコール治療におけるSFBTとMETの相補的な使用と，両者の類似点，相違点の検討が望まれる。

治療ガイドライン

St病院における解決志向モデルは，クライアントに関係する因子と治療関係に焦点を当てる。

クライアントに関係する因子は次のとおりである。(a) クライアントがポジティブな目標を設定できるよう援助すること。(b) アルコール消費量の統制は，目標達成のための手段であって目的ではないと理解すること。(c) 目標達成のためすでにできていることをクライアントが理解できるよう援助すること。(d) 目標達成のため利用できるすべてのリソース，能力や成果（実績）に焦点をあてられるよう援助すること。(e) 解決可能な問題（不安，抑うつ，孤独など）は解決し，変えられない問題（遺伝的要因，特定の併存疾患，心的外傷）は受け入れられるよう援助すること。(f) 希望を育むこと。

治療関係とは次のものである。(a) クライアントの選択を尊重すること。(b) クライアントにとって有用でない場合でも，クライアントの習慣を無条件に受け入れること。(c) クライアントや配偶者，家族に対して思いやりのある態度をとること。(d) クライアント，配偶者，家族の気持ちに共感を示すこと。

治療手順における主要なテーマは4つある。

1) クライアントに選択肢を与えることである。たとえば，クライアントは断酒，節酒，管理されたぶり返し（controlled relapses）のなかでの選択を迫られる。断酒は，あらゆるアルコールの摂取を禁じるものである。節酒は，少なくとも週1日の禁酒日と，男性の場合1日3杯以上，女性の場合1日2杯以上の飲酒を禁ずるものである。管理されたぶり返しは，短い（1～3日），まれな（年に4回以上ではない），軽い（1日7杯以上ではない）飲酒として定義される。そうして，未来志向の技法（たとえばミラクル・クエスチョン）を用いながら，クライアントとその家族ができるだけ具体的に，目標を再定義できるよう援助していく。
2) 適切かつ個々人に対応した情報を与えることである。アルコール乱用についての5回の心理教育が，全入院患者に対話型の集団面接形式で行われ，また同様のものが

家族を対象にして行われている。
3) 能力の査定や解決である。すでにクライアントが行っていて，部分的には統制できているという例外に重点が置かれる：「いつもより飲まなかった日は，どのようにして飲まずにいられるようにしていたのか？」「どのようにして，ときどき衝動に駆られながらも飲酒を控えることができていたのか？」。また再発の際には，クライアントが再発の時間や激しさをどうやって抑えたのか，ということが検討される。そしてクライアントだけでなく，配偶者や家族に対してもコンプリメントが行われる。
4) 退院直後に再発するような重度の飲酒者においては，満足のいく生活習慣を取り戻し，家族や友人との絆を再構築することに重点が置かれる。デイケア施設への長期通所を通じて，家庭生活におけるより満足のいく習慣の獲得が促進される。

発見

- アルコール治療における経過研究の中で見出された，治療的変化に有効な共通因子の多くを SFBT は備えている。SFBT 介入は，関係の強化，明確な目標，希望，そして変化への期待などのような共通因子を後押しするようデザインされている。
- SFBT の原則は，薬物乱用の治療に有効であることが治療研究において見出されている。
- 特にセラピストの関係づくりのスタイルと面接スタイルに関して，SFBT と MET は，アルコール治療において相補的である。SFBT の関係づくりのスタイルは，MET の研究においても見出されている。
- 家族がアルコール治療に参加する場合，リフレーミング，負の相互作用の減少，変化への障害の克服，行動力と相互作用の改善といったものを含む，家族療法アプローチ (Isebaert, 2004, 2007) を SFBT は用いていく。
- St 病院のスタッフは SFBT の訓練を受け，SFBT 治療プログラムを開発した。3つの小規模なパイロット研究を実施し，アルコール治療における SFBT の有効性を支持する結果を得た。

さらなる学びのために

St 病院における SFBT は，http://www.korzybski.com で参照することができる。

文献

Adams, J. F., Piercy, F. P. & lunch, J. A. (1991). Effects of solution focused therapy's "Formula First Session Task" on compliance and outcome in family therapy. Journal of Marital and Family Therapy, 17(3), 277-290.
Berg, I. K., & Dolan, Y (2001). Tales of solution: A collection of hope-inspiring stories. New York: Norton.
Berg, I. K., & Miller, S. D. (1992). Working with the problem drinker. New York: Norton.
Bergin, A. E., & Garfield, L. (2003). Handbook of psychotherapy and behavior change. London: Wiley.

Dennis, M. 1., Godley, S. H., Diamond, G. S., Tims, F. M., Babor, T., Donaldson, J., Liddle, H. A., Titus, J. C., Kaminer, Y., Webb, C., Hamilton, N., & Funk, R. R. (2004). The can-nabis youth treatment (CYT) study: Main findings from two randomized clinical trails. Journal of Substance Abuse Treatment, 27, 197-213.

de Shazer, S. (1988). Clues: Investigating solutions in brief therapy. New York: WW Norton & Company Inc., New York.

de Shazer, S. (1991). Putting difference to work. New York. WW Norton & Company Inc., New York.

de Shazer, S., Dolan, Y, Korman, H., Trepper, T., McCollum, & Berg, I. K. (2007). More than miracles: The state of the art of solution-focused brief therapy. New York: Haworth/Taylor Routledge.

de Shazer, S., & Isebaert, L. (2003). The Bruges model: A solution-focused approach to problem drinking and Susbstance Abuse. Journal of Family Psychotherapy, 14(4) pp. 43-52.

Dewan, M. J., Steenbarger, B. N., & Greenberg, R. P. (2004). The art and science of brief psychotherapies. A practitioner's guide. Arlington, VA: American Psychiatric Press.

Diamond, G. S., & Liddle, H. A. (1996). Resolving a therapeutic impasse between parents and adolescents in Multidimensional Family Therapy. Journal of Consulting and Clinical Psychology, 64(3), 481-488.

Dolan, Y., (1991). Resolving sexual abuse: Solution-focused therapy and Fricksonian hypno-therapy for adult survivors. New York: Norton.

Greenberg, L. S., James, P. S., & Conry, R. F. (1988). Perceived change in couples therapy. Journal of Family Psychology, 2, 5-23.

Hendrick, S. (2007a). Un modèle de thérapie brève systémique. Paris: Eres.

Hendrick, S. (2007b). Un modèle de thérapie brève systémique. Thérapie Familiale, 28(2), 121-138.

Hester, R. K., & Miller, W. R. (Eds.). (2003). Handbook of alcoholism treatment approaches: Effective alternatives (3rd ed.). Boston: Allyn & Bacon.

Isebaert, L. c.s. (2004). Kurzzeittherapie, em praktisches Handbuch. Die gesundheitsorienti-erte kognitive Therapie. Stuttgart: Thieme Verlag.

Isebaert, L. c.s. (2007). Praktijkboek oplossingsgerichte cognitieve thérapie. Utrecht: De Tijdstroom.

Isebaert, L., & Cabie, M.-C. (1999). Pour one théapie brave: Le libre choix du patient comme éthique en psychothérapie. Ramonville Saint-Agne: Eres.

Miller, W R. (1995). Motivational enhancement therapy with drug abusers. Albuquerque: Department of Psychology and Center on Alcoholism, Substance Abuse, and Addictions (CASAA), University of New Mexico. Miller, W R., Benheld, R. G., & Tonigan, J. 5. (1993). Enhancing motivation for change in problem drinking: A controlled comparison of two therapist styles. Journal of Consulting and Clinical Psychology, 61(3), 455-461.

Miller, S. D., & Berg, I. K. (1996). The miracle method: A radical approach to problem drink-ing. New York: Norton.

Miller, W R., Taylor, C. A., & West, J. C. (2000). Focused versus broad-spectrum behavior ther-apy for problem drinkers. Journal of Consulting and Clinical Psychology, 48(3), 590-601.

Miller, W R., Wilbourne, P L., & Hettema, J. E. (2003). What works? A summary of alcohol treatment outcome research. In R. K. Hester & W. R. Miller,. (Eds.), Handbook of alcoholism treatment approaches: Effective alternatives (3rd ed., pp 13-63). Boston: Allyn & Bacon.

Prochaska, J. 0., DiClemente, C. C., & Norcross, J. C. (1992), In search of how people change: Applications to addictive behaviors. American Psychologist, 47(9), 1102-1114.

Sexton, T. L., Weeks, G. R., & Robbins, M. S. (2003b). Handbook of family therapy. New York: Brunner-Routledge.

Sobell, L.C., Agrawal, S., Sobell, M. B., Leo, G. I., Young, L. J., Cunningham, J. A., Simco, E. R. (2003), Comparison of a Quick Drinking Screen with the Timeline Followback for Individuals with Alcohol Problems. I. Stud. Alcohol 64: 858-861.

Velasquez, M. M., Gaddy-Maurer, G., Crouch, C., DiClemente, C. C. (2001), Group Treatment for Substance Abuse: A Stages of Change Therapy Manual. New York, NY: The Guilford Press.

Yapko, M. (2001). Treating depression with hypnosis. Philadelphia: Brunner-Routledge.

第 V 部

SECTION V

新たな実践プログラムについての研究

第19章
解決から記述へ
実践と研究

ガイ・シェナン／クリス・アイブソン

序章

　BFTCが開設されて以来，実践に基づくエビデンスは，SFBTの発展において重要であるとされてきた。本章では，解決志向の実践を方向づけるために，ロンドンにあるクリニック，BRIEFの研究結果を年代順に追うことで，いかに実践に基づく研究データが重要であるか，また，どのようにその研究データが用いられていたかを報告する。さらに，実践に基づく研究データの収集の課題と臨床現場におけるデータの利用および用途についても検討する。

　BRIEFでは，1990年から2008年にかけて，それぞれ形態や研究参加者数の異なる5つの効果研究が実施された。以下において，5つの研究とそこから得られた知見について述べていくこととする。

私たちが学んできたもの

　5つの研究は，段階的に実施された。研究初期には，研究1と研究2が立て続けに行われ，その9年後に，実践への尽力を経て研究3が実施された。続く数年で，実践へさらなる改良を続け，2006〜2007年，私たちは研究4に着手し，その後すぐに研究5を実施した。私たちは，それまで従来のSFBTを奨励していたが，5番目の研究では，私たちのBRIEFでの実践効果を評価するようになった。

研究1｜初期の発見

　1980年代後期，BRIEFの創始者であり，家族療法家としてセントラルロンドンのパブリックメンタルヘルスクリニックで働いていた3人は，臨床と教育の新たな方法にSFBTを加えるため，SFBTの研究に着手した。それは当時，アプローチとしては他のセラピーと同様に功を奏していたが，エビデンスは確立されていないものであった。

　最初の研究は，1989年2月から1990年3月の間にセラピーが完了した62人のクライアントの治療効果について，そのエビデンスが示されている（表19.1）。効果は，

表 19.1　研究 1 の結果（1989 年 2 月～ 1990 年 3 月）

効果のアセスメント	Number（total=62）
セラピー終了時クライアント，セラピスト共にポジティブと評価	41（66%）
クライアントがセラピーを中断した際のセラピストのポジティブな評価	8（13%）
セラピー終了時クライアントのネガティブな評価，また，セラピーを中断した際のセラピストのネガティブな評価	13（21%）

表 19.2　研究 2 の結果

クライアントによる評価の結果	Number（total=24）
より良い	20（83%）
同　じ	3（12.5%）
悪　い	1（4%）

表 19.3　研究 2 の結果（カスタマー，コンプレイナント，ビジターの関係性）

	カスタマー	コンプレイナント	ビジター
より良い	12	5	2
同　じ	2	1	0
悪　い	0	1	0

主にセラピストによって評価された。クライアントの視点を考慮に入れたものには，少なくとも 66% のセラピーの成功率があり，クライアントによるセラピー中断に関するセラピストの視点が加わった場合には，前向きな結果の値は 79% となった。いずれにしても，これがプロジェクト継続の十分な根拠となり，数カ月後，初めての研究報告（George et al., 1990）が発表された。

研究 2 ｜効果

研究 2（Iveson, 1991）は，5 つの研究の中で最も厳密な研究であった。特にここでは，面接終了後のある時期において，クライアントによって評価されたセラピーの効果について調査されている。結果（「より良い」83%。表 19.2）は，80 年代のミルウォーキーの研究（de Shazer, 1985）とほぼ一致していた。ここでの結果は，私たちのひかえめな予想よりも良好なものであり，セラピストの見解は当てにならないという貴重な教訓となった。

また，この最初の正式な研究は，BRIEF が BFTC から分化しているその始まりをはっきりと示している。ここでは，ド・シェイザー（de Shazer, 1998）が提案したクライアント－セラピスト関係カテゴリー（de Shazer, 1998）に関連したデータが，有意差を示さなかった。それどころか，コンプレイナント，ビジターと思われるクライアントは「カスタマー」の前向きな結果報告と同程度の結果を示した（表 19.3）。

これらの結果は，チームに自信を与え，90 年代における実践的発展に寄与した。次に述べる 2 点は，その後の BRIEF の発展において最も影響力があったと言える。第一に，長期のうつや児童虐待といった一見根強く困難な問題を含むサンプルに，肯定的な結果が見られたということである。これは，各々の治療のスタートが，セラ

表 19.4　研究 3 の結果

クライアントの評価による結果	Number（total=39）
かなりの改善	17（44%）
いくらかの改善	14（36%）
変化なし	6（15%）
悪い	2（5%）

表 19.5　研究 4 の結果

クライアントの評価による結果	Number（total = 57）
かなりの改善	11（19.3%）
いくらかの改善	23（40.4%）
変化なし	21（36.8%）
悪い	2（3.5%）

ピストにとっても同時に明るい結果や希望を与えるものとなる。セラピストは，クライアントが心が破れそうな話をするときでさえ，真の「エビデンス・ベイスド」の希望を持って聴くことができる。第 2 に，チームは，クライアント−セラピスト関係カテゴリーの価値に疑問を投げかけ，クライアントの来談動機を分類する試みを止めた。かわりにどんな理由があるにせよ，来談者は皆，何かしらの動機があるという前提からセラピーに取り掛かることにした。

研究 3 ｜発展の確認

1990 年代，私たちは，SFBT のトレーニングの拡大と実践の発展のために尽力した。そして，2000 年に 3 番目の研究が実施され，前回の結果とほぼ同様に 80% のクライアントの改善が報告された（表 19.4）。この研究は，小規模で厳密な統制下による研究ではなかったとはいえ，ここでの知見は，臨床的に重要であった。研究 3 の結果と研究 2 の結果が事実上同一であったことは，効果がその力を弱めることなく，順調に継続していることを裏付けるものであった。

研究 4 ｜思考の材料

6 年後，私たちは，BRIEF のコースの参加者である修士の学生に出会った。研究 4 は，この学生によって行われた。ここでは，「クライアントが，SFBT のどこに効果を見出したのか」について調査された。研究は 2 部構成であり，第一部は，研究 2，研究 3 と類似したシンプルな効果研究である。第 2 部では，「改善した」と答えたクライアントグループに対して役立った点と，その理由について尋ねている。第一部の結果を表 19.5 に示す。

研究 5 ｜より簡潔で，まだ効果的？

研究 4 では，以前の研究と比較して十分な結果を得られなかったことから（60% の改善），私たちは，さらに完全で規則的な評価が得られるようなシステム作りを試み，見直しを行った。そして 1 年後，実践の効果を確かめるため，すぐに研究 5 に着手した。結果では，平均 1.8 セッションのセラピーが終結した平均 1 年後，84%

表 19.6　研究 5 の結果

ベストホープスに到達したか（クライアントによる結果）	Number（total = 25）
完全に	2（8%）
たくさん	12（48%）
少し	7（28%）
まったく	4（16%）

のクライアントが，「ベストホープス」に向かっていたと報告した（表 19.6）。研究 5 における質問内容は，これまでの研究とは異なるものであり，問題の解決よりも，むしろクライアントの希望の達成について測定されていた。これは，初期の研究における順調な発展を反映するものであり，成果が見られていると評価を得ていた。

解決焦点型介入

1980 年代後半｜SFBT の始まり

1980 年代後半，BRIRF のセラピストたちは，ミルウォーキーから発信された記事や文献から SFBT を学んでいた（de Shazer, 1985, 1988; de Shazer et al., 1986 ）。この新たなモデルの効果は，次の過程からなる，実践に基づく最初の 2 つの研究で評価された。初回のセッションの内容は，次の通りである。(a) 問題についての自由な会話，(b) 問題のパターンを述べる，(c) パターンに対する例外を探す，(d) ミラクル・クエスチョンによるゴール設定，(e) 変化への小さなステップの構築，(f) ブレイクをとる，(g) コンプリメント，(h) 課題の設定。これ以後のセッションは，さらなる例外の拡張と変化のための次のステップに焦点をあてた同類のパターンに従いすすめられた（George, et al., 1990）。

1990 年代における BRIEF 版 SFBT の発展

1991 年以降，BRIEF は，オリジナルモデルと比べてより発展的な実践アプローチを採用してきた。2000 年に行われた 3 番目の研究までには，BRIEF における SFBT は，オリジナルモデルと比べていくつかの顕著な違いがみられている。特に，研究 2 は，2 つの点で重要であったといえる。第一に，研究 2 は，私たちの研究継続を支持する自信を生み出した。この自信なしには，発展的なアプローチはとれなかっただろう。第二に，私たちは，その結果により「オッカムの剃刀」に着目することになった。中世の哲学者であるウイリアム・オッカムは，「より少ない手段で達成できるものは，それよりも多くの手段で達成すべきではない」と考えた。そして私たちは，もし，クライアント - セラピスト関係をカスタマー，コンプレイナント，あるいはビジターというように分類する必要がなかったのなら，もしかすると，他の治療活動にも無駄が多いのではないかと思い始めた。特に，私たちの第一歩は，結果と問題の分離を理解することであり，実践展開をさらに進めるために，中心哲学として「オッカムの剃刀」を採用した。そして私たちは，研究 2 と研究 3 の間に，クライアント−セラピスト関係の分類を中止するとともに，私たちの SFBT について，考え方や実践方法に

対する 4 つの重要な変化を導いた。

ゴールから未来への希望へ

これは，小さな変化が，大変重要な差異を作ることを示した例である。チームは，クライエントが問題のかわりに希望するもの，つまり，「ゴール」について話し合っていた。このとき私たちは，クライエントが希望するものに到達するよりも，まだ，問題を置き換える作業を行っていた。だが，これら 2 つの間には，そのときにはまだ，十分に理解されていない重要な相違があった。それでも，奇跡の連鎖（ゴールを設定するために手助けになるフレーム（de Shazer, 1988, p.5））は，徐々に他の何かに繋がっていた。ミラクル・クエスチョンのオリジナルの考えは，「目的地が明快なほど，到達したとき，よりはっきりと認識しやすい」である。ミラクル・クエスチョンは，終わりのないセラピーへ解決策を提供する。そして，明快さを重視することを通して，ゴールに向けて費やされた時間は正当化され，チームは，クライエントが自分の人生について，問題のかわりに奇跡を豊かに語り始めることに気づかされた。

ミラクル・クエスチョンでは，ほとんどいつも，「奇跡が起こった後の一日」を 1 から 10 の段階で描写する（Berg & de Shazer, 1993, p.22）。描写が，豊富になればなるほど，ゴールとしての「奇跡の日」をみるのは難しい。1 つのゴールとしては，広すぎて多面的すぎる。そして，ゴールのまとまりとしては，あまりにも多すぎて現実的ではない。描写は，朝起きた時のある種の具体的な想像を含むだろう。いつもの振る舞いと比べて外見上，何気ないものから驚くほど変化したものまで，さまざまなことに変化がみられるだろう。実際，クライエントがイメージしているのは，想像した未来にいる自分自身のあり方である。チームは，奇跡を記述することが，クライエントが望む生き方に繋がると考え，「ベストホープス」を提案していくことになった（Iveson, 1994）。

例外から例証へ

1960 年代，ミルウォーキーで創始された SFBT の「ルールの例外」は，革命的なものであった。しかし，例外は，BRIEF において徐々に実践の中心からまさに端の方へと追いやられてしまう。私たちが，未来に焦点を当てた質問を実践の中で行っていく中で，「例外」を除いた BRIEF における変化が始まった。クライエントは，自分が望んでいる未来についてより詳しく記述していくことにより，すでに起こっている自分の状況について語るようになった。

セラピスト | 他に，あなたについて，パートナーが気づくことは？
クライエント | 彼が私の笑顔を見る
セラピスト | 他には？
クライエント | 恐らく私は，彼の一日について尋ねるでしょうね。それから，私たちは楽しい会話をします

私たちは，「奇跡がすでに起こっているとき」と「問題が起こっていないとき」が

同等であると捉え始めた。そして，クライアントの「奇跡の日」について詳細に聞けば聞くほど，例外について質問する必要がないと感じた。「ベストホープス」に焦点をあてることで問題を度外視すると，例外はほぼ完全に必要とされなくなった。それは，例外探しからベストホープスの記述への転換の始まりとなった。より最近では，私たちはこの変化を強調するために，「例証 instances」という言葉を用いている。これは，私たちが用いるより前に，すでに実践の場で用いられていた。

ベストホープス│問題を置き去りにすること

BRIEF の最初のセッションで行われていた未来への希望の記述が，必ずしも「例外」を必要としなかったため，私たちは，次にセッションの方法について注目した。そしてもし，問題に対する例外について質問しないのであれば，そもそも，問題のパターンについて話すことからセッションを始める必要性があるのかと疑った。私たちの関心の中心は，「クライアントは，問題のかわりに何を望んでいるか」から「クライアントは，何を望んでいるか」に移行し，クライアントが求めるものについて尋ねることからセッションを始めることにした。「あなたに役立つために，何が起こる必要がありますか？」といったように。

私たちは，この質問によって，クライアントの希望について詳細な記述を得ることができた。しかし，この質問の言い回しは時折混乱を生み，クライアントが質問に行き詰ることもあった。そこで，「クライアントの人生にどんなことが起こる必要があるのか」という意図により焦点を当てるため，「あなたが最も望むこと（ベストホープス）はどんなことでしょうか？」をかわりの質問として用いるようになった。

人は，どんな問題を抱えていたとしても，それとは別に希望を持つことができる。そして，クライアントの希望へ焦点を当ててセッションを始めることで，自然に問題へ焦点を当てる必要がなくなる。私たちはこの時点まで，「奇跡」を「あなたをここに連れてきた全ての問題がなくなること」と定義していた。ここで，「希望」と「問題を取り除くこと」がはっきりと区別されたとき，ミラクル・クエスチョンによって希望する未来を描くことで，クライアントが本当に望むものがより明らかになり，セラピーにおけるスムーズな流れが作り出された。

- ベストホープス（希望すること）はどんなことでしょうか？
- 自分の人生にとりかかることができる。
- 奇跡が起こったと想像してください……そして，あなたは，あなたの望む状態にあります。そのとき，あなた自身について最初に気がつくことは何ですか？

この質問では，問題の存在について言及する必要がなく，セラピストが問題について知っている必要もない。クライアントは，問題を話すかもしれないし，セラピストはそれを聴く必要があるかもしれない。しかし，ここでは，問題解決は実践の一部ではない。

セッション終了時の課題からセッション中の会話へ

　1993年のことである。私たちが、「ゴール」から「未来への希望」までの移行の意味を理解し始めていたとき、私たちの考えは、17歳のクライアントの質問によって、さらに進展した。「このセラピーはどのように効果がありますか？」「あなたは、私たちが何をすべきかアドバイスするために情報を集めているのですか？　私たちとのやりとりの中から解決策を見いだしているのですか？」。これは、私たちのターニングポイントとなった。セラピストは「重要な質問です！　私たちは、情報を選びアドバイスをし、セッションを行っていました。しかし、今、セラピーが行われるのは、会話そのものであるかもしれないと思い始めています」と答えた。彼は、「確かに」と言った。それ以来、BRIEFでは、課題づくりよりも会話のプロセスに焦点を当て始めた。その時まで、チームは、それまで伝統的な方法でセラピーを実践していた。セラピストは、クライアントから情報を集め、セラピストの視点から意味や価値観を判断していた。それはまだ、「原因のある問題」モデルのままであった。「未来への希望」の概念は、それらのプロセスの転換から始まった。

　そしてチームは、恐らく以前からあったこれまで見過ごされてきた問題に注目し始めた。セラピーでは、課題を達成しなかったクライアントも、課題を与えられなかったクライアントも同様に回復していった。これは、効果的なSFBTの過程において、課題は必要不可欠ではなかったということを示すのだろうか。はっきりしてきたことは、会話の協同構築と課題の提案という2つの活動を同時に行うには困難を伴うということである。セラピストはセッション中、課題や観察課題、もしくはそれ自体行わないかを決めるために情報を引き出す必要がある。セラピストは、情報を集めるためにアジェンダや目的を持つ。しかし、これは、会話の流れを変えてしまう恐れがある。

　以上のことから、課題設定は次第に中止された。ここで重要なことは、セッション時間の短縮ではなく、クライアントの望む未来、そしてその描いた未来を実際に作り出すために、クライアントがすでに行っていることをもっと詳しく聞くことである。セラピストは、セラピーで課題を扱わなければ、クライアントを変えることが自分たちの仕事だと感じなくてもよいこととなる。セラピストの役割は、クライアントが望むことやできそうなことなどを整理する手助けをし、あくまで単なる選択肢の一つとして留めておくようにすることと考えられた。ここからわかる明確な変化とは、クライアントは何か行動を起こすべきだ、といった指示を避けることであった。最後に、スケーリングについて、質問時の表現方法が変化し、「ステップ」（「3から4へ変化するために何をする必要があるか？」）から「サイン」（「もしあなたが3から4へ移ったとき、何に気づくだろうか？」）へ変更がなされた。このように、BRIEFにおける実践は、SFBTの最も洗練された形の一つへと展開されていった。

2000年代｜発展し続けること

2000年における研究3の結果では，研究2からなされた実践の変化が，セラピーの有効性を下げていなかったことを確認した。したがって，私たちは，自信を持ち「オッカムの剃刀」とともに新しい10年に入った。2005年，BRIEFが始めたディプロマトレーニング（1年間の発展コース）は，チームに創造的な刺激を与えた。私たちは，学生たちの課題テープを聴きながら，ますます，最も強力な治療要素はクライアントの記述であると感じた。私たちは，自分自身の言葉を用いることについてより意識するようになり，セッションにおける自分自身のアイデアの提案を最小限にしようとした。そして，私たちは，インスー・キム・バーグの影響とクライアントの生活に「足跡を残すな」という彼女の教訓（George, 1999）をよりはっきりと理解した。これによって，私たちは，一層，いかにセッションを終わるかに注意を払うようになった。

コンプリメントから要約へ

長年，チームは，コンプリメントがクライアントの自己認識に対する敬意に反映されていないことに気づいていた。もし，セラピーの影響が会話のどこかにあれば，なぜ，最後に何か他のことをつけ加えるのだろうか？ そして，もしクライアントの自己認識が最も重要であるならば，なぜセラピストはセラピストの価値観で物事を評価するのだろうか？ 一方，チームがクライアントと話すとき，いつも，フィードバックできる内容であるか意識しながら話しがちだった。おそらく重要なことは，コンプリメントが，元来イエス・セットを作るように意図され，それを通してクライアントは課題をやっているようだと思われていたという記憶であった（de Shazer, 1982）。もし，それが彼らの目的であったなら，チームは，課題を放棄し，コンプリメントは，必ずしも必要ではないという考えに到達した。そのかわりにチームは，もっと，あるいはより低度に，あるいは一層一般的に，クライアントの最後の答えの後に，クライアントの望む未来とすでにそれに対して行っていたことなどの要約でセッションを終わることにした。

ブレイクをやめる

私たちは，4番目の研究において，ブレイクに関して衝撃を得た。私たちはこれまで課題を中止し，コンプリメントを要約で置き換えたため，終了前にブレイクを行う必要がなくなってきた。研究4の第2部において，私たちは，回復したクライアントへ，回復にあたりセッションで有用であったことについて尋ねている（Henfrey, 2010）。意義が明確ではないと思われた実践の一つは，ブレイクであった。私たちは，この調査結果をもって，セッション終了時の要約の前に行っていたブレイクを中止することにした。

2010年代｜BRIEFにおける現在のバージョン——（最小の）要約

前述したように，新世紀最初の10年の後半では，「オッカムの剃刀」の採用，そして，キムの教訓である「足跡を残さないこと」などが役立つとして，以下，簡単に

述べる。セラピーの出発点は，クライアントがベストホープスを明確に表現するのを手助けすることであり，このベストホープスの記述が結果的に，面接の短期化に貢献していると考えられる。この時点から，私たちは，ただクライアントに，その希望の実現がどのようなものであるか（未来への希望），また，すでにクライアントが行っていること（未来への希望の例）を記述するよう求めるのみだ。トレーニングの参加者は，他に何かもっと家族療法の技法があるのではないかと思っているのかもしれない。本当に他には何もないとどんなに安心させたとしても，彼らは期待しているようである。いくらか条件はあるが，研究3と研究4の結果は，「オッカムの剃刀」が役に立つという見解を裏付けている。一方，研究4の結果は，私たちの実践を研究まで発展させ続けることを一層促すものとなった。

事例

ここでは，事例を紹介しながら，これまで行われてきた実践の変容についてみていきたい。それぞれ年代の異なる2事例をジョージら（George et al., 1990, pp.69-85）の報告から引用し，紹介する。

事例1（1990年）

ミス・ボンチャンヌ（23歳，仮名）は，摂食と体重の問題を抱え，一般医から紹介された。初回面接時，セラピストは問題を聴くことに時間をさいた。彼女は，すでに35ポンドの体重減少があり，両親は仕事を休んで彼女に付き添っていた。セラピストは，解決可能な問題を定め，次に例外を探し始めた。

彼女は，次のように話した――「最悪だよ。だって，良い日があったり悪い日があったりするから。そんなことあってほしくないって思っても，悪い日はあるわけだしね」――ここで，例外探しは大変役に立ち，次に，セラピストは，良い日の違いについて質問した。一番重要な質問は，「他には？」である。この質問によって，次のような4つの活動が創出され，後に課題となった。ウインドーショッピング，歩くこと，ビデオ鑑賞，友人と連絡を取ること。セラピストは，より具体的なゴールを展開させ，彼女がこれまでに問題を解決しようと試みたことについて質問した後，ブレイクをとり，チームと共にコンプリメントを行い，課題を提示した。ボンチャンヌは，次の日が「良い日」であるかどうか予想するため，毎晩コインを投げ上げて，もし良い日であるなら，以前にリストされた良い日の活動のうち最も簡単なものを行うように提案された。1週間後，彼女は，それ以来調子がいいことを報告し，セラピーは終結した。

事例2（事例1から17年後）

ベン（15歳，仮名）は，少年鑑別所のワーカーから紹介されてきた。この事例におけるセラピストの出発点は，問題を同定して例外を探すことよりも，彼のベストホープスについて尋ねることであった。ベンの応答は数少なく，「知らない」であったが，やがて彼は，「もし自分が自分の攻撃的な行動を止められたら」と答えた。セラピストが，かわりに何を望むか尋ねると，「配管工事の仕事に就きたい」と答えた。セラ

ピーの治療契約は，現状から仕事を持つ生活へと移行するというベンの希望に基づいて構築された。ここで，セラピストが行う残りの作業とは，ベンに (a) どのようにベストホープスへ移行していたことに気づくか，(b) もうすでに行っていたことは何か，を記述するよう求めることである。

　セラピストは，ベンへ，明日の朝，仮に自分の生活が変わった時の違いについて尋ねた。彼は，非行少年対策チームのスタッフに問い合わせていること，また，自分自身と父親のために更生していると返答した。セラピストは，それが，ただ現在ベンが行っていることを述べているだけだとすぐに分かった。セラピストは，未来に関する話を終わりにして，ベンが自分自身の生活を変えるために，彼自身に役立っており，もうすでにやっていたことについて描写することでセッション終えることにした。

　セラピストは，ベンに面接室のフリップチャートに最初の答え「友達と社交的につきあう」を書くよう頼んだ。その後，図の上に 50 個，過去 3 週間，彼が行ったことや自分について気づいたこと，以前，更生施設にいたときに彼を手助けしたもの，正しい方向に居させてくれたものを書いてもらい，いくつかの質問を行った。毎日自分で非行少年対策センターに行くこと，時間通りに家に帰ること，料理を学ぶことといったことが挙げられた。そして，ベンは，2 回目の面接に来なかった。セラピストがベンのその後の様子について知ったのは，数年後に，彼を紹介したワーカーに会ったときであった。非行少年対策チームは，初回セッションの何週か後，ベンは，これ以上セラピーを必要としないほど，十分にやっていると判断したのだった。

　ほとんど「未来への希望」を描写できなかったベンとのセッションは，幾分イレギュラーとはいえ，ボンチャンヌのケースと並び，BRIEF の治療における初期から後期の大きな違いが示された。特に重要なことは，初期の事例において，彼女が良い日を過ごすために役立つ 4 つか 5 つの課題を作り出すことに重点を置いていた要約の内容からもはっきりする。この時セラピストは，クライアントが，実際にすでに行ってきた 50 の建設的な行動を記述するだけで十分だということを想像することは難しかっただろう。これは，コンプリメントや課題設定を考えるためのブレイク，セラピストにより導かれた活動を放棄することで生まれた余地である。

　リサーチ方法

　BRIEF において，研究方法もまた，長年の間に発展した。最初の研究において，私たちは，研究継続の環境を整えるために，早々にデータをまとめ上げなければならなかった。そのため，結果は，セラピストによる評価に大きく依存していた。また，効果は，面接終了後の追跡調査ではなく，面接終了時に評価されていた。さらに，「ドロップアウト」のケースにおいては，あくまでもセラピストの予想に依拠していた。

　結果に関して，私たちは，クライアントこそ唯一の評価者であるという考えに達した。この考えは，SFBT から一貫しているものであり，チームは，今後の研究が，クライアントの評価に基づいて行われるようプロジェクトを進めていった。

表 19.7　研究 2 から研究 5 における追跡調査の質問内容

尺度
研究 2：来談時あなたの訴えは……でしたが，それはよくなったか，同じか，悪くなったか。
研究 3：あなたがセラピーに来ることになった問題（problem）は，かなり改善したか，いくらか改善したか，同じか，あるいは悪いか。
研究 4：SFBT を受けて，あなたの問題（issue）はかなり改善したか，改善したか，同じか，悪くなったか。
研究 5：セラピーが終結して，あなたはベストホープスにかなり到達したか，少しは到達したか，あるいは全く到達していないか。

表 19.8　研究 2 から研究 5 におけるサンプルサイズと追跡調査期間

	サンプルサイズ	追跡調査期間
研究 2	24	半年から 1 年間
研究 3	39	最少半年，平均 18 カ月
研究 4	57	最少は不明，最高 3 年
研究 5	25	8 カ月から 16 カ月

尺度において，質問の内容も長年の間に変化していった（表 19.7 参照）。私たちは，当初，厳密にミルウォーキー式に従って研究を進めており，研究 2 では，研究の方向性を確認するために BFTC の尺度（de Shazer, 1985）が用いられた。研究 3 では，研究 2 の質問内容をいくらか変更した点を除いては，研究 2 と類似の尺度が用いられた。研究 4 においても，研究 3 と引き続き若干の変更と共に同様な尺度が用いられている。また，ここでの差異は，私たちの実践の発展の一部を反映している。ここでは，「問題」を明確化することは，もはや私たちの過程の一部ではなかった。クライアントは，セラピーを受けることの原因となった明確な「訴え」を思い出すかわりに，単に「気がかりなこと」に関して少しでもよかったことについて話すよう求められた。

研究 5 において，私たちは，セラピーとその測定法の間に不一致があるかもしれないと考えた。リサーチクエスチョンは，それまで，問題解決に関するものであった。しかし，セラピーそのものは，クライアントの希望に焦点を当てて行われていた。そこで私たちは，クライアントが少しでもベストホープスを達成していたかどうか尋ねていくよう，質問内容を修正した。

サンプルサイズは，研究者にとって入手可能な時間と研究参加者の数を含めて，多くの要因により多様であった。研究 2 から研究 5 におけるサンプルサイズは，表 19.8 に示す。追跡調査期間は，このタイプの研究において重要な要因である。セラピー終結から 1 年間はハネムーン効果のため，セラピーの効果を厳密に測ることは難しいとされてきたが，それ以降は，さまざまな生活の出来事がハネムーン効果を干渉するため，セラピー効果が定着しているのかを測ることができる機会と考えられる（Macdonald, 2007）。研究 2 と 3，そして研究 5 においてフォローアップ期間は変化したが，平均 1 年あるいは 18 カ月で完結している（表 19.8 参照）。研究 4 において，

2部目の質問票における結果により確実性を持たせるため，大きなオリジナルのサンプルとして3年前にセラピーを終了したクライアントと接触することを試みた。

実践に基づくの研究の限界

研究における制限の一つは，臨床家が時間に迫られることで生じるため，まず，リサーチによって必要性の低いものや後回しにできるものを選り分け，最優先することから始める。研究母集団とコンタクトを取ることは時間を要する。また，専門的知識の欠如は，研究遂行を遅らせる。知識不足は，治療の困難さを増す。そして，専門的な知識の欠如によってデータが少なくなるため，信頼性と妥当性が低くなる（Zarin et al., 1997）。実践に基づいたエビデンスは，研究者が忠実に研究に携わり，専門的な知識が豊富であれば制限はあまりないと言える。本研究では，選択よりもむしろ必然から，SFBTの知識がある者から着手された。研究は，時間とリソースを要するが，小規模のチームでは，容易にそれらを駆使できない。

調査結果

BRIEFが創設されて以来，21年が経つ。ここで実施された研究は，BRIEFの発展に貢献しているといえるだろう。5つの研究において，主に，大きく2点の研究効果が挙げられる。第一に，クライアントは，このアプローチによって効果的にサポートを受けていたことが明らかになった。第二に，研究は，実践における発展的アプローチに勢いを与え，発展の方向性を示した。私たちは，最初の研究から得たエビデンスによって，職場からSFBTを行うためのサポートを受け，アプローチ習得と実践のための時間を増やすことができた。これは後に，プライベート演習とトレーニングセンターとしてのBRIEFを創設することへと導いた。研究2は，BRIEFの発展へ影響を与え，チームは本気でアプローチを習得し教授していこうと決意した。そして，研究における示唆に富む発見と共に，教えることから学ぶことは，BRIEFの開発気質を生み出し，それ以来ずっと，その精神は続いている。2番目の研究結果におけるオッカムの剃刀の引用は，私たちが，いかに活動し続けているかを示しているのではないだろうか。しかし，それは，非常に順応性のあるモデルであると分かった上で言えることである。研究2が契機となった実践の発展は，次のように要約できる。

- クライアント・セラピスト関係の分類の中止。そして，かわりに，クライアントの来談動機について，たとえどんなに分類しても，クライアントは，何かのためのカスタマーであるということ。
- セラピーは，問題解決よりもクライアントの希望に向かって行われる。
- ゴールを設定するより，むしろ，未来への希望を詳細に記述する。
- 問題に対する例外よりも，クライアントの望む未来が起こっている時といった例に焦点をあてる。

- 課題の設定を中止して，よりセッション中の会話に焦点をあてる。
- 私たちの実践の効果が，維持されていると裏付けされた点において，研究3も重要であったと言える。それゆえ同時に，発展し続けることの重要性が示された。
- コンプリメントより要約。
- 研究4において，さらなる発展がより強固になった。
- ブレイクの中止。

　研究4の結果はあまり好ましくなく，チームは，長いフォローアップの期間に多くの議論や分析を行った。私たちは，結果をどう解釈したらいいか不確かであったが，さらに研究に関する一定の評価を得ると決意し，それらの評価を実行すべき最良の方法を見つけ出すことにした。

　研究において，質問の内容が異なっているとき，調査結果を前の研究のものと比較することは難しいが，研究5はいっそう参考になった。クライアントの28%が，ただ「少し」，ベストホープスが達成されていたと述べ，私たちは，そこで，セラピーと同様に追跡調査でなされた質問について考える材料を得た。私たちは，以下に，今後の追跡調査研究に関する若干のアイデアを提案したい。私たちは，セラピーの出発点として，その人の生活を続けること，あるいは幸せになることといった上昇志向的な「ベストホープス」をクライアントと共に有する。望ましい未来は，しばしば「動的なもの」として組み立てられるが，もし，クライアントが，ただこれらの念頭に向かって，少しの進歩を成し遂げているとするならば，どのケースにも驚くにあたらない達成である。

　研究5の調査結果は，25名のクライアント全体にわたるセッションの平均数が，1.8と少なく，意外な結果であった。これは決して，これまでの10年にわたる，3セッション（チームの初期に平均4から減少した）により近かったBRIEFの全体的な平均を反映しない。しかし，これは，セラピストの最小の介入により，より持続的な変化が動き始めることを示唆する。セッション数の減少は，恐らくは，クライアントとの会話が不要となるような私たちとの試みと関連している。私たちの思いとは，クライアントが自分の力で前に進んでいくことを手助けすることであり，チームは，クライアントが持っているそのままの力が発揮できるように，また，本来の自分でいられるように努める。

実践ガイドライン

　どんな研究でも，始める前に，慎重にその目的について考えることを勧める。意図したオーディエンスは誰か？　自分自身の有益性について，仕事の目的や方向性のチェック，あるいはマネージャー，自分たちが採るアプローチの外にいるグループが確信するよう努めているか？

　イギリスの国立医療技術評価機構（NICE）は，治療とアプローチに関して国民保

健局臨床家のためにガイドラインを発表する。NICE は，ガイドラインの下で治療を認可するために，それらが特定のクライアント数に対して効果的であることを確信する必要がある。NICE は，特定のクライアントグループと共に有効性のエビデンスを必要とする。これを目指し，BRIEF は今後の研究においてクライアントをみたてる基準を明確にしていく予定である。

　このような基準を含めて，あらかじめ計画を立てることが必須である。私たちは，4 番目の研究後，すぐに次の研究の準備を始めた。5 番目の研究にあたり，一層慎重に使うべき最も適当な基準，シンプルで，同時に正当で信頼できる測定法について考え始めた。バーグとスタイナー（Berg and Steiner, 2003）は，「生きることについての問題は，成功や失敗のような単純なカテゴリーに分けるには，あまりにも複雑である。そして，私たちは，1 人の人にとっての成功が，他の誰かにとって容易に失敗であり得ることに気づいている」（p.230）と述べ，クライアントのゴールへの進み具合の感覚を導き出すために尺度を用いる。これは，結果の正当な基準（Franklin et al., 1997）として使用されたシンプルな解決志向尺度で，エビデンスがあり，私たちは，次の研究でこれを尺度として用いることを計画している。

　ここでは，5 つの研究に焦点を当て，同時にリサーチマインドネスについて述べてきた。常に，セッションにおける効果を注意深く観察し，チームで頻繁にディスカッションを持つことで，心理療法の機能を高めていくだけでよいのだろうか。リサーチマインドネスは，計画された研究だけではなく，むしろ，私たちが行うすべての実践を連続的に評価するのを助けるだろう。十分に計画された正式な研究は，時間とリソースを要する。私たちは，さまざまな研究者との関係を促進し，そして共同で行う機会を探すことが重要であると考える。

発見

- 実践に基づく研究は，小さなセラピストチームで成し遂げることができる。
- イギリスのパブリックメンタルヘルスクリニックのセラピストたちは，ミルウォーキーのオリジナルの SFBT を効果的に実践している。
- 同様に，このセラピーのより最小で非構造的なバージョンは，効果的に実践される。
- 効果的なセラピーは，さまざまなクライアントと共に，セラピストがその問題を知っていたとしても，あるいは，問題が語れなくとも行うことができる。
- 「課題」は，SFBT の重要な構成要素ではない。
- 研究は，実践の発展的アプローチを促し，専門家に興味や熱意を持ち続けさせる。
- 時が経つと，結果は変動しうる。したがって，新しい発展の効果を絶えず注意していくことや自らの評価に責任を持っていくことが重要である。

さらなる学びのために

- BRIEF のウェブサイト http://www.brief.org.uk
- BRIEF の出版物 "BRIEFER: A Solution-focused practice manual"（George et al., 2009）は，すべての臨床家のための BRIEF 初級コースマニュアル。マニュアルは BRIEF ウェブサイトから，あるいは電話（+44(0)20 7600 3366）で入手できる。
- NICE (National Institute for Health and Clinical Excellence) のウェブサイト http://www.nice.org.uk

謝辞

　　共著者クリス・アイブソンは，BRIEF の創始者の一人で，本章の作成に終始携わった。ガイ・シェナンは，1995 年に BRIEF でトレーニングを受けた後，2004 年にチームに加わった。現在のチームメンバーで創始者でもあるエバン・ジョージとハーベイ・ラトナーは，クリス・アイブソンと並んでイギリスにおける SFBT のパイオニアである。本章で述べられた革新的な発展は，彼ら二人によってもたらされたと言えるだろう。

文献

Berg, I., K., & de Sharer, S. (1993). Making numbers talk: Language in therapy. InS. Friedman (Ed.), The new language of change: Constructive collaboration in psychotherapy (pp. 5-24). New York: Guilford Press.

Berg, I. K., & Steiner, T. (2003). Children's solution work. New York: Norton.

Bringhurst, D., Watson, C., Miller, S., & Duncan, B. (2006). The reliability and validity of the Outcome Rating Scale: A replication study of a brief clinical measure. Journal of Brief Therapy, 5(1), 23-30.

Charman, D., & Barkham, M. (2005). Psychological treatments: Evidence-based practice and practice-based evidence. In Inpsych. Retrieved April 30, 2010, from http://www.psy-chology.org.autpublicationslinpsych/treatments/

de Sharer, S. (1982). Patterns of brief family therapy. New York: Guilford Press.

de Sharer, S. (1985). Keys to solution in brief therapy. New York: Norton.

de Sharer, S. (1988). Clues: Investigating solutions in brief therapy. New York: Norton.

de Sharer, S. (1991). Putting difference to work. New York: Norton.

de Sharer, S., Berg, I. K., Lipchik, E., Nunnally, E., Molnar, A., Gingerich, W, & Weiner-Davis, M. (1986). Brief therapy: Focused solution development. Family Process, 25(2), 207-222.

Everitt, A., Hardiker, P., Littlewood, J., & Mullender, A. (1992). Applied research for better practice. Basingstoke, UK: Macmillan Education.

Franklin, C., Corcoran, J., Nowicki, J., & Streeter, C. (1997). Using client self-anchored scales to measure outcomes in solution-focused therapy. Journal of Systemic Therapies, 16(3), 246-265.

Garland, A., McCabe, K., & Yeh, M. (2008). Ethical challenges in practice-based mental health services research: Examples from research with children and families. Clinical Psychology: Science and Practice, 15(2), 118-124.

George, E., Iveson, C., & Ratner, H. (1990). Problem to solution. London: BT Press.

George, E., Iveson, C., & Ratner, H. (1999). Problem to solution (2nd ed.). London: BT Press.

George, E., Iveson, C., Ratner, H., & Shennan, G. (2009). BRIEFER: A solution focused practice manual. London: BRIEF.

Henfrey, S. (2007). A client-centred evaluation of what people find effective about solution focused brief therapy. Unpublished master's thesis, University of Birmingham, Birmingham, United Kingdom.

Henfrey, S. (2010). A client-centred evaluation of what people find effective about solution focused brief therapy. Solution Focused Research Review, 1(2), 19-34. Retrieved March 31, 2010, from http://www.sfrr.co.uk/issues/sfrrl-2.pdf

Iveson, P. (1991). Outcome research: What is it and who for? Unpublished master's thesis, University of London, Birkheck College, United Kingdom.

Iveson, C. (1994). Preferred futures, constructive histories. Presentation at the European Brief Therapy Association conference. Stockholm, Sweden.

Luborsky, L., Diguer, L., Seligman, D. A., Rosenthal, R., Krause, E. D., Johnson, S., et al. (1999). The researcher's own therapy allegiances: A "wild card" in comparisons of treatment efficacy. Clinical Psychology: Science and Practice, 6(1), 95-106.

Macdonald, A. (2007). Solution-focused therapy: Theory, research and practice. London: Sage Publications.

Midgeley, N. (2009). Editorial: Improvers, adapters and rejecters-the link between "evidence-based practice" and "evidence-based practitioners." Clinical Child Psychology and Psychiatry, 14(3), 323-327.

Peake, K., Mirabito, D., Epstein, I., & Giannone, V. (2005). Creating and sustaining a practice-based research group in an urhan adolescent mental health program. Social Work in Mental Health, 3(1), 39-54.

Weick, A. (2000). Hidden voices. Social Work, 45(5), 395-402.

Zarin, D., Pincus, H., West, J.' & McIntyre, J. (1997). Practice-based research in psychiatry. American Journal of Psychiatry, 154(9), 1199-1208.

第20章
児童養護施設および
医療施設の青年に対するSFBTの治療効果

リティス・パクロスニス／ヴィクトリア・セプキーン

はじめに

　思春期というのは人生の中で最も魅力的で前途有望な時期の一つであり，また同時に最も困難な時期でもある。生物的，心理的，そして社会的な変化が急速かつ持続的であり，ときにその変化が広範囲に及ぶため，青年（と青年を取り巻く周りの人々）には多くの内的なリソースと外的なリソースが必要とされ，また，問題に対処するために多大な努力が払われる。多大な努力とリソースを必要とするにもかかわらず，青年の適応過程はかなり複雑であり，望ましい結果が常に得られるとは限らない（Brown, 2005; Compas, 2004; McMahon et al., 2003）。

　青年の中には極めて特殊な生活環境で過ごしている青年もいる。たとえば，実の家族と離れて暮らしている青年がいる。また，身体的もしくは精神的な疾患を抱えており，その疾患のために必要とされるリソースを使う力が少なくなっており，リソースを使うために何らかの助けが必要とされる青年もいる。本章では3つの特殊な青年グループに焦点を当てている。つまり児童養護施設に住む青年，身体的健康問題を抱える青年，そして，精神的健康問題を抱える青年の3グループである。

　先行研究をレビューすると，通常の養護施設には非常に傷つき易い子どもが在籍しており，子どもたちには多くの専門家からの特別な配慮，保護，そして援助が必要とされている。養護施設ではさまざまなサービスが利用可能であるにもかかわらず，養護施設にいる子どもの精神的健康問題のほとんどは維持されており，彼・彼女らが養護施設に入る前に持っていた問題の数は入所後もほとんど変わらない（Simms et al., 2000; Taussing, 2002）。一方，こういった青年の問題というものが永久不変なものでもなければ，ネグレクトや両親の喪失などの否定的な過去の体験によって「固着」しているわけでもない。また，養護施設の環境と青年とがその施設でより良い適応をしようとした場合は，青年の心理社会的問題の数を少なくさせる，ということも示している（e.g., Davidson-Arad, 2005; Cepukiene & Pakrosnis, 2008）。

　ある報告によれば，健康問題を抱える青年が体験する心理社会的適応の問題は，

一般的な青年よりも 10 から 15% 多く見られる,とされている (Garralda, 2004)。また,精神的健康問題を抱える青年は身体的な健康問題を抱える青年よりもより深刻な心理社会的適応の問題を持ち易いとされる。しかし,健康問題の種類は青年の心理的な機能の問題を予測する弱い要因でしかない (Bishop, 2005; McMahon et al., 2003; Schmidt et al., 2003)。このことは,他の要因,たとえばリソースの利用し易さ,問題対処の方略,家族関係の質といったものが彼・彼女らの持つ心理社会的な問題の多さを説明し得ることを示している。この考え方が含意する見通しは明るい。なぜなら,これらの要因はより「柔軟」であり,そのため変更することが可能だからである。

先行研究のこの手短なレビューから,困難な生活環境にもかかわらず,児童養護施設および医療施設に居住する青年が持つ問題は固定されているわけではなく,セラピーによる介入によって変化し得るということが示される。

こういった青年たちは広範囲にわたって専門家の援助を受けている一方,精神保健の専門家が彼・彼女らにセラピーを提供することがしばしば困難であるということもデータによって示されている。なぜなら,彼・彼女らは援助を求めようとしたり,もしくは受けようとしたりする動機づけが低く,批判されることを嫌がり,大人と親密な人間関係を構築・維持することが難しく,そして,セラピーを早く終わらせようとする傾向があるからである (Kazdin, 2002, 2003; Kazdin & Nock, 2003; Smith, 2002)。心理療法の治療効果に関する最近の研究では,青年たちに働きかけるときは,簡潔にし,協働を促し,彼・彼女らの意見や視点に理解を示し,かつ価値をおくことが最も有益であるとされている (Kazdin, 2002; 2003)。このことは,SFBT を行う人々が若者に働きかける専門家の中に増えていることの一つの説明になりうる (Corcoran & Stephenson, 2000; Gingerich & Wabeke, 2001)。なお,行動に問題を持つ子どもおよび青年に対する SFBT のいくつかの考え得る利点については 8 章と 16 章の議論を参照されたい。

SFBT のアプローチでは,クライアントに対して肯定的な態度を持つことを強調し,セラピストとクライアントとの間での協働関係を発展させる。このアプローチでは直面化を避け,セラピーに対する青年の抵抗を最小限にし,治療関係を高めるようにする。加えて,SFBT では青年の自己批判も減らそうとする。最後に SFBT は青年の満足感とセラピーを続けようとする動機づけを高め,彼・彼女らの考えを刺激し,クライアントの望む変化を特定し,明確化しようとする (Corcoran & Stephenson, 2000; Kethem, 2002; Simon & Berg, 2004)。SFBT を使用する人々が増え,また,その使用を支持する研究が増えているにもかかわらず,青年,とくに養護施設や医療施設に住む青年に対する SFBT の有効性については信頼し得る知見が著しく欠けている。

この章では,こういった青年に対する SFBT の研究状況を紹介し,議論する。また,この集団に対して行われたリトアニアでの研究成果についても提示する。この研

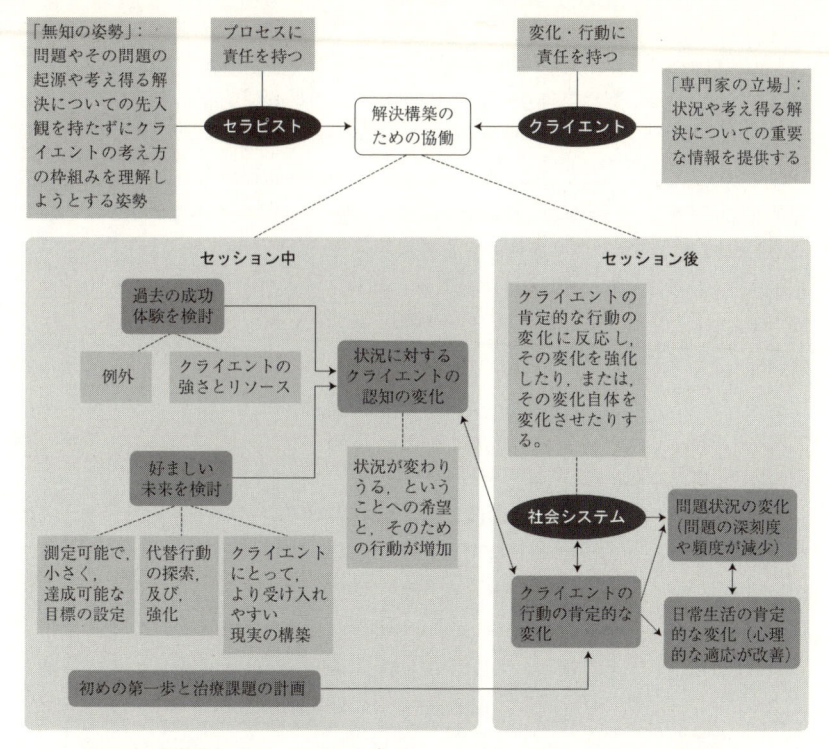

図20.1 解決志向ブリーフセラピーのプロセスと変化の仕組みに関する理論モデル

究の目的は養護施設や医療施設の青年に対してSFBTの有効性を評価することである。

今までわかっていること

ここ数十年で，SFBTの研究は劇的に増加している。たとえば，最近5年間で発行された研究は，ヨーロッパブリーフセラピー協会によって提供されたSFBTの評価リストを含んで，76％増加しており，そのほとんどはこのモデルがクライアントにとって有益であることを示している。この章の中では，養護施設や医療施設の青年に対してSFBTが有効であるということを示すこれまでの研究について議論するつもりである。また，SFBTの原理についての理論的モデルを示しながら，この青年たちに対して行われた研究のレビューも行うつもりである。

SFBTのプロセスについて論じたさまざまな研究をレビューしていると，理論的原理，治療過程，そして起こり得る変化の仕組みを全て組み込んだモデルを作成する必要に迫られる。そこで，モデルを作成し，図20.1に示した。このモデルではいくつかの質問や手法を基に作成されており，その質問や手法はこの章の後の方で説明

される。

　モデルが示すように，SFBTの治療過程は協働しやすい雰囲気を促進するよう強く強調しており，この雰囲気作りは解決を見つけることに奮闘する人々にとって必須である。協働関係とはセラピストとクライアントのそれぞれが重要な貢献をしている相互作用の結果と捉えられる。セラピストは「無知の姿勢」を前提にしている。無知の姿勢とはクライアントの考え方の枠組みに興味を持ち，理解しようとする姿勢であり，その際は問題やその問題の起源や考え得る解決についての先入観を持たないようにしている。セラピストの無知の姿勢はクライアントが「専門家」の立場をとることを可能にする。クライアントは問題や可能な解決について重要な情報を知っており，その情報をセラピストに提供する。セラピストは解決に向けた会話を続けるプロセスに責任を持つ一方，クライアントはその会話の中身に責任を持ち，また，肯定的な変化を起こすために行動することにも責任を持つ。SFBTのセッションにはいくつかの特定のステップがある。たとえば，例外を分析する，クライアントの強みとリソースを開く，測定可能で小さく，かつ，達成し得る行動目標を構成する，今とは異なる別の行動や意味について検討する，最初の一歩を計画する，治療的な課題を出して，状況に関するクライアントの認知を変える，そして変化に対するクライアントの希望と動機づけを高める。クライアントの生活におけるほとんどの変化はセッションの間に起こる (De jong & Berg, 1998)。そのため，変化に対する認知と治療場面での課題がクライアントの行動に肯定的な変化を導くことも期待されている。また，社会システムはクライアントの行動の変化に重要な役割を果たしていると考えられ，クライアントの行動を肯定的に変化させたり，その変化を強化したり，また，その変化自体を変化させたりする。

　このモデルから，3つの想定が導かれる。まず，SFBTが有効であるためには，協働関係が重視されるため，クライアントのリソースを重視し，クライアントの考え方に対して敬意を払い，希望と動機づけを高め，複数の代替手段を検討し，そして，システミックに考えていくことが想定される。このモデルは青年がセラピーにとどまり，肯定的な変化のために努力することを助けるだろう。2つ目として，肯定的な変化は特定の状況（もしくはセラピーで話されたテーマ）だけに限らず，クライアントの生活のさまざまな場面で肯定的に影響する可能性を持っていることも想定している。最後に，特定の状況における肯定的な変化とクライアントの生活におけるさまざまな場面での肯定的な変化は相互に関連しているということも想定している。

　では，これから養護施設や医療施設でのSFBTの有効性を示した実証的な知見について説明する。この領域では，SFBTの研究がかなり大きくそして急速に進歩しているにもかかわらず，いくつかの研究しか青年を対象にして行われていない。これらの多くの研究はSFBTによる集団面接 (Franklin et al., 2001; LaFountain & Garner, 1996; Newsome, 2004; Tyson & Baffour, 2004; Viner et al., 2003) もしくは家族面接

(Franklin et al., 1997; Wilmshurst, 2002) に焦点を当てている。ここでは養護施設や医療施設の青年に対して SFBT が個人面接によって介入された研究を手短にレビューする。なお，医療施設にいる成人に SFBT がどれくらい使い易いのかを示した例については，13 章と 25 章を参照されたい。

養護施設の青年に関する研究

養護施設の青年に対して SFBT を行った研究は 2 つしかない。ヴァンダイク (Van Dyk, 2004) は養護施設にいる犯罪歴のある青年に対して SFBT を行い，SFBT を行った場合の再収容率に対する影響を研究した。この研究の結果，SFBT 介入の 2 年後，青年の犯罪者が養護施設に戻ってきた数は有意に少なかった。しかし，この研究では標準化されていない指標が適用されており，統制群もなく，養護施設に入る狙いや目的はわれわれの研究とは異なっている。コーブとラブ (Koob & Love, 2010) によるもう一つの研究では，SFBT を適用した訪問治療の後，養護施設における混乱の数は有意に減少したと報告している。著者らは SFBT が青年のいる養護施設の環境を改善し得る可能性がある，と結論づけている。どちらの研究の結果も SFBT の実施中に養護施設の中にいる青年の心理社会的機能が改善したことを間接的に示している，と解釈できる。しかし，これらの研究では SFBT が養護施設にいる青年の感情，行動，対人関係などに対してどれくらい具体的な効果があったのかということについては何も示してくれない。要約すると，実の家族と離れて暮らしている青年に対する SFBT の効果については利用可能なデータがほとんど全くないと結論できる。

先行研究において，SFBT が個人面接の形で行われた医療施設での研究は 4 つある。これらの内の 2 つは (Burr, 1993; Lee, 1997)，SFBT の治療効果として，クライアントの満足度しか測っていなかった。それぞれの研究では，クライアントの 77% と 54% が問題状況が改善された，もしくは，セラピーは彼・彼女らの目標を達成するのに役立ったと報告している。リー (Lee, 1997) はほとんどのケースで家族関係や子どもの行動が肯定的に変化したと報告している。他の 2 つの研究 (Corcoran, 2006; Corcoran & Stephenson, 2000) では，標準化された指標が使われている。コーコラン (Corcoran, 2006) は問題行動を示す子どもに対して SFBT と通常の治療をそれぞれ行い，その効果を比較した。この研究では子どもへの愛情，態度，行動尺度 (FAB-C) とコナーズ親評価尺度を用いて，大学の精神科に通院する患者を研究している。結果は，いくつかのカテゴリーで介入前よりも介入後の方が有意に改善していることが示された。素行の問題，学習の問題，心身疾患，そして衝動性と過活動のカテゴリーである。一方，リハビリ中もしくは身体的健康問題を抱える青年に対して個人面接による SFBT の治療効果を分析した研究はほとんどない。

本研究

こういった中から，本章が扱う特徴がいくつか明らかにしうる。まず，本研究では

SFBTの治療効果をさまざまな指標，たとえば，青年の主観的評価，セラピストの評価，標準化された指標によって測定する。対照的に他のSFBTの研究では，これらの指標の内の1つによってしか測定されていない。

次に，同じ研究デザインを3つの異なった患者群に適用することによって，3つの異なった群に対する治療効果を直接比較することができる。

最後に，青年に対する心理療法の有効性を検討している専門家は臨床場面での研究が欠落している，と指摘している。臨床場面では症状や問題の変化だけでなく，子どもの一般的な機能の変化についても考慮される（Kazdin & Nock, 2003; Nock, 2003）。この研究は先に指摘された点を考慮にいれているため，この研究は臨床場面での有効性に関する研究と関連している，と言える。

本研究における研究上の問いは以下のとおりである。

- 養護施設や医療施設にいる青年の問題の深刻さはSFBTを受ける過程で減っていくのか？
- 養護施設や医療施設にいる青年でSFBTに参加した者は心理的適応が改善されるのか？
- SFBTを受けている最中に青年が体験する問題の深刻さは，青年の心理的な適応と関連するという証拠はあるのか？
- SFBTを受けた青年は異なった施設においても同様の治療効果を示すのか？

SFBTの介入

この研究におけるSFBTの介入は先に記述されたモデルの要点を含んでおり，モデルの原理や手法は変更されていない。また，他の心理療法を組み合わせてもいない。

本研究のためにSFBTのマニュアルがヨーロッパ・ブリーフセラピー協会の要件に基づいて作成された。

また，個々のSFBTの事例はそれぞれSFBTのプロトコルを用いて記録された。

SFBTのマニュアルに沿っているかどうかについては，セラピーが終わった後のSFBTのプロトコルを基にして評価された。

研究手法

対象者

本研究はリトアニアの7つの養護施設と3つの医療施設で行われた。

対象となる青年の人数と平均年齢は図20.2の通りである。

3つの施設のいずれにも治療群と統制群との間に，年齢，性別，治療の前段階の心理的適応に有意な差は見られなかった。

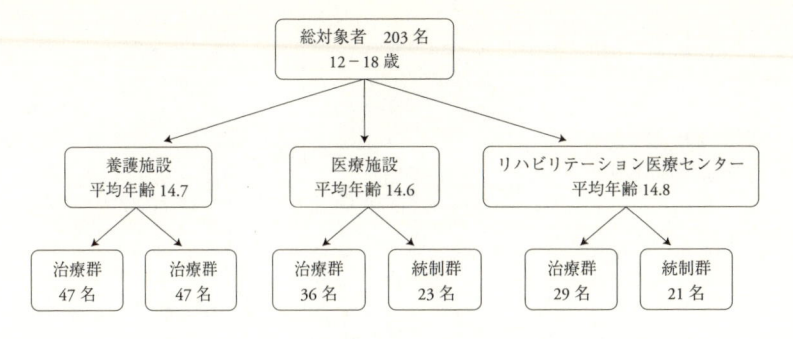

```
                    総対象者 203 名
                       12−18 歳
         ┌─────────────┼─────────────┐
    養護施設          医療施設      リハビリテーション医療センター
   平均年齢 14.7     平均年齢 14.6        平均年齢 14.8
    ┌────┐         ┌────┐            ┌────┐
  治療群  治療群   治療群  統制群     治療群  統制群
  47 名   47 名    36 名   23 名      29 名   21 名
```

図 20.2 それぞれの環境における対象者の人数と平均年齢

心理的適応評価法

青年行動チェックリスト (Pakrosnis & Cepukiene, 2009) を使用した。このチェックリストには二分法で答える 54 項目の質問があり，これらの質問は内容分析に基づいて作られた。

治療効果の評価手法

SFBT の治療効果は 2 つの方法で測られた。

1. セラピーの進行に関する評価手法
   ・クライアントによる進行の評価
   ・セラピストによる改善の評価
2. 心理社会的適応の変化についての評価手法
   ・青年行動チェックリスト

研究デザイン

評価尺度の適用とその時期について図 20.3 に示す。治療前評価の段階では，青年の心理的適応が青年行動チェックリストによって評価された。

第二段階では，SFBT が行われた治療群と治療の行われなかった統制群がある。統制群は治療の行われなかった群として定義され，治療群と年齢，性別，そして，治療前における心理的適応の水準が対応している。

最後の段階では，心理的適応が青年行動チェックリストによって評価された。また，治療群では，クライアントによる進行の評価とセラピストによる改善の評価が行われた。治療前評価から治療後評価までの期間は 6 週間であった。

研究結果

一般的な結果

139 名の青年が SFBT 群として治療が開始された。しかし，27 名 (19%) が早い

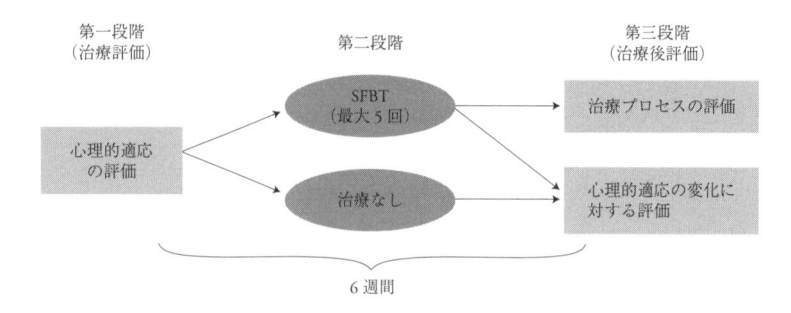

図 20.3　研究デザイン

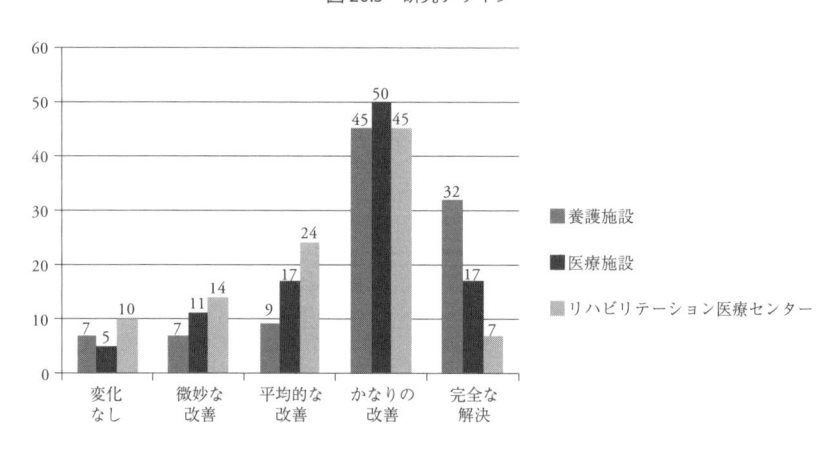

図 20.4　3 つの治療群におけるセラピストの改善度の評定（数字は％）

段階で参加しなくなった。予約されたセッションに無断で来なかったり，明確な改善を示していないにもかかわらず，セラピーに来なかったり，継続して来談するのを拒否したりした。したがって，112 名が SFBT を全て受け終えた。

セラピーの中で示された問題は，セラピーで主に話された内容に基づいて分類された。対人関係の問題（32％），青年の不適切な行動によって引き起こされた問題（35％），そして情緒的問題（33％）である。これらの問題の比較を行ったところ，養護施設の青年には対人関係の問題がより多く見られ，リハビリテーション医療センターの青年には素行の問題が最も少なかった。

セラピーを全て受け終えた対象者が平均して受けたセッションの回数は 3.11 回（SD＝1.09）であった。112 名の内，38 名（34％）が 4 から 5 回のセッションを求め，72 名（64％）が 2 から 3 回のセッションを求め，2 名（2％）のみが 1 回のセッションで終了した。

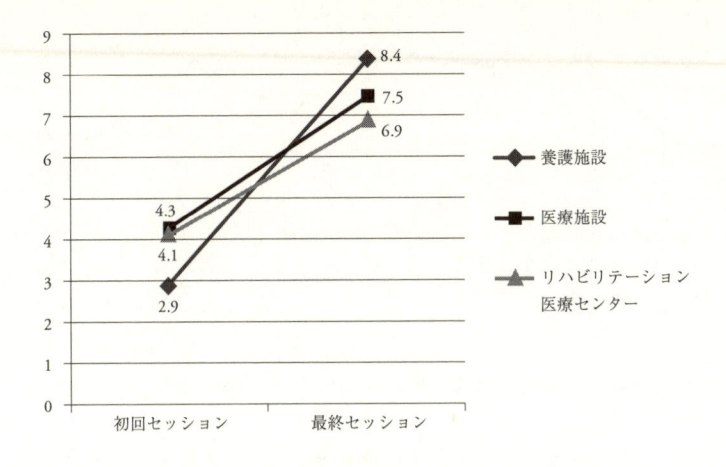

図20.5 クライエントによる問題の深刻さについての評定
0は問題が最悪のときを，10は問題が解決したときを示し，1から10で評定される。数字は初回と最終セッションにおける評定の平均値。

SFBTにおける顕在している問題の変化

手法のところで述べたように，問題の変化はクライアントとセラピストの両方によって査定された。ここでの問題とは，青年がその問題のためにセラピーを受けることになった問題のことを意味する。セラピストによる問題改善に関する評価は図20.4に示されている。図が示すように，3つの全ての治療群においてかなり改善があったと評価するクライアントが最も多かった。

図20.4は改善の程度が3つの治療群において若干異なることを示しているが，統計的には有意ではない。SFBTは2人のセラピストによって3つの施設で行われたにもかかわらず，セラピストに基づいた評価に関して言えば，SFBTは類似した結果を示している，と言える。

全ての治療群で青年もセラピーの進行を肯定的に評価していた。図20.5に示されるように，治療群における問題の深刻さは有意に低下していた。図20.5より，養護施設にいる青年は，医療施設やリハビリテーションセンターにいる青年よりも大きな進歩を示していた。この差は統計的に有意であった。

SFBTにおける心理的適応の変化

心理的適応の変化がそれぞれの環境下で治療群と統制群との間にどのような違いがあるのかを比較し，群の中でどの部分が異なっているかを比較するために，より広範囲にわたる肯定的な変化のプロフィールを図示する。

それぞれの環境で達成された結果を図20.6，20.7，そして20.8にそれぞれ示す。図20.6より，養護施設にいる青年は6週間の治療期間において，治療群の方が統

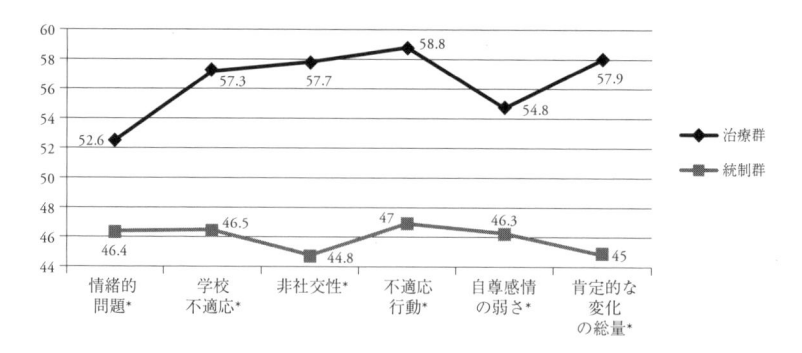

図 20.6　養護施設の治療群と統制群における心理的適応の肯定的な変化（*p＜.005）

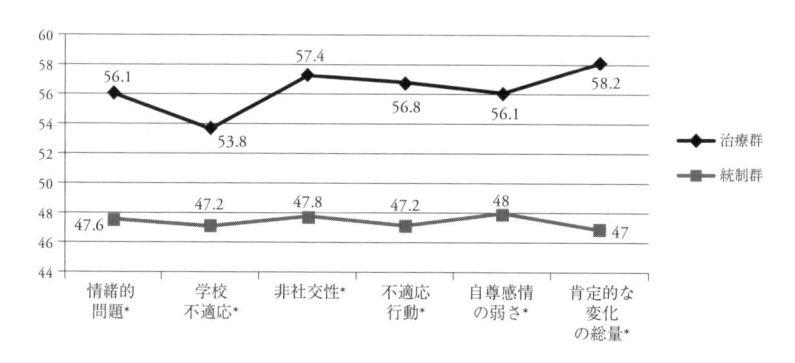

図 20.7　医療施設の治療群と統制群における心理的適応の肯定的な変化（*p＜.01）

制群よりも全ての心理的適応で肯定的な変化を有意により多く達成していることが分かる。図 20.7 より，精神医療センターの青年は SFBT に参加した後，学校での困難さに関する尺度以外の全てで肯定的な変化を有意により多く報告している。図 20.8 より，最後の群（リハビリテーション病院の青年）では，治療群と統制群との間では問題行動に関する領域において有意な差が見られる。対照的に内在的問題，たとえば情緒的もしくは自尊心の問題に関する領域では治療群と統制群との間に明らかな差はない。

　リハビリテーションセンターのグループが示した結果についてはさらに詳しく述べる必要がある。図 20.8 より，統制群における肯定的な変化のプロフィールは他の 2 つの統制群が示すような平坦な形ではない。また，統制群は治療群ととてもよく似たプロフィールの形を示している。つまり，内在的問題領域は外在的問題領域よりも多くの変化があった。プロフィール領域ごとに異なった変化があるというこういったパターンは他の統制群には見られないが，リハビリテーションセンター（健康回復のための

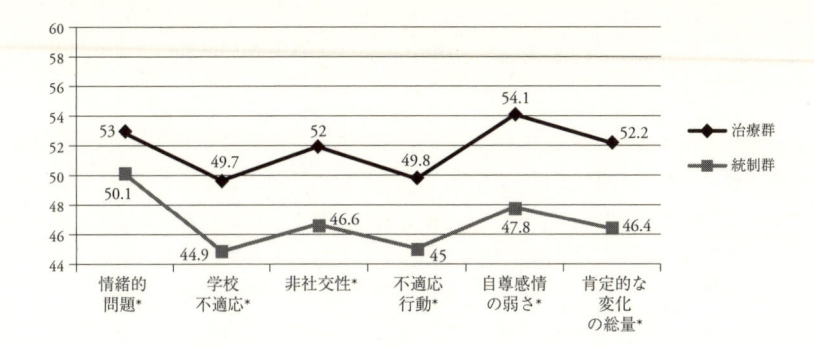

図 20.8　リハビリテーション医療センターの治療群と統制群における心理的適応の肯定的な変化（*p<.05）

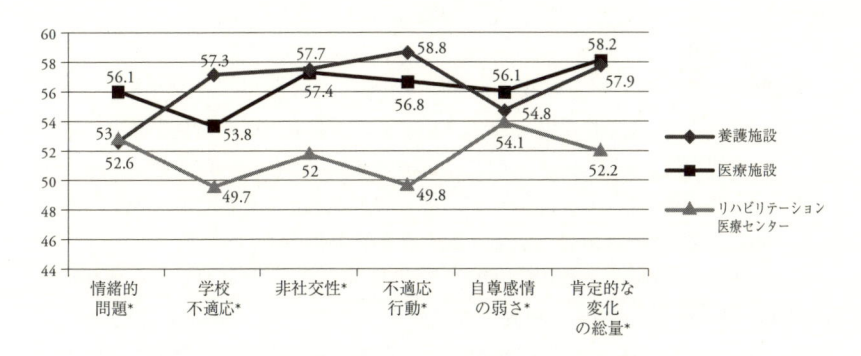

図 20.9　3 つの治療群における心理的適応の肯定的な変化（*p<.05）

表 20.1　解決志向ブリーフセラピーから得られる肯定的な変化の効果量（Hedges の修正による Cohen's D）

心理適応の領域	養護施設	医療施設	リハビリテーション医療センター
情緒的問題	0.7（中）	1（大）	0.3（小）
学校不適応	1.2（大）	0.6（中）	0.6（中）
非社交性	1.4（大）	1.1（大）	0.6（中）
不適応行動	1.2（大）	1（大）	0.6（中）
自尊感情の弱さ	0.9（大）	0.8（大）	0.6（中）
肯定的な変化の総量	1.4（大）	1.2（大）	0.7（中）

設備やプログラムが多くある）では心理的適応のいくつかの領域にも心理的改善が見られることを示している。したがって，リハビリテーションセンターでのSFBTでは，これらのすでにある肯定的な効果を増大する結果を示した，と考えられる。それに対し，他の場所でのSFBTは心理的適応を構造的に変える開始プログラムであった，

と考えられる。

　加えて，治療効果の程度を検討するため，効果量についても評価した。効果量については表20.1に示した。

　効果量の結果は先行研究で検討された内容と軌を一にする。つまり，養護施設や精神医療センターの効果量は概して大きいが，リハビリテーションセンターの効果量はそのほとんどが中程度である。子どもや青年に対する治療効果は0.7から0.8の範囲で効果量を示すことがすでに示されている（Kazdin, 2003; Weisz et al., 1995）。したがって，リハビリテーションセンターの効果量はこの範囲の下限を示している。一方，養護施設と医療施設における効果量はこの範囲の上限を大幅に超えており，SFBTの青年に対する施行の利点を示している。

　最後に先ほど述べたように，治療群間の比較についても検討する。分析の結果を図20.9に示す。ここでは2つのことが明らかにされた。まず，環境に応じていくつかの領域において肯定的な変化の量が異なる，ということである。2つ目として，これら3つの治療群でプロフィールの形が異なるということである。

　問題状況の変化と心理適応の変化に関して言えば，SFBTの治療結果は3つの治療群で異なることが明らかになった。この点についてはいくつかの理由が考えられる。まず，この治療効果の違いはクライアント関連の要因が考えられる。

　次にこれらの違いについては，セラピスト関連の要因も考えられる。セラピストの1人は養護施設で働いており，もう1人は医療施設で働いていた。

　3つ目として，対象とされたグループのさまざまな違い，たとえば社会的経験や現在の生活環境が考えられる。養護施設の青年は生育歴上で重大な喪失を体験しており，親しい家族関係が全くないという極めて特殊な環境で生活している。リハビリテーションセンターにいる青年は深刻な健康面の問題を体験しており，彼・彼女らは日常的な社会環境から一時的に離されて生活している。最後に精神医療センターの青年は通常の環境で過ごしているが，より深刻な心理社会的問題を体験している。

問題状況における肯定的な変化と心理的適応との関係

　われわれの最後の問いは「セラピー場面での問題状況の改善がクライアントの心理的適応の肯定的な変化と関連すると言えるのか」であった。この問いに応えるために，相関分析を行った。分析によって，問題の深刻さの程度が減ることと心理的な適応の数が増えることとには有意な相関がいくつかの領域で見られた。学校での適応，社会的感情，適応的行動，そして肯定的な変化の総量で有意な相関が見られた。

　この結果は大変興味深く，詳細な議論が展開し得る。理論的モデル（図20.1参照）に示されているように，確認された相関関係は仮説通りであった。つまり，解決を導き得る行動について会話することによって，クライアントの行動が実際に変化し，社会システムを経て，問題およびより広い生活環境をも改善すると結論しうる。

一方，これらの知見はシステミックなプロセスを反映してもいる。クライアントがSFBTの過程でいつもと異なったように振る舞い始めると，クライアントの身近にある社会システムはその振る舞いに素早く対応し，その肯定的な変化を強化し，クライアントは環境が良くなったと考えられるようになる。
　結果をまとめると，3つの環境の青年は平均して3回のセッション中に自分たちの問題や心理的適応のほとんどの領域で有意な改善を達成していた。加えて，問題の減少と心理的な適応の変化について相関が確認された。最後に，環境によって治療効果が異なることも認められた。

実践ガイドライン

　本研究の結果から実践におけるいくつかの示唆が得られた。本研究と先行研究の知見から，SFBTは特殊な環境下にいるさまざまな青年に対して有効であるだけでなく，適切であると言える。ほとんどの青年は，セラピストの非専門家の態度を評価していたようだった。その結果，途中で参加しなくなる青年の比率はかなり低かった。また，ほとんどのケースで，解決を構築している会話の間に，変化に対する動機づけが高まるのが観察された。最後に治療効果は問題に限らず，心理的な適応とも関連していた。
　この結果は，SFBTを青年に施行する際に，セラピストが解決構築中にクライアントの行動と内的状態との関連を繋げることによって，さらなる支援が提供できる，ということも示している。

本研究の限界

　本研究は臨床研究であるため，典型的ではあるが，重大な限界がある。まず，群分けに対して無作為化が行われていない。次にSFBTの治療効果を検討する際，クライアント以外から情報を得ていない。たとえば，家族，教師，養護施設職員，医療施設職員などからである。

今後の研究

本研究と先行研究の知見は以下の問いに応えられるような研究を必要としている。

- 青年がSFBT中に体験した生活上での肯定的な変化はクライアントにとって重要な他者（家族，教師，医療施設職員）からも気づき得るのだろうか？

覚えておくべき主要な知見

- SFBTの先行研究によれば，以下の環境で（個人面接による）治療効果を検討した研究は5つしかなかった。養護施設が1つ，精神科医療施設が4つ，そして，リハビリテーションセンターが0であった。これらのエビデンスから，SFBTがこれらの環境に

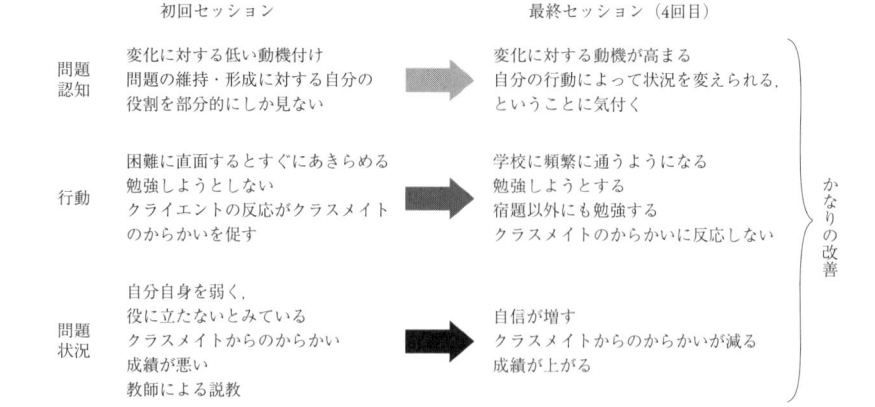

	初回セッション	最終セッション（4回目）	
問題認知	変化に対する低い動機付け 問題の維持・形成に対する自分の役割を部分的にしか見ない	変化に対する動機が高まる 自分の行動によって状況を変えられる，ということに気付く	かなりの改善
行動	困難に直面するとすぐにあきらめる 勉強しようとしない クライエントの反応がクラスメイトのからかいを促す	学校に頻繁に通うようになる 勉強しようとする 宿題以外にも勉強する クラスメイトのからかいに反応しない	
問題状況	自分自身を弱く，役に立たないとみている クラスメイトからのからかい 成績が悪い 教師による説教	自信が増す クラスメイトからのからかいが減る 成績が上がる	

図20.10　クライエントの問題認知，行動，問題状況の変化に関する要約

いる青年に対して施行する価値がある，とある程度は言える。しかし，これらの少ない研究からは SFBT がこれらの環境下での有効性を十分に証明している，とは言えない。

事例

本研究で適用された手法の実践的な適用方法とセラピーにおける変化の過程を説明するため，研究で分析された中の1つの事例を紹介することにする。

治療の文脈

リトアニアの典型的な児童養護施設でカウンセリングは行われた。クライアントは15歳の少年で彼の状況についてセラピストに話したいということで来室した。

少年は養護施設に12年住んでおり，彼の両親は自分たちのほとんど機能していない生活スタイル（アルコール乱用，ネグレクト，子どもへの虐待）のため，親権を失っていた。その養護施設には弟も住んでおり，月に数回祖父母宅を訪ねている。

問題状況

4回のセッションのうちの初回で，クライエントは自分に自信がない，とこぼしていた。彼は自分が弱く，価値のない者だと思っていた。彼は人間関係を持つときに何か困難や問題があると，簡単にいつもあきらめてしまうと言っていた。そのため，同級生からは見下されており，成績が悪いために学校内での問題があり，学校をずる休みしやすく，そして養護施設職員からのプレッシャー（叱責，説教，そして罰）もあった。

治療過程

彼が治療に期待するものを聞くと，彼はもっと自信を持ちたいと言った。ミラクル・

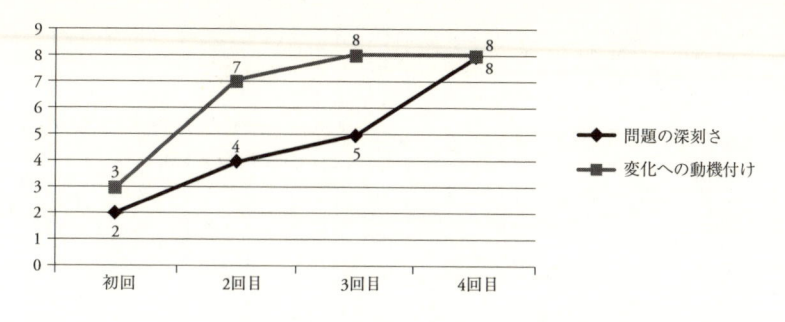

図 20.11　クライエントの変化に対する動機付けの変化と主観的な問題の深刻さの変化

クエスチョンを行ったところ，このクライアントにとって，自信を持つとは朝早く起きられるようになり，時間通りに学校に行くようになり，相手の言うことに集中し，課題を授業中に提出し，そして宿題をすることである，ということが分かった。彼はまた同級生にからかわれるのを止めたいとも思っていた。しかし，この時点ではこれらの目標をどうすれば達成できるのかについて何のアイデアも持っていなかった。セッションを重ねるにつれて，彼はとても良いアイデアを出すようになってきた。

治療的変化と治療効果

本章で提示されたモデルに基づけば，セラピーでの変化は幾つかの領域にまたがるといえる。つまり，クライアントの認知と行動は問題状況の変化を導くと共に日常生活の機能も変化させる。

図 20.10 が示すように，初回面接ではクライアントは変化に対して動機づけが低く，状況は自分ではコントロールできないととらえており，あまり希望がないと捉えていた。

この状況が 4 回の SFBT のセッションを受けた後にどのように変わったのかを見てみよう（図 20.11 参照）。クライアントは問題状況を改善するために行動しようとする意欲が大幅に増加していた。また，彼は自分の行動が状況を変化させうることも発見していた。

クライアントは行動面でも同様に明らかな変化を示していた。セラピー中，彼は学校の成績が上がり，自信回復の一助になった。そのため，彼は学校に行くこと，そして勉強することにもっと努力するようになった。加えて，彼はイライラを表さないことによって，同級生からのからかいを無視した。その結果，問題状況は有意に変化していた。

セラピストもこのクライアントはかなり変化したと評価している。また，クライアント自身の評価も有意な改善があったことを示している。

図 20.12 には，クライアントの心理社会的適応に関する t 値の肯定的な変化が，治療を受けなかった群の青年と比較して示されている。ここから，学校での適応，

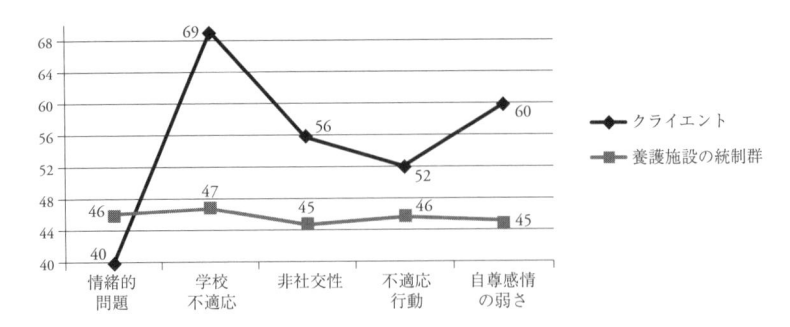

図 20.12　クライエントの心理的適応領域の肯定的変化──養護施設の統制群と比較して

対人関係での適応，そして自尊心といった適応領域は治療を受けなかった群の平均的な変化よりもかなり高いことが示されている。これらの結果と先ほど議論された内容が明らかに関連することが分かる。セラピー場面で主に扱われた内容は自尊心に関することであったが，変化の過程は学業や対人関係の領域とも関連していた。このように，これらの領域における主要な変化は，標準化された指標を用いた際に，クライアントの心理社会的適応の評価も反映する，と言える。

文献

Bertolino, B. (2003). Change-oriented therapy with adolescents and young adults: A new generation of respectful and effective process and practices. New York: Norton.

Beyebach, M. (2000). European Brief Therapy Association outcome study: Research definition. Retrieved 14 05 2002 from http://www.ebta.nu/page2/page30/page30.html

Bishop, M. (2005). Quality of life and psychosocial adaptation to chronic illness and acquired disability: A conceptual and theoretical synthesis. Journal of Rehabilitation. Retrieved 20 09 2007 from http://www.findarticles.com/p/articles/mi_m0825/is_2_71/ai_n13820423

Brown, B. B. (2005). Moving forward with research on adolescence: Some reflections on the state of JP.A and the state of the field. Journal of Research on Adolescence, 15(4), 657-673.

Burr, W. (1993). Evaluation der Anwendung Iosungsorientierter Kurztherapie in einer kinder- und jugendpsychiartischen Praxis [Evaluation of the use of brief therapy in practice for children and adolescents]. Familiendynamik, 18, 11-21.

Cepukiene, V., & Pakrosnis, R. (2008). Factors influencing psychosocial difficulties of adolescents living in foster care: Interaction between personality traits and foster home characteristics. Baltic Journal of Special Education, 2(19), 31-44.

Compas, B. E. (2004). Processes of risk and resilience during adolescence. In R. M. Lerner & L. Steinberg,. (Eds.), Handbook of adolescent psychology (pp. 263-296). Hoboken, NJ: Wiley.

Corcoran, J. (2006). A comparison group study of solution-focused therapy versus "treat-ment-as-usual" for behavior problems: A preliminary report. Journal of Social Service Research, 33(1), 69-81.

Corcoran, J., & Stephenson, M. (2000). The Effectiveness of Solution-Focused Therapy with Child Behavior Problems: A Preliminary Report. Families in Society, 81(5), 468-474.

Cruz, J., & Littrell, J. M. (1998). Brief counseling with Hispanic American college students. Journal of Multicultural Counseling and Development, 26, 227-238.

Davidson-Arad, B. (2005). Fifteen-month follow-up of children at risk: Comparison of the quality of life of children removed from home and children remaining at home. Children and Youth Services Review, 27, 1-20.

De Jong, P., & Berg, I. K. (1998). Interviewing for solutions. Pacific Grove, CA: Brooks/Cole.

Eyberg, S. M., Schuhmann, E. M., & Rey, J. (1998). Child and adolescent psychotherapy research: Developmental issues. Journal of Abnormal Child Psychology, 26(1), 71-82.

Franklin, C., Biever, I., Moore, K., Clemons, D., & Scamardo, M. (2001). The effectiveness of solution-focused therapy with children in a school setting. Research on Social Work Practice, 11(4), 411-434.

Franklin, C., Corcoran, J., Nowicki, J., & Streeter, C. (1997). Using client self-anchored scales to measure outcomes in solution-focused therapy. Journal of Systemic Therapies, 16(3), 246-265.

Garralda, M. E. (2004). The relations between physical and mental health problems and medical help seeking in children and adolescents: A research perspective. Child and Adolescent Mental Health, 9(4), 146-155.

Gingerich, W J., & Wabeke, T. (2001). A solution-focused approach to mental health inter-vention in school settings. Children & Schools, 23(1), 33-48.

Kazdin, A. E. (2002). The state of child and adolescent psychotherapy research. Child and Adolescent Mental Health, 7(2), 53-59.

Kazdin, A. E. (2003). Psychotherapy for children and adolescents. Annual Review of Psychology, 54(1), 253-276.

Kazdin, A. E., & Nock, M. K. (2003). Delineating mechanisms of change in child and adolescent therapy: Methodological issues and research recommendations. Journal of Child Psychology and Psychiatry, 44(8), 1116-1129.

Kiser, D. J., Piercy, F. P., & Lipchik, E. (1993). The integration of emotion in solution-focused therapy. Journal of Marital and Family Therapy, 19, 233-242.

Koob, J. J., & Love, S. M. (2010). The implementation of solution-focused therapy to increase foster care placement stability. Children and Youth Services Review, 32, 1346-1350.

LaFountain, R. M., & Garner, N. E. (1996). Solution-focused counseling groups. Journal of Specialists in Group Work, 21(2), 128-143.

Lee, M. Y (1997). A study of solution-focused brief family therapy: Outcomes and issues. American Journal of Family Therapy, 25(1), 3-17.

Lethem, J. (2002). Brief solution focused therapy. Child and Adolescent Mental Health, 7(4), 189-192.

Lipchik, L. (1999). Theoretical and practical thoughts about expanding the solution-focused approach to include emotions. In W. R. Ray & S. de Shazer (Eds.), Evolving brief the rapy: In honor of John H. Weakland. (pp. 157-177). Galena, IL, and Iowa City, IA: Geist & Russell Companies.

Lipchik, 1. (2002). Beyond technique in solution-focused therapy: Working with emotions and the therapeutic relationship. New York: Guilford Press.

McKeel, A. J. (2000). A selected review of research of solution-focused brief therapy. Retrieved 05 11 2002 from http://www.enabling.org/ia/sft/Review%20McKeel.htm

McMahon, S. D., Grant, K. E., Compas, B. E., Thurm, A. E., & Ey, S. (2003). Stress and psychopathology in children and adolescents: Is there evidence of specificity? Journal of Child Psychology and Psychiatry, 44(1), 107-133.

Miller, G., & de Shazer, S. (2000). Emotions in solution-focused therapy: A re-examination. Family Process, 39(t), 5-23.

Newsome, W. S. (2004). Solution-focused brief therapy groupwork with at-risk junior high school students: Enhancing the base line. Research on Social Work Practice, 14(5), 336-343.

Nock, M. K. (2003). Progress review of the psychosocial treatment of child conduct problems. Clinical Psychology: Science and Practice, 10(1), 1-28.

Pakrosnis, R., & Cepukiene, V. (2009). Adolescent Psychological Functioning Difficulties Questionnaire: Composition and primary psychometric analysis. International Journal of Psychology: A Biopsychosocial Approach, 3, 9-32.

Schmidt, S., Petersen, C., & Bullinger, M. (2003). Coping with chronic disease from the perspective of children and adolescents-a conceptual framework and its implications for participation. Child: Care, Health and Development, 29(1), 63-75.

Shennan, G. (2003). The Early Response Project: A voluntary sector contribution to CAMHS. Child and Adolescent Mental Health in Primary Care, 1, 46-50.

Simms, M. D., Dubowitz, H., & Szilagyi, M. (2000). Health care needs of children in the foster care system. Pediatrics, 106(4), 909-918.

Simon, J. K., & Berg, I. K. (2004). Solution-focused brief therapy with adolescents. In F W Kaslow & R. F. Massey (Eds.), Comprehensive handbook of psychotherapy (Vol. 3, 133-152). New York: Wiley

Smith, S. (2002). What works for whom: The link between process and outcome in effectiveness research. Australian Social Work, 55(2), 147-155.

Taussing, H. N. (2002). Risk behaviors in maltreated youth placed in foster care: A longitudal study of protective and vulnerability factors. Child Abuse & Neglect, 26(11), 1179-1199.

Tyson, E. H., & Baffour, T. D. (2004). Arts-based strengths: A solution-focused intervention with adolescents in an acute-care psychiatric setting. The Arts in Psychotherapy, 31(4), 213-227.

Van Dyk, M. (2004). The impact of solution focused brief therapy on the foster care recidivism rate of adolescent offenders (a doctoral thesis). Retrieved 02 03 2005 from http://www.proquest.com

Viner, R. M., Christie, D., Taylor, V., & Hey, S. (2003). Motivational/solution-focused inter-vention improves HbAtc in adolescents with Type 1 diabetes: A pilot study. Diabetic Medicine, 20(9), 739-742.

Weersing, V. R., & Weisz, J. R. (2002). Mechanisms of action in youth psychotherapy. Journal of Child Psychology and Psychiatry, 43(1), 3-29.

Weisz, J. R., Donenberg, G. R., Han, S. S., & Kauneckis, D. (1995). Child and adolescent psychotherapy outcomes in experiments versus clinics: Why the disparity? Journal of Abnormal Child Psychology, 23(1), 83-98.

Wilmshurst, L. A. (2002). Treatment programs for youth with emotional and behavioral disorders: An outcome study of two alternate approaches. Mental Health Services Research, 4(2), 85-96.

第21章
マネジメントにおける解決志向アプローチ

マーク・マッカーゴ

はじめに

　解決志向アプローチは，実用的かつ効果的な手法であることから，ここ15年の間に会社組織でのマネジメントや組織改革などで急激に用いられるようになった。この章では，さまざまな会社組織で用いられた解決志向アプローチの実践例や研究の成果を多く紹介する。

マネジメント分野における解決志向の始まり

　いつ頃から解決志向アプローチが組織のマネジメントに用いられ始めたのかは定かではない。私が知っている最初のものは，1996年にイギリスの実践家ハーリー・ノーマンによって行われたブリストル大学での解決志向コーチングの研修である。2002年には，ジャクソンとマッカーゴによって解決志向のマネジメントについて記された最初の本が出版された。そして，この本の著者やブリストル大学のメンバーによってSOLWorldコミュニティ（http://www.solworld.org）が始められ，世界規模でのコンサルタント，マネージャー，コーチ，ファシリテーターのネットワークが構築された。SOLWorldコミュニティでは技法の種類を増やすことや，その応用法について研究がなされている。また，新しく組織された専門団体としては，解決志向コンサルティング・研修開発協会（SFCT: http://www.asfct.org）がある。SFCTは，コンサルティング，コーチング，研修の各分野における解決志向の実践家の能力向上を支援することを目的としている。

マネジメント分野における解決志向の発展

　解決志向セラピーの方法論を会社組織でのマネジメントに応用することは，セラピーで解決志向を用いる場合よりも難しい。しかしながら，さまざまな状況に応じた実践法や応用法が見出されている。
　また職場では関わる相手との関係性が異なれば関わり方を変えていく必要があ

る。たとえば，相手が管理職なのか，同僚なのか，それとも取引先の相手なのかによって関わり方は全く異なってくる。ジャクソンとマッカーゴ (Jackson & McKergow, 2002) は，そのうち，管理職を対象にした6つの「解決のための道具」(「SIMPLE」な原則) を提案している。

- 解決であり問題ではない (Solution-not problems)
- 対人間の問題として——個人内の問題としてではなく (In between-not individual)
- そこにあるものを利用して——そこにないものではなく (Make use of what's there-not what isn't)
- 可能性を重視して——過去，現在，未来の (Possibilities-from the past, present, and feture)
- 言葉遣い——わかりやすく (Language-simply said)
- 一つとして同じ事例はない——フィットする理論を (Every case is different-beware ill-fitting theory)

ハジャー (Hjerh, in Klingenstierna, 2001) も同様に，PLUSモデルを提案している。

- 始まり——なにが問題で (Platform-what is the issue)
- 望ましい未来から検討してみて——なにが望まれているのか (Look from the preferred future-what is wanted)
- 成功やリソースを活用して——すでにうまくいっているものを利用して (Utilize successes and resources-use what is already working)
- スケールをつける——次に進むステップ (Stepping the scales-next steps forward)

カウフマンとディエロフ (Cauffman & Dierolf, 2006) もまた，①社会的に，②文脈を作って，③ゴールを設定して，④リソースを明らかにして，⑤賞賛をあたえて，⑥スケーリングを使って差異をつくりだして，⑦未来に目を向ける，という解決のための7段階を提案している。

これらのモデルのように，解決志向アプローチはすぐに使え，かつ簡単なのが特徴である。しかも，ポジティブ心理学のように決まった形式があるわけではなく (McKergow, 2005)，状況に応じてさまざまに用いられる。明確な形式がないことは確かに課題ではあるが (Cooperider & Whitney, 2001)，その柔軟性ゆえに，多様な活用法が生まれたといえる。

しかし，解決志向アプローチは学術的発展という面では不十分である (McKergow, 2009b 内で引用されているゲイル・ミラー)。だが徐々に，解決志向アプローチの講義がなされたり，「InterAction」誌で査読付きの論文が発刊されるようになっており，学術面においても変化が見られ始めている。

調査の方法

会社組織では，新しい方法を活用し発展していくことが最優先されるため，その介入方法の効果研究や標準化された調査にはあまり焦点が当てられていない。一般に，会社組織の分野で得られた研究データは，特定の状況（会社組織）で実施された事例研究と見なすことができる。しかしながら，測定されたデータがない場合もあるため，私は，その効果を信頼してもらえるように，極力内容を詳細に記述して，以下に解決志向の方法論を用いたプロジェクトをまとめた。

組織における解決志向の応用

コーチングにおける解決志向の応用

コーチングは，解決志向アプローチの応用可能性にいち早く着目した分野である。特に，シドニー大学のコーチング心理学部のアンソニー・グラントは早くに解決志向アプローチの可能性に気づいた（Greene & Grant, 2003）。ここではマネジメント・ツールとしてのコーチングに目を向ける。

マネジメント・ツールとしてのコーチングは，1990年代にジョン・ホワイトモア（Whitmore, 1992）の研究によってかなり発展した。そして，ジャクソンとマッカーゴ（McKergow, 2007）によって90年代終わりに，OSKARモデルが考案された。このモデルは，(1) 話題およびセッションでは何が求められているか，(2) 10点を最も望ましい状態とした場合，現在何点くらいか，(3) これまで用いてきた方法とは何か，他にはどのような方法があるか，(4) 良い印象を与えることができることは何であり，そのためには次に何をしたらよいのか，(5) 前よりも上手くいったことは何であり，どうやってそれをしたのか，という質問を含んでいる。OSKARモデルは，シンプルであったために解決志向の発想を持っている管理職の関心を引き，多くの組織で使用された。OSKARモデルを使うと，スムーズにクライアントの要求をひき出すことができ，要求に応えるための「うまくいっていること」を見つけることができる。

部署内における解決志向の応用

管理職の最も主要な仕事は，より効率的に部署の人員が働けるようにすることである。特に，困難が生じている場合，解決志向アプローチを用いることで，解決への筋道を明らかにしていくことができる。たとえば，ヘンデン（Henden, 2005）によると，自分自身が後にどうなっているかを想像させる「タイム・クエイク」を用いることで，困難な問題に直面している部署に再びやる気を起こさせ，困難を切り抜けられると報告されている。これは，ミラクル・クエスチョンと同じ役割を果たしているだろう。解決志向のアプローチを行ったファシリテーターの活動記録が多くある（Rohrig & Clarke, 2008）ことからも，このアプローチが支持されていることがわかる。

組織全体の変革における解決志向の応用

　解決志向のアプローチは，各部署内での応用だけではなく，組織全体の変革にも用いられている。たとえば，グラス（Glass, 2007）は，小さな変化が全体の部署を通じてさざ波のように広がり，英国の10億ポンドの規模の複合企業のモラルを大きく改革したと報告している。1回きりの大きくて全体に知れ渡るような介入プログラムとは対照的に，たくさんの小さな介入は，仕事の通常の流れの中で取り入れられるため，抵抗が生じにくく，さざ波のように変化が変化を生んでいくことを指摘している。
　さまざまな要因が絡み合っているため，どの介入が何の効果をもたらしているのかを特定することは困難であるが，解決志向の方法論に基づいた介入によって，会社の総合的な成果が生み出されたという例はいくつもある。ヴァン・ホッフ（Van Hogh, 2009）によると，オランダのIT企業Hogendoornの経営チームに解決志向の発想を紹介したところ，事業計画や事業実践に変化が生じ，その結果，ちょうど3カ月で2倍の利益が生まれ，在庫と借金が半減したことを報告している。彼は，解決志向の発想を持つことにより，未来志向的になったことでこの成功があったと述べている。ただし，管理職から始めて少しずつ人々を巻き込んでいく方が上手くいくため，一度に全てのスタッフを解決志向の発想に「転換」しようとしないよう注意を述べている。他には，バウラーとルーガー（Bauer & Lueger, 2007）が，オーストラリアの小さなスポーツウェア小売チェーン店の収益を増やすために解決志向の発想を使用した例もある。何が物事をより上手くいくようにするのか（Lueger, 2006）という発想をすることで，何が間違っていたかということはあまり際立たなくなるため，スタッフは働きやすくなり，何が売り上げを伸ばすのかに焦点を当てるようになった。その結果，売上げは20%増加した。

会社組織の日々の経営における解決志向の応用

　ここまでは，個人の実績や組織の特定の側面を改善しようとする試みについて述べてきた。しかし，解決志向アプローチはある特定の条件下での使用に限られるわけではないため，会社組織の日々の経営にも有益な効果を生むと思われる。
　管理職に解決志向の発想を紹介すると，彼らはその後，ミーティングでの質問からプロジェクト全体での応用まで幅広い範囲で，日常的に解決志向に基づいた戦術をとるようになる。解決志向は「上手くいっていることは何か？」に焦点を当てるため，どのような状況でも解決に向けた変化を生み出すことができる。たとえば，モナ・ホジョブ（Hojab, 2007）は，経営にスモール・ステップを取り入れたことで，さまざまな興味深い肯定的変化が起きたことを報告している。また，管理職だったアントワネット・オーグルソープは，解決志向の発想を取り入れたことで，従業員と管理職が同じ目標に向かうようになり，不満を抱えて退職を考えていた従業員の意欲を取り戻すことができたと述べている（McKergow, 2008）。ハンツ・ザインホーファー（Hans Zeinhofer, 2007）は，オーストリアの電気会社における管理職として，過去の顧客応

対のトラブルをふまえ，再発防止を検討する際に，「上手くいったことは何か?」「次に何を行っていったらよいか?」という視点から検討することで，有益な効果が生まれたと報告している。

リーダーシップにおける解決志向の応用

ムッスマン(Mussman, 2006) は，日常業務の中で見られる解決志向のリーダーシップについてインタビューとアンケートを用いて調査した。その結果，解決志向のリーダーシップは，「後ろからリードする」という発想，他者の仕事への尊敬，プロセス志向で働くという特徴がある一方，従来の古典的で権威的な方法のリーダーシップとも一緒に実践できるということがわかった。

また，リーダーシップのとり方によって，乱雑であいまいな労働環境が改善されることもある。ローリグ (Rohrig, 2007) は，解決志向アプローチとスモール・ステップを用いることで，膨大な量の書類を整理したことを報告しており，ディエロフ(Dierolf, 2007) は，解決志向の技法を使用して，とても複雑な規定と出資者の問題を切り抜けた事例を報告している。

ブレントとマッカーゴ (Brent & McKergow, 2009) も，リーダーシップのツールとして解決志向コーチングを応用した。その中で，意図を持って状況をよく観察することの重要性，ゴールに向けたスモール・ステップの重要性，そしてリーダーは見通しが不確かな状況であっても解決できるという自信を根拠がなくとも持つ必要性を強調している。

従業員の評価における解決志向の応用

管理職の重要な役割は，部下の業績を評価し仕事ぶりを再検討することである。ルーガー (Lueger, 2005) は解決志向の観点からこれまでの評価方法を再考し，複数の視点から従業員を評価する方法を考案した。この方法は今までになく，管理職と従業員との間の話し合いを促進させることとなった。これまでにない効果をもたらすことから，この方法は数多くの組織での適用例が報告されている (たとえば Powell & Coombs, 2006; Kay, 2006; Fink, 2006)。この方法を用いることで，雑談などのやりとりを通じて，組織に小さな行動の変化が，さざ波が立っていくように広がったと多くの者が言及している。

品質管理における解決志向の応用

品質を改善するために，問題を分析し原因を追究するというプロセスを経ることは，会社が生き残るためはこれまで重要なことだった。しかし，ダーンフォード(Durnford, 2007) はこれらの伝統的なアプローチと並行して解決志向の方法論を用いることで新たな発想が得られ，会社に貢献した例を報告している。すでに従来のように問題を分析するだけでは組織は進展できないと感じ，彼は「どうやって従業員を従事させるか」ではなく，「次に何をすべきか」をはっきりさせるという発想に転換することで，従業員を従事させやすくなるという結論を下した。同様に新しい生産方式を実行する

際（Clarke, 2006）や，品質の向上を図る際（Heilbrunn, 2009）にも，解決志向の方法論を用いることで発想の転換が生まれ，効果的な結果が生まれたことが報告されている。

葛藤解決における解決志向の応用

解決志向の発想は，部署間や組織全体での葛藤を解消するための介入（Bannink, 2009; Schienecker, 2006）や，素早く協力関係を築くための介入（Macdonald, 2006）にも用いられ，有益な結果を生んでいる。さらに，ステルマンス（Stellamans, 2006）は，国際紛争の解決に対する解決志向の発想の応用可能性について述べている。通常，平和の構築のためには紛争の分析と分類がなされることが多いが，解決志向のアプローチでは例外や，現在見られているよい変化の予兆や意欲の小さなサインに目を向けるという発想を持っているため，新たな結果を生み出すかもしれない。

販売業務における解決志向の応用

解決志向アプローチは相手と協力するという精神に基づいているため，人々が何を欲しており，それをどのようにしたらよいのかを明らかにするための話し合いに有用なフレームワークを提供してくれる。スプロソン（Sproson, 2010）は，販売業務について「クライアントの募集」という見方をしている点で他より先んじている。またホフスタッター（Hofstetter, 2008）はさらに進んで，解決志向の研究知見を統合して，販売促進業務に新しいアプローチを提供した。

経営戦略における解決志向の応用

解決志向のアプローチは，有益な変化に焦点を当てているため，新しい経営戦略をもたらす。ウッディングス（Woodings, 2006; 2009年にスチュアートで議論されたもの）は，従来の分析や目標設定をしたり，実践計画を練る方法ではなく，（人々の）調整と（組織の）運営のための戦略的な介入方法を開発し，試験的に実践した。彼の開発した戦略的な介入はさまざまな組織で受け入れられ，解決志向の発想が組織経営にも浸透していく可能性を示した。

研修における解決志向の応用

解決志向のアプローチは，すでに多くの組織の研修部門での使用例が見られる。学習方法とスキル開発の専門家は，すぐに解決志向の発想を取り入れた。すると，初心者のプレゼンテーションのスキルを観察する場合に，「何が間違っているのか」を詳細に分析するよりも「上手くいっていること」に目を向けるようにすると，より確実にスキルの基礎を作ることができることがわかった。また，マッカーゴ（McKergow, 2007）は，ファシリテーション，営業の訓練，訓練ニーズの分析などに解決志向の発想を応用するためのマニュアルを作成した。

また，解決志向アプローチを身につける訓練のための方法にも，解決志向の発想が含まれている。（たとえばHankovzsky & Szabo, 2002）。ヒッシュバーガー（Hirschbuger, 2006）は，訓練や介入を測定するための解決志向の評価手法を考案

した。この中では，解決志向の質問法が使用されており，それはこの研修の分野では斬新なものであった。

限界

ここまで紹介してきた研究や事例を見ると，すべての解決志向が上手くいっているかのように見えるが，それは，ここまでに引用された著者のほとんどが経験豊かで熟練した解決志向の実践家であるためである。彼らは，「すべてのケースは難しい」という基本的な認識を持ちつつも，目の前にある状況に注意深く自分たちの行動を適合させることができる (Jackson & McKergow, 2002)。

また，解決志向のアプローチが，状況を悪化させるという結果を示す査読論文がないことも注目に値する。しかし，それはケースを進めていく上で，上手くいかないことがまったくないということではない。ただ，解決志向は「上手くいかないことをするのはやめて他のことをする」という信念を持っているため，上手くいく方法を常に考えており，事態を悪化させ続けるという場合は見られないのである。

実践ガイドライン

解決志向のアプローチが異なる分野すべてに応用できるかのように見えることで，他の人も解決志向を実行してみようという気になり，新しい応用方法やモデルを発見することへもつながっていく。また，ここまで紹介した会社組織分野の専門家たちは，解決志向のアプローチの柔軟性を保つことに重点を置いており，解決志向のアプローチがさらに応用されていくことを願っている。そのため実践ガイドには，地道に自分の専門性や経験の上に築いていくようにすること，柔軟であること，勇敢に新しい応用法やモデルを開発していくことが盛り込まれている。

解決志向アプローチの展望

マネジメントの世界の中で解決志向のアプローチが広く知られ使われるようになってきたため，他のマネジメントのアプローチとの比較のなかでの解決志向の位置づけや独自性を明らかにする必要がある。次のステップとしては，他のアプローチに慣れ親しんでいた人々がどのように解決志向を見ているのか，そして解決志向の有用性について彼らはどのように見ているのかを理解することが必要である。そのためにはそのような人たちと一緒に働くことも必要となるかもしれない。

また，組織分野でも SFT は長期的に良い影響があるのか，解決志向を学んだマネージャーはそれを使い続けるのか，アプローチに熟練してきたら，よりよい結果を残せるのか，などについて追跡調査をしてみるのも興味深い。

別の可能性としては，解決志向の方法論の中でも比較的未開発だった学術的・哲学的な側面と，十分に発展した実践的な側面との間を結びつけることも必要になってくる。

しかし，もしその分野で他の名の知れたアプローチと一緒に解決志向が共存できなければ，解決志向はその分野から完全に消えてしまう恐れがある。だが，その共存が可能となれば，解決志向のアプローチは，今後10年の間に大きな貢献をする可能性があるだろう。

結論

本章では，マネジメントの中で応用されている解決志向の発想を用いた方法のうちのいくつかを概説した。しかし，公表されていない応用例も多くあることを付記しておく。

解決志向の応用の発展から，さいごに以下の3点について述べておきたい。一つ目は，SFBTは困難な状況に立ち向かうにあたり，既存の方法にとらわれることなく，つねに効果的で新しい方法を見つけることをいとわないという点である。2つ目は，解決志向を活用している組織では，その組織が共有していた謙虚さ，配慮，信頼関係，成功を求めるといった価値観が良いものとして維持されているということである。最後は，解決志向のコミュニティがオープン・ソースの精神を保つよう努力していることである。SOLWorldの憲章にも，「解決志向の発想と原理は皆が所有している」とはっきりと述べられており，一人が解決志向の発想を所有することのないようにしている。そして，解決志向の発想がさらに他の分野へ広がり，共有され，結果が残されることが願われている。

重要な点のまとめ

最後に，本章で述べた重要な点について5点まとめる。解決志向のアプローチは，①カウンセリングやセラピー以外の領域でも有効であり，②すでに会社組織の多様な状況下で上手く応用されている。③会社組織でさまざまなかたちで応用されることを通じて，解決志向アプローチは世界中に広まっていった。そして，④とりわけコーチングの世界においてはますます重要性を増している。また，⑤解決志向アプローチは，その実用性や柔軟性，および実績によって，世界中のリーダーと管理職から受け入れられている。⑤今後も，国際的な解決志向のコミュニティは，開放的で，寛大であり，評価，ライセンス供与の年齢と知的財産については，オープン・ソースなものであり続ける。

さらなる学びのために

- Solution Focused Counseling and Training（SFCT）は，組織で解決志向のアプローチを使っている人のための専門組織で，学術誌 InterAction を発刊している。ウェブサイトは http://www.asfct.org。
- SOLWorldコミュニティは，マネジメントの際に解決志向を応用している人たちのための

議論およびオンライン・コミュニティの場である。ウェブサイトは http://www.solworld.org
- 仕事のための解決志向センター（Centre for SF at Work）には，解決志向に関する研究，論文などの資料のライブラリがある。ウェブサイトは http://www.sfwork.com

文献

Aoki, Y. (2010). "Creating a workplace where we all wanna go every morning!", InterAction, 1(2), 113-119.
Bannink, F. P. (2009). SF Conflict management in teams and organisations. InterAction, 1(1), 11-25.
Bauer, K., & Lueger, G. (2007). Back to the future: Increasing sales with positive differences. In M. McKergow & J. Clarke (Eds.), Solutions focus working (pp. 63-72). Cheltenham, UK: Solutions Books.
Berg, I. K., & Szabó, P. (2005). Brief coaching for lasting solutions. New York: Norton.
Brent, M., & McKergow, M. (2009). Acting in uncertainty: Solution focused coaching and leadership. Coaching at Work, 4(5), 44-48.
Cauffman, L. (2001). Oplossingsgericht Management: Simpel werkt het best (Solution-focused management: Simple works the best). Amsterdam: Lemma.
Cauffman, L., with Dierolf, K. (2006). The solution tango: Seven simple steps to solutions in management. London: Marshall Cavendish.
Clarke, J. (2006). Turning clients into customers for change. In G. Lueger & H.-P. Korn (Eds.), Solution-focused management (pp. 357-362). Munich: Reiner Hampp Verlag.
Clarke, J., & McKergow, M. (2007). Optimising the organisation. In M. McKergow & J. Clarke (Eds.), Solutions focus working (pp. 93-103). Cheltenham, UK: Solutions Books.
Cooperrider, D., & Whitney, D. (2001). Appreciative inquiry. Berrett-Koehler.
Covey, S. R. (1993). The seven habits of highly effective people. New York: Free Press.
de Shazer, S., & Berg, I. K. (1995). The brief therapy tradition. In J. Weakiand & W Ray (Eds.), Propagations: Thirty years of influence from the Mental Research Institute (pp. 249-252). Binghamton, NY: Haworth Press.
Dieroif, K. (2007). Solutions focus tackles complexity. In M. McKergow & J. Clarke (Eds), Solutions focus working (pp. 105-117). Cheltenham, UK: Solutions Books.
Durnford, T. (2007). Turning the tables on quality. In M. McKergow & J. Clarke (Eds), Solutions focus working (pp. 49-62). Cheltenham, UK: Solutions Books.
Fink, B. (2006). Making performance rating relevant, informative and meaningful. In G. Lueger & H.-P. Korn (Eds.), Solution-focused management (pp. 213-222). Munich: Reiner Hampp Verlag.
Garssen, B. (2006). Dancing with your boss. In G. Lueger & H-P Korn (Eds.), Solution-focused management (pp. 135-145). Munich: Reiner Hampp Verlag.
Godat, D. (2006). Random micro solution-focused work. In G. Lueger & H.-P Korn (Eds.), Solution-focused management (pp. 421-426) Munich: Reiner Hampp Verlag
Greene, J., & Grant, A. M. (2003). Solution-focused coaching: Managing people in a complex world. London: Momentum.
Glass, C. (2007). The power of one. In M. McKergow & J. Clarke (Eds.), Solutions focus working (pp. 13-31). Cheltenham, UK: Solutions Books.
Hankovzsky, K., & Szabh, P (2002). Elements of solution-focused training methodology. Lernende Organisation, 9, 29-32.

Heilbrunn, M. (2009). Solutions focus in auditing. INFORM, e-journal of the International Registry of Certified Auditors, 21. Retrieved from http://wwwirca.org/inform/issue21/MHeilbrunn.html (retrieved 17 March 2011)

Henden, J. (2005). Team remotivation. In M. McKergow & J. Clarke (Eds.), Positive approaches to change (pp. 39-52). Cheltenham, UK: Solutions Books.

Hirschburger, F. (2006). The formula for resourceful evaluation of training and coaching. In G. Lueger & H-P. Korn (Eds.), Solution-focused management (pp. 287-295). Munich: Reiner Hampp Verlag.

Hoffman, K., & Luisser, P (2007). Effects of solution-focused training on leadership behaviour and productivity. Munich: Rainer Hampp Verlag.

Hofstetter, D. (2008). Solution-focused selling. Munich: Rainer Hampp Verlag.

Hojab, M. (2007). Small steps and Trojan mice. In M. McKergow & J. Clarke (Eds.), Solutions focus working (pp. 83-92). Cheltenham, UK: Solutions Books.

Jackson, P. Z. (2005). How to improve your management skills. In M. McKergow & J. Clarke (Eds.), Solutions focus working (pp. 141-154). Cheltenham, UK: Solutions Books.

Jackson, P. Z., & Coombs, C. (2009). Making it happen in your organisation. InterAction, 1(1), 66-77.

Jackson, P. Z., & McKergow, M. (2002). The solutions focus: The SIMPLE way to positive change. London: Nicholas Brealey.

Jackson, P. Z. & McKergow, M. (2007). The solutions focus: Making coaching & change SIMPLE. (second edition) London: Nicholas Brealey.

Johansson, B., & Persson, B. (2007). Change is in the eye of the beholder. In M. McKergow & J. Clarke (Eds.), Solutions focus working (pp. 159-173). Cheltenham, UK: Solutions Books.

Kay, A. (2006). The use of solutions focus in branded customer experience implementation. In G. Lueger & H-P. Korn (Eds.), Solution-focused management (pp. 159-168). Munich: Reiner Hampp Verlag.

Klingenstierna, C. (2001). Lösningsfokuserad gruppterapi vid långtidssjukskrivning-en jämförande studie med deltagare sjukskrivna mer än sex månader. (Solution-focused group therapy with long term sickness absence - a comparative study with participants on sick leave more than six months) Unpublished MSc. Psychology thesis, Uppsala University, Uppsala, Sweden.

Korn, H-P. (2006). Staging of strategic solutions for the future business. In G. Lueger & H-P Korn (Eds.), Solution-focused management (pp. 169-183). Munich: Reiner Hampp Verlag.

Lueger, C. (2005). Solution focused rating. In M. McKergow & J. Clarke (Eds.), Positive approaches to change (pp. 81-92). Cheltenham, UK: Solutions Books.

Lueger, G. (2006). Solution-focused management: Towards a theory of positive differences. In G. Lueger & H.-P. Korn (Eds.), Solution-focused management (pp. 1-13). Munich: Reiner Hampp Verlag.

Macdonald, A. (2006). Solution-focused situation management. In G. Lueger & H-P. Korn (Eds.), Solution-focused management (pp. 61-66). Munich: Reiner Hampp Verlag.

McKergow, M. (2005). Positive approaches to organisations and people. In M. McKergow & J. Clarke (Eds.), Positive approaches to change (pp. 1-11). Cheltenham, UK: Solutions Books.

McKergow, M. (2007). Listing and letting go: Transforming a training department. In M. McKergow & J. Clarke (Eds.), Solutions focus working (pp. 147-157). Cheltenham, UK: Solutions Books.

McKergow, M. (2008). Solutions focus: How to change everything by changing as little as possible. Retrieved from http://www.sfwork.com/jsp/index.jsp?lnk=6d7 (retrieved 17 March 2011)

McKergow, M. (2009a). Leader as host, host as leader: Towards a new yet ancient metaphor. International Journal for Leadership in Public Services, 5(1), 19-24.

McKergow, M. (2009b). Gale Miller: The man behind the mirror behind the mirror at BFTC. InterAction, 1(1), 78-88.

Meier, D. (2005). Team coaching with the SolutionCircle. Cheltenham, UK: Solutions Books.

Mintzberg. H. (1994). The fall and rise of strategic planning. London: Prentice Hall.

Mussan, C. (2006). Solution-focused leadership. In G. Lueger & H-P Korn (Eds.), Solution-focused management (pp. 99-110) Munich: Reiner Hampp Verlag.

Norman, H., Hjerth, M., & Pidsley, T. (2005). Solution focused reflecting teams in action. In M. McKergow & J. Clarke (Eds.), Positive approaches to change (pp. 67-79). Cheltenham, UK: Solutions Books.

Oglethorpe, A., & Oglethorpe, D. (2009, June 10). Resolving conflict in the workplace: PARTNERing for success. Presented at the 10th International Conference on Human Resource Development Research and Practice across Europe, Northumbria University Business School, Northumbria, UK.

Powell, V., & Coombs, C. (2006). Using SF to accelerate a performance and development culture. In G. Lueger & H-P. Korn (Eds.), Solution-focused management (pp. 307-314). Munich: Reiner Hampp Verlag.

Regele, D., & Regele, W (2006). Solution-focused improvement of the customer segmenta-tion process. In G. Lueger & H-P. Korn (Eds.), Solution-focused management (pp. 185-192). Munich: Reiner Hampp Verlag.

Röhrig, P. (2007). Making sense of information. In M. McKergow & J. Clarke (Eds.), Solutions focus working (pp. 147-157). Cheltenham, UK: Solutions Books.

Röhrig, P., & Clarke, J. (2008). 57SF activities for facilitators and consultants.Cheltenham, UK: Solutions Books.

Scheinecker, M. (2006). SF-conflict management in conflict consulting in organisations, In G. Lueger & H-P. Korn (Eds.), Solution-focused management (pp. 317-324). Munich: Reiner Hampp Verlag.

Schmitz, L., & Billen, B. (2000). Mitarbeitergesprdche. LiTisungsorientiert - klar-konsequent.Vienna: Uebereuter Wirt. Sked, C., & Waidman, J. (2006). Working in partnership to introduce SF as a management tool. In G. Lueger & H-P. Korn (Eds.), Solution-focused management (pp. 443-452). Munich: Reiner Hampp Verlag.

Sproson, J. (2010). They call it selling-we call it client recruitment. Burghfield, UK: Sales Mentor.

Stellamans, A. (2006). Solution-focused peace building. In G. Lueger & H.-P. Korn (Eds.), Solution-focused management (Pp. 339-343). Munich: Reiner Hampp Verlag.

Stewart, A. (2009, April 25). Riding the storm. Classical Music, 22-25.

Szabó, P., & Meier, D. (2007). Getting a team working together. In M. McKergow & I. Clarke (Eds.), Solutions focus working (pp. 135-146). Cheltenham, UK: Solutions Books.

Szabó, P., & Meier, D. (2009). Coaching plain & simple: Solution-focused brief coaching essen-tials. New York: Norton.

Van Hogh, M. (2009). SF management in an IT company. Presented to the SOLWorld 2009 conference, Texel, the Netherlands.

Whitmore, J. (1992). Coaching for performance. London: Nicholas Brealey.

Woodings, B. (2006). Aligning large multi-cultural teams performance with a solutions focused approach. In G. Lueger & H.-P. Korn (Eds.), Solution-focused management (pp. 371-382). Munich: Reiner Hampp Verlag.

Zeinhofer, H. (2007). What went well? In M. McKergow & J. Clarke (Eds.), Solutions focus working (pp. 187-190). Cheltenham, UK: Solutions Books.

第22章
解決志向ライフコーチング

スージー・グリーン

はじめに

　解決志向ライフコーチングは，性格の変化や，仕事や生活の改善，幸福やウェルビーイングを求める人々へのアプローチとして一般に普及し始めている。しかし，その研究はまだ始まったばかりである。これまでに行われた研究は，メンタルヘルスの専門家やコーチングサービスの実践者が行う解決志向ライフコーチングの基礎となっており，伝統的なカウンセリングを行ってきた人たちがライフコーチングを学び広めようとするにあたってのエビデンスを提供してきた。そして，これらの研究は，エビデンスに基づいたライフコーチングが有益な変化をもたらすアプローチである可能性を示唆している (Grant et al., 2010; Green et al., 2006, 2007; Spence & Grant, 2007)。

私たちがこれまでに学んできたもの

　コーチングという用語は多くの定義を持つ。一般的に，人の仕事または生活の，目標達成とパフォーマンス強化を容易にするための，持続的な認識，感情，および行動の変化を，コーチングと呼ぶ (Douglas & McCauley, 1999)。

　コーチングという言葉は，ハイレベルなマネジメントのための「特典」と見なされ，この数十年は企業場面で利用されている (Williams, 2000)。その一方で，ライフコーチングは1990年代初期まで実態を持っていなかった (Williams & Davis, 2002)。前章では，マネジメント手段としての解決志向コーチングについて論じてきた。本章では，個人がそれぞれのゴールに到達するための人生の再構築の方法としてのライフコーチングに焦点を当てていく。ライフコーチングは，人々が人生に変化を起こすことを手助けするために体系化・構造化されたアプローチである。臨床場面以外で，人々がゴールを定めてそこに到着することとや，彼らのウェルビーイングを助けるポピュラーな方法となっている (Green et al., 2006)。

　しかしながら問題は，コーチングビジネスが多くの国で規制されていないことである。そのため，誰でもライフコーチを名乗ることができる (Grant, 2001)。経営者

層と人生のためのコーチはアメリカに無数にいる（Hall et al., 1999）。そして，無秩序なコーチの育成機関もまた多くある。コーチとして活動するために必要な証明も，規格化された教育プログラムなかったため，国際コーチ連盟（International Coach Federation: ICF）という大きなコーチングの組織が証明のためのガイドラインを設立した。グラント（Grant, 2003）は，コーチングの現在の状態についてコメントし，「コーチングが真の職業としての基本的な輪郭を得るにはほど遠い」と主張している（p.3）。

コーチング心理学の父とされるアンソニー・グラントは，彼の論文（「コーチング心理学のために Towards a Psychology of Coaching」（Grant, 2001））の中で，（ライフ，パーソナル，職場を含む）コーチングを以下のように定義した。

「解決志向や結果志向の体系的なプロセスのどちらにしても，コーチは指導される者の人生経験とさまざまな場面でのパフォーマンスの向上を，指導される者が決めた方向に促進し，そして，自発的な学習と指導される者の個人的な成長を促す」（p.20）

SFBTの介入──解決志向コーチング

コーチングの定義は，管理職，ビジネス，人生など，解決に焦点をあてるかどうかにかかわらず，さまざまなバリエーションがある。なかでも解決に焦点をあてることは，コーチを定義する多くの試みにおいて利用されている。バーグとザボ（Berg & Szabo, 2005）は「解決を見つけることは，コーチングの基本的な前提と考えられる。SFAには『それがうまくいっているなら変えようとするな』と『それがうまくいかないならば，何か違うことをしなさい』といったルールが含まれている」と述べている。コーチングにおける重要なアプローチは，要求された変化を起こすことを補助することができるということである。したがって，コーチングの定義が討論され続けているものの，いかなるコーチングの定義であれ，それが解決志向であることへの言及を含むべきであると定義しようとすること自体には同意しているものと思われる。

また，オコンネルとパーマー（O'Connell and Palmer, 2007）が近年の解決志向コーチング（SFC）を結果重視でスキルベースのアプローチとして定義している。

SFAはコーチングビジネスで使われるようになったことによって，治療で使用するものから人の成長やウェルビーイングの向上にまでその対象を広げている。1990年代の初期に，コーチングビジネスでの多くのコーチはSFAを利用してきた。2000年には，シドニー大学にSFAと認知行動的アプローチを研究と関連づけて教える世界初のコーチング心理学研究所が設立された。

アンソニー・グラント（Grant, 2001）は，指導の際に臨床心理学とカウンセリングの理論とテクニックを利用してきた。グラントは，解決志向の理論と技術を重視し，問題に焦点化しているクライアントに，強みと解決へ焦点をあてることをコーチングの基本的な枠組みとして利用することを提案した。そして，グラント（Grant, 2001）は，プログラムへの参加によってメンタルヘルスが強化され，生活の質が向上し，目標達

成が促進されることを発見した。

グラントとコーチング心理学研究所の仲間はそれ以来，認知行動的・解決志向（CB-SF）のコーチングについての研究を続けている。なお，この研究は本章で後述する。

メンタルヘルスへの治療的な介入として SFBT が一般的になりつつある。その一方で，精神疾患の増加にともなうメンタルヘルス増進へのニーズがある。その対応に解決志向ライフコーチングはうってつけのアプローチの一つとして提案されているのである（Green et al., 2006）。

解決志向ライフコーチングは，「弱り衰えた」クライアント（Keyes, 2002 参照）や，「人生の問題」の解決への支援を求めているクライアント，「未活用の機会」を探し求めているクライアント（Egan, 1988）に提供するためのエビデンスに基づいた介入を，この領域で活躍するメンタルヘルスの専門家にもたらしうるものである。

解決志向コーチングは臨床的な診断には適合するものではないかもしれない。だが，ウェルビーイングの向上を求め，エビデンスに基づいた変化のプログラムによる助けを求めているクライアントへ介入を提供するものである。そしてそれは，メンタルヘルスの専門家に，彼らの習慣を拡張し，今まで関わりのなかったサービスや個人と共に働く機会を生むものである。

SFC 介入の重要な要素

現在，厳密に科学的に検証されている SFC 的な介入は存在しない。コーチング心理学研究所で行われている解決志向の研究でさえ，認知行動的な要素が混合されたアプローチを利用しているからである。本節では，SFC 介入の重要な要素を概説してみることとする。

思考様式のシフト｜何よりもまず，SFC アプローチは思考様式のシフトを引き起こす。SFC アプローチの基礎である「クライアントが自身の人生のエキスパートであり，クライアントは変化することができる」という重要な仮定は思考様式のシフトの下地を作る。解決志向コーチは，解決志向セラピストのように，エキスパートの役割を演じない。たとえば「馬車」は解決策を提供しない。そしてその人が何をするべきであるかを「御者」に示さない。しかし「御者」がすべての選択肢を使い果たしたときに，コーチは解決策を提供することができる。その場合には，コーチは策の提供の許可を要請するだろう。このように解決志向コーチの主な役割はファシリテーターなのである。

オコンネルとパーマー（O'Connell and Palmer, 2007）は，「支持的な質問と振り返りのプロセス」を通して，クライアントが「自分自身のリソースの活用」ができるようになることが現在の課題である，と提案する。解決志向の思考様式は，ポジティブ心理学とポジティブ心理学を応用したセラピストの，強みを基盤としたアプローチ（ストレングス・ベイスド・アプローチ）を補うものとなる。SFA のように，ポジティブ心

理学も弱さよりも強みに集中する。しかし，最も重要なことは，SFAと強みを基盤としたアプローチが——それこそが心理療法の成否を決める——強力な作業同盟によって支えられていることである（Horvath & Symonds, 1991）。

スキルと戦略｜具体的なスキルと戦略を利用するSFC介入には，以下の解決志向セラピーを利用したアプローチを含むだろう。

・プロブレムフリー・トーク
・能力捜索
・例外
・ミラクル・クエスチョン
・スケーリング
・目標設定
・構造化されたアプローチ
・フィードバック
・認知行動的なアプローチ

SFCの研究

コーチングについては，かなり多くの文献がある。データベース PsycINFO を使って調べると，コーチングについての文献は，4,118件あった。しかし，そのなかには厳密に科学的なSFC研究の文献は存在しなかった。コーチングと解決志向の用語を含んだ文献は，6件見つかったが，それらはすべて書籍の引用であった。現在，SFCについての研究は萌芽状態である。しかしながら，「コーチング」という言葉を使った検索では，コーチングの基本とわれわれが考えるSFAも範囲に適応されるような広範囲の参考文献から提供されたものであるということもまた，重要だろう。

またコーコランとピライ（Corcoran and Pillai, 2007）は，サンプルと問題領域が異なるため，SFAのレビューを研究として統合することに困難さが伴うことに注目した。

SFCの「研究」では，上記の発見は必ずしも主要な問題とはならないものの，「統合」に関しては問題であり，重要な問いを提起した。それは，方法論または研究デザインとその潜在性の点でSFAとコーチングを明確に識別してあり，SFAの定義の中に，実際的なコーチングの定義を含み，これらの識別をしていないコーチング研究がどれだけあるのか，という問いである。多くの場合，研究が限界に達してしまっているため，SFCのさらなる研究にはこの問いに答えることが強く求められている。

グラント（Grant, 2009）によれば，コーチング研究が急速に成長している中で，一連のエビデンスもまた出現している。グラントはコーチング研究をレビューして，104件のケーススタディ，36件の縦断的研究，および16件の横断的研究を含めて，1980年以来発表された研究結果は156件あることを発見した。16件の横断的研究

表 22.1　SF-CB コーチング研究の比較

研究	要点	まとめ
グリーンら (Green et al., 2006)	RCT コミュニティサンプル CB-SF コーチング グループベース・ライフコーチング 統制群	目標に向けた努力，ウェルビーイング，希望が有意な上昇がみられた。
スペンスとグラント (Spence and Grant, 2007)	RCT コミュニティサンプル CB-SF コーチング 専門家によるコーチング ピア・コーチング 統制群	目標達成，ゴールコミットメント，環境制御に有意な上昇がみられた。
グリーンら (Green et al., 2007)	RCT 高校生サンプル CB-SF コーチング 個別コーチング 統制群	認知耐性，希望，メンタルヘルスに有意な上昇がみられた。
グラントら (Grant et al., 2009)	RCT 管理職等のサンプル CB-SF コーチング 個別コーチング 統制群	目標達成，レジリエンス，職場ウェルビーイングの有意な上昇と，抑うつとストレスの低減が見られた。
グラントら (Grant et al., 2010)	RCT 教員サンプル CB-SF コーチング 個別コーチング 統制群	目標に向けた努力，職場ウェルビーイング，認知耐性の有意な上昇と，ストレスの有意な低減が見られた。

では，そのうち 12 件は無作為化された研究だった。グラントは，「コーチングを支持する知識基盤は，かなりの成長率で成長していると言える。横断的研究と無作為抽出による研究が，今後コーチングが確たるエビデンスに基づいたアプローチに近づくために必要である」と断定した。

　現在，SFC のみに焦点化した厳密な科学的研究は入手不可能である。表 22.1 で紹介する研究は，この章の目的のため，そしてコーチングの実用化のために有益であると考えられる。コーチング心理学研究所で行われた厳密なエビデンスベースのコーチング研究である。これらの研究が解決志向と認知行動的コーチングのその両方を結合したアプローチを利用したものであることは注目すべき点である。

　表 22.1 の研究のすべては無作為化統制試験（横断的研究）である。無作為抽出による比較研究は研究の最も信頼できる基準と考えられる。特にウェイティング・リスト対照群と比較するときに介入の効力をテストする厳密な方法である。全ての研究は理論的な土台を明確に定義し変化のモデル（たとえば希望理論，変化の多理論統合的モデル，自己制御の総括的なサイクル，認知行動理論のモデル）について研究を行った。全ての研究はマニュアル化されたか，コーチングアプローチのより明確な根拠となるために研究が続けられている。たとえば，グラントら (Grant, 2001) の初期研究は「コーチ・ユアセルフ」という自助プログラムの基礎となった。このプログラム

は認知行動と解決志向の枠組みに支えられたものである。グリーンとオーズとグラント (Green, Oades, Grant, 2006) の研究はグリーンとグラントの「コーチ・ユアセルフ」(Green & Grant, 2001) から抜き出され，マニュアル化された集団向けのライフコーチングプログラムだった。スペンスとグラント (Spence & Grant, 2007) の研究もまた，「コーチ・ユアセルフ」からマニュアル化したプログラムだった。グリーンら (Green, Grant, Rysaardt, 2007) が高校生に実施した研究は，「コーチ・ユアセルフ」プログラムに基づき，この研究でコーチを担当した教師のためにプログラムされたトレーニングも「コーチ・ユアセルフ」プログラムに基づくものだった。グラント，フリス，およびバートン (Grant, Frith, and Burton, 2009) の管理職向けの研究では，個人向けコーチングセッションはシドニー大学のコーチング心理学研究所から発行されている第3のコーチング心理学の資格を持っており，認知行動・解決志向アプローチを利用するコーチによって行われた。最終的に，グラントとグリーンとリンザード (Grant, Green, and Rynsaardt, 2010) の研究では，全てのコーチ（コーチング心理学者）は，同じ理論，モデル，技術を身につけ，心理学研究所の学びによってスーパーバイズを受け，応用心理学（コーチング心理学）の修士号を取得していた。

　これらの研究の結果の尺度は，ウェルビーイング (Ryff, 1989b)，主観的な幸福感（人生の満足感指標 Satisfaction with Life Scale; Diener et al., 1985；肯定感情・否定感情指標 Positive Affect Negative Affect Scale: Watson et al., 1988），希望 (Snyder et al., 1991)，認識のたくましさ (Nowack, 1990)，仕事のウェルビーイング (Page, 2005)，およびメンタルヘルス（抑うつ・不安・ストレス指標 Depression Anxiety & Stress Scale 21; Lovibond & Lovibond, 1995）を含む，多くの信頼できる有効な手段で行われた。（これらの研究で利用されたそれぞれの尺度は表 22.1 を，結果測定の尺度の完全なものは研究の原文を参照）。

研究の結果

　表 22.1 で解説した，エビデンスベースなコーチングアプローチの全ての研究は，厳密には SFC ではなかったが，解決志向と認知行動的アプローチの組み合わせによるものだった。どの研究も，認知行動の技術と比較して解決志向の技術によってもたらされるものの要素を見直す試みはなかった。これらの研究は，グラントのコーチング心理学の博士論文である「コーチング心理学のために Towards a Psychology of Coaching」(Grant, 2001) によって発展してきたエビデンスベースのコーチングモデルに基づいたものだった。

　グリーンとオーズとグラント (Green, Oades, and Grant, 2006) の研究はグラントの初期の研究を基礎にした無作為化比較試験 (RCT) であった。コーチング心理学の主要な要素を学ぶ1日のワークショップの参加者を被験者としたこの研究は，主要な要素を共に学んだ者同士で，ゴールに向かう努力の過程を評価しあうピアコーチング

を毎週1時間のミーティングで行い続けた。この研究の結果，CB-SFコーチングの介入によって被験者の自己評価によるゴール到達度と，ウェルビーイングと希望がプレ-ポストで優位な増加につながることがわかった。これらの増加の多くは，30週間のフォローアップにおいても維持されていた。

スペンスとグラント（Spence and Grant, 2007）は，コーチング心理学者による1対1のコーチングと，コーチングの専門家同士によるピアグループコーチングを比較するために，RCTを利用して検討した。どちらのグループもウェイティング・リスト対照群と比較された。この研究の結果によって，CB-SF介入が，自己評価による参加者のゴールへのやる気，ゴール到達度などを増大させることが発見された。

グリーンとグラントとリザード（Green, Grant, and Rysaardt, 2007）は高校生を研究の対象とした。この研究は学校の教師が生徒に10週間，個別にコーチングするという介入だった。教師はコーチとなるべく，研究者によって開発された「コーチとしての教師」という1日のプログラムを学んだ。このトレーニングは，コーチング心理学の修士を取得しているスクールカウンセラーによって定期的に監督されながら行われた。この研究の結果，CB-SFコーチングによる介入が，自己評価による認識のたくましさ，希望，およびメンタルヘルスの有意な増加につながることがわかった。

グラント，フリス，およびバートンの研究（Grant, Frith, and Burton, 2009）は41人の公衆衛生局の管理職を対象とした。この研究はマニュアル化しなかった。しかし，全てのコーチが持っているコーチング心理学における第3の資格となるCB-SFアプローチに基づくものだった。この研究の結果からは，自己評価でのゴール到達度，レジリエンス，および仕事のウェルビーイングの増加と，うつとストレスの低減が示された。

最後に，グラント，グリーンとリザード（Green, Grant, and Rysaardt, 2010）は，教師が利用するための管理職コーチング研究に着手した。この研究では，コーチング心理学の修士を取得しているコーチング心理学者による教師への個別コーチングを含む，CB-SFコーチング介入が再び行われた。そして，この研究はマニュアルを利用しなかった。しかしながら，全てのコーチング心理学者はシドニー大学のコーチング心理学研究所のエビデンスベースコーチングプログラムによって厳しく鍛えられた者である。この研究の最初の結果としては，ゴールへの努力と職場のウェルビーイングと認知的なたくましさが増加し，ストレスの有意な低減が被験者からの報告によって示された。

全体として，研究がまだその揺籃期にあるにもかかわらず，これらの研究は，SFCが，変化のための強力な方法である可能性を持っていることを示すものとなった。研究はまだ長い道のりの中にあり，成長中である。解決志向や他のエビデンスベースのアプローチを利用したコーチングのための厳密な下地は，非難されない，人々の変化や生活改善を助けるアプローチの増加を助けるものとなるだろう。

実践ガイドライン

これまで実施された調査の限界に基づいて、以下の実行ガイドラインを提案する。

1. SFCの実践者は、選択的なリソースから抜き出すことができる言葉と技術を利用した伝統的なSFアプローチに従うべきだろう (e.g., O'Hanlon & Beadle, 1996 "Field Guide to Possibility Land")。
2. SFTと同様に、SFCの実践者は、問題よりも解決に、弱点よりも強みに、伝えることよりも尋ねることに焦点をあてる、解決志向の強みに基づく思考様式 (strengths-based mindset) を取り入れることを推奨される。
3. SFCの実践者は、ポジティブ心理学発の相次ぐエビデンス、特に強みに基づく自己認識や発達に関するものを利用すべきだ。
4. SFCの実践者には、この章で紹介した研究のように、解決志向を補うものとしての認知行動療法の理論や技法の利点を考慮することが推奨される。

現在の限界と将来の研究

この章で示した研究結果を解釈するときに、多くの限界を考慮する必要がある。第一に、たとえば、1つの学校から教師が選ばれているような特定のコミュニティからのサンプルであるように、全ての研究の被験者が特定の選ばれたメンバーであり、一般人を代表するサンプルではないという点である。第二に、被験者の大多数は、英語圏の限られた文化の中の人間である。第三に、これらの研究がほかの人々にも一般化されるのかどうかを検証する必要があるということである。

また研究に志願した被験者は目標到達への動機づけが高いという前提があったと思われる。しかし、コーチングのクライアントの多くが自発的に動機をもっているが、例えば、職場でのコーチング以外からの権威によってクライアントが強制されるような例外となる義務的なコーチングも対象であったということは注目に値する。

最後に、この章の中でレビューされた研究は、解決志向、認知行動的コーチングへのアプローチを利用したものだったが、SFCアプローチについての研究はまだまだ必要である。本章で紹介された研究は励みとなっているものの、もっとずっと本格的な研究が、SFCの有効性を高めていくために必要とされていることは明白である。SFCの実践者は、この機会に有力な基礎となるエビデンスがほとんどないことを理解するべきであろう。

今後の展望として、将来の研究はメタ分析とSFCが人生の変化または向上のための強力なアプローチであると、多くの実践者が信じるに値するエビデンスを求めるものとなるだろう。

より一層の研究は、解決志向の介入と認知行動的な介入の差を厳密に吟味することである。そして今後の研究には、子どもや思春期、そして大人、個人的なゴールや専門的なゴールなどの、異なる人間、異なる目的へのSFCの効果の比較検討が必

要となるだろう。

発見

- 現在，SFC の効果を裏付ける証拠には限界がある。
- これまでの研究は，解決志向アプローチがコーチングの文脈の中で有益であると考察されることを示唆する。
- そして，これまでの研究は認知行動的なアプローチと解決志向的なアプローチが結合することによる利点を強調する。
- セラピーの文脈から開発された解決志向の言葉と技法は容易にコーチングの文脈に適応可能である。

さらなる学びのために

- オーストラリア・シドニー大学のコーチング心理学研究所ウェブサイト http://www.psych.usyd.edu.au/coach

文献

Beck, A. T., Rush, A. J., Shaw, B. F., & Emery, G. (1979). Cognitive therapy of depression. New York: Guilford Press.

Berg, I. K., & Szabo, P (2005). Brief coaching for lasting solutions. New York: Norton.

Corcoran, J., & Pillai, V. (2007). A review of the research on solution-focused therapy. British Journal of Social Work, 39, 234-242.

de Shazer, S. (1988). Clues: Investigating solutions in brief therapy. New York: Norton.

Diener, E., Emmons, R. A., Larsen, R. J., & Griffin, S. (1985). The Satisfaction with Life Scale. Journal of Personality Assessment, 49, 71-75.

Douglas, C. A., & McCauley, C. D. (1999). Formal developmental relationships: A survey of organisational practices. Human Resources Development Quarterly, 10(3), 203-220.

Egan, G. (1998). The skilled helper (6th ed.). Pacific Grove, CA: Brooks/Cole.

Emmons, R. A. (1999). The psychology of ultimate concerns: Motivation and spirituality in personality. New York: Guilford Press.

Grant, A. M. (2001). Towards a psychology of coaching: The impact of coaching on metacognition, mental health and goal attainment. Unpublished manuscript, Macquarie University, NSW, Australia.

Grant, A. M. (2003). The impact of life coaching on goal attainment, metacognition and mental health. Social Behaviour and Personality, 31(3), 253-263.

Grant, A. M. (2009). Workplace, executive and life coaching: An annotated bibliography from the behavioral science and business literature. Coaching Psychology Unit, University of Sydney, Australia.

Grant, A. M., Erith, L., & Burton, G. (2009). Executive coaching enhances goal attainment. resilience and workplace well-being: A randomised controlled study. Journal of Positive Psychology, 4(5), 396-407.

Grant, A. M., & Greene, J. (2001). Coach Yourself Make real change in your life. London: Momentum Press.

Grant, A. M., Green, L., & Rynsaardt, J. (2010). Developmental coaching for high school teachers: Executive coaching goes to school. Consulting Psychology Journal: Practice and Research, 62(3), 151-168.

Greene, J., & Grant, A. M. (2003). Solution-focused coaching: Managing people in a complex world. London: Momentum Press.

Green, L. S., Grant, A. M., & Rynsaardt, J. (2007). Evidence-based coaching for senior high school students: Building hardiness and hope. International Coaching Psychology Review, 2(1), 24-31.

Green, L. S., Gades, L., & Grant, A. M. (2006). Cognitive-behavioral, solution-focused life coaching: Enhancing goal striving, well-being and hope. Journal of Positive Psychology, 1(3), 142-149.

Green, L. S., & Spence, G (2008). Coaching psychology and positive psychology: Perfect partners at work. Presented at the First Australian Positive Psychology Conference, Sydney.

Hall, D. T., Otazo, K. L., & Hollenbeck, G. P. (1999). Behind closed doors: what really happens in executive coaching. Organizational Dynamics, 39-53.

Horvath, A., & Symonds, B. (1991). Relation between the working alliance and outcome in psychotherapy: A meta-analysis. Journal of Counseling Psychology, 38, 139-149.

Kauffman, C. (2006). Positive psychology: The science at the heart of coaching. In D. R. Stober & A. M. Grant (Eds.), Evidence based coaching handbook: Putting best practices to work for your clients (pp. 219-253). Hoboken, NJ: Wiley.

Keyes, C. L. M. (2002). The mental health continuum: From languishing to flourishing in life. Journal of Health and Behavior Research, 43, 207-222.

Linley, P. A., & Harrington, S. (2005). Positive psychology and coaching psychology: Perspectives on integration. The Coaching Psychologist, 1(1), 13-14.

Locke, E. A., & Latham, G. P (1990). A theory of goal setting and task performance. Englewood Cliffs, NJ: Prentice-Hall.

Lovibond, S. H., & Lovibond, P F. (1995). Manual for the Depression Anxiety Stress Scales. Sydney: Psychology Foundation of Australia.

Nowack, K. (1990). Initial development of an inventory to assess stress and health risk. American Journal of Health Promotion, 4, 173-180.

O'Connell, B. (1998). Solution-focused therapy. London: Sage Publications.

O'Connell, B., & Palmer, S. (2007). Solution-focused coaching. In S. Palmer & A. Whybrow (Eds.), Handbook of coaching psychology: A guide for practitioners (pp.). London: Sage Publications.

O'Hanlon, B., & Beadle, S. (1996). Afield guide to possibility land.: BT Press.

Page, K. (2005). Subjective well-being in the workplace. Unpublished honours thesis, Deakin University, Melbourne, Australia. Retrieved http://www.deakin.edu.au/research/acqol/instruments/index.htm

Palmer, S., & Whybrow, A. (2007). Coaching psychology: An introduction. In S. Palmer & A. Whybrow (eds.), Handbook of coaching psychology: A guide for practitioners (pp.). London: Sage Publications.

Peterson, C., & Seligman, M. F. P (2004). Character strengths and virtues: A classification and handbook. NewYork: Oxford University Press. Washington, DC: American Psychological Association.

Prochaska, J. O., & DiClemente, C. C. (1984). Toward a comprehensive model of change. In J. 0. Prochaska & C. C. DiClemente (Eds.), The transtheoretical approach: Crossing the traditional boundaries of therapy (pp.). Homewood, IL: Dow-Jones.

Ryff, C. D. (1989). Happiness is everything, or is it? Explorations on the meaning of psycho-logical well-being. Journal of Personality and Social Psychology, 57, 1069-1081.

Seligman, M. F. P, & Csikszentmihalyi, M. (2000). Positive psychology: An introduction. American Psychologist, 55(1), 5-14.

Sheldon, K., & Elliot, A. J. (1999). Goal striving, need satisfaction, and longitudinal well-being: The self-concordance model. Journal of Personality and Social Psychology, 76, 482-497.

Snyder, C. R., Harris, C., Anderson, J. R., Holleran, S. A., Irving, L. M., Sigmon, S. T., Yoshinobu, L., Gibb, J., Langelle, C., & Harney, P (1991). The will and the ways: Development and validation of an individual differences measure of hope. Journal of Personality and Social Psychology, 60, 570-585.

Spence, G. B., & Grant, A. M. (2007). Professional and peer life coaching and the enhance-ment of goal striving and well-being: An exploratory study. Journal of Positive Psychology, 2(3), 185-194.

Watson, D., Clark, L. A., & Tellegen, A. (1988). Development and validation of brief mea-sures of positive and negative affect: The PANAS scales. Journal of Personality and Social Psychology, 54, 1063-1070.

Whitmore, J. (1999). Coaching for performance. (2nd ed., pp. 48-51). London: Nicholas Brealey.

Williams, P (2000). Personal coaching's evolution from therapy. Retrieved September 11, 2009, from http://www.consultingtoday.com

Williams, P. & Davis, D. C. (2002). Therapist as life coach: Transforming your practice. New York: Norton.

Zimmerman, B. J. (1989). A social cognitive view of self-regulated academic learning. Journal of Educational Psychology, 81(3), 329-339.

第23章
教師と児童・生徒のための
解決志向型学級運営
WOWWコーチングの実践と研究

ミカエル・S・ケリー／ミッチェル・リッシオ／ロビン・ブルーストーン・ミラー／リー・シルツ

はじめに

　WOWW（Working on What Works）プログラムは，一般の教育，または特別支援教育に携わる教師が，児童生徒の力だけでなく，自身の力をも引き出しながら，目標に向かって協働的なやり方で進めていくためのプログラムである。はじめは2002年にフロリダで，SFBTの創始者であるインスー・キム・バーグと，リー・シルツによって開発されたプログラムである。その後，著者らが勤務していたシカゴのいくつかの学校や，その他の州でもプログラムのパイロット・スタディがなされてきた。筆者らはシカゴ・パブリック・スクール（CPS）のコミュニティで教育プログラムに携わっていたのに加え，シカゴのメトロポリタン・ファミリー・サービスでも共に仕事をしてきた。本章では，児童生徒や教師を支えたWOWWの成功事例の予備調査から得た知見を紹介していく。また，解決志向の立場をまだ本格的には取り入れていないが，WOWWに取り組んだ学級のうまくいった実践例についても同様に検討していきたい。

　特にわれわれは，WOWWが今日の教育現場で以下の3つの課題にいかに応えるかに関心を寄せている。(a) 教師による学級運営のスキルの促進，(b) 取り組むべき課題を多く抱えた学校における教師のバーンアウトの減少と高い教師力の持続，(c) 児童生徒の学問的，社会的，感情的，行動的な成果。以上の3点である。

これまでわれわれは何を学んできたか

　グラッドウェル（Gladwell, 2002）は，ベストセラー『はじめの一歩——小さな出来事がいかに大きな変化につながるのか』のなかで，変化を引き起こす数多くの要因について議論している。彼の例はほとんど，マーケティング，ビジネスおよび組織開発に言及したものだが，今日の13年間の教育制度（K-12 Schools）において，どのように「小さな変化」が，大事な「はじめの一歩」になりうるかについても問題提起している。また，彼の著作は特にSFBTの考えには言及していないが，彼の副題は

SFBTの中心哲学の1つと同義である。「クライアントの小さな変化への注目と促進は，いずれ大きな変化につながる」(Kelly et al., 2008)。本章ではSFBTのク学級運営への援用であるWOWWについて述べていく。WOWWは，教師のバーンアウトを防止し，クラスの児童生徒の教育面・行動面の成果を高めるような一連の「はじめの一歩」を喚起しようとするものである。SFBTの援用を考えたとき，最も有望な研究領域の1つが教育現場であることは疑いの余地がない。教育現場におけるSFBTの他の援用例については，16，17および24章を参照されたい。

今日のK-12教育政策および研究の中で討議されている最も熱を帯びたいくつかの領域では，「効率的な教育の仕組み作りのためのはじめの一歩となる要因には何があるのか」という疑問を含んでいるといえよう。この重要な問いは，「何が失敗を成功に導く一歩になりうるのか」「何が学校の学習環境をマイナスからプラスに変える一歩となるのか」また「一体何が，教師が辞職ではなく続けることを決意するための一歩になるのだろうか」と問うとき，さらに特別な意味を持ってくる。フロリダとシカゴの学校でのWOWW実践に関するパイロット・データは，あくまで試験的な結果であると考慮する必要があるが，われわれのパイロット・スタディから収集された経験的および事例的エビデンスは，わが国のK-12教育政策のより肯定的な変化への一歩を踏み出すSFBTに基づいた教育的介入についての可能性を示唆しているといえるだろう。

コットン（Cotton, 1990）によれば，22年に及ぶ公立学校に対する毎年の世論調査の結果から，人々は「しつけの欠如」を国家教育策が直面する最も重要な問題とみなしているという。したがって，教師がしつけの問題に取り組む影で，児童生徒と教師は価値ある学習時間を失うかもしれない。われわれの教育制度に関する最新の研究でも，同様の知見が見出されている。いまだ，教師と生徒の関係の改善およびしつけ問題の収束は良好な学習環境の確立において主要であると信じられている。2006年9月のギャラップ調査でも，下記の結果が報告されている。

- しつけは公立学校におけるもっとも重大な問題の1つと考えられている。
- アメリカ人の73パーセントは学校問題に対する社会的要因に批判的である。
- 教師が5年以内に退職するトップ3の理由は，支援の不足，悪い労働条件および敬意の不在である。
- アメリカ人の71パーセントは，公立学校システムを改良する必要性を感じている。

研究者は学校改革または再編について，人間関係の基本原則が無視されているので失敗を繰り返してしまうのだと考えている。教師と児童生徒の関係の改善は，われわれの社会が過去100年間求め続けた学校改革および再編のスタートだったのかもしれない。アッコフとロビン（Ackoff & Robin, 2003）が著書『社会を再編する』の中で，今日の学校の問題に対応するためのシステミックな視点が教育制度には必要であ

ると指摘している。さらに、学びの構成要素についても考えを述べている。それは、「一に向学心、二にケアの視点をもった熟練した学びのファシリテーターである。ファシリテーターは学習者の関心が第一であり、また適応と創造性は別物であると考えており、しかも創造性は何よりも勝ると考えている。そして何より、喜びや刺激のない学びは、つまらない雑事であると考えている」(p.109)。

教師は学校文化に欠かせない存在であり、われわれは役に立ちたいと願っている。実際にこれまで、われわれのスクール・ソーシャルワークの実践では、しばしばコラボレーションやコンサルテーションの関わりの中で役に立てていると感じることができてきた。われわれは教師を最も傷つきやすいクライアントと考えている。多くの教師たちは、取り組むべき課題を多く抱える厳しい状況のもとで、非常に困難を抱えている (Glasser, 1992)。はじめのころ、教師は児童生徒に向学心を与えようと意気揚々と教育現場に入っていく。また児童生徒は学びたいのだと信じてもいる。新米教師は教師を目指した理由に「子どもへの愛情」と「教育への情熱」について何度も語るのだ (Roehrig et al., 2002)。しかし研究からは、情熱と理想に燃える教師の 50% が 5年以内に教師の仕事をやめていく現状が浮かび上がっている (NEA, 2007)。調査によると、退職した教師は学級運営や対人関係などの学校組織の要因を、薄給よりも重要な退職理由として挙げている (NEA, 2007)。

教師という仕事は、多面的な能力を求められる複雑な専門職であり、教師がバーンアウトしてしまったり、退職してしまったりする経緯もまた多様である。実際、退職した教員の約 50% は、家庭や個人的な要因を上げていて、燃え尽きやストレスが要因としては出てきていない。しかし、少なくとも理由の 1 つには、クラスマネジメントや児童生徒とのより良好でより親密な関係作りに役立つような支援の欠如が挙げられるのではないかと考えられる。これらの問題は、経済的に厳しい田舎や市街地の学校で特に深刻である。そこでは長い間、研究者や政策立案者が、教育環境に新風を吹き込んだり、それを展開したりできるような、有能な教師の深刻な不足を問題視してきた (NEA, 2007)。

エビデンスの積み重ねから、家庭や、個人内要因、校風などの影響も示唆されているものの、クラス環境が社会的、行動的、学問的な成果に影響を及ぼすことが明らかになっている (e.g., Barth et al., 2004; Beaver et al., 2008; Hoglund & Leadbeater, 2004; Kellam et al., 1998; Wang et al., 1990)。学級での向社会的行動やある種の犠牲的振る舞いは、以前不適応行動があった子どもたちにとってさえ、肯定的な影響を及ぼすことができる (Vitaroet al., 1999) と言われている。肯定的な振る舞いや助け合いの関係を促すような学級は、児童生徒たちの社会性を促進するのである (Brody et al., 2002; Criss et al., 2002; Hoglund & Leadbeater, 2004)。また、攻撃的な振る舞いが少なくなるほど (Kellam et al., 1998) セルフコントロールが促され、対等な対人関係を築くことができるようになり、学習の集中力も増すという興味深いエビデンス

もある（Barth et al., 2004）。

　さらに，教師と児童生徒の関係は，学習に直接の影響を及ぼす。また，これらの関係の質は学校への適応や児童生徒の振る舞いにも影響を及ぼす（Baker et al., 2008; Hamre & Pianta, 2001）。教師が応答性に優れ，授業により時間をかけることができる場合，その児童生徒はより学習成果が高いことが示されている（Connor et al., 2005）。反対に，学級での教師と児童生徒の葛藤は，問題行動や教師のストレスを増加させるのである（Mantzicopoulos, 2005）。さらに，教師支援は，教育目標への到達に関わることも示されている（Wilson & Wilson, 1992; Lynn et al., 2003）。全体としてこれらの研究は，教師と児童生徒の関係と，学習面，社会性，行動面での成果の間の強い関連性を指摘している。

SFBT

　WOWWの基礎となるSFBTの中心哲学は，教師，子どもおよび親（Berg & Shilts, 2005a）に関するいくつかの仮定を含んでいる。われわれは教師は児童生徒に対して肯定的な影響を与えたいし，自身をよい教師であると感じたいだろうと考えている。そしてわれわれは専門家として，児童生徒や保護者同様，教師を支援することも役目であると考えている。次節で述べる研究からも，教師と児童生徒の関係を改善することが，われわれにできる最もパワフルなことかもしれない。

　すでに述べたように，WOWWは，教師と児童生徒の関係や，学級での行動を改善することを目指したSFBTモデルの援用である。われわれの変化の理論は，WOWWがどのように成果に結びつくのか，また，何がそれらの変化を促すのかについての説明を可能にするものである。

　WOWWは，フォートローダーデール（フロリダ）のある学区のクラス担任たちと，SFBT創造者インスー・キム・バーグとSFBTエキスパートのリー・シルツ，および博士課程所属のミッチェル・リッシオらの共同プロジェクトとして開発された。フロリダでパイロットテストが行われ，またCPSでも3年（2006〜2008）をかけて行われた。WOWWは，メンタルヘルスの専門家およびクラス担任とのコラボレーションを含んだコーチングとコンサルテーションの介入方法として開発されたプログラムである。解決志向の原則を学んだメンタルヘルスの専門家はまず，教師と彼（彼女）のクラスのコンサルタントとしてWOWWコーチの役割を担うことになる。プログラムが実行される際，WOWWコーチはスクール・ソーシャルワーカーであることが理想だろう。しかしながら，われわれのフロリダの調査では，1名が非援助専門職者であった。

　WOWWコーチは，学級を観察し，グループ・ディスカッションを促進し，教師にコーチングを行うことに責任を負う。しかしコーチは特定の治療的介入は行わない。WOWWではまず，他のアプローチとの差異を明確にしながらSFBTの中心哲学が示される。クライアント（この場合クラス担任やその児童生徒）は，WOWWについ

て学びながら，学習環境の変化を目指して目標を設定していくことになる。Box23.1は，教師の力を引き出すためにコーチがいかにディブリーフィングの時間を活用しているのかについて示している。用いている解決志向のテクニックには観察，コンプリメント，例外への焦点づけ，コーピング・クエスチョンなどが含まれており，コーチは児童生徒や教師が，クラスについて再び肯定的に思いを巡らせられるようリードしていく。時折スクール・ソーシャルワーカーとして学校で活動しているWOWWコーチは，学級の問題でWOWWに取り組む際は，異なるスタンスをとらなくてはならない。この役割では，コーチは児童生徒の振る舞いの変化に干渉したりせず，また，個々の児童生徒がよりよくなるよう働きかけたりもしないのである。

WOWWプログラムの段階および手続きの詳細をBox23.2に示す。

調査方法──WOWWの効果研究

上述のとおり，WOWWは学級をこれまでとは違ったふうに運営するための訓練方法とスキルを教師に提供するものである。この介入の試みは，変化の原理に基づいている。この理論は教師に児童生徒の行動上・情動上の困難に対処する方法を提供し，また，教師と児童生徒の関係を改善し，児童生徒の成績向上を担うような肯定的なクラス環境の変化をもたらし，とりわけ複雑化する今日の学級運営を円滑にするものである。また，われわれは学校改革の一部としても学習の問題に取り組まなければならない。教師は児童生徒の動揺や攻撃性，注意を惹きたいという過度の要求，混乱に気づいている。今日の学級運営の大きな課題である（Stephenson et al., 2000）。これらの困難は，しつけや暴力，教師に対する過度の要求や幅広い児童生徒の問題を含む，現代の変わりゆく学級の様相と表裏の関係といえよう（Hennessy & Green-Hennessy, 2000; Rose & Gallup, 2007）。さらに，成績の芳しくない学校や，厳しい学力試験を課す学校，児童生徒のニーズの増加などの現状は，多面的な社会的・行動的・学問的な要求を，さらに教師に突きつけることになった。児童生徒の成果に関するある研究では，学級運営や問題時の対処，児童生徒への支援，さらにストレスレベルといった教師側の要因が，児童生徒の精神的健康や行動面，教育への向き合い方，学習成果にダイレクトに影響を与えるということが言われている（Lynn et al., 2003）。以下は，2つのパイロット・スタディの要約である。われわれはこれまでWOWWの開発を進めてきた。紹介するのは将来に向けたWOWWの研究である。

フロリダでのWOWW研究の方法

研究参加者

2004年度の12クラスのクラス担任の記録が収集され，分析された。WOWWの支援を受けたグループは，6クラスから集められた児童生徒105人であった。残りの6クラスから集められた101人の児童生徒は対照群に振り分けられた。パイロット研

Box23.1 ■教師の力に焦点をあてる——WOWW ディブリーフィングセッション

教師とのディブリーフィングの時間は，WOWW プログラムの重要な要素の1つである。教師は打ち解けたセッションで学級について内省し，自身の能力や資質を確認する機会を，児童生徒と同様に得ることになる。ここに，3年生クラス担任からのディブリーフィングを進める WOWW コーチの一例がある。

スクール・ソーシャルワーカー（SSW）｜来ていただきありがとうございます。今日はどんな1日でしたか？

スミス先生｜非常によかったです。子どもたちもすばらしかった。ただ，ランチから戻る際，靴が脱げ落ちそうになって厄日でした。ほとんど完璧な日でしたのに。

SSW｜驚くことだけでなく，少しいらいらする出来事もあったんですね。さて，子どもたちがすばらしく振る舞うのを支えるために，今朝あなたがいつもと違ったやり方で何かをしたことに気づいていらっしゃいますか？

スミス先生｜いいえ，わかりません。……ただ，今朝は子どもたちに歌を歌ってやりました。

SSW｜待ってください。あなたは……歌ったんですね。

スミス先生｜はい，今日，校長が学級対抗合唱コンクールについて発表をなさっていました。私はアバの「ダンシング・クイーン」が好きなので，クラスに伝えました。子どもたちは聞いたことがないと言いました。そこで4年生になる前にぜひ聞いてほしいと言いました。ビリーが私に歌ってほしいとせがみました。ですから私は歌いました。子どもたちは笑いだし，拍手喝采でした。

SSW｜ちょうどそんなふうに，お歌いになったんですか。

スミス先生｜ええ。これまで歌ったことはありませんでした。はじめてです。えーと，私は家族と歌うことが好きで，教会で歌うことが好きなのです。ただ子どもたちが私の歌を聞くなんて考えたことはありませんでした。

SSW｜すばらしい！ 何が今日，子どもたちの行動に影響を与えたと感じますか。

スミス先生｜はっきりとはわかりませんが，たぶん子どもが楽しんでいたからでしょうか。朝の8時15分でした。それと，恐らく，彼らは，私がよい雰囲気でいることが分かり，私と一緒にリラックスすることができたのかもしれません。

SSW｜「あなたとリラックスする」というのはどういう意味ですか。それから，子どもたちのいつもとは違う反応から気づくような，リラックスしている時間はほかにもあるんですか。

スミス先生｜あるような気がします。もし私が穏やかで楽しんでいれば，私たちはみんなでもっと上手に過ごせるのかもしれません。

WOWW コーチの主な目標のうちの1つは，クラス全体が望むような変化を想定し，会話を紡いでいくことであり，団結を乱す一部の困った児童生徒に過度に集中してしまう傾向を終わらせることである。さらに，すでに教師のルールに従っており，他の児童生徒とも仲良くやっている児童生徒と同様に，課題がある児童生徒の力をもしっかり指摘する努力が必要です。教師が望む学級の変化を促進する WOWW においては，児童生徒の生来の力を含んだ持ち味には，十分な注意を払うのである。コラボレーションの姿勢を反映することとして，WOWW コーチと教師の間の個別のディブリーフィングの時間と同様に，全体のクラス討論もある。他の学級マネジメントモデルと異なり，WOWW では小さな変化を見出し，それらの成功をクラス環境全体のためのより大きな変化につなげようとするために，「うまくいっていることをもっと続けよう」とする。

Box23.2 ■ WOWW プログラムの段階と手続き

段階1｜コンプリメント

1週～3週｜セッションは，約40分間の観察および15分間のフィードバックから成る。タイミングは各学校のスケジュールに依る。

1. 「私はクラスで起こっている良いことや助けが必要なことをいろいろ見たいので，あなたたちの教室を訪ねる予定です。そして，クラスの中でうまくいっていたことについて，私に見つけることができたことを報告したいと思います」と述べて，児童生徒に自己紹介する。
2. クラス全体の力や個人の力に着目し，児童生徒や教師をコンプリメントする。
3. 観察したことについて議論し，かつ目標を立てるために，クラス担任との打ちとけたディブリーフィングの時間を設ける。

段階2｜スケーリング（自己評価のための指標をつくる）

4週～6週｜約40分間観察する。フィードバックと議論のために15分をみておく。

1. ポジティブなフィードバックを続ける。
2. 行動レベルで目標を決め朱書きする。たとえば「＿＿＿について学校で一番のクラスを目指す」
3. スケーリング・クエスチョンの使用（たとえば1～10，1～5，泣き顔からニコニコ顔）。
4. クラスの最良の状態について議論し，「10はどのような状態なのか，5だったらどんな様子なのか」など尋ねる。
5. 児童生徒と教師がスケーリング・クエスチョンを理解し，ミーティングで用いることができるよう支援する。教師と子どもたちから総意を引き出して，毎週結果を記録する。
6. 最良のクラスを作ることにつながるような肯定的な振る舞いを示している児童生徒に注目し続ける。
7. 次のミーティングの予定を組む。「最良のクラス」に向けてスコアを上げるために必要な振る舞いとは何なのか，話し合う。
8. 教師とのディブリーフィングを続ける。

段階3｜ゴール・セッティング

7週～終結まで

1. 朱書きしたどの行動を増やしていこうとするのか，教師と児童生徒と決めていく。
2. 1つあるいは2つのはじめられそうなゴールだけを選び，次に，クラスで追加のゴールがあるかチェックする。そして，それらにみんなで取り組んでいくモチベーションがどの程度かを確認しておく。
3. 1日当たり少なくとも1回はスケーリング・クエスチョンを用いて，その結果を教室に貼ってある表に記入するよう教師を促す。
4. WOWWコーチは，設定されたゴールに向けて，ポジティブなフィードバックや強みの確認，変化の増幅やコンプリメントを続ける。
5. あるゴールが成し遂げられたり，何か変化が必要だったりした場合には，新しいゴールを加えることができる（SFBT中心哲学：もしそれがうまくいっていないのなら，何か他のことをしましょう！）。
6. 教師とのディブリーフィングを続ける。

究のサンプルの合計は，12 クラスの教師，および 206 人の児童生徒であった。研究に選ばれた教師はニューリバーミドル・スクール（NRMS）から，研究参加者として自ら志願した人たちだった。WOWW の支援を受けないクラス担任は無作為に選ばれた。研究参加者の属性に関する変数は，ジェンダー（男性／女性），人種（黒人，白人，ヒスパニック，その他），学年（6 年生，7 年生，8 年生）および年齢だった。

教師のトレーニング

トレーニングは研究への参加を志願したクラス担任に対して行われた。学年の最初に，対象となる教師は，プログラムのイントロダクション，および簡単なトレーニングを受けた。この際，コーチが紹介され，教室におけるコーチの役割について簡単な説明がなされ，WOWW の実施開始の日時が確認された。1 年間を通して，プログラムの進度に応じて，何度かコンサルテーションがもたれた。プログラムの全体にわたり，教師は，コーチが教室にいないときに発生したあらゆる問題について，コーチに E メールをすることが奨励された。

手続き

NRMS の教職員から許可と協力を得て，私（ミッチェル）は，2004 年度の記録を対象とした調査を実施した。記録は，ブロワード州教育委員会のデータベースから検索されたものであった。教職員からの援助で，私は主任調査員として匿名で児童生徒のデータを集めた。WOWW を実施したクラスの児童生徒の従属変数は，実施しなかったクラスの児童生徒のものと比較検討された。

データは，WOWW の介入期間と一致しており，2004 年度を通して集められた。統計的有意性について，われわれは児童生徒の欠席数や遅刻数が減り，謹慎者も減り，そして，前年度よりも，フロリダ包括的達成度テスト（FCAT）の成績が上がっていることを期待していた。

介入

先に述べたように，WOWW アプローチは SFBT の 3 つの主要な実践ポイントを活用している。クライアントへのコンプリメント，ゴールの設定，およびスケーリングである。コーチの教室への訪問に先立って，教師はトレーニングとコンサルテーションに参加した。1 人のコーチが複数の教室へと割り当てられ，1 コマ（およそ 50 分）の間，各クラスで週に一度観察する予定になっていた。教師，および児童生徒がWOWW に参加するために必要な時間は，授業の初めにコーチを紹介する数分，そして授業の最後。コーチがコンプリメントの形をとってクラスについて観察したことを話す，という数分間であった。1 週目が終わり，授業開始時の紹介の時間は必要がなくなったため割愛された。コーチはクラスの一員として迎えられ，授業時間を観察するため席が用意された。授業中の観察と，授業終盤のコンプリメントを続けた。また，これが一旦受け入れられたならば，次の段階として，教師と児童生徒は彼らがクラスで到達したいゴールについて考え始めるよう求められた。およそ 3 〜 5 週間の教

室での観察の後には，教師と児童生徒は，自分たちのゴールを話し合いながら設定する準備ができていた。

ゴール設定に際し必要なのは，そこに尊重があり，関わりがあり，ゆったりとした雰囲気があることである。コーチは，授業を観察しそれをメモする際，児童生徒や教師が何を期待しているのかしっかりと知っておくことが大切である。観察やメモすることは，観察可能な振る舞いを定義づけ，そしてクラスで設定したゴールへの明確な見通しを助けるのである。さらにそれは，コーチがコンプリメントを行うポイントを見出そうとする際にも，大きな助けとなるのだ。

規則からゴール。クラスでのわれわれの表現の変化は，非常に有益であった。規則は定められ従うものだが，ゴールという言葉には，話し合われ，到達することができるものである，という含意がある。影響力は言葉に部分的に埋め込まれている，というのは，SFBTの共同創始者であるド・シェイザーの議論でも取り上げられてきた。

一旦ゴールが話し合われ，ポスター・ボードに明記されたなら，その場所は教室のなかでも特別な場所になった。日々のスケール表も教室に掛けられた。この表は，教師と児童生徒が，自分たちの振る舞いを毎日スケーリングする助けとなった。

データ分析

データは記述統計的に数値化され，また図表でも表された。児童生徒や授業の変化を検討するために一般化推定方程式を用いた。

この「解決志向モデルの学級運営への有効性——ミドルスクールでのWOWWアプローチ」と題するパイロット研究において，研究参加者の属性と媒介変数は次のとおりである。

1. WOWWプログラムを受けたか，受けていないか
2. 男女2水準のジェンダー変数
3. 黒人，ヒスパニック，それ以外による3水準の人種変数
4. 6，7，8年生の3水準の学年変数
5. 研究参加者の年齢

変化の指標は次のとおり。

1. 児童生徒の2004年度の成績
2. 申告済み欠席数
3. 無断欠席数
4. 遅刻数
5. 校内謹慎者数
6. 自宅謹慎者数
7. 児童生徒のFCAT得点

結果

　研究参加者の属性について，児童生徒の50%は男子，平均年齢は13歳。また大多数が黒人だった。105人の児童生徒がWOWWの支援を受け，101人の児童生徒が受けなかった。

　WOWWの支援を受けた群に関して，1%水準で有意な結果が得られた指標は，「申告済み欠席数」と「無断欠席数」と「遅刻数」であった。これら3指標は有意に前年度と比べて改善された。しかし，その他の指標「成績」「校内謹慎者数」「自宅謹慎者数」「FCAT得点」では，有意な結果は得られなかった。また，WOWWの支援を受けなかった群では，前年度と比較していずれの指標においても，有意な結果はみられなかった。

　このパイロット研究は，WOWWプログラムおよびSFBTスキルが，いくつかの指標において有効だったことを示している。そしてそれは，学校場面（Franklin et al., 2001; Kelly et al., 2008; LaFountain & Gardner, 1996; Litrell, 1995）に適用されたとき，SFBTが有効であることを示す他の研究を支持するものである。さらに，教師－児童生徒関係を改善し肯定的で協力的なクラス環境を築くことにより，児童生徒の振る舞いが改善する可能性についての，肯定的な示唆をも含んでいる。実験群のクラスは，対照群と比較すると，欠席・遅刻が有意に少ない結果となった。

　追加分析では，ジェンダー，年齢および人種差が有効な変数であった。たとえば，黒人とヒスパニックの児童生徒はその他の人種の児童生徒と比べて，より無断欠席が多い傾向にあった。男子は女子と比べて校内謹慎や自宅謹慎が多い傾向にあった。また，上の学年の児童生徒は，特に男子で，遅刻や無断欠勤が多い傾向にあった。しかしこれらハイリスクの児童生徒のグループにとって，WOWWプログラムが有益であるか判断するためには，さらに詳細な研究が求められる。

限界

　このパイロット研究ではまず，サンプルに関して限界があった。データの少なさや，研究参加者の人種の偏りなどである。さらにデータ収集のプロセス，およびNRMSデータベースから検索されたデータの信頼度についても限界を認めなければならない。データの不備によってサンプル数を大幅に減らすということもあった。

　最後に，このパイロット研究に参加した教師はみな，自らクラスの参加を志願していた。学級運営への新しいアプローチに対し，より多くの関心を示す教師は，肯定的な変化を生むためすでに尽力していたかもしれない。つまり，新しいアプローチに対するより多くの関心を持った教師だからこそ，よりよい結果を生んだのかもしれないということである。

シカゴでのWOWWに関するパイロット研究

予備データ

2006年から2008年まで，われわれロヨラ家族／学校パートナーシップ・プログラム（FSPP）は，WOWWをシカゴの8つのK-8公立小学校に導入した。このパイロット研究は，自発的に参加することに同意した27人の教師と実施された。

プレ−ポストデザインを採用し，簡潔な尺度を完成させた。項目は5件法で回答でき，教師が自身の学級運営スキルをどう認識しており，また，WOWWがどのように児童生徒の振る舞いに影響を与えたと思うかが評価された。差の検定により，WOWWが統計的に有意な結果を生んでおり，教室の雰囲気を改善する際に有効であることが示されていた。結果は以下のとおり。

- WOWWプログラムは，教師の受け持ちクラスへの肯定的な認識を増加させた（$t(26) = 2.6, p < .01$）
- WOWWプログラムは，教師自身の有能なクラスマネジャーであるという自己認知を増加させた（$t(26) = 1.9, p < .05$）
- WOWWプログラムは，教師が児童生徒のよい振る舞いにより注目するよう促し，同様に，児童生徒が報告するよい振る舞いを尊重する姿勢をも増加させた（$t(26) = 3.22, p < .05$ および $t(26) = 2.8, p < .05$）

これらパイロットデータ（$N=27$）の分析結果は，有効な学級運営，およびスタッフ教育プログラム（Kelly & Bluestone-Miller, 2009; Kelly et al., 2008）としてのWOWWの可能性を示唆するものである。さらにわれわれは別の研究で，WOWWの支援を受けた7年生のクラスが，統制群と比較し，居残りと謹慎が有意に少ないことを見出している（Kelly & Ridings, 2008）。

実践のためのガイドライン

1. プログラムに自発的に参加する教師とのみ，仕事をすること。私（ブルーストーン・ミラー）は，校長により選択された2つのクラスで仕事をした経験がある。それぞれのクラス担任は，支援の必要を認識していなかったのである。彼らは，私がクラスに入り，児童生徒と振る舞いについて話すことや，スケーリングすることを認めてくれてはいた。しかし，私が教室にいなかったとき，彼らはスケーリングをまったく用いなかったのである。Box23.3は，ある学校で「最悪」と評されたクラスでの，われわれの仕事について振り返ったものである。
2. クラスの前で公に，クラス担任あるいは教員助手をコンプリメントすることを忘れない。それは，児童生徒が肯定的な見方で教師と関わるのを助け，教師がコンプリメントの余韻を感じるのを助けるからである。

Box23.3 ■「その学校で最悪と評されていたクラスでの話」

　本章の著者の1人（以下ではWOWWコーチと呼ばれているロビン）は，もとは1つのクラスだったが，多くの行動上の問題により2つのクラスに分けられた5年生のクラスで働くよう依頼された。教師は支援に非常に感謝しており，学級を運営し統制する指針となることを望んでいた。

　WOWWコーチが一方のクラスで最初に仕事をし始めたとき，児童たちはコンプリメントに対し，非常によく反応した。動き回わらずにはいられない活発なクラスだったが，彼女が教室にいた時は子どもたちは楽しく参加できていた。コーチもまた，このクラスで仕事をするのを楽しんでいた。しかしクラス担任はバーンアウトしてしまったようであった。

　WOWWコーチが3回目のセッションでこのクラスに入ったとき，教室には代理の教員がいて，2人の警備員も加わっていた。数人の児童は教室を走りまわり，自分たちの課題をせず，大声で話していた。そのなかの1人の児童は，いたずらで他の子の椅子の座面いっぱいに接着剤をぬってしまい，ちょうどWOWWコーチが入るとき，入れ替わりでクラスから追い出されるところだった。このとき彼女は介入せず，メモを取りながら周りを歩き始めることにした。

　彼女が観察をはじめると，児童の多くは落ち着き，自分たちの課題をし始めたのだった。WOWWコーチは，課題を始め，周りの気になるものを無視できている児童をコンプリメントしていった。彼女は，何人かの児童が自分からちゃんと課題をしていたのを観察できたと子どもたちに伝えた。このとき代理の教員がコーチをさえぎり，「このクラスは困ったクラスであり，ほめるべきことなどないはずだ」と主張したが，WOWWコーチは「その意見には同意できません」と答えた。

　WOWWコーチが4回目のセッションでこのクラスに戻ったとき，もとのクラス担任が戻ってきていた。担任はコーチに，「このクラスのせいで，来年度からは教壇に立たないことにした」と話した。ただ，健康保険が必要なので，年度末までは全うするとのことであった。WOWWコーチが子どもたちに，コーチが来なかった日をどのように過ごしていたのかを尋ねたとき，彼らは教師や校長および教頭から怒鳴られた，と答えた。さらに，彼らは，代理の教員が嫌だったのでわざと悪さをしていたのだとも話した。WOWWコーチは，教室にいる間，子どもたちをコンプリメントできる点を探し続けたのだった。

　セッション5に担任は，クラスに良い変化があり，木曜日に特によかった，と報告した。木曜日はWOWWプログラムの日だった。WOWWコーチは木曜日にどのようにそう振る舞うことができたのかを児童に尋ね，他の教師が彼らについてとても悪く言うのが信じられない，と伝えた。子どもたちは，コーチのコンプリメントを得ることが好きであると答えた。また，学校の全部の先生が彼らを「悪いクラス」と思っていると訴えた。彼らはこの悪評が好きではなかったのである。WOWWコーチは，彼らがそれに対して，何をしたいかを尋ねてみた。すると1人の児童がコンプリメントを集め，絶えず注意し続けるようにするため，集めたコンプリメントを教室の前に貼っておくことを提案した。

　クラス担任と子どもたちは，コンプリメント集めのアイデアに熱中した。彼らは以前WOWWコーチに，WOWWの後に行く音楽の授業が好きではないと伝えており，音楽の教師がとても否定的であると言っていた。そこでコーチは，音楽の先生からコンプリメントを得るために何ができると思うか尋ねた。彼らは，楽譜と鉛筆を持ち込み，授業中に本を読む必要がある，と答え，それにコーチは，簡単にできるかもしれない，と言ったのだった。

　WOWWコーチがセッション7のためにクラスに戻ったとき，クラス全員とクラス担

> 任は喜色満面だった。彼らは音楽の先生からコンプリメントを受け取っていたのである。ある児童は，音楽の先生が親切だった，という印象まで述べた。
> 　子どもたちは，教室に貼ってあるコンプリメントを集め続け，次の2週間では，18のコンプリメントを集めた。そのことを彼らはとても誇りにしていた。彼らは，校長が彼らの集会での振る舞いを称賛したことや，体育教師が彼らを最良のクラスのうちの1つであると言ってくれたことなどをWOWWコーチに報告してきた。クラス担任もまた，その週の間，10ポイントのスケールのうち，7か8つの間にあったと評価した。
> 　10週間のセッションの終了までに，クラスはさらによくなっていった。彼らは完璧ではないし，必ずしも7や8を得るとも限らなかった。しかし，改善は十分なものだった。クラス担任は，WOWWプログラムについてとても肯定的に感じており，彼女がその学年を全うする大きな助けとなったと感じていた。彼女は教育現場を去る決断を変えなかったものの，WOWWコーチに「教育に光を取り戻すために，あなたはとても必要です」とお礼のカードを書いたのだった。

3. スケールを用いる場合，それが1から5または1から10，あるいはニコニコ顔でも，児童生徒や教師が，最高スコアは必ずしも100%完全である必要がない，と理解するのを支援する。そうでなければ，スケーリングはフラストレーションにつながったり，決して十分にはよくなりえないという失望に陥ってしまったりしてしまうかもしれない。誰しも完全ではないのである。

4. スケーリングのプロセス中に，何人かの教師はスケーリングをクラスでのコミュニケーションに応用し始めるだろう。信号の色（緑，黄色，赤）を使用したあるクラスでは，教師は子どもたちに，「黄色の日を過ごしているよ」と伝えたことがあった。すると子どもたちは，それが意味するところや，「緑の日」に改善するために何を行う必要があるのかが分かるのである。1から5のスケールを用いた別のクラスでは，教師は，児童生徒が廊下を歩いていたときに，上げる指の本数でスケールを示していた。彼らのゴールが廊下を静かに歩くことだったので，教師はたとえば3本の指を上げることによって，言葉を発することなく，児童生徒とコミュニケーションすることができたのである。

5. 必ずしもいつも同じ教室で，同じ教師とクラスを見ることが必要だとは限らない。時折，学食あるいは体育の時間のように，異なる環境で彼らを見ることは有益である。これはまた，より幼い児童がホームルームに加えて，他の場所でのスケーリングを般化するのを助けることにもなる。

6. 特別支援教育に携わる教員にスケーリングの方法を教えることも有用である。

7. あるWOWWコーチは特別支援学級で，児童生徒たちが自分たちで設定したゴールを，書きとっている様子を写真におさめた。他のコーチは「最良のクラス」の振る舞いのロールプレイを児童生徒にさせた。

8. 時々スケーリングが後退することもあるだろう，とあらかじめ想定しておく。教師とスタッフには失望を与えるかもしれない。しかしそれが自然なのである。

9. WOWWトレーニングは，コーチ自身にも影響を及ぼしている。コーチたちは，互いに非常に支持的になっていく。仕事への熱意を支え，さらにバーンアウトも防ぐかもしれない。

今後の研究に向けて

　本章で要約された2つの研究は，サンプルが少なく，無作為化された対照群が欠けていた。また変数によっては，WOWWプログラムの利点を見出すことができないものもあった。

　しかしながらWOWWは，教師と児童生徒が教室でうまくやっていくのを助けるための肯定的かつ非侵襲的な方法を見つけようとするスクール・ソーシャルワーカーにとって，直感的に魅力をおぼえるものに違いない。それは，教室での振る舞い，教師のリジリエンス，および児童生徒の学力に影響を与えるためにSFBTを援用する，新たな有望な考えだからであろう。

　われわれは将来，WOWWプログラムがシカゴや郊外のより多くの教育現場に導入されることを望んではいるが，実際にWOWWの有効性を断言するには時期尚早といえるだろう。より厳密な効果研究が不可欠である。

　本章で紹介した研究は，学校場面で適用された他のSFBTについての研究と同様，教師と生徒との関係改善，および学業成績の改善において，有望な示唆を含んでいる。今後はSFBTを援用したWOWWプログラムのさらなる研究をNRMSで行い，今回のパイロット研究の結果について検証し，深める必要があるだろう。さらに，アメリカ，および他の国々で，WOWWを採用した学校は，プログラムが成功した後に学業成績に関する研究を行うべきと考える。後に続く調査研究は，実験群と対照群ともに，十分なサンプル数で行われることが望まれる。さらに質的調査，予備，および事後調査が行われるとよいだろう。

　WOWWは，スクール・ソーシャルワーカー，進路指導カウンセラー，家族療法セラピストなどが使用することで，研究および学校での実践を促進することができる実際的なプログラムである。研究の積み重ねによって，モデルがよりエビデンスに基づく実践へと発展し続けることが，望まれる。これは解決志向のプログラムが受容され，学校場面でより広く用いられる契機となるかもしれない。将来の研究として厳密な実験計画法も期待されるところである。

　パイロット研究の結果は，学校場面でのWOWWアプローチの有効性を支持するものである。WOWWコーチを活用することや，コーチになるための教職員のトレーニングの有効性についての根拠となるものである。

　教師は，時間を浪費しない，うまくいく学級運営の方法を探している。そして教育行政は，コスト効率の優れたプログラムを探している。WOWWプログラム，およびSFBTのテクニックは，ローコストでかつ使いやすいツールを提供することができる。

まとめ

- WOWWプログラムは，教師をセラピストに，あるいは校医に変えるのではなく，より

よいクラスマネジャーになる助けとなることを目指している。
- WOWW コーチは，コンプリメントとスケーリング・クエスチョンを用いて，児童生徒と教師が，クラスの目標を自分たちで設定する助けを行う。
- WOWW が機能すると，児童生徒の無断欠席，および遅刻を減少させ，教師が自身を有能なクラスマネジャーだとより感じることができるようになることが示唆された。

さらなる学びのために

- http://www.solutionsdoc.co.uk/sft.html (a nice Web site that collects all the recent empirical work on SFBT effectiveness)
- http://www.luc.edu/socialwork/fspp_caps_091.shtml (the Web site of Loyola's Family and School Partnership Program, where trainees can get additional training in the WOWW approach through consultation groups and on-site workshops)
- http://www.oxfordscholarship.com/oso/public/content/socialwork/9780195366297/toc.html (the official Oxford Scholarship Online Web site for our book on SFBT in schools, including additional information about the WOWW approach and other ways to implement SFBT interventions in schools)

謝辞

パトリック博士に感謝申し上げます。

文献

Ackoff, R. L., & Rovin, S. (2003). Redesigning society. Stanford, CA: Stanford University Press.

Adelman, H., & Taylor, L. (2000). Shaping the future of mental health in schools. Psychology in the schools, 37(1), 49-60.

Baker, J., Grant, S., & Morlock, L. (2008). The teacher-student relationship as a developmental context for children with internalizing or externalizing behavior problems. School psychology quarterly, 23(1), 3-15.

Barth, J., Dunlap, S. T., Dane, H., Lochman, J. E., & Wells, K. C. (2004). Classroom environ-ment influences on aggression, peer relations, and academic focus. Journal of School Psychology, 42(2), 115-133.

Beaver, K., Wright, J. P., & Maume, M. O. (2008). The effect of school classroom charac-teristics on low self-control: A multilevel analysis. Journal of Criminal Justice, 36(2), 174- 181.

Berg, I. K., & Shilts, L. (2005a). Classroom solutions; WOWW coaching. Milwaukee: BFTC Press.

Berg, I. K., & Shilts, L. (2005b). Keeping the solutions within the classroom: WOWW approach. School Counselor, July/August, 30-35.

Braus, S., Cole, J., & Berg, I. K. (2003). Supervision and mentoring in child welfare services: Guidelines and strategies. New York: Norton.

Brody, G. H., Dorsey, S., Forehand, R., & Armistead, L. (2002). Unique and protective con-trihutions of parenting and classroom processes to the adjustment of African American children living in single-parent families. Child Development, 73(1), 274-286.

Cotton, K. (1990). Schoolwide and classroom discipline. Close-Up No. 9. Portland, OR: Northwest Regional Educational Laboratory.

Criss, M. M., Pettit, G. S., Bates, J. E., Dodge, K. A., & Lapp, A. L. (2002). Family adversity, positive peer relationships, and children's externalizing behavior: A longitudinal perspective on risk and resilience. Child development, 73(4), 1220-1237.

Franldin, C., Biever, J., Moore, K., Clemons, D., & Scamardo, M. (2001). The effectiveness of solution-focused therapy with children in a school setting. Research on Social Work Practice, 11(4), 411-434.

Gladwell, M. (2002). The tipping point: How little things can make a big difference. Boston: Back Bay Books.

Glasser, W (1992). The quality school: Managing students without coercion. New York: Harper Books.

Hamre, B. K., & Pianta, R. C. (2001). Early teacher-child relationships and the trajectory of children's school outcomes through eighth grade. Child Development, 72, 625-638.

Hoglund, W L., & Leadheater, B. J. (2004). The effects of family, school, and classroom ecologies on changes in children's social competence and emotional and behavioral problems in first grade. Developmental Psychology, 40, 533-544.

Kellam, S. G., Ling, K., Merisca, R., Brown, C. H., & Ialongo, N. (1998). The effect of the level of aggression in the first grade classroom on the course and malleability of aggressive behavior into middle school. Development and psychopathology, 10(2), 165-185.

Kelly, M. S., Kim, J., & Franklin, C. (2008). Solution-focused brief therapy in schools: A 360-degree view of practice and research. New York: Oxford University Press.

Kelly, M. S. & Bluestone-Miller, R. (2009). Working on What Works (WOWW): Coaching teachers to do more of what's working. Children & Schools, 31(1), 35-38.

LaFountain, R. M., & Garner, N. E. (1996). Solution-focused counseling groups: The results are in. Journalfor Specialists in Group Work, 21(2), 128-143.

Littrell, J. M., Malia, J. A., & Vanderwood, M. (1995). Single-session brief counseling in a high school. Journal of Counseling and Development, 73,451-458.

Lynn, C., McKay, M. M., & Atkins, M. 5. (2003). School Social Work: Meeting the Mental Health Needs of Students through Collaboration with Teachers. Children & schools, 25(4), 197-209.

Mantzicopoulos, P. (2005). Conflictual relationships between kindergarten children and their teachers: Associations with child and classroom context variables. Journal of School Psychology, 43(5), 425-442.

Marzano, R. J. (2003). What works in schools: Translating research into action. Alexandria, VA: Association for Supervision and Curriculum Development.

McDonald Connor, C., Son, S-H., Hindman, A. H., & Morrison, F. J. (2005). Teacher qual-ifications, classroom practices, family characteristics, and preschool experience: Complex effects on first graders' vocabulary and early reading outcomes. Journal of School Psychology, 43(4), 343-375.

National Education Association (2007). Attracting and keeping quality teachers. Retrieved August 4, 2007 from http://www.nea.org/teachershortage/index.html

Roehrig, A., Presley, M., & Talotta, D. (2002). Stories of beginning teachers: First-year challenges and beyond. South Bend, IN: Notre Dame Press.

Rose, L. C., & Gallup, A. C. (2006). The 38th annual Phi Delta Kappa/Gallup Poll of the public's attitudes toward the public schools, 41-53. Retrieved January 24, 2007, from http://www.pkdmembers.org/e_GALLUP/kpoll_pdfs/pdkpoll38_2006.pdf.

Rose, L. C., & Gallup, A. M. (2007). The 39th annual Phi Delta Kappa/Gallup Poll of the public's attitudes toward the public schools. Phi Delta Kappan, 89(1), 33(13).

Stephenson, J., Linfoot, K., & Martin, A. (2000). Behaviours of Concern to Teachers in the Early Years of School. International journal of disability, development, and education, 47(3), 225-235.

Vitaro, F., Brendgen, M., Pagani, L., Tremblay, R. E., & McDuff, P (1999). Disruptive behav-ior, peer association, and conduct disorder. Testing the developmental links through early intervention. Development and Psychopathology, 11, 287-304.

Wang, M., Haertel, G. D., & Walberg, H. J. (1990). What influences learning? A content analysis of review literature. The Journal of Educational Research, 84(1), 30-43.

Wilson, P M., & Wilson, J. R. (1992). Environmental influences on adolescent educational aspirations: A logistic transform model. Youth & Society, 24, 52-70.

第24章
解決志向ハイスクールの研究と発展

シンシア・フランクリン／カザリーン・L・モンゴメリー／ヴィクトリア・ボールドウィン／リンダ・ウェブ

はじめに

　解決志向の介入は，学校環境のなかで中退のリスクのある青少年の行動を変容させる方法であることが判明してきている（Kim & Franklin, 2009）（本書16章を参照）。テキサス州オースティンのオルタナティブスクール[訳註1]であるガルザ高校は，解決志向オルタナティブスクール（SFAS）を用いることにより，中退のおそれがあると見なされた青少年の生活における多様なリスク要因に影響を与えることを可能としてきた。SFASはテキサス教育委員会（TEA）から，模範的な中退予防プログラムとしてだけでなく，生徒に高い学業成績を与えるものとして認められている。たとえば過去数年の間，ガルザ高校はオースティンの独立学区内で最も高いSAT（学業成績達成テスト）の大学受験スコアを維持している。ガルザ高校はまた，解決志向を学校実践に応用することに関心のある実践家の注目を集めている。（※ガルザ高校における解決志向の実践の詳細は，Kelly et al., 2008, Franklin et al., 2007a, Franklin and Streeter, 2003を参照）

　本章では，まずガルザ高校がSFASとしての地位を築き，維持している過程について具体的な情報を提供し，研究調査の要約と批判的なレビューを行う。最後に，リスクのある生徒に向けた解決志向学校プログラム構築のための将来的な研究の提唱と予想を行う。

これまでに分かってきたこと

　アメリカ合衆国では，毎日約7,000人の生徒が中途退学している（Alliance for Excellent Education, 2009）。それら教育を受けていない青少年が与える経済的な悪影響が問題となり，高校中退率の低下はここ数カ月間の政府の最優先課題となって

訳註1　オルタナティブスクール alternative school｜従来とは異なる教育方法・カリキュラムを採用している学校。

いる (Obama, 2010)。現在の中退率は，翌10年間のアメリカ経済における3兆ドルの潜在的損失に関与していると試算されている (Alliance for Excellent Education, 2009)。研究者は，中退リスクのある青少年の主な要因として，薬物使用，非行，メンタルヘルス上の問題，学校生活や出席の問題，学業の問題，進級の失敗，特殊教育プログラムへの関与，学校や普通に上手く行っている同級生たちから切り離されたという感覚などをあげている (Franklin et al., 2006)。中退する人々にはさまざまなニーズがあるため，生徒の卒業を支援するために考案されたSFASの創設・研究は，われわれにとって急務であるといえる。

学校の主要な特色

ガルザ高校において，SFBTは哲学であり，またいくつかの効果的な教育的実践の原則となっている。ガルザでは，効果的な学校プログラムや中退予防プログラムに関する研究論文から多くの特色を取り入れており，それらの特色はモデルの根本的な前提や技術と完璧に調和しているのである。ガルザ高校の主要な特色は以下の通りである。

1. **校長の強いリーダーシップ・スタイル** (Mendez-Morse, 1992; Reynolds, 2001)｜ガルザの場合，強いリーダーシップは学校環境の安定化を促進し，業務の中で解決構築モデルを用いる教員やスタッフを支援している。一部の援助者が解決構築の技術を用いることを容認する学校管理者はいるが，実際にこれらの技術を学校全体で実行・促進しているものはわずかである。ガルザの管理者は模範を示して指導し，解決構築の技術を生徒やスタッフに用いている。

2. **生徒間のポジティブな関係性と，教師に対する生徒の比率の低さ** (Van heusden, 2000; Waxman et al., 1997)｜解決構築は関係性志向のアプローチであり，生徒とスタッフ間の協力的な関係性が重視される。クラスの生徒数を減らすことによりこれらの個人的な関係性を作ることが許され，個々の生徒の教育的問題の解決に向けた配慮が与えられる。

3. **中退予防のためのオルタナティブスクールのアプローチの使用**｜オルタナティブスクールは中退リスクがある生徒を卒業させる最も効果的な手段の一つとして挙げられている (Reimer & Cash, 2003)。デュパー (Dupper, 2006) は，オルタナティブスクールの2つの異なった対立するモデルとして，生徒の問題を修正することを目的とした規律的で矯正的なモデルと，生徒を教育するためのより効果的な方法を発展させる学究的で創造的なモデルを挙げている。ガルザでは，後者のモデルを提供しており，他に類を見ない治療的で支持的なオルタナティブスクールの環境を作りあげている。このモデルの学校のスタッフは自ら判断を下しながら仕事ができ，さまざまな学習スタイルを持つ生徒が自らの学習に責任を持てるように促すことに全力を尽くす。カリキュラムや指導では，個々人に合わせた魅力的で有意義な学習が提供され，多様な専門分野のチームによってすべての指導プログラムが意図的に作られている。

解決志向アプローチを学習・応用するための学校側の準備要因

　ガルザ高校は，解決志向アプローチの学習と応用の両面ともに大いに成功した。だが，学校のような組織で介入を成功に導くためには，多様な要因が影響している（Hogue et al., 2008; McHuge et al., 2009）。われわれはここで，ガルザで成功を収めた SFBT の訓練の成功を支援し，革新的な実践をも受け入れることを手助けした要因を，学校準備要因と呼び，それらの要因がガルザにおける解決志向アプローチの受け入れをいかに促進したかについて議論する。

　組織に関する研究によれば，解決志向アプローチのような新たな介入の受け入れは，組織の文化により決められることが示唆されている（Glisson, 2002; Jaskyte & Dressler, 2005）。フランクリンとホプソン（Franklin and Hopson, 2007b）は，研究上明らかになっている，スタッフを訓練する際に役立つ組織の特徴を挙げている。これらはガルザでの組織文化の一部となり，解決志向モデルの活用を促進するのに役に立っていると思われた。

1. **建設的な組織文化の存在** | 組織内における建設的な文化は，スタッフ間の肯定的な相互作用を促すスタッフの自律的，肯定的，積極的な行動を促進する。このタイプの文化は成就することを重んじており，やりがいある課題，自己実現することを促進し，個人の潜在能力の発達や，互いを支えあうことに注意が向けられる。ガルザはオルタナティブスクールであったため，スタッフにはすでに新たな介入の開発にかなりの自主性が与えられていた。実際，解決志向のコンサルタントや指導者がガルザに入る前から，スタッフは解決志向の技術を模索していた。
2. **スタッフが意思決定に参加・協力し，アイデア開発をし自在に実践に取り入れられる分散型の管理構造** | これは，決定事項が作られ下部層のスタッフに伝えられるような明確な指示系統を持つ中央集中型の管理構造とは対極的である。ガルザの校長は，教員，生徒，保護者，地域住民，研究者からデータ管理スタッフに至るまで，ガルザを発展させる多くの人々と関わった。彼らには学校管理に対して参加型のアプローチが与えられ，学校が進化するにつれて，学校の至るところで発展してきたポジティブな仲間文化に生徒をさらに導くようになった。
3. **スタッフの参加・柔軟性・リスク負担に特徴づけられた組織** | ガルザのスタッフは，フレックスタイム制など，その生徒のニーズやペースに合わせて，個別的で統合されたカリキュラムを持つ学習スタイルが選択できる，高い柔軟性のある学校を作りあげた。また，スタッフには新たなアイデアを実行する権限が与えられ，また自ら進んでかなりのリスクを負っていた。中退リスクのある生徒を支援するために，家庭訪問や刑務所を訪問したり，生徒の仲裁役として，一般の地域に強く働きかけをした。さらにスタッフは生徒の代弁者ともなり，しばしば担当する生徒に助けにならないと思われる融通の利かない学区政策に対処する方法すら見出だした。また，ガルザには他の高校では禁止されている卒業生が学校に戻ることを認めるオープンキャンパスの規則や，他の学区の高校に比べてよりオープンな性教育プログラムも持っていた。

4. **新しく革新的な実践を行うための組織からの十分な資金提供**｜校長は学区と接点を作るうえで,「一流で革新的な学校を作るための資金提供がなければ, ガルザ高校を発展させる責務が負えないだろう」と主張した。学区は, 最高の教育実践を行う一流の学校としてガルザへの資金供給を認めた。テキサス大学の研究者も, 解決志向の実践が発展した学校を援助するため, メンタルヘルスのためのホッグ財団の訓練と研究の助成金を手に入れた。
5. **新たな実践的学びを支援するスーパービジョン・コンサルテーション・継続的な技術援助**｜ガルザには解決志向の指導者が常駐しており, また SFBT のエキスパートであるカウンセラーが他の高校が利用できる数よりもずっと多くいた。加えて, ガルザのスタッフは 2000 年から 2006 年にかけて, インスー・キム・バーグやシンシア・フランクリンから継続的な訓練やコンサルテーションを受けていた。

これらの組織的準備性の要因が, 解決志向的介入を学校の教育プログラムの中に移行させ, 発展させることができるような学校風土を作り出した。以下, われわれはガルザにおける解決志向アプローチの教育と訓練を維持させている要素について述べる。

SFBT の介入

学校スタッフの訓練

現在は退職しているヴィキ・ボールドウィン校長は, ガルザの全スタッフが解決志向アプローチを訓練することを決定した。彼女の率直な性格と決意がこの事業を方向付けたといえる。元校長のオフィスには「もっと資金提供を！」というサインが掲げられており, 彼女の事業への決意は疑いのないものであった。

2001 年 11 月, ガルザのスタッフに対する半日にわたる初の専門家育成訓練が行われ, 教員やスタッフ（ガルザではファシリテーターと呼ばれる）が訓練課程に関わる責任を引き受け, 訓練計画にも積極的に関わるようになった。解決志向の哲学や技術の学びを促進することに役立ついくつかの戦略が, 教員やファシリテーター, また研究チームによって開発された。これらの戦略は以下の通りである。

1. 解決志向の蔵書を有する図書館がファシリテーターに利用可能となった。
2. ファシリテーターはグループを組織し, 読書クラブを作った。
3. 解決志向介入のビデオを鑑賞する弁当持参のセミナーが教員, スタッフ, 管理者のために開かれた。
4. インスー・キム・バーグがトレーナー役となった校内訓練も組織された。インスーは追加の訓練やコンサルテーションのために, 個々人や小グループ（たとえば校長や管理者, カウンセラーなども入る）にも対応した。学校の訓練課程の至るところで, 例年の校内訓練のセッションを強化するために他の解決志向のトレーナーも呼び寄せられた。

5. 解決志向のコーチは学校内で勤務し、学級のコンサルテーションとして利用されたり、必要に応じて解決志向アプローチの模範役となった。
6. ファシリテーターには、生徒と一緒に活用できる解決志向の技術についての簡易参照表が与えられた。
7. ボールドウィン校長はまた、構成員やスタッフへの例年の業績評価に、解決志向介入の能力を付け加えた。

ガルザ高校スタッフへの解決志向技術の訓練の経験より、解決志向モデルを学校に導入する際に使うことができるいくつかの技術が明らかにされた。それは以下の通りである。

1. 解決志向モデルを学ぶための学校全体の準備性を見出すこと。
2. 訓練課程において特定の学習的なステップを作ること。たとえば、初めに解決構築の哲学について教え、続いて技術の学習と応用を促す発展的なステップを入れるなど。
3. 学校のための解決構築のコーチを活用すること。
4. 管理上、あるいは学校で日々使われているクラス形成に、解決構築の哲学や技術を適用すること。
5. そのモデルを使用する管理者、カウンセラー、教員の協力関係を作ること。

ガルザで解決構築を生み出す特徴として重要な点は、訓練過程の至るところで専門的な境界を越えた協働がみられることである。解決構築の独自の応用や新たな手法を生みだすために、学校ソーシャルワーカー、カウンセラー、教員、スタッフ、そして管理者が、彼らの専門技能の領域を組み合わせ、互いの知識や専門技能を共有した。ストリーターとフランクリン（Streeter and Franklin, 2002）はこのようなタイプを問題解決のための学際的チームと名付けた。特筆すべきは、チームの一員として生徒も含まれている点である。生徒の意見を聞き、彼らの提案を組み入れることはガルザの文化の一部である。

解決構築学校としてのガルザ

ガルザ高校が解決構築学校として進化し始めたのは、SFBTの技術を組み入れ始めた2000年の夏を過ぎてからである。解決構築アプローチはガルザ高校に強制されたわけではない。生徒の中退予防という、管理者、教員、スタッフの共通の関心に向けられた結果取り入れられたものである。解決構築は最終的にはリスクのある生徒の支援を成功に導く哲学となり、学校でのメンタルヘルス実践を補強する主要な介入モデルとなった。

解決構築の技能とテクニック解決構築哲学の立場では、希望的で前向きな選択、励ましの言葉、新たな行動の挑戦、徐々に起こる変化の称賛といった点が強調される。学校場面におけるSFBTを特徴づける仮説と信念は、マーフィー（Murphy,

1997）によるアウトラインでは，4つのグループの概念に分けることができる。

解決を促進すること
- コミュニケーションの目的は，問題の深刻性を減じる行動の新たな実行可能な道筋を見出すことである。
- 問題のいかなる部分の小さな変化も解決を生み出すことができる。
- 複雑な問題が複雑な解決を導くという正当な理由はなく，問題と解決の論理的な結合もない。
- 前の行動を止めるよりも，新たな行動をとった時のほうが成功する解決を思いつく。

リソースに基づくこと
- リスクのある青少年の生活上の学業的困難を変える強みや能力を，生徒，教員，両親は持っている。
- どんな解決志向の目標も，困難を感じている人によって作り上げられなければならない。
- ファシリテーターが生徒の能力や才能を認めて賛同したとき，高く動機づけられると考える。

焦点の切り替え
- 将来の可能性に集中することが，変化と成功を支援する。
- 問題の本質への洞察を持ち，育てることは，解決構築に必須ではない。
- 困難には常に例外（問題がそこまで大きくない，あるいは存在さえしない時と場所）がある。
- 学校場面においては，個の成長，学業成績の向上，卒業に向けての努力を高める解決が重要視される。

試験的な行動
- 変化は不可避である。
- 解決の構築の方法は一つとは限らない。
- ある一定の行動を理解するためには，多様な意味付けや方法が存在する。したがって，ある視点が使えないのなら，他の視点を試せ。
- 上手く行ってるなら，繰り返せ。もし上手く行ってないなら，何か違うことを試せ。

ガルザの管理者や教員，スタッフは，生徒との肯定的な関係性を促進するように解決構築モデルを使用した。彼らは生徒たちのことを，自らの問題や困難に関する彼ら独自の解決策を明らかにする専門家として見なすように訓練された。この視点は，専門家によって解決を行うような多くの教育的場面で用いられる一般的なアプローチとは正反対である。ガルザの管理者や教員は，生徒が自分の問題を解決する知識や能力を持っていると信じているため，生徒の情報は高く評価され，積極的に求められる。以下は，ガルザのファシリテーターが生徒を手助けするための解決構築介入スキルとして使用する方法である。

- 現実的な解決を思いつくように生徒を支援すること
- 生徒の生活の中ですでに起こっている解決の方法を見つけ出すこと

> Box24.1 ■学校出席不良の問題への解決の探索
>
> 　出席数の問題について、新校長のウェブ博士は学校集会を開いた。集会では各生徒に彼ら宛の封筒が渡され、同時に封筒を開けるように指示された。そこには個人ごとに計算された、彼らが学校に来ないことを選択した日数によって学校が失った金額が記されていた。博士はこの課題で出席の重要性を強調し、学校に出るか休むかを考える際に彼らがする選択の結果が、ガルザの人々に与える影響について考えることを願った。

・小さく、測定することができる解決に向けた目標を作れるように生徒を助けること
・生徒の学習上または生活上の結果に影響を与えるようにすぐに措置をとること

　このような強みに基づくアプローチは解決構築学校の至る所で中心となるテーマであり、SFBT は生徒の強みを認識し育む秘訣をすべてのファシリテーターに提供している。生徒が解決は可能だと信じられるような自信を育むためにも、生徒の強みを明らかにすることは必要である。このような手助けが生徒の肯定的な変化を即座に生み出し、生徒の関心の焦点を問題から逸らすことを可能とする。

リーダーシップの移行

　2008 年の春、ガルザで 11 年間リーダーシップをとり、41 年間公教育に従事したヴィキ・ボールドウィンが退職し、学校のリーダーはリンダ・ウェブ博士に移行した。ボールドウィンは SFAS が築かれる基となった独自の学校哲学を創出することに大きな労力を注いでおり、新人募集、雇用、そして新たな校長の訓練でも積極的な役割を演じた。

　校長の選出過程は大きな地区の総責任者に依拠している。ガルザ高校のあるオースティン独立学区（AISD）は 83,000 人の生徒を抱える都市学区である。近年の校長選出の手続きとして、まず高校の副責任者であるグレン・ノリー博士が、各出資者のグループやスタッフ、保護者、生徒たちに、次の校長にどんな特長を持つ人物を望んでいるかについて聞き取りを行い、これらの状況は AISD のウェブサイトで公表された。

　ノリー博士によれば、驚くべきことにガルザ高校の校長職への志願申込みは、他のどの学校より多かった。しかし、ボールドウィンは志願者の多くが、ガルザの複雑さや文化を理解していないと確信し、簡単な仕事だと思っていることを心配していた。

　ボールドウィンはただ一つの要求をした。それは彼女が新たな校長の移行を手助けできるようにタイミング良く校長を選出することであった。

　ガルザは外部から見ると簡単に見えるが、生徒が組織に合わせなければならないような多くの学校とは異なり、生徒のニーズをもとにそれ自体を微調整し絶え間なく進化する、とても複雑な組織である。ガルザの生徒は標準的な学校システムの構造ではうまく行かなかったため、ガルザで求められる構造は普通とは違ったものが要求された。次の校長はすべての生徒を愛し、尊重することが必要だった。教科課程に

> Box24.2 ■教員エンパワーメント問題の解決の探索
>
> 数名の教員が,容認できないクラス内の行動(遅刻,教員への無礼な言動など)の制御について,解決志向モデルでは対処できないと考えていることを博士に報告した。博士自身が解決志向モデルについてより学び,管理者の状況を分類しつつ,学校に解決志向の指導者をよび,追加の訓練を要請した。その結果,多くの疑問が明確になり,教員やスタッフは解決志向モデルがより深く理解できたと語った。

関する優れた力量,そして意思決定時には自ら進んで「ぜひやってみて」と伝える姿勢が必要であり,全て決定は各生徒が最も興味を抱いたもののためになされるべきであった。何より,すべての人が強みを持ち,学校の仕事とは生徒のもつ強みを見出すことであると,校長ははっきりと信じなければならなかった。ボールドウィンはよくガルザの生徒のことを「歩行可能な負傷者」と呼んだ。彼らには,再び自分自身を尊重し,自己決定できるよう育み,自信を持たせるようにする必要がある。解決志向モデルはこのような態度の中核をなしている。

志願者のほとんどが適任ではなかったため,ボールドウィンも少数の校長に志願を働きかけた。その中の一人が,当時小学校の校長であったリンダ・ウェブ博士である。ウェブ博士はAISDのピロー小学校の校長であった。学校を国内でも最優秀の地位まで引き上げ,他の州から模範的評価を得たのは彼女のおかげである。彼女とスタッフは24を超える国々の子どもたちと,多くの特別なニーズ(特別支援教育の生徒と,学費免除と昼食の割引を受ける生徒の両方が含まれる)のある児童の要求に応えた。ウェブ博士とボールドウィンは長年の友人であり,夕食をとりながら,時々は国の教育や破たんしたシステムに変化をもたらす方法について議論をしてきた。当初,ウェブ博士はボールドウィンの申し出を断っていたが,最終的には志願してくれた。

校長を「引き受ける」には,ガルザの至るところにある解決志向モデルの維持が不可欠であったため,ボールドウィンが移行に大きくかかわることを優先した。ウェブ博士とボールドウィンは,移行する前後2年間は会議をし,月に1回は意見交換のために会い,いかなる問題にも対処し,お互いの友情を維持し続けた。彼女らはアプローチとスタイルの違いを評価し,尊重していた。この相互尊重を通して,ウェブ博士はガルザを新鮮な視点で考察し,3つの質問が出された。それは,(a) 何が機能しているのか?,(b) 何が機能していないのか?,(c) より良くするにはどうするのか? である。彼女は管理職とスタッフメンバーのそれぞれの個別会合でこれらの質問をし,解決には4つの根本的な問題を解く必要があるとの認識に至った。その問題とは,(a) 学校敷地内での喫煙,(b) 出席不良,(c) 遅刻,(d) 教員の無力感であった。博士はこれらの問題への解決策を探るために,管理職,スタッフ,生徒らとともに創造的に働いた。博士が提唱する現存する問題への解決とガルザの向上を維持する方法の例は Box24.1 と 24.2 に挙げる。彼女も,たとえば生徒が自らの行

動に責任を持ち，よりそれに適合させる方法など，より進歩した解決志向の技術をスタッフに伝えるため訓練を応用し，彼らの能力を高めるのを手助けした。

研究方法（計画・参加者・方法）

今日まで，ガルザ高校において3つの研究が行われ，準実験計画法（Franklin et al., 2007c），質的研究（Lagana Riordan et al., 2010），概念地図法（Streeter et al., in press）という異なる手法がとられている。ここではガルザにおける研究の計画と方法の要約を述べる。

研究1

実験前と後の集団比較計画である準実験計画法が用いられた。実験群として，被験者（n=46）はガルザ高校の生徒であった。対照群（n=39）は他のオルタナティブスクールが利用できないため，従来の公立高校から募集された。性格，出席数，取得単位数，無料ランチプログラムへの参加，人種，性別，テキサス教育コード（TEC）に従った危険度で定義されている生徒であるか等の点で，対照群は実験群と一致していた。

本研究では，取得単位数，出席数，卒業率の3つの独立変数が観察された。これらのデータは，各生徒の学籍番号から AISD の記録を通じて得られた。取得単位数に関するデータは，参加した履修単位と4学期を通じて完了した履修単位との関係性を反映していた。

研究2

質的ケース研究法がとられ，研究1の実験群から参加者が集められた。参加を依頼された46名の生徒のうち，33名が選ばれた。生徒は主としてコーカソイド（54.6%），ヒスパニック（39.9%）であり，半数以上が女性（57.6%）であった。各参加者は45分から60分の半構造化面接において36の質問に答えた。面接の質問はスケーリング・クエスチョン，リストの項目，開かれた質問の組合せであった。

質問と調査では，現在のまたは過去の学校満足感，家族歴，仲間や家族との関係性についてのトピックが一緒に尋ねられた。得られた内容は文字に起こされ，コード化され，主題分析を用いて理論的にグループ化された。厳正さと信頼性を与える方法として，質的データのトライアンギュレーション，持続的な観察，長期にわたる現象の観察が含まれた。

研究3

質的データを量的に理解する目的をふまえた概念地図法が採用された。「概念地図課題の目的は，指導理論や哲学についてのプログラムの忠実性を検討することを促し，中退リスクのある生徒を卒業させるプログラムの使命に寄与する最も重要なプログラムは何かを評価するためである」（Streeter et al., in press, p.9）。14名の生徒と37名の成人（教員，管理者，スタッフ）が概念地図法のセッションに参加した。「生

徒が自らの教育目標達成を支援するオルタナティブスクールの特質について述べてください」という教示に対して，合計 182 の固有の回答が集められ，参加者はそれらを似通ったグループに分けるように指示された。この過程で合計 15 のクラスターが得られ，クラスターは名前が付けられ，参加者はそれらのユニーク度，重要度，解決志向モデルとの一致度について見積もるように指示された。これらはパターンマッチング分析を用いて分析された。

研究結果

研究 1

準実験研究の結果（Franklin et al., 2007c），反復測定分散分析（ANOVA）では，対照群（標準的な公立高校に通う生徒）との有意な差は見られなかった。しかし，2002 年から 2003 年度の解決志向オルタナティブスクール（SFAS）参加者においては，2003 年から 2004 年度の群との間に有意差がみられ，SFAS に入学した生徒は，対照群の生徒よりも多くの単位を取得したことが示唆された（Headge's g=.47）。対照群としての従来の高校の環境と比べて，SFAS プログラムを通じて生徒が成長する上で重要な要因の一つと思われるのは，ペースである。SFAS は自分のペースの個別のプログラムで，半日は学校に出てパートタイムで働くこともでき，生徒が親役割を担う柔軟性も与えられている。SFAS の生徒は時間はかかるが，標準的な高校の生徒よりも単位を満了しやすいと考えられる。

観測された群間の出席率の差について反復測定分散分析を行った結果，SFAS 群よりも対照群のほうが高い出席数であることを示していた。上述の通り，新校長のウェブ博士がガルザ高校の問題の一つとして出席率を上げており，また，ガルザの柔軟な形態による影響も考えられる。

卒業割合について算出した結果，SFAS の 12 期生の 62%，対照群の 12 期生の 90% は 2004 年の春の卒業であった。ガルザ高校は毎年卒業する制度ではなく，生徒は独自の個別スケジュールでコースの課題を満了したら，その年のいつでも卒業できる。そのため，調査者は卒業していない SFAS の 14 名の生徒を追跡し，2004 年の秋に 9 名が卒業したことを発見した（実験群の卒業率は 81% に上昇する）。出席数の知見でも同様の影響が考えられる。このような構造や形式の違いがあるので，調査者は SFAS の真の影響を捉えることが困難といえる

研究 2

質的研究の主題分析の結果（Lagana-Riordan et al., 2010），SFAS の生徒の感じ方の多くは，従来の学校の被験者より肯定的であった。明らかとなった主な肯定的テーマは，生徒–教員間の肯定的な関係，成熟度や責任感の改善，オルタナティブな構造，社会問題の理解，そして肯定的な仲間関係であった。生徒たちは，SFAS の雰囲気が生徒や仲間の理解と個々に対する配慮を高める一因であり，学校の柔軟性や

表 24.1　SFAS 概念地図調査におけるクラスターの記述

クラスター グループ	個々のクラスター	クラスターの記述
コミュニティのテーマ	学校全体において明白である尊重	学校の関係性（生徒，スタッフ，教員，管理者）のいたるところに見られる確かな信頼と尊重
	コミュニティ感	学校の親密で，支持的に育まれた関係性
	生徒同士の相互作用	生徒同士の尊敬と互いの相違の尊重
	自信を持たせる文化	個人的な責任感の励ましと共にある個々の自由
学校の組織	組織的基盤	学校が構造化されていること：クラススケジュール，学業計画，スタッフ配置
	学校の規模と構造	学校生活におけるスケジュールや教室の特徴などの特別な例
	最先端の実態	通常の伝統的な学校にはない非伝統的な技術
	入学と卒業の方針	入学基準と卒業要件の独自の特徴
付加的クラスター	関係性	校長，生徒，スタッフ間の広い関係の反映
	専門的な環境	互いに連携するための強み，技能，能力の相互認識と尊重
	強みに基づくこと	強みと個々人への学校の焦点化
	人生への心構え	生徒の学業的な必要条件を満たすことを支援する個別化されたサービス，継続のための中等教育後の教育，雇用を得るための技術と経験
	生徒を成功に向かわせるリソース	このクラスターは増加する生徒のための中等教育後教育と雇用を促進させる特徴的なプログラムに焦点が当てられている
	生徒の成功	個人的な目標の達成を明確にし，これらの目標が叶うような成功を再認識させるような生徒支援
	改善の継続	継続する試験的な実践，進んで変化しようとすること，生徒の成功の達成への努力を進んでいくこと

原典：Streeter, C. L. & Franklin,C., Kim, J. S., & Tripodi, S. J.（in press）. Using concept mapping to examine school dropouts: A solution-focused alternative school case study. Children and Schools. を改編

責任感を高めようとする期待が彼らの成功の中核となると述べていた。

　生徒が感じる従来の学校の主な弱みに関しては，教員の問題，安全性の欠如，過度に厳格な権威，非適応的な学校構造，そして仲間関係の問題など，いくつかのテーマが挙げられた。生徒たちは仲間や教員から評価されている感覚を表していた。さらに，彼らは従来の学校が個々に対しての配慮や，効果的な学習を促進するのに必要な安全性を提供できていないと感じていた。これは先行研究と一致し，教員が学習的動機付けに与える影響は大きい（Darling-Hammond, 2004; Tuerk, 2005）。SFAS における解決志向モデルは，生徒を学業的に成功させる責任を持たせ，より成功に向けて従事させる。

研究 3

　概念地図法による評定の結果，SFAS を理解するための 15 のクラスターが提唱された（表 24.1 参照）。パターンマッチング分析の結果，最先端の実践，入学と退出の方針，学校の構造が，SFAS 独自のものだと思われていることを見出した。これらの特徴の重要度が測定され，学校文化と関係性に関連するクラスターは教員，管理者，スタッフによってより高く評価されていた。したがって「最も独特な要因は学校の構造的な側面であり，生徒の学業的目標の達成を促す最も重要な要因は関係性と学校文化であった」（Streeter et al., in press, p.16）。

個々のクラスターの重要度について，生徒対先生，管理者，スタッフの差を分析した。両群ともに学校全体において明白である尊重，コミュニティ感が，最も重要な3つのクラスター内に含まれていたが，生徒だけは生徒同士の相互作用が最重要であった。本調査は，生徒が通常の仲間と親密になることが，学校中退（Franklin et al., 2006）や非行（Montgomery et al., 2010）からより保護されやすくなるという知見を支持するものであり，SFASはこのような保護要因を用意する環境を育てることが示唆された。教員，管理者，スタッフは生徒の成功を3番目に重要なクラスターと思っていた理由として，解決志向モデルに沿って学校で生徒と共に働く彼らにとって，生徒の成功の成就と目標達成はとても重要だと感じるためであろう。

最後に，解決志向モデルの理解に重要な要素がパターンマッチング分析により示された。彼らは学校全体において明白である尊重が最も重要度が高いとし，解決志向モデルと最も密接に関連していると思っていることが示唆された。さらに，強みに基づく見通しとコミュニティ感が，最重要の5つのクラスターに入っているのと同時に，解決志向モデルと最も密に関連する5つのクラスターにも入っていた。注目すべきは，彼らが最も重要と見なしたものが，解決志向モデルとも最も密に関連しているという点である。本研究から，新たな処置やモデルを実行する際の最大の課題は，サービスを提供する側に積極的に引き受ける姿勢が受け入れられることであると推察された。教員や管理者，スタッフへの支援が，ガルザ高校における解決志向モデルの実践を成功させる中核であった。

実践のガイドライン

上記の調査研究は，リスクのある生徒への解決志向アプローチの適用に関心のある研究者や実践者に有益であろう。制限があるものの，これらの研究は解決志向モデルの学校を発展，実践するのに必要ないくつかの特徴を示唆し，生徒や教員が解決志向モデルの重要性に気づくための手掛かりとなる。

本研究の限界

研究1｜準実験研究における本研究の限界として，まずサンプルが少ないため，これらの結果の一般化にはより大規模な調査が必要であろう。また，従来の公立学校の生徒を対照群としたため，群間の差の多くは単純に学校のタイプの違いによるものだということもできる。ペースや，個別化されたカリキュラム，オルタナティブスクールで生徒が体験するスケジュールは，従来の公立学校のものとはかなり異なっている。

研究2｜質的研究をより広い人々に一般化することは事実上不可能である。しかし，本結果は参加者の体験に特有のものであるので，生徒から得られた知見については，異なる地理的な場所にいるリスクのある生徒の体験を反映しているかもしれない。

研究3｜研究1と同様，非無作為サンプルでは結果を一般化することはできない。さらに，集団場面で集められたデータなので，他者の応答や反応により情報が制限

> **Box24.3 ■ SFAS 卒業生の引用｜学校のペース**
>
> 「ガルザの至るところで,学ぶのが楽しい！ 真剣だ！ と感じていた。いつも自分の課題をやっていたし,自分がやっていたことについてもっと知りたいと思うから,それを調べていた。テーマやすでに知っていることからちょっとズレていることについて疑問に思ったら,全く関係ないことでも学ぼうとしたんだ。すべての学期が終わる頃には,私はとても多くの新しいことを学んでいた。このことで,自分の人生についての考えを持ったり,最後には自分も知らなかった自分の持つ才能に気づいた。無謀な夢を抱いたりしないで,私はゆっくりやっていくつもり。次の学期の1月からはコミュニティカレッジで授業を受けながら,サンドウィッチショップで働こうと思っている。時間が経つにつれてその授業が理解できてきたら,もっと多くの授業を受けて,最後には警察官かソーシャルワーカーか獣医のどれか早くなれるやつになりたい」
>
> 「私は6カ月早く卒業し,夏には大学が始まります。私の人生はまさに飛び立とうとしています。私をここまで来させてくれたガルザに感謝します」
>
> 「マイペースな環境にいたことで,従来の高校の環境で自分が今まで得ることができたものよりも多くの知識を得ることができた。難しい概念を十分に理解するのに必要な時間を割くことができただけじゃなく,信じられないほど素晴らしい先生方に恵まれた」

された可能性がある。また,理想的にはブレインストーミング・セッションは参加者が仕分けしやすいように80個の意見に制限すべきだが,本研究では多くの意見が得られた(n=182)。多くの意見の仕分けは退屈となり,中には課題を終わらせるために真の意見を減らして答えることもあるだろう。

以上の限界をふまえた上でも,結果からいくつかの重要な特徴が示された。SFASのペース,個別化,勇気づけ,さらに,参加者から示された関係性と支援等は,重要な特徴であると推察される。

SFASの特徴

目標と将来の方向性｜概念地図研究から見出されたガルザの重要な特質の一つは,生徒の学業的目標への焦点化である。ガルザは生徒の過去よりもむしろ将来に焦点を当て続け,学業的な進歩を助けるためなら目標設定やスケーリングのような技術を絶え間なく使用し続けた。

ペース｜中退の恐れのある生徒は環境次第であり,ペースをゆっくりにし,学校のスケジュールを変えられる環境では力強く成長すると思われる。自分ペースの学習によりかなり遅れている生徒たちを追いつかせることができ,一方で終わらせる必要があれば超過時間を取ることもできることを意味している。これまでガルザで行われた研究でもその事実が裏付けられている。Box24.3では,自己ペースの重要性を示す,近年のガルザの卒業生の引用が示されている。中退リスクのある生徒に解決志向サービスを提供しようとするものは,生徒が自分の学習ペースを調整しようとする考えを持てるように検討するべきである。さらに,オルタナティブスクールで自分のペースを見つけ出すことが問題に対する例外となる可能性がある。サービス提供者は,ペースが個別化された際に有効となる長所を見つけ出すことで,生徒を助けることができる。

> **Box24.4 ■ SFAS 卒業生の引用｜勇気づけ**
>
> 「ガルザの哲学はとてもユニークで，それは私の人生を通してずっと共にあると思う。この学校は，人生のあらゆる側面で自分をやる気にさせて，積極的に，楽観的にいるように私に刺激を与えてくれた」
> 「5 カ月間この学校に在籍しただけで卒業することになった。（中略）先生たちが君たちに与える課題は，君達にもっと頭を使うようにと刺激すること，そういうのさえ僕は大好きだね」
> 「自分がそうしたい気分じゃない時であっても，自分の成功や失敗をコントロールすることを学んできた」

> **Box24.5 ■ SFAS 卒業生の引用｜関係性と支援**
>
> 「ほとんどみんなが私を受け入れてくれた学校なんて今までなかった，ガルザにいたみんなのようには。（中略）ガルザのファシリテーターは私に多くの影響を与えてきた。私に言えるのは，彼らは彼らのしていることが大好きということ。人生を通じて彼らは私に刺激を与え続けると思う。（中略）カリキュラムや行動主義よりも，ここにいる生徒やスタッフのほうがずっとこの雰囲気に影響しているって気づいてきたんだ」
> 「ガルザに来る前は，（中略）先生たちはみんなの記録をつけたりできなかった。彼らは誰がトラブルメーカーで，誰が優秀な生徒なのかしり知らなかった。ガルザに通い始めたとき，私は迎えられている感じがした。先生や校長はみんなの名前を知ってたし，もしそうでなくても少なくとも挨拶をしたし，相手のことを知ろうとしていた。ガルザに来る前，学校を中退したがっていたことが懐かしい」

個別化｜SFAS の生徒は，個別化されたペースだけでなく，授業を取る順番や，彼らに最も有効に作用する授業スケジュールを選ぶ。さらに，SFAS では就職に向けて個々人に合わせられた中等教育への準備や，実践的で多様な生活スキルも提供している。先行研究とも一致するが，中退リスクのある生徒には彼らの複雑な状況やニーズに対応した個別の学習計画が必要となる場合が多く，サービス提供者は調整しやすい教育プランを提供する必要がある。

能力の構築｜上記の研究から得られた SFAS の特徴的の一つは，自身の能力を構築することへの焦点化である。ガルザのスタッフは，生徒が選択や行動の責任を取ることを支援することで能力を構築することに焦点を当て，ガルザの生徒は，自分の学習を調整する責任を与えられ，成功できるような選択をする権限を与えられた（Box24.4 参照）。

関係性と支援｜教員，管理者，スタッフ，そして生徒間の支援と相互の尊重は，SFAS で最も重要な側面の 2 つとして見出された（Box24.5 参照）。これらの知見は支援的で尊重的な（大人と仲間の両方からの）関係性に焦点を置くことが最も重要であることを提唱している。

今後の展望

上述の通り，本研究は全体としてサンプルサイズが小さく，SFAS と他のオルタナ

ティブスクールとを比較することができないという限界がある。解決志向介入を学校単位のモデルに使用することをより良く理解するためにも，もっと大きなサンプルサイズを用いたより厳密な計画が必要である。また，ガルザ高校は，全体的な教育システムに解決志向モデルを採用したただ一つの学校であるために，学校の文脈，管理者，そしてリーダーシップの役割が，SFBT モデルの実行に与える影響について追加研究が必要である。たとえば最近の研究においても，従来の高校で SFBT を使用する際に多くの実践者が直面する問題について扱われていない。ガルザはオルタナティブスクールであり，解決志向の実践を容易に受け入れられる特徴をもともと備えていた。今後の研究では，解決志向の実践を従来の学校が受け入れる準備性を高め，このようなアプローチの学校単位での応用を促進するために必要となるものについて焦点を当てるべきである。

さらに学びたい方へ

- Lagana-Riordan, C., Aguilar, J. P., Franklin, C., Streeter, C. L., Kim, J. S., Tripodi, S. J., & Hopson, L.（2010）. At-risk student's perceptions of traditional schools and a solution-focused public alternative school. Preventing School Failure, 55（1）, 1-10.
- Streeter, C. L., Franklin, C., Kim, J. S., &Tripodi, S. J.（in press）. Using concept mapping to examine school dropouts: A solution-focused alternative school case study. Children and Schools.
- ガルザ高校の解決志向アプローチについて，詳しくは http://www.austinisd.org/schools/website.phtml?id=024

参考文献

Alliance for Excellent Education. (2009). High school dropouts in America. Washington, DC: Author.
Darling-Hammond, L. (2004). Standards, accountability, and school reform. Teachers Collage Record, 106, 1047-1085.
Dupper, D. (2006). Guides for designing and establishing alternative school programs for dropout. In C. Franklin, M. B. Harris, & P. Allen-Meares (Eds.), The school services sourcebook: A guide for school-based professionals (pp.413-422).
Franklin, C, Garner, J., & Berg, I. K. (2007a). At-risk youth: Preventing and retrieving high school dropouts. In R. Greene (Ed.), Social work practice: A risk and resiliency perspective (pp.115-139). Pacific Grove, CA: Brooks/Cole.
Franklin, C., & Hopson, L. M. (2007b). Facilitating the use of evidence-based practice in community organizations. Journal of Social Work Education, 43 (3), 377-404.
Franklin, C., & Streeter, C. L. (2003). Creating solution-focused accountability schools for the 21th century: A training manual for Garza High School. The University of Texas at Austin. Austin: Hogg Foundation for Mental Health, The University of Texas at Austin.
Franklin, C., Streeter, C. L., Kim, J. S., & Tripodi, S. J. (2007b). The effectiveness of a solution focused, public alternative school for dropout prevention and retrieval. Children and Schools, 29, 133-144.

Glisson, C., & James, L. R. (2002). The cross-level effects of culture and climate in human services teams. Journal of Organizational Beavior, 23, 767-794.

Hogue, A., Dauber, S., Barajas, P. C., Fried, A., Henderson, C. E., & Liddle, H. A. (2008). Treatment adherence, competence, and outcome in individual and family therapy for adolescent behavior problems. Journal of Consulting and Clinical Psychology, 4, 544-555.

Jaskyte, K, & Dressler, W. W. (2005). Organizational culture and innovation in nonprofit human service organizations. Administration in Social Work, 29, 23-41.

Kelly, M. S., Kim, J. S., & Franklin, C. (2008). Solution-focused brief therapy in schools: A 360 degree view of research and practice. New York: Oxford University Press.

Kim, J., & Franklin, C. (2009). Solution-focused, brief therapy in schools: A review of the outcome literature. Children and Youth Services Review, 31, 461-470.

Lagana-Riordan, C., Aguilar, J. P., Franklin, C., Streeter, C. L., Kim, J. S., Tripodi, S. J., & Hopson, L. (2010). At-risk students' perceptions of traditional schools and a solution-focused public alternative school. Prevention School Failure, 55, 1-10.

McHugh, R. K. Murray, H. W., & Barlow, D. H. (2009). Balancing fidelity and adaption in the dissemination of empirically-supported treatments: The promise of transdiagnostic interventions. Behaviour Research and Therapy, 47, 946-953.

Mendez-Morse, S. (1992). Leadership characteristics that facilitate school change. New York: Teachers Collage Press.

Montgomery, K. L. Barczyk, A. N., Thompson, S. J. (2010). Evidence-based practices for juvenile delinquency: Risk and protective factors in treatment implementation. In F. Columbus (Ed.), Youth Violence and Juvenile Justice: Causes, Intervention and Treatment Programs. Hauppauge, NY: Nova Publishers.

Murphy, J. J. (1997). Solution-focused counseling in middle and high schools. Alexandria, VA: American Counseling Association.

Obama, B. (2010, March). White House press conference. Speech presented at the White House, Washington, DC.

Reimer, M. S., & Cash, T. (2003). Alternative schools: Best practices for development and evaluation. Clemson, SC: National Dropout Prevention Center/Network.

Reynolds, D. (2001). Effective school leadership: The contributions of school effectiveness research. Nottingham, UK: National College for School Leadership.

Streeter, C. L. & Franklin, C. (2002). Standards for school social work in the 21th century. In A. Roberts& G. Greene (Eds.). Social worker's desk reference. Oxford University Press.

Streeter, C. L. & Franklin, C., Kim, J. S., &Tripodi, S. J. (in press). Using concept mapping to examine school dropouts: A solution-focused alternative school case study. Children and Schools.

Tuerk, P. W. (2005). Research in the high-stakes era: Achievement, resources, and No Child Left Behind. Psychological Science, 16 (6), 419-425.

Van Heusden, H. S. (2000). Comprehensive school reform: Research strategies to achieve high standards. San Francisco: WestEd.

Waxman, H. C., Anderson, L., Huang, S. L., & Weinstein, T. (1997). Classroom process differences in inner city elementary school. Journal of Educational Research, 91, 49-59.

第25章
日本における健康相談への
解決志向アプローチの活用

三島徳雄

はじめに

インスー・キム・バーグは1990年代半ばから毎年福岡市を訪れ,解決志向セラピー(SFT)の研修と活用の最新情報を提供した。彼女の研修に感銘を受けた参加者の多くがSFTの活用を試みた。著書が和訳され,重要な資源となった(Berg, 1994; Berg & Dolan, 2001; Berg & Kelly, 2000; Berg & Miller, 1992; Berg & Reuss, 1998; De Jong & Berg, 2008)。本章ではSFTを学んだ保健師の面接により,いかに被面接者と保健師の双方の満足度が高まったかを紹介する。

SFTを知る前にすでに学んでいたこと

日本ではSFTは心理療法的方法として主に使われている。また,インスーがガルザ高校やWOWWの情報を研修参加者に伝えたことから,スクールカウンセラーや教師も興味を持ち始め,WOWWのテキスト(Berg & Shilts, 2004; Berg & Shilts, 2005)は和訳された。

日本では全労働者が毎年健康診断を受け,健診後に健康状態について産業医学に携わる保健師か産業医による面接を受ける。保健師はこの健診相談の向上に努めているが,被面接者(労働者)から好意的に迎えられてはいない。面接は問題志向であり,現状で問題がなくても現在や将来の健康問題を話し合うのがその理由と思われる。

保健師からの情報や報告(日本公衆衛生学会,2007)によれば,面接技術の教育が不十分であり,保健師は面接内容については深い知識を持つが,有効な面接方法の知識は不十分である。このため,保健師の努力が結実していない。

SFTによる介入

ある保健師たちが面接技術改善への援助を求めてきたので,著者が積極的傾聴の研修を行った。保健師たちがすでに持っていた強みやリソースを引き出すために研

修の最初に解決志向の質問をし，健康相談の経験を探った。その結果，各保健師は有益な経験をしていたが，この経験を同僚間で共有していなかった。

SFTの存在を知った保健師のリーダーは，被面接者の些細だが重要で肯定的な健康維持努力をSFTで引き出せるのではと，SFTを学ぶ必要性を感じた。リーダーは学習効果の科学的証明にも興味があった。そこで本研究の目的は，保健師のSFT活用による健康相談での変化を検討することにある。仮説は，解決志向健康相談が被面接者の満足度を高め，保健師の仕事満足度も高める，である。

方法

参加者

研究参加者は面接者と被面接者である。被面接者は福岡県の中小企業の労働者で，面接者は労働者の健康相談を担当する某財団福岡支部所属の保健師である。実際に参加した被面接者は，健康相談を受け，データの使用に同意した労働者で，面接時期により2期に分けられた。コントロール期（C期）は1,315人のうち911人（69.3%）が，SFT期（S期）は1,429人のうち975人（68.2%）が参加した。面接者は支部所属保健師全員で，平均年齢40.8歳の21人の女性が参加した。財団の管理監督者は，保健師の面接技術の改善活動として研究をサポートした。

質問紙

著者とリーダーが開発した4種類の質問紙を用いた（表25.1）。多くの質問項目はスケーリング・クエスチョンに似ており，1が最低で10が最高を意味する1～10の数字の一つを選ぶことで回答する。

手続き

両期とも労働者は，面接前に質問紙1と同意書に記入し，面接直後に質問紙2に記入した。C期（2002年12月から2003年2月まで）では保健師は従来の方法で面接し，直後に面接結果の自己評価を質問紙3に記入した。C期終了後の2003年3月に保健師は，著者による初回のSFT研修を受け，1カ月半後に2回目の研修を受けた。S期（2003年4月から2003年7月まで）では，解決志向面接法で面接した。技法以外の他の条件はC期と同じである。研究終了時点で保健師は，自分の面接への態度の変化を質問紙4で自己評価し，著者へ文書でフィードバックした。

SFTの研修

保健師の面接時間は15～20分間である。法律により規定された目的は，労働者が自分の健康状態を理解する機会を持ち，健康改善行動を起こすように動機づけることである。著者は解決志向面接のプロセスをこれに合わせて改変した（表25.2）。

初回研修では，保健師はSFTの基本哲学を学び，小グループの練習で自らの強みとリソースを見つけ，コンプリメントやスケーリング・クエスチョンも練習した。著者は常に解決志向の態度を保ち，彼女たち自身で解決志向プロセスを経験するように

表 25.1 本研究で使用した質問紙の概要

質問番号	回答者	内容	回答
質問紙 1：健康相談前に回答			
1-1	労働者	健康に注意する必要性	1＿＿＿10
1-2	労働者	生活習慣で変えた所があるか	有／無
1-3	労働者	保健師による健康相談に対する期待	1＿＿＿10
質問紙 2：健康相談直後に回答			
2-1	労働者	健康に注意する必要性	1＿＿＿10
2-2	労働者	健康相談が，自分の健康を考えるのに役立ったか	1＿＿＿10
2-3	労働者	保健師は，あなたのことを良く理解しようとして話を聞いてくれたか	1＿＿＿10
2-4	労働者	何か「明日にでも変えてみよう」と「やる気」になったか？	1＿＿＿10
2-5	労働者	次回も「保健師による健康相談」を受けたいと思うか	1＿＿＿10
質問紙 3：健康相談直後に回答			
3-1	保健師	労働者に役立つ指導が出来たか	1＿＿＿10
3-2	保健師	労働者に「自分の健康に注意する必要性」が理解されたか	1＿＿＿10
3-3	保健師	労働者が「明日から実際に健康に注意する」可能性はどのくらいか	1＿＿＿10
質問紙 4：SFT 期の最後に回答			
4-1	保健師	労働者が少しでもすでに行っている好ましい行動を重視しているか	1＿＿＿10
4-2	保健師	労働者を傾聴しているか	1＿＿＿10
4-3	保健師	労働者が自分なりに健康について考えていると信頼しているか？	1＿＿＿10
4-4	保健師	労働者の健康行動をほめているか	1＿＿＿10
4-5	保健師	日頃の健康相談の方法や心構え・考え方などが変化したか	1＿＿＿10

表 25.2 SFT を活用した健康相談の流れ

(1) 労働者との関係作り
　・相談に来た努力を承認する
　・話したいことを確認する
(2) 労働者の良いこと探し
　・すでにしている健康行動の発見
　・実践するための努力を賞賛
(3) 労働者の今後の課題を見つける
　・労働者にとって大事なこと／人は？
(4) 労働者のこれからの行動について考える
　・どんなことなら行動しようと思えるか？
　・どんなことであれば行動できるか？
(5) 最後のまとめ

導いた。研修後は E メールやファックスでサポートした。2 回目の研修では基本練習を繰り返した。

統計解析

質問項目への回答である 1 〜 10 の尺度上の数値を計量値として扱い，C 期と S 期を比較した。質問紙 2 と質問紙 3 では面接への労働者の反応の差異と保健師の評価の差異を，2 つの解析法を用いて比較した。1 労働者を 1 サンプルとした比較では，全ての労働者回答をそのまま用い，対応のない t 検定をした (労働者基準解析)。サンプル数は C 期 898 〜 911 人，S 期 957 〜 975 人であった。1 保健師を 1 サンプルとした比較では，同一保健師が面接した労働者からの回答を項目毎に平均し，平均値を項目への回答とした。両期で同じ保健師が面接したので対応のある t 検定を用いた (保健師基準解析)。サンプル数は 21 で，参加した保健師の数である。

表 25.3　労働者基準解析による面接後の労働者及び保健師への質問紙の比較

質問		統制群			SFT 群			p
		N	Mean	(SD)	N	Mean	(SD)	
			労働者の回答					
2-1	必要性	908	8.03	(1.92)	970	8.09	(1.94)	.4999
2-2	有用性	905	8.42	(1.75)	970	8.57	(1.64)	.0553
2-3	保健師傾聴	903	9.01	(1.42)	966	9.20	(1.31)	.0018
2-4	やる気	909	8.15	(1.68)	965	8.30	(1.67)	.0485
2-5	次回希望	898	8.61	(1.75)	957	8.75	(1.69)	.0849
			保健師の回答					
3-1	有用性	911	6.12	(1.40)	975	6.26	(1.29)	.0278
3-2	必要性理解	911	6.42	(1.50)	975	6.51	(1.43)	.1612
3-3	実行可能性	911	6.05	(1.62)	975	6.18	(1.37)	.0498

　初回は全データを用いて解析し，データ選択方法を変えた 2 つの追加解析により結果の安定性を確認した。2 回目の解析では，保健師の面接技術向上の可能性を考慮し，S 期後半に面接した労働者のデータを S 期のサンプルとして用いた。3 回目では，質問紙 1 で健診結果通知後も生活習慣の変化なしと答えた労働者のみを対象とした。この解析で動機づけの乏しい労働者への解決志向面接法の有用性を評価した。

　質問紙 4 では記述統計のみ求めた。質問紙 1 により両期の間で労働者の健康相談への基本的態度に差異がないことを確認した。解析には SAS V8.2 を用いた。

結果

面接前の状態に関する 2 期の比較

　両期で労働者は異なり，C 期は平均 49.2 歳，男性 633 人，女性 278 人で，S 期は平均 49.5 歳，男性 646 人，女性 329 人であったが，年齢・性に有意差はなかった。面接前の状態確認のために，質問紙 1 により両期を比較した結果，回答に有意差はなかった。面接前の健康への態度や健康相談への期待は同様であったと思われる（表 25.3）。

両期の間での質問紙 2 と質問紙 3 に対する回答の比較

　保健師が面接法を変えたとき，労働者の健康への態度が変化するか検討するため，質問紙 2 と質問紙 3 を分析した。労働者基準解析では数項目で有意差を認めた（表 25.3）。S 期の労働者は，保健師がより傾聴したと感じ，彼らも健康改善へ努力するようにより動機づけられていた。健康相談がより役に立ち，翌年の受診の可能性も高かった。保健師も S 期では労働者をより肯定的に評価し，面接の有用性と労働者の健康改善への努力の可能性をより高く感じていた。

　労働者基準解析では検出力は高いが，若干の難点がある。労働者数は保健師間で異なるため，特定の保健師だけが著しく面接が向上し，彼女たちが多くの面接をした可能性が残る。そこで保健師基準解析にて再分析した（表 25.4）。有意差は小

表 25.4　保健師基準解析による面接後の労働者及び保健師への質問紙の比較

質問	統制群			SFT 群			p
	N	Mean	(SD)	N	Mean	(SD)	
労働者の回答							
2-1 必要性	21	8.00	(0.38)	21	8.05	(0.29)	.5279
2-2 有用性	21	8.32	(0.46)	21	8.50	(0.45)	.0125
2-3 保健師傾聴	21	8.96	(0.35)	21	9.18	(0.32)	.0130
2-4 やる気	21	8.09	(0.44)	21	8.24	(0.46)	.1431
2-5 次回希望	21	8.53	(0.42)	21	8.65	(0.48)	.2101
保健師の回答							
3-1 有用性	21	6.01	(0.91)	21	6.26	(0.90)	.1575
3-2 必要性理解	21	6.33	(0.95)	21	6.51	(0.98)	.2419
3-3 実行可能性	21	5.91	(0.98)	21	6.19	(0.71)	.0727

表 25.5　労働者基準解析で特定の労働者を対象とした比較

質問	統制群 SFT 群	全労働者 全労働者	全労働者 後半の労働者	変化無し労働者 変化無し労働者
労働者の回答				
2-1 必要性		ns	ns	$p < .05$
2-2 有用性		$p < .1$	$p < .05$	$p < .05$
2-3 保健師傾聴		$p < .005$	$p < .005$	$p < .001$
2-4 やる気		$p < .05$	$p < .05$	$p < .05$
2-5 次回希望		$p < .1$	$p < .05$	$p < .05$
保健師の回答				
3-1 有用性		$p < .05$	$p < .1$	$p < .005$
3-2 必要性理解		ns	ns	$p < .05$
3-3 実行可能性		$p < .05$	ns	$p < .0005$

(ns：有意差なし)

さくなったが，やはり S 期の労働者は健康相談がより役に立ち，保健師がより傾聴したと感じ，保健師も労働者の健康改善への努力の可能性をより高く感じていた。

追加解析

保健師は S 期直前に学んだので S 期後半には面接技術が向上し，その時期の労働者と C 期の労働者の比較では差異がより大きい可能性がある。表 25.5 の第 2 列のように，労働者基準解析による労働者の回答では差異が顕著になっていた。保健師の回答では確認できなかった。保健師基準解析でも同様であった。

表 25.5 の第 3 列は，質問紙 1 に健診結果通知後も生活習慣に変化なしと答えた労働者の比較である。彼らは健康改善の努力への動機づけが低いと思われ，彼らの間で差異が著しければ，解決志向面接法の高い有用性を意味すると思われる。表 25.5 のように，労働者の回答と保健師の回答の双方で，有意差はより顕著であった。

SFT 学習後の変化に関する保健師の自己評価

保健師の研究終了時の評価では，大部分の質問項目で自己評価が高かった。労働者を以前よりも賞賛し，信頼するようになっていた (表 25.6)。SFT の学習と研究参加の経験に関するフィードバックでも，彼女たちの感想は肯定的であった。

表 25.6　SFT 期終了後の保健師への質問紙の結果

質問	最低									最高
	1	2	3	4	5	6	7	8	9	10
4-1　労働者の行動重視						1	7	9	4	
4-2　傾聴				1	1	4	8	7		
4-3　労働者を信頼						1	4	9	4	3
4-4　賞賛							1	9	9	2
4-5　事後指導の変化					3		8	6	4	

(回答した保健師数)

実践へのガイドライン

　考察すべき第一の疑問は，SFT が健康相談における面接技術を高めるツールになりうるか否かである。第二の疑問は，なぜ，どのようにして，SFT のツールが健康相談に役立つかである。

SFT は健康相談の有用なツールになりうるか？

　労働者基準解析と保健師基準解析の結果を別々に考察すべきだが，両者間で僅差しかなく，併せて考察する。労働者回答の比較では S 期にはより傾聴され，健康改善への動機づけに健康相談がより役立ったと感じていた。面接前の改善努力がない労働者対象の解析では差異が顕著になった。S 期の労働者は健康改善の必要性をより理解し，より動機づけられた。これらの労働者は動機づけが低く，健康相談の重要なターゲットと思われ，この結果は SF 面接法の健康相談に対する大きな可能性を示唆する。

　保健師の評価も同様に変化した。S 期では保健師は，面接が労働者により有用で，労働者の可能性をより高く感じていた。しかし，労働者の評価と比べると，その変化の程度は小さく，平均スコアも低かった。保健師の自己評価の方が厳しかった。

　多項目で有意差を認めたが，スコアの差は小さかった（表 25.3，表 25.4）。SFT 学習による変化が小さいとの解釈も可能だが，C 期ですでに労働者の面接への評価は高く，初期値が高いものをさらに増加させるのは通常困難なことから考えて，SFT 学習後の保健師による面接の改善は見かけ以上に意義深いと考えられる。

　次に SFT が有用な理由を考察する前に，保健師の健康相談への態度の変化を検討するため，態度の変化の自己評価と研究終了時のフィードバックを分析した。

　S 期終了時の保健師の報告（表 25.6）では，労働者への信頼と賞賛については大多数の保健師が高い評価をし，労働者の行動に注意して傾聴するようになった。また，著者へも肯定的なフィードバックを返した（Box25.1）。これらは保健師が労働者をより肯定的に見て，労働者のリソースと強みを見つけようとしたことを示唆する。

　SFT 学習が面接改善の主要因であると信じてはいるが，他にも考慮すべき要因がある。特に保健師は当初より動機づけが高かったという点がある。面接技術のレベルも最初から高かった。これらの点が肯定的に影響した可能性がある。動機づけが

> Box25.1 ■保健師からのフィードバック
>
> **傾聴について**
> 1. 傾聴を心がけ，聞き上手になった。
> 2. 一方的な説明や指導で労働者との間に垣根をつくっていたのかもしれない。……中略……話せる環境づくり，言葉を引き出すアイデアがSFTには詰まっていると感じた。
>
> **賞賛について**
> 3. コミュニケーションが楽になり，良い所を探し，楽しい場面となることが多くなり，面接後労働者の表情が明るくなった。
> 4. 賞賛をまず始めることにより，「おこられると思っていたけれど，違うのですね」と笑顔で退室される人が多くなった。
>
> **労働者の気持ちを尊重することについて**
> 5. 労働者自身「健康について考えている」と意識するようになった。
> 6. 誤った生活習慣があるとマイナスイメージで捉えていたが，労働者それぞれの目標や思いがあることを知り，健康相談の受け入れが悪い人も楽に面接できるようになった。
> 7. 多くの人が自分の健康を守る努力をしていることを知ったが，それは「何かしているに違いない」という，保健師側の姿勢によって，得られた情報だと思う。ポジティブな面を多く発見できる，労働者にも保健師にも変化をもたらす有意義な技法だと感じる。
> 8. スケーリングクエスチョンの「あと1上がったとしたら」の問いに思いがけない答えが返ってくることもあり，健診データからしか労働者を捉えていなかった自分に気づいた。
>
> **SFTについて**
> 9. 労働者が自分で考えて答えるような質問の仕方である「どのような」・「他には」を使うようになった。

なければ，仕事の多忙さを考えれば，研究の計画すら不可能であったであろう。

なぜ，どのように，SFTのツールが健康相談に役立つのか？

健康相談への応用におけるSFTの有用性について，まず被面接者の経験を対象に検討し，次に面接者の経験を対象に検討する。

結果からSFTは，被面接者の強みとリソースの活用を保健師にもたらす技術となる可能性を備えている。医学モデルに基づく面接では，被面接者と保健師が建設的関係を構築するのは困難であろう。なぜなら，自分にはまだ問題ではない，将来の健康上の問題を注意されるのは，大部分の人は好まないからである。健康相談のターゲット集団は，職場で仕事をするのに十分な健康状態にある普通の労働者である。医学モデルの面接は，健康上の問題を見つけ，修正することを重視しすぎており，労働者の生活の健康な側面を無視してきた。このため，労働者の健康の肯定的側面への焦点の合わせ方を，保健師は学んでこなかった。これでは労働者の強みの活用は困難である。「少し運動したり，食事を少し注意したり，といった健康的なことを労働者の行動の中に見つけたとしても，その行動をどうやってより健康的な生活習慣

に結びつければ良いのか知らなかった」と，保健師が著者に言ったことがある。最後のフィードバックから，SFTの学習で労働者の強みの活用が可能になったことは明らかである。

　SFTの長所は，解決志向的方法で教えることができ，研修参加者の強みや専門知識を活用できる点にある。これは，参加者がSFTの技術を学ぶだけでなく，自分が気づかない強みやリソースを認識する機会を研修が提供することを意味する。一度SFTを学べば，自分自身の健康問題の解決だけでなく，日常生活の問題解決にも活用できるという利点もある。研修が医学モデルで行われていたなら，研修にはない個人的な問題解決に知識と技術を使う可能性は少ない。なぜなら，医学モデルの研修では問題分析の結果を基礎とするが，分析法は問題の種類によって異なるからである。

　SFTは異なる種類の問題解決に活用できるという事実は重要である。参加者が自分自身の問題解決にSFTをうまく活用できれば，この経験はSFTが実際に役立つという説得力のある証拠になる。参加者は仕事での効果的なSFT実践に自信を持つであろう。これは，研修中の保健師の学習経験が重要であるということを示唆する。このために研修指導者は，参加者の研修中の経験に注意を払うべきである。

　SFT学習前に著者は，中間管理職への積極的傾聴（AL）の指導経験を豊富に持っていた。その経験から，研修が効果的であるためには，体験的な環境を指導者が作り上げるべきであると信じている。この意味でもSFTは大きな利点を持つ。そこで著者の経験を紹介し，研修指導者の視点からSFTの長所を考察したい。

　日本では管理職は，良好なコミュニケーションのためにALを学び，部下と良好な人間関係を保ち，部下の精神的健康の維持を援助することが期待されている。しかし，管理職はALへの学習意欲に乏しい。専門家は医学モデルに基づく指導で，現在の聞き方の問題点を指摘し，彼らが聞き方を変えるように説得してきたからである。管理職の中には，専門家に同意せず，専門家の聞き方を学ぶのに苦労した人もいた。

　著者は全く異なった方法を採用した。久保田ら（Kubota et al., 2004）は発見的体験学習法という新しいAL研修方法を開発し，その有用性を示した。基本哲学はSFTと同様である。指導者が，参加者の聴き方で肯定的な側面に焦点を合わせ，参加者を注意深く傾聴することで，参加者は自分の強みを理解し，傾聴の技術の改善が可能になる。

　この経験から著者は，参加者の研修中の経験が目標の技術と一致すれば，研修が生産的になると信じている。本研究の保健師が受けた研修方法はSFTに一致していた。彼女たちは批判的な環境ではなく，解決志向の環境の中でSFTを学んだ。これが，保健師が比較的短期間でSFTの哲学を理解した理由であると，著者は考えている。

本研究の限界

　産業保健師が SFT を学ぶ価値があることを本研究は示したが，厳密には予備的な段階である。この方法はすでに高い面接技術を持つ保健師にも有用であろう。面接者の強みとリソースを見つけることを可能にするからである。本研究ではサンプル数が少なく，標準化されていないので，結論の一般化には制限がある。日本で医学の中で SFT が急速に広がるとは考えにくいが，この小規模研究が将来に向けた第一歩となることを望む。解決志向の治療者は，「小さな歩みで，ゆっくり行く」ことが SFT の哲学の一つであると知っている。

将来の活用

　健康相談は重要ではあるが保健師の活動の一部でしかない。日々の実践でコミュニケーションが重要な領域が他にもある。効果的に患者とコミュニケーションできれば，患者と医療従事者との間で協力関係を高めることになるだろう。三島ら（Mishima, 2005）は，SFT は産業医にも有用であると報告した。SFT に興味を示す医師は少数だが，医師患者間のコミュニケーションの改善は臨床医学全般に寄与するであろう。

　参加した保健師のグループはその後も継続し，進んだ研修を受けた者もいる。これは「一度 SFT をある程度まで学ぶと，学びを止めることはない」ことを意味する。保健師が技術を向上し続ければ，周囲にいる他の保健師も SFT を学ぶことを考え始めるかもしれない。

謝辞

　著者は，社会保険健康事業財団福岡県支部と，そこに所属する保健師である上村景子氏と彼女の同僚に深甚の謝意を示したい。彼女たちの協力がなければ，本研究は不可能であった。

文献

Berg, I. K. (1994). Family-based services: A solution-focused approach. New York: Norton.

Berg, I. K., & Dolan, Y. (2001). Tales of solutions: A collection of hope-inspiring stories. New York: Norton.

Berg, I. K., & Kelly, S. (2000). Building solutions in child protective services. New York: Norton.

Berg, I. K., & Miller, S. D. (1992). Working with the problem drinker: A solution-oriented approach. New York: Norton.

Berg, I. K., & Reuss, N. H. (1998). Solutions step by step: A substance abuse treatment manual. New York: Norton.

Berg, I. K., & Shilts, L. (2004). Classroom solutions: WOWW approach. Milwaukee: BFTC Press.

Berg, I. K., & Shilts, L. (2005). Classroom solutions: WOWW coaching. Milwaukee: BFTC Press.

De Jong, P., & Berg, I. K. (2008). Interviewing for solutions (3rd ed.). Belmont, CA: Thomson Brooks/Cole.

Kubota, S., Mishima, N., & Nagata, S. (2004). A study of the effect of active listening on listening attitudes of middle managers. Journal of Occupational Health, 46, 60–67.

Mishima, N., Kubota, S., & Nagata, S. (2005). Applying a solution-focused approach to support a worker who is under stress. Journal of University of Occupational and Environmental Health, 27, 197–208.

日本公衆衛生学会 (2007). 公衆衛生看護のあり方に関する委員会報告. 日本公衆衛生学雑誌, 54巻6号, 399-406.

エピローグ

解決志向ブリーフセラピー研究の展望

テリー・S・トレッパー／シンシア・フランクリン

　過去10年で解決志向ブリーフセラピー研究は急増してきており，その中でもこの本は，その発展に関する臨床家と研究者による最新情報である。一方で，現時点での研究の質や量には限界も見られた。それは，さまざまな分野におけるSFBTの実践や，実践に基づくエビデンスに関することなどである。第1章でリプチックらは，SFBTの発展について述べている。SFBTはエビデンスに基づくアプローチとして始まり，実践と改善を繰り返しながら発展を続けてきた。最終章である本章では，これまでの研究論文の状況を要約してまとめ，今後の研究の方向性を示す。

　実証に基づくSFBTについて｜よくある質問の一つに「SFBTは実証に基づく実践なのか？」というものがあるが，本書の内容は実証に基づくSFBTを支持するものである。また，ほかにも「SFBTの作用はCBTのようなほかの心理療法と同じなのか？」という質問もある。これについては，第6章において最新の2つのメタ分析が紹介されている。ジンジャーリッチらによれば，SFBTの効果研究のデータはおおむね肯定的な結果を示しており，他の実証的なアプローチと比較しても同程度の効果があることが確認されている。さらに，SFBTは時間も短くコストも低いことも示されている。ただし，いくつかの研究については研究の質が考慮されるべきで，改善の余地があるだろう。次のステップとしては，準実験的研究を行うことである。より統制された研究から得た知見は，臨床実践に重要な影響をもたらす。特にSFBTは，少ない回数でという要求に応えられるという一貫した結果があるが，これは，クライアントにとってより低ストレス，低コストで行えるという可能性を示している。次に，SFBT研究の傾向についての要約である。それはわれわれが本書をレビューする間に気づいたことと，SFBTの今後の実験的研究への提言である。

SFBT研究の傾向と今後への提言

方法と内容

　治療マニュアルと正確な実践方法｜厳密に統制された臨床研究の基礎の1つは，標準化された手続きとツールである。特に重要なのは，研究者が介入のベースとして治療

マニュアルを使うことである。ヨーロッパ・ブリーフセラピー協会とSFBT協会の両方が，SFBTの治療マニュアルを開発している（なお後者はこの本で紹介する）。治療マニュアルは，アプローチの中で洗練されながら力動的に変化し，アプローチについての新しい情報が取り入れられていくべきである。両協会は定期的（およそ半年ごと）にSFBTの実践に関する最新研究を更新しているので，われわれはその公式マニュアルをおすすめしたい。マニュアルに忠実な実践方法をとることが，どれだけこのアプローチが支持されるかを明らかにするのに役立つ。第3章では，リーマンとパットンが信頼性や妥当性のある手続きの開発について述べている。

強みに着目した結果尺度 Strength-Based Outcome Measures｜他の心理療法において，効果測定のために標準的な問題焦点尺度を用いるように，SFBTでも強みに着目した結果尺度を行い，セラピーをさらに有用で確実なものにすることが重要となる。第4章ではスモックによって，強みに着目した心理測定尺度がすでに多くあるということが列挙された。しかし残念なことに，SFBT研究で用いられた尺度はたった9つだけであった。今後のSFBTの効果研究では，これらの尺度とほかの標準化された強みに着目した結果尺度を用いるべきである。特に，強みに着目した尺度とそうでない尺度が，ペアで用いられることが求められる。たとえば，抑うつの治療に関するSFBTの効果研究において，調査者は標準化された希望尺度と抑うつインベントリーをペアにしている。それにより，介入の結果として，希望が高まり抑うつが減少するということなどがわかる。

結果とセッションについての評価尺度｜最近の関心は，セッションについてのクライアント・フィードバックにおける尺度の使用についてである。これによってクライアントの結果が改善されることを導く。第5章では，ジラスピーとマーフィーがアウトカム評価尺度とセッション評価尺度という2つの尺度について述べている。これらは，クライアントにセッションの始めと終わりに記入を求め，スコアがつけられ，セッションの間，これについてクライアントと議論が行われるものである。さらに，SFBTにおける変化のメカニズムと尺度の妥当性の両方を明らかにしていくためには，SFBTとほかの解決志向ではないアプローチを比較する中で，これらの尺度とセッション内で使用できるほかのツールを用いるべきである。

単一事例研究と実践の一部としての調査｜一事例研究は臨床研究において長年行われてきている。大規模サンプルのデザインよりもコストが少ないということだけではなく，障害もはるかに少ない。また，臨床家が自分自身の研究を行うことと，臨床実践の効果についてモニタリングをすることの両方に関する調査のプロセスを含むこととなる。また，歴史的には，単一事例研究は記述的研究（仮説生成のための研究）として分類されてきたが，その一方で，単一事例研究はある種のアプローチをとることによって，実験的もしくは準実験的なものにもなりうる。特に多重ベースラインデザインは，さまざまな場面や行動の質のすべてにわたる時系列分析を用いて，各クライアン

トの結果を比較するという，よく統制された実験計画であり，臨床実践に適応的で使いやすいデザインである（Bloom et al., 2005）。第7章では，キムがPNDを用いる手順についても述べている。それは単一事例研究の結果を分析するのにとても有用である。この方法は，単に図式的にエビデンスを提示するだけではなく，個々の事例研究の効果についてより理解を深めることができる。そして，単一事例研究のグループの効果を規定するのに，より簡単に他の単一事例研究と組み合わせることができる。その強みは，「SFBTに実験による根拠を加えることができ，他の実験研究と系統的レビューの文脈において考察することができる」ということである。われわれは，PNDもふまえ，実践と調査の両方についてさらなる研究をすすめたい。

シェナンとアイブソンによる第19章では，臨床家が自身の仕事において実験的な調査をすることの重要性と可能性が見事に示されている。それはつまり，調査結果をふまえてサービスを改良することや，他の研究者に対して実験的な記述を含む重要な情報を伝えるということである。これらの研究では，実験研究のような厳密な統制は行われていないという限界があるが，実際の社会状況における評価が可能であるというプラスの側面もある。一方で，内的および外的妥当性を脅かす可能性があるため，臨床家による調査はSFBTの効果を調べる唯一の方法とはなりえないことも事実である。しかし，このような研究は，臨床実践と一般の領域のどちらに対しても，確かな役割を持った取り組みであるので，今後もさらに実施し，結果を公表していくべきである。

マイクロ分析とプロセス効果研究 もっとも興味深い展開の1つは，コミュニケーションの研究所から発生しているということである。バーベラスらのチームによる実験的研究は第10章に記してあるが，そこでは，SFBTの重要な基本原理である，相互構造と協働を構成するということについて，経験的な根拠があるということが示されている。これはSFBTにおける変化の基礎的なメカニズムの一つを支持するものである。このチームの最新の業績は，SFBTの根本理念のいくつかは検証できるものであるという可能性を示している。それは，ソリューション・トークをする方が，プロブレムトークをするよりもクライアントに違った効果をもたらすというようなことである。マイクロ分析はまた，セラピスト－クライアント間の相互作用の中で生じている特有のコミュニケーション・メカニズムを示すことにより，いわゆる共通因子（Lambert, 1992; Sprenkle & Blow, 2004）といわれるような実際に現れる効果を探し出すための重要なカギを持っている可能性がある。これらのメカニズムは，特定の治療的結果尺度との関係について分析され，効果が測定される。バーベラスらは，SFBTのいくつかの要因は，他の治療的アプローチとは違いがあるということを述べている。これらの知見は，変化の理論とメカニズムが，解決志向の実践に本来備わっていることを示す上で特に重要である。そうしたSFBTの要因が治療的変化を与えているかどうかということに課題がまだ残るが，これは確実に，近年の基礎的な心理療法の調査にお

いて，かなり興味深い重要な領域の1つである。

　第9章でマッキールは，多くの SFBT のテクニックがプロセス調査によって研究されており，これらの調査が特に臨床実践に役立つことを指摘している。しかし，SFBT に関するプロセス／アウトカム研究は不十分であり，臨床実践者が自分のクライアントと何をするかということや，明確な方法，そして確実な技術と手順をいつ使うのかということについて道筋を示すことが必要である。今後は，マイクロ分析のようなシステマティックな方法によるプロセス／アウトカム研究が行われるだろう。それは，セラピスト-クライアント間の相互作用と同時に，クライアントのアウトカム研究にもなる。

社会と問題

　学校における SFBT｜SFBT は学校の諸問題において効力を発揮する。フランクリン，キム，ブリッグマンによる第6章では，学校における解決志向の実践の効果を示している。また，学校での実践に関して以下の点を強調したい。(a) 学校をベースとする問題領域において，解決志向の実践が支援に最も適していると理解すること，(b) 学校の成績でこれらの実践の効果を検討すること，(c) 行動的な結果を改善するために，解決志向の実践の有用性を調査すること，(d) より多くの学校がアプローチを活用し，学校間調査の一部とすることができるように，治療マニュアルを開発すること，(e) 教室，学校，家族，コミュニティのレベルにおいても，解決焦点型の介入による効果についての研究を行うこと，である。

　学校における解決志向の教育的応用に関して，もっとも期待できる発明の1つは，WOWW プログラムであり，これは学級運営を改善するためのものである。これについては第23章でケリー，リッシオ，ブルーストーン・ミラー，シルツによって記されている。このプログラムは個々のクラス状況への解決志向の実践の主役となる。これは，解決志向の訓練を受けたコーチによって，教師と生徒の両方に対して行われるものである。コーチの役割は，優れた解決志向のセラピストのように，クラスがどのように作用しているかを発見し，解決志向に基づくスキルであるコンプリメントやゴール・セッティング，そしてスケーリングを使うことを通して，よりクラスが励まされることである。この章ではフロリダとシカゴでそれぞれ行われた2つのパイロット研究について書かれており，WOWW によってさまざまな行動や相互作用の尺度に顕著な改善がみられたのである。質的なデータにおいても，生徒と先生の両方が WOWW プログラムを楽しんでおり，とても役立つものであるということが示された。ただし問題は，無作為化された統制群がなく，ブラインド評価が欠けているために，実験者と回答者バイアスの可能性があるということと，サンプルサイズが小さいということである。なお，これらの結果は大変重要なものであり，研究者は WOWW プログラムの有効性についてより統制された研究を行っていくべきである。

　DV と虐待｜リー，ウーケン，シーボルドは第11章で，マッカラム，スティス，トムセ

ンは第12章で，DV犯罪者とのSFBTを用いた興味深い，議論の余地のあるプログラムについて記している。リーらは「解決志向的治療では，DV犯罪者は，問題への責任よりも解決への責任を持っていると考える」と述べている。より簡潔にいえば，「解決」が非難よりも優先されるということにおいて，家庭内暴力についての革命的な視点を反映している。SFBTは，個人，カップル，家族を支援する中で，オプションとして顕著な変化をうむ。それは，虐待が繰り返されないよう，丁寧で，思いやりを持った，協働的な方法で行われる。これらのプロジェクトにおける予備調査の結果は，有望なものであった。今後はさらに，SFBTの効果を定めていくために，臨床実践の中心でこのオルタナティブなアプローチの有用性を示すような研究を続けると共に，無作為化された統制群を設定しての大規模な臨床試験が行われるべきである。

子どもを守るサービス | ポジティブな心理学的視点からもっとも利益が得られる領域は，子どもを守る領域である。第14章では，ホイーラーとホッグが（ディヤングとバーグの初期の業績（Dejong & Berg, 1998）と同様に）いくつかの重要な論文を提示している。たいていの場合は深刻な問題に焦点化しがちであるが，これらの論文では，解決志向の実践と，それに似た強みに着目したアプローチを統合しようとしている。このような研究を行う際には深刻で倫理的で実際的な問題がいくつかあるものの，新たなアプローチの有用性を示す上で，重要な知見が求められている。われわれは，心理療法，医療，教育のような領域で，解決志向の実践が実験的な根拠を提示し，支持されていくことを望む。すなわち，ソーシャルワーカーのトレーニングや，子どもの福祉に関するシステムのさまざまな局面において，解決志向が実践されることに関して，システマティックに研究されるべきであると考える。それによって，システムが改善されることや，ソーシャルワーカーの満足度や治療継続の増加，ソーシャルワーカーとクライアントの相互作用を強めること，ソーシャルワーカーと家族の間の友好的な関係性を強めること，そして最終的には結果の改善が期待できるだろう。

薬物治療に対するアドヒアランス | 統合失調症や双極性障害のようなメンタルヘルスの問題は，薬物治療と心理療法のような非薬物療法的な介入の組み合わせによる治療がベストである。しかし精神科医の悩みは，患者がしばしば服薬をしないということである。第13章のパナヨトフ，ストラヒロフ，アニクキナによれば，SFBTを受けた後の患者は，以前よりも服薬をするようになっていた。彼らは，SFBTは患者が個人的な責任を持つように励ますものと考えており，すなわち，精神科医ではなく患者が自分自身のゴールを定めるということである。この研究は，彼らにとって重要な発見をもたらすものであり，研究者自身を統制するような準実験的デザインが用いられている。今後の実験的研究で，SFBTが薬物療法に関する問題を改善できるかどうかが検討されることが望まれる。

青年 | 青年期の心理療法はとても有益だが，多くの臨床医が課題を示している。

SFBTはその発展初期から多くの人に広く一般的に行われるようになっていった。それは，SFBTはクライアントと協働的であり，相手に敬意を表し，そしてセラピストとクライアントが互いのスタンスを分かち合い，本音に沿い，そしてクライアントの目標設定に関して非操作的であるためである。そのため青年は他のアプローチよりもSFBTに応じやすく，結果として少ないセッション回数で進歩がみられるようになる。本書では，青年とのSFBTについて支持する研究が多く記されている。その中には，ホームレスや若い家出人（第15章），行動上の問題を示す青年（第17章），養護施設における養育と健康のケア（第20章）についての研究がある。これらの多くは，記述的，準実験的，質的なものが多いが，ハリスとフランクリンは小規模な無作為化された実験研究が，2つの準実験的な研究によって補われていると述べている。これは若い母親に対して，社会問題やコーピング，養育を改善し，妊娠や育児のために高校を中退する10代を減らすことを目指したソリューション・トークによる介入である。本書で概観した研究から，解決志向の実践はハイリスクの青年に対してまさに有用なものであるが，どの領域において有効なのかについて，さらに研究を進めていくことが必要である。つまり，青年期の人々がよく直面する問題はもちろんのこと，具体的で重要な課題に対する解決志向の実践の影響力や効果を検討することである。

薬物乱用 | SFBTは，アルコール依存や薬物乱用の治療として近年世界中で用いられており，いくつかの治療プログラムが実験的に研究されてきた。第18章ではヘンドリック，イザバート，ドランによって，アルコール依存へのSFBTについての有用性を示す臨床研究が記されている。しかしスモックら（Smock et al., 2007）のみが無作為に統制された研究デザインで（SFBT群と統制群を比較した結果，SFBT群で明らかな改善がみられた），他の研究では記述的で準実験的なデザインを用いていた。これらのことから，SFBTがアルコール依存の治療において有効であるという確かな臨床的エビデンスがあり，特にほかのアプローチよりも早く改善に導くという傾向が示された。また，AAや医療モデルに基づいたアプローチの有用性が見られなかったクライアントにとって，協働的なスタンスによるSFBTは役に立つアプローチであるだろう。

マネジメントとコーチング | 第21章ではMcKergowによって，ビジネス，とくにマネジメントについての解決志向の実践の興味深い応用が述べられている（グリーンによる第22章も参照）。それは，コーチングやチーム開発，組織開発，パフォーマンスとその評価，質的なマネジメント，リーダーシップ養成，労働者の日々のマネジメント，葛藤的な決議と調停などである。販売における解決志向の実践についての関心も増してきているが，まだ効果の報告についての蓄積は少ない。この領域における解決志向の実践については有効性が認められるものの，研究はまだ初期段階にあるので，今後はビジネスやマネジメントの研究者がビジネスにおける解決志向を実験的に研究

し，他のアプローチと比較していくことが必要である。

結論

本章ではこれまでのSFBT研究を注意深く観察しアプローチの発展を概観してきたが，研究のほとんどがSFBTの有効性を支持していた。SFBTは経験的にも支持されるアプローチであり，さらに調査による実証を探求しつづけている。今後は，より大規模でより統制された調査研究のために，研究者と臨床家は協働して研究を続けていかなくてはならない。研究を前進させていくためには，研究の基盤と資金が必要であり，そのためには国際的に取り組んでいくことが必要不可欠である。SFBTが他のアプローチとどのように異なるのかということはもちろんのこと，特に変化のメカニズムについて研究が進むことは，SFBTやその結果に影響を与えるだろう。本書はまた，SFBTの要素や，ある母集団や治療の問題をどのように援助するかについて，明確な状況下でさらに研究されるべきであるということを提言している。本書におけるすべての著者が，SFBT研究において，より厳密に計画された調査研究が必要であると指摘している。時間をかけた累積的な調査はSFBTを少しずつ前進させているが，今後はアプローチの効果を定めるためのベストな方法として，無作為に統制された研究や二重盲検評価による大規模な研究を奨励する。最後に，医学，神経科学，そして遺伝子に関する領域におけるメンタルヘルスの問題に対するアプローチが発展することに関し，実証に基づくSFBTもそれに合わせて発展・適応できるような態勢をとっておくべきだろう。そして，教育，社会サービス，ビジネス，さらにはまだ開発されていない他の領域に対しても，心理療法の枠を超えて拡大しつづけることが期待できるだろう。

文献

Bloom, M., Fischer, J., & Orme, J. (2005). Evaluating practice: Guidelines for the accountable professional (5th ed.). Boston: Allyn & Bacon.

De Jong, P., & Berg, I. K. (1998). Interviewing for solutions. Pacific Grove, CA: Brooks/Cole.

Lambert, M. J. (1992). Implications of outcome research for psychotherapy integration. In J. C. Norcross & M. R. Goldstein (Eds.), Handbook of psychotherapeutic integration (pp. 94-129). New York: Wiley-Interscience.

Lundahl, B. W, Kunz, C., Brownell, C., Tollefson, D., & Burke, B. L. (2010). A meta-analysis of Motivational Interviewing: Twenty-five years of empirical studies. Research in Social Work Practice, 20 (2), 137-160.

Smock, S. A. (2007, October). Further Development of the Solution Building Inventory. Poster session presented at the annual meeting of the American Association for Marriage and Family Therapy, Long Beach, CA.

Sprenkle, D. H., & Blow, A. J. (2004). Common factors and our sacred models. Journal of Marital and Family Therapy, 30, 113-129.

エビデンスの哲学
『解決志向ブリーフセラピーハンドブック』の紹介にかえて

長谷川啓三

　『解決志向短期療法』。本書の題名をそのまま翻訳すると，そのようになる。"SOLUTION FOCUSED BRIEF THERAPY"の訳である。「解決志向療法」や「解決志向家族療法」ではないハンドブックたらんとする本書は，「ブリーフセラピー」の歴史にその位置を定めようという意気を編訳者らは大きく感じている。「ソリューションフォーカスト・アプローチ」，略称して「SFA」が，この方法を創始したスティーブ・ドシェーザーとインスー・キム・バーグがその最晩年にした命名であるにもかかわらず，である。

　ブリーフセラピーは，その出発時点から「エビデンス」という姿勢を持っていた。それが，このハンドブックが成立する契機の一つになっている。それはこの方法の出発点になった「短期療法——解決の構成主義 Brief therapy: Focused solution development」（Family Process, 25 (2)；207-221, 1986）を読むとよくわかる。翻訳も編訳者の一人が中心になって刊行した（「家族心理学年報 5」金子書房，1987）。翻訳が早かったのはその年に来日の予定が決まっていたからである。日本家族心理学会第 3 回大会に招聘することが 2 年前から予定されていた。

　「短期療法——解決の構成主義」が出版される以前には「抵抗の死 The death of resistance」（Family Process, 23 (1)；1-17, 1984）という短い論文が関連の学術雑誌に掲載されていた。編訳者の一人はその論文を読んでいて，日本家族心理学会の第 3 回大会に，彼らを招聘したのである。その直後に彼らの全体を初めて示す上記の論文が刊行された。今も記憶に鮮やかであるが，編訳者の一人は，ミルウォーキーの彼らの自宅に泊めていただいて，トレーニングを受けていた。その間に，上記の Family Process が刊行された。編訳者の一人は，すぐに日本語訳の刊行許可を Family Process 誌の当時の編集長であるカルロス・スルツキ博士からもらうことになる。当時すでにドイツ語訳も決まっていた。

出発時からあったエビデンスへの姿勢とは，この時点ではアウトカム——つまり治療効果の数量的な確認を中心としたものであった。もう一つ挙げるとすると，彼らの中心概念である「例外」にかかわる「初回面接公式 Formula First Session Task (FFST)」について数量的な検討をしている。アウトカムの数量的な検討と中心概念にかかわるものの数量的な検討，これらは，彼らの出自であるカリフォルニアにあるメンタル・リサーチ・インスティテュート（通称 MRI）でのブリーフセラピーの姿勢を敷衍したものである。MRI でも「偽解決」と治療効果については，その数量的な検討がある。

エビデンスの哲学

図らずもこの方法の日本への最初の紹介者になった編訳者の一人は，今回，関係者と相談した上で本書を翻訳をすることにした。この方法の最初の紹介から 25 年以上が経った。本書にはリプチックやジンジャーリッチ，バーベラスら，この方法の草創期からかかわり，編訳者も知る懐かしい名前が著者として連なっている。

さて翻訳作業を終え，全体を見て，本書が強調する「エビデンス」について，原著者ら以上にどうしても強調しておかなければならないと思うことが出てきた。

それは，「エビデンス」とは，極めて重要ではあるが，しかし人類のみの共通「言語」の一つに過ぎない，ということである。

SFA を含むブリーフセラピーの歴史の中では，「コンストラクティビズム」もしくは「コンストラクショニズム」つまり構成主義もしくは社会構成主義という大きな文脈を忘れては，そもそもの初心を忘れることになると言いたいのである。日本語では，証拠や実証，データと言われる内容にあたるエビデンスも人間の主観を 100％離れた客観性を持つものではない。ブリーフセラピーやファミリーセラピーの立場からは，客観とは，むしろ共同主観性のことである。

また特定の言語は，決して 100％の共通語としては成立し得ない。それは世界に通用する普遍言語たらんとしたエスペラント語の歴史を見てもわかる。今日，隆盛をみている認知行動療法，通称 CBT も実はそんな姿勢を底流に持っている。CBT は理論的な整合性よりも実践性を前に押し出した，行動療法と認知療法のいわば大同団結であるが，そのうち認知療法の歴史には，この客観性を巡る反省の歴史がある。CBT の創始においてアーロン・ベックと並ぶアルバート・エリスは，ニューヨークで長く活躍した臨床心理学者であるが，客観性を巡る哲学的な議論にいつも前向きであった。

その出発時点でジョージ・ケリーのパーソナル・コンストラクトの思想をふまえ，最晩年には，自身の認知療法について，かつて「合理療法 Rational Therapy」とも呼んだことの誤りを認め，ポストモダンな認識論を肯定する。真理とは複数の人間によって「構成されるもの」としたのである。そんな，いわば，どうしてもパーソナルな側面をもつ「真理」が人を現実に動かすのであると。世界には多分，主観的もしくは共同主観的なものしかないのではないかと。

編訳者らは，そういう文脈の上で慎重にかつ活発にも「エビデンス」という言語も使用していこう！　というスタンスと理解したい。「二重拘束理論」で明確になった，ブリーフセラピーと家族療法の最重要概念の一つである「拘束」という視点から見ても，「数量という言語」は反応の選択力を拡大する力を持つ。また，数量化できるものは，しておくに越したことはない。現実世界で「数量」がきわめて通じやすいものであることはだれもが知るところである。とくに身体や行動，物質の世界では便利な言語である。

こころというわれわれの研究対象を行動という言葉で記述しようというのが，そもそもの行動主義である。深層意識というよりも，もう少し明晰な意識の範囲内の言語で記述しようというのが認知療法である。いずれも，こころという複雑系を，なんとか公共的につかみたいという人類の努力の産物でもあるのである。

あとがき

生田倫子

　本書は，編訳という翻訳形態をとっています。編訳のプロセスとして，まず訳者に原著を全訳していただき，そこから原著の内容を網羅するべくページ数を半分に減らすという作業を行いましたが，やむをえずカットした部分もあります。ただし参考文献は全てカットせずに記載していますので，研究論文等で正確さや詳細を要する場合は，参考文献や原著にあたっていただければ幸いです。

　翻訳書というのは，著者，訳者，日米双方の出版社を含め，多くの人が関わります。本書の訳も相当な労力が必要であったことを思い返しますが，最終校正を目にした今，やはりこの本の内容の充実，深い意義の前に，この本を訳して本当によかったと改めて深く感じています。

　2011年夏に，SFBTA（インスー没後SFAのすべての知的財産を引き継ぐ学術団体）の中心的メンバーの一人であるイボンヌ・ドランより，この本が出版されたというお知らせをいただきました。

　タイトルと目次を見て，本書がブリーフセラピーにおける研究と実践の集大成であるということがわかり，またブリーフセラピーがエビデンスに基づく基盤を持っているということを示す内容であることに大変興奮しました。また，このようなハンドブックが出たということ自体がブリーフセラピーの円熟を意味していました。そこで，非常に歴史的な瞬間を共有したことを喜んでいる，ぜひ日本語に翻訳されることを願う，というメールをイボンヌに送ったことを覚えています。

　このメールを送ったときには，まだ「どこかの誰かが苦労して翻訳してくれるのを待とう」というぼんやりした心持ちでした。ところが本書について話題にするたびに，この本を翻訳するのは，実践のみならず研究も重視している日本ブリーフセラピー協会のメンバーしかないのではないかと思うようになりました。当協会はこの本を翻訳する労をいとわない大学教員や大学

院生の割合が多く，やはりというべきか22人の翻訳希望者がすぐに集まりました。

　本書の訳が決まった後のことでしたが，アメリカのロサンジェルス近郊で行われたSFBTAのカンファレンスでわれわれの研究成果について発表しました。それを偶然聞いていた本書編者のシンシア・フランクリンとは，お互いにカウンセリングの実践をしつつ研究もしている大学教員／セラピストとして意気投合しました。似たような立ち位置で仕事をしているからか，なんとなしに共通の空気感があるように感じられ，初対面という気がしないくらいうち解けてお互いの趣味のことや家族のことまで長いこと話したものです。その際，私が発表した日本人たちのリサーチのまとめについて高く評価していただき，本書に入れたかったと随分と残念がってくださったものです。

　本書の翻訳にあたり，特に東北大学の若島孔文先生，山形大学の佐藤宏平先生，京都教育大学の花田里欧子先生，鹿児島純心女子大学の石井宏祐先生，愛知教育大学の三谷聖也先生には，クオリティの高い翻訳にするためのチェック等もお願いしました。また，並木恵祐氏には文章や図表の丁寧な校正をしていただきました。心より感謝申し上げます。

　また，昨今の翻訳書の状況を鑑みると，実践書ではなく研究主体の本書（しかも分厚い）は，出版社としてはかなり厳しい判断ですが，社長に直談判し本書の意義をお伝えした所，お引き受けいただいた金剛出版には日本のブリーフセラピーを担う男気を感じました。また，実際に編集を進めていただいた高島氏のご尽力にも感謝申し上げます。

2013年7月　編訳者

左から，イボンヌ・ドラン（SFBTA理事），シンシア・フランクリン（本書編者），筆者，ピーター・ディヤング（SFBTA理事）。2011年のSFBTA学術会議にて，日本におけるSFBT研究の紹介発表を行った後に。

索引

■人名

アンソニー・グラント…295, 305
インスー・キム・バーグ…iii, v, viii, 5-7, 9, 15, 22, 23, 31, 71, 87, 89, 91, 103, 107, 137, 157, 164, 218, 266, 272, 305, 315, 318, 335, 348, 363, 367, 371, 373
イブ・リプチック…3, 5, 6, 19, 359, 368
イボンヌ・ドラン…8, 371, 381, 372
ヴィキ・ボールドウィン…335, 338
カール・トム…8
グレゴリー・ベイトソン…7
ゲイル・ミラー…8, 9, 22, 294
ジェイ・ヘイリー…5
ジム・ウィルク…8, 19, 21
シンシア・フランクリン…26, 215, 227, 332, 335, 359, 372
スティーブ・エドワーズ…195, 196
スティーブ・ド・シェイザー…iii, v, viii, 5, 7, 8, 13-22, 29, 65, 92, 102, 103, 107, 137, 139, 140, 157, 164, 178, 190, 244, 260, 323, 373
アンドリュー・ターネル…195, 196, 198-201
ミハイ・チクセントミハイ…64
ジャネット・バーベラス…27, 141, 147, 151, 153, 154, 361, 368
ピーター・ディヤング…26, 91, 193, 195, 363, 372
ビル・オハンロン…8, 141
ポール・ワツラウィック…151
マイケル・ホワイト…8
ミッシェル・ワイナー・デイビス…8, 18, 138
ミルトン・エリクソン…7, 14, 19
ライマン・ウィン…8
リー・シルツ…315, 318
ジェイムス・プロチャスカ…244

■事項

▎アルファベット

AAMFT →夫婦家族療法学会
ABB デザイン…86
Academic Search Premier…118, 216
ADHD…127, 128, 222
BDI →ベック抑うつ尺度
Behavioral and Social Science Index…118
BERS →行動−情緒特性評価尺度
BFT →ブリーフセラピー（短期／家族療法）
BFTC →短期家族療法センター
BRIEF…224, 259, 260, 261, 262, 263, 264, 265, 266, 268, 270, 271, 272, 273
CB-SF →認知行動・解決志向
CB-SF コーチング…308, 310
CBT →認知行動療法
CD →素行障害
CEI →興味および探求心尺度
CES →累積インデックススコア
CEST →クライアント自身による自分と治療の評価尺度
CORS →子ども用アウトカム評価尺度
CSRS →子供用セッション評価尺度
CST →臨床的サポートツール
CTS2 →改訂版葛藤方略尺度
DAP →発達資産プロフィール
DSM-Ⅳ…110, 127
DV…40, 71, 163-171, 174, 180-182, 185, 362, 363
DVFCT →家庭内暴力に焦点化したカップル治療
EBP →エビデンス・ベイスド・プラクティス
EBTA →ヨーロッパ・ブリーフセラピー協会
F-COPES…104
FFST →初回面接公式
FIC →クライアント用の忠実性尺度

FIT →セラピスト用の忠実性尺度
GARF →関係機能の全体的評定尺度
HAQ-Ⅱ→援助同盟尺度Ⅱ
HHS/HHI →ハース希望尺度
「InterAction」誌…294
IORS →成果の直接評価尺度
IPV →配偶者間の暴力問題
KMSS →カンザス結婚満足度尺度
MALT →ミュンヘン・アルコール・テスト
MET →動機づけ強化療法
MINI →精神疾患簡易構造化面接法…249, 250
MLQ →人生の意味づけ尺度
MRI（精神研究所）…5, 6, 7, 8, 12, 13, 23, 101, 368, 373
NEO FFI 人格検査…249, 250
NGO…197
NICE →国立医療技術評価機構
NIMH →米国国立精神保健研究所
ODD →反抗挑戦性障害
OQ-45 成果質問紙…71, 81, 87, 89, 90, 94, 110, 249, 250
ORS →アウトカム評価尺度
OSKAR モデル…295
PAIS-R…104
PCOMS →治療結果マネジメントのためのペアシステム
PHDD →過量飲酒日の割合
PLUS モデル…294
PND（値／法）→比率に基づく効果量
PsycINFO…104, 118, 216, 307
QOL 尺度…89
RCT →無作為化統制試験
RDA →改訂版相互適応尺度
SBI →解決構築尺度
SBP →ストレングス・ベイスドの実践
SCL-90 精神症状チェックリスト…249
SEM →共分散構造分析
SFAS →解決志向オルタナティブスクール
SFBTA →解決志向ブリーフセラピー協会…vi, 4, 46, 113, 216, 371, 372
SFBT 集団療法…109
SFC →解決志向コーチング
SFCT →解決志向コンサルティング・研修開発協会
SFFT →解決志向ファミリーセラピー
「SIMPLE」な原則…294
SIS →解決同定尺度
SOL World コミュニティ…293, 300
SRS →セッション評価尺度
SSRS →社会的スキル評価尺度
TAU →通常の治療
TC（子育て支援）グループ…230, 234, 237, 238, 239
TC（子育て支援）法…227, 229, 230, 232, 234, 237, 238, 239
UCL →ユトレヒト・コーピングリスト
UMI Dissertation Abstract…107, 118
WAI-S →短縮版治療同盟尺度
WOWW →ワーキング・オン・ワットワークス

| あ

アイソモーフィズム…12
アイソモーフィック…13
愛着…246
アウトカム評価尺度……81, 82, 84-96
アクセルロッドの協調理論…7
アドヒアランス…187, 189, 190, 191, 363
アメリカ心理学会…vii, 95, 103, 134
アルコール依存症…243, 246, 248
アルコール消費率…249
アルコール治療…242, 243, 252, 253
アルコール乱用…243, 247, 248, 251, 252, 288
アンガーマネジメント…163, 173
イエス・セット…15, 20, 142, 266
医学モデル…243, 354, 355
育児…65, 103, 181, 215, 228, 364
育児能力目録…104
医師の評定（MALT-A）…247
一般システム理論…6
「一歩後ろからリードする」…29
意味の質問…168
所有の質問…168
インスピレーション尺度…67, 68
ウェイティング・リスト…308, 310
ウェルビーイング…69, 304-306, 308, 309, 310
ウェルフォームド・ゴール…167, 190
うつ病…105, 110, 249, 250
エコシステミック…8, 11, 13, 15, 16
エビデンス・ベイスド…3, 4, 5, 64, 73-75, 261
エビデンス・ベイスド・プラクティス…3, 95
援助同盟尺度Ⅱ…87, 89
エンパワーメント…69, 70, 195, 339
応用コミュニケーション学…147
オープン・ソース…300

オッカムの剃刀…8, 262, 266, 267, 270
親の行動評価尺度…69
オルタナティブスクール…129, 221, 332-334, 340, 341, 343-346

か

解決可能な問題…252, 267
解決構築…16, 18, 21, 27, 28, 65, 71, 72, 74, 127, 128, 165, 230, 201, 224, 230-234, 238, 287, 333, 336-338
解決構築尺度…71, 72, 74
解決志向・目標指向プログラム…166
解決志向オルタナティブスクール…332, 333, 338, 341-345
解決志向言語…246
解決志向健康相談…349
解決志向コーチング…293, 297, 304, 305-312
解決志向コンサルティング・研修開発協会…293, 300
解決志向ファミリーセラピー…204-206, 208, 210, 211
解決志向ブリーフセラピー協会…vi, 4, 46, 216
解決志向ブリーフセラピーモデル…3
解決志向ライフコーチング…304, 306
解決像…167
解決同定尺度…71, 72, 74, 170, 172
解決の説明責任…165
解決の創造…245, 246
解決のための7段階…294
解決のための道具…294
外在化…131
外在的問題行動…118, 120-123, 125, 127, 132-135
会社組織…293-296, 299, 300
改訂版葛藤方略尺度…182, 183
改訂版社会的問題解決スキル尺度…234, 235
改訂版相互適応尺度…120, 122
概念地図法…340, 342
改良版ミラクル・クエスチョン…180
会話のコラボレーションモデル…147
変えられない問題…252
加害者治療…163-165, 174
加害者プログラム…163
確認的因子分析…54
カスタマー…244, 260, 262, 270
家族機能スタイル尺度…69
家族機能評価尺度…69
家族コミュニケーション理論…9

家族システム論…9
家族内コミュニケーション…246
家族役割…246
家族療法…v, 3, 5, 36, 38, 39, 65, 117, 133, 135, 204, 206, 210, 211, 245, 246, 253, 259, 267, 328, 367, 369
課題…8-17, 148-152, 230-234, 265-268, 317-320
課題設定…265, 268
カタストロフィ理論…7
家庭内暴力…163, 177, 183, 363
家庭内暴力に焦点化したカップル治療…178-185
過量飲酒の日数…251
過量飲酒日の割合…251
ガルザ高校…224, 332, 333, 334, 335, 336, 338, 340, 341, 343, 346, 348
関係機能の全体的評定尺度…249, 250
関係計測尺度…120, 122
関係性志向…333
関係性の質問…168
有効性の質問…168
カンザス結婚満足度尺度…120, 122, 182
観察課題…265
管理されたぶり返し…252
偽解決…14, 368
器質的な障害…110
機能の全体的評定尺度…249
希望…27, 29, 64, 65, 67, 68, 74, 138-141, 173, 174, 179, 195, 198, 242, 252, 253, 261-264, 267-269, 308-310, 336, 351, 352, 360, 372
逆説的な介入…13
虐待…72, 169, 193, 196, 204, 260, 288, 362, 363
ギャラップ調査…316
キャリア…228-231, 238, 239
キャリアレディネス…229, 230, 238
共感…139, 242-244, 246, 252
共通因子…242, 244, 253, 361
共同構築…27, 28, 134, 147, 188
協働的治療関係…165
共分散構造分析…53-56
興味および探求心尺度…67
クライエント・セラピスト関係…26, 29, 137, 142
クライエント・セラピスト関係の分類…260, 261, 270
クライエント・フィードバック研究…81
クライエント自身による自分と治療の評価尺度…208
クライエント中心療法…157, 243
クライエントの言語…14, 130, 246
クライエントの評定（MALT-Z）…247

クライアント用の忠実性尺度…50, 59
グランデッドセオリー…171, 198
軽度飲酒者…249
系統的レビュー…117, 118, 119, 123, 361
刑務所…49, 103, 104, 334
結婚適応尺度…71, 249
解毒…247, 248
健康改善行動…349
健康相談…348, 349, 350, 351, 352, 353, 354, 356
「健康的な関係性を築く自宅エクササイズ」…180
健康保険基金…45
健康問題を抱える青年…275, 276, 279
言語ゲーム…187
言語使用研究グループ…148
効果の質問…168
構成主義…147, 148, 367, 368, 373
抗精神病薬…189
合同カップル面接…177, 178, 180, 184
行動-情緒特性評価尺度…70
行動力と相互作用の改善…253
コーピング・クエスチョン…11, 18, 36, 51, 129, 143, 319
ゴール・セッティング…26, 28, 103, 188, 189, 229-233, 321, 362
国際コーチ連盟…305
国際紛争…298
国立医療技術評価機構…271-273
子育て支援…227
子ども福祉サービス…193, 195-197
子ども福祉ソーシャルワーク…199
子ども福祉ワーカー…193
子ども用アウトカム評価尺度…80, 81, 87, 360
子ども用セッション評価尺度…83, 85
コナーズ親評価尺度…218, 279
コナーズ教師評価尺度…121, 122, 220
雇用…87, 88, 228, 230, 239, 248, 338, 342
コラボレーション…iii, 147, 148, 150-154, 317, 318, 320
コンサルテーション…12, 14, 198, 217, 317, 318, 322, 335, 336
コントロールの問題…246
コンプライアンス…15, 21, 71, 245
コンプリメント…5, 14-16, 21, 30, 34, 36, 50, 51, 91, 92, 103, 107, 129-131, 167, 169, 173, 206, 217, 231-233, 253, 262, 266-268, 271, 319, 321-323, 325-327, 329, 349, 362
コンプレイナント…127, 129, 130, 244, 260, 262

さ

サーキュラー・クエスチョン…11
サービスに対するレディネス…201
最後の教え…181
再発の段階…244
再犯率…104, 164, 169, 170-175
サインズ・オブ・セイフティ・アセスメントの指針と枠組み…195
サインズ・オブ・セイフティ…193, 195-202
作業同盟…143, 307
「幸せな生活のための3つの質問」…245
シェルタープログラム…184
シカゴ・パブリック・スクール…315
時間制限アプローチ…164
自己肯定感…108, 242
自己効力感…67, 68, 87, 166, 169, 170, 220, 244, 246
自己効力感尺度…67, 68, 87, 170, 172, 220
支持・非対立的態度…243
思春期の問題に対する対処方針尺度…234
指針の質問…168
システマティック・クライアント・フィードバック…81
視線の窓…153
実現可能性の質問…168
実験デザイン…117, 191, 206, 221, 222, 237
維持の段階…244
実行の段階…244
質的研究…20, 23, 340, 341, 343
質的方法…171
児童福祉機関…49
児童養護施設…275, 276, 288
脂肪肝…251
社会恐怖…250
社会構成主義…147, 368
社会構築主義…8, 134
社会システム…278, 286, 287, 373
社会的スキル評価尺度…70
社会的制裁機能…165
社会的問題解決…230, 234, 235, 238
週間飲酒日数…246
従業員援助プログラム…121
修正感情体験…245
集団面接…252, 278
重度飲酒者…249
終末期…139
主観的幸福感尺度…68
熟考（関心）の段階…244

出席不良…338
守秘義務…9, 248
準実験計画法…58, 217, 218, 220, 340
準実験デザイン…117, 206, 235, 237
準備の段階…244
ジョイニング…13, 129
症状処方…13
状態希望尺度…67, 68, 74
情緒的耽溺の指標…122
初回面接…10, 16-18, 21, 30, 38, 72, 84, 85, 102, 137-139, 140-143, 166, 209, 245, 267, 289, 368
初回面接公式…16, 17, 38, 72, 73, 102, 137, 140, 245, 368
処遇期…119, 122
人生の意味づけ尺度…67, 68
身体的暴力…177, 179, 182, 183, 184
診断ラベル…246
シンプソン不安チェックリスト…110
信頼性と妥当性…60, 64, 66, 67, 69, 88, 270
心理教育…163, 180, 181, 187, 204, 252
心理的暴力…177
スーパービジョン…26, 36, 39, 53, 59, 93, 94, 201, 335
スクール・ソーシャルワーカー…216, 234, 318-320, 328
スクール・ソーシャルワーク…224, 317
スケーリング…28, 29, 205, 265, 294, 307, 325, 327, 344, 354, 362
スケーリング・クエスチョン…5, 11, 33, 51, 80, 91, 93, 103, 107, 137, 140, 168, 199, 217, 218, 220, 245, 321, 329, 340, 349
ストラテジック…13
ストレングス・ベイスド…195-197, 200, 201, 306
ストレングス・ベイスドの実践…197, 201
ストレンジループ…7
スモール・ステップ…296, 297
性格特性…163, 249, 250
成果の直接評価尺度…67, 71, 72, 74
成功の尺度…101
精神疾患簡易構造化面接法…249, 250
精神保健センター…142
精神力動…5, 6, 9, 110
青年期の外在的問題行動…127
青年行動チェックリスト…281
青年向けアウトカム質問票…89
製薬会社…191

世代間境界…246
積極的傾聴…148, 155, 348, 355
積極的対処行動…235, 238
積極的なコーピング…234, 235, 238
節酒…247-252
セッション評価尺度…81-96, 360
接続の質問…168
セラピーにおける第一と第二のスキーマ…179
セラピーの効果測定尺度…71, 81
セラピストの質問…30, 130, 142, 155-157
セラピスト用の忠実性尺度…50
セリグマン…64
セルフコントロール…317
前熟考（無関心）の段階…244
前提のある質問…137-139, 143
セントジョンズ病院…242, 247
全般性不安…250
相互作用システム理論…150, 151
ソーシャルサポート…81, 193, 228-230, 235, 239
ソーシャルワーカー…vii, 5, 23, 70, 87, 124, 133, 193-195, 197-202, 229, 234, 336, 344, 363
素行障害…127, 128, 133
組織文化…334
ソリューション・トーク…30, 31, 35, 137, 141, 142, 215, 246, 361, 364

| た

対抗ダブルバインド…13
タイムアウト…179, 180
タイム・クエイク…295
タイムラインフォローバック…249, 251
タウランガ…197
多動性指標…120, 121
ダブルバインド…13
ダルースDV介入プログラム…164
単一事例研究…104, 125, 189, 217, 360, 361
単一事例デザイン…117-119, 121, 123-125, 198
短縮版治療同盟尺度…87, 89
短期／家族療法…v, 3, 245
短期家族療法センター…v, 3, 5-10, 12, 13, 15, 16, 20-23, 72, 102, 103, 111, 117, 135 137, 141, 198, 259, 260, 269
短期精神力動的心理療法（SSP）…110
タングラムカード…148, 149
断酒…120, 247, 248, 249, 250, 251, 252
地区検察局…169, 170, 172, 174
知的障害…110, 139
チャームドロープ…7

注意欠如／多動性障害…127
忠実性…46-51, 54-61, 72, 121, 340
中心哲学…262, 316, 318, 321
中退予防プログラム…332, 333
聴覚障害者…139
長期精神力動的心理療法（LPP）…110
治療結果マネジメントのためのペアシステム…82, 86, 88, 90, 93-95
治療脱落者…178
治療同盟…80, 81, 85-95, 143, 165, 180, 211
治療同盟尺度…87, 88, 89, 92
治療前の変化…138
治療マニュアル…1, 4, 46, 121, 168, 178, 216, 217, 223, 230, 359, 360, 362
通常の治療…86, 87, 90, 93, 104, 279
強み…vi, 4, 5, 9, 11, 14, 26-30, 36, 51, 64-67, 69, 70, 72-75, 96, 128-130, 133, 164-167, 179, 189, 193, 195, 198, 205, 206, 211, 216, 217, 227-229, 232, 239, 242, 248, 250, 278, 305-307, 311, 321, 337-339, 342, 343, 348, 349, 353-356, 360, 361, 363
強みに焦点を当てた指標…133
強みに基づくアセスメント…65
強みの強化…165
強み評価尺度…64, 66
デイケア集団療法…247
抵抗…29, 37, 164, 187, 243, 246, 276, 296, 367
ディブリーフィング…319, 320, 321
適合度指標…56
デモグラフィック変数…169
同化…149
動機づけ強化療法…243, 245, 246, 252, 253
動機づけ面接…155, 180, 243, 246
等結果性…6
統合失調症…65, 105, 188, 189, 191, 363
統合メッセージモデル…150
特別支援学級…215, 327
特別支援教育…102, 216, 315, 327, 339
独立モデル…148, 150
トラウマサバイバー用解決志向的回復評価尺度…71, 74
ドロップアウト…142, 242, 243, 268

な
内在的問題行動…132
認知行動・解決志向……306, 308, 310
認知行動フェミニストアプローチ…163, 164, 165
認知行動療法…28, 57, 155, 157, 158, 163, 218, 224, 229, 239, 311, 359, 368
ネグレクト…193, 204, 275, 288
ネットワーク・ミーティング…201
能力構築…233
ノーマライジング…15

は
ハース希望尺度…67
パーソナリティ障害…110
バーンアウト…315, 316, 317, 326, 327
バイオマーカー…251
配偶者間の暴力問題…177, 178, 179, 180, 182, 184
破壊的行動障害…127
白昼夢指標…121
発達課題…239
発達資産プロフィール…69, 70, 71
パニック障害…250
ハネムーン効果…269
ハミルトンうつ病評価尺度…110
ハミルトン不安尺度…110
バランス理論…7
反抗挑戦性障害…105, 127, 128
被害者証人局…169, 170, 172, 174
比較適合指標…56
引き出し問題…104
非行…74, 103-105, 109, 204, 206, 218, 220, 268, 333, 343
非指示的／教育的アプローチ…165
ビジター…127, 244, 260, 262
非難しないスタンス…165
非病理化…130
評価的な質問…167
比率に基づく効果量…117-125
広場恐怖…250
ファシリテーター…165, 167, 169, 172, 174, 220, 293, 295, 306, 317, 335-338, 345
不安障害…110, 249, 250
フィードバック…11, 20, 23, 36, 39, 51, 80, 81, 84, 90-95, 142, 153, 166, 167, 169, 173, 266, 307, 321, 349, 352-355, 360
夫婦家族療法学会…5
フェミニスト…163, 164, 165
フォーミュレーション…91, 154, 155, 157
フォローアップ調査…21, 117
服薬アドヒアランス…187, 189, 190
服薬遵守行動…190
物質依存支援プログラム…184

物質乱用者…243, 247
負の相互作用の減少…245, 246, 253
プラマスプロジェクト…164
ブリーフセラピー（短期／家族療法）…3
ブリーフ・ファミリー・セラピー…6, 13, 164
ブルージュモデル…242, 245-247
ブレイク…5, 6, 8, 12, 14, 36, 91, 92, 103, 107, 143, 217, 262, 266-268, 271
ブレインストーミング…344
プレーポストテスト…104, 107, 110, 111
プロブレムトーク…39, 92, 141, 246, 361
プロブレムフリー・トーク…307
文化的伝統…239
文化的な文脈…48, 49
分散分析…105, 236, 341
平均二乗誤差平方根…56
米国国立精神保健研究所…182
ペース…210, 334, 341, 343, 344, 345
ベースライン期…119, 122
ヘーゼルデンモデル…109
ベストホープス…262-264, 267-269, 271
ベック抑うつ尺度…74, 104, 110
変化の過程…134, 165, 167, 174, 244, 246, 288, 290
変化の両眼視理論…12
変化への障害の克服…253
包括的評価尺度…171
報告バイアス…168, 174
法的制裁…163
訪問型の支援…204, 205, 210
暴力を振るわれた女性たちの運動…163
ホームワーク課題…5, 8, 9, 12, 13, 15
保健師…348-356
保護観察局…169-172, 174
保護者同席面接…215
ポジティブ・コノテーション…14
ポジティブ心理学…64, 65, 294, 306, 311
ホメオスタシス…7

| ま
マイクロ分析…v, vi, 147, 148, 150-154, 158, 174, 361, 362
満足度調査…23, 70
ミュンヘン・アルコール・テスト…247, 248
「未来からの手紙」…245
未来志向…11, 28, 179, 191, 252, 296
未来への希望…263, 264, 265, 267, 268, 270
ミラクル・クエスション…5, 11, 18, 19, 21, 31, 33, 50, 58, 103, 107, 137, 139, 140, 143, 179, 180, 216, 218, 220, 243, 245, 252, 262-264, 288, 295, 307
ミラノ派…5, 6, 8, 12-14
ミルウォーキー家族サービス…5, 12
無作為化統制試験…48, 57, 81, 86, 87, 94, 95, 158, 174, 194, 218, 234, 239, 308-310
無知の姿勢…29, 278
メタ分析…v, vi, 38, 72, 73, 101, 104-108, 111-113, 117, 119, 123, 132, 134, 178, 205, 222, 311, 359
メトロポリタン・ファミリー・サービス…315
面接室型の支援…204
面接前の変化…18, 30
メンタルヘルス…3, 38, 88, 109-111, 171, 259, 272, 304-306, 308-310, 318, 333, 335, 336, 363, 365
目的志向…199
目標特異性…166, 169, 170, 172, 175
目標の明瞭度…245
モルフォジェネシス…7
問題志向…8, 9, 17, 106, 133, 195, 245, 348
問題志向型課題…245
問題志向セラピー…245
「問題の欠如ではなく解決の存在」…31

| や
薬物治療…38, 187-190, 191, 363
薬物乱用…65, 109, 180, 219, 221-224, 243, 244, 246, 252, 253, 364
ユーティライゼーション…165
ユトレヒト・コーピングリスト…249, 250
ユニット数…250
要約…vi, 22, 51, 86, 101, 103, 111, 117, 122, 137, 148, 154, 206, 215, 230, 266, 268, 270, 271, 279, 319, 328, 332, 340, 359
ヨーロッパ・ブリーフセラピー協会…101, 103, 113, 135, 191, 211, 280, 360
抑うつ─不安ストレス尺度…89

| ら
楽観的思考…245
ラポール…205, 208, 210
リサーチエビデンス…3, 4
リスクアセスメント…200
リスクマネジメント…14, 180, 181
リソース…v, 9, 11, 14, 19, 21, 27, 28, 51, 64, 65, 69, 96, 129-131, 138, 165, 166, 193, 199, 205, 211, 217, 223, 229, 239, 244, 246, 252, 270,

272, 275, 276, 278, 294, 306, 311, 337, 342, 348, 349, 353-356
離脱…81, 85, 164, 205, 211
離脱率…164
リッカート法…49, 54
リフレーミング…15, 217, 245, 246, 253
リフレーム…14, 188
臨床的サポートツール…81, 94
累積インデックススコア…208, 242
例外…5, 11, 18, 21, 27-31, 34-38, 51, 57, 65, 91, 103, 127, 128, 131, 139, 140, 165, 167, 168, 181, 190, 205, 217, 218, 238, 246, 253, 262-264, 267, 270, 278, 298, 307, 311, 319, 337, 344, 368, 373

例証…264
レジリエンス…28, 30, 70, 128, 189, 228, 308, 310
ローゼンバーグ自尊心尺度…87, 89
ロールモデル…193
ロヨラ家族／学校パートナーシップ・プログラム（FSPP）…325

| わ

ワーキング・オン・ワット・ワークス…215, 315-329, 348, 362
ワンウェイミラー…5, 8-13, 15, 16, 19, 22, 46, 60

| 数字

「3つの家」…200
10代の母親…227-230, 232

―― 編訳者

長谷川 啓三 Keizo Hasegawa

東北大学大学院教育学研究科教授(博士:臨床心理学)。1986年にスティーブ・ド・シェイザー,インスー・キム・バーグ夫妻を,関連学会を舞台に関係者と力をあわせてわが国に初めて招き,以来,解決志向療法の研究に向う。関連の著書,翻訳は多いがインスーと本書の著者の一人であるイボンヌ・ドランの編集による『解決の物語』(金剛出版)には,彼らに絶賛された,この方法の社会システムへの適用である「ソリューションバンク活動」と「非言語による解決志向療法」が紹介されている。鍵概念である「例外」は彼らの出自であるMRIアプローチの重要概念「ルール」に対応させた翻訳であり,本書にも引用されている彼らの重要論文「短期療法-解決の構成主義」(『家族心理学年報5』金子書房)で紹介したのが最初になった。

生田 倫子 Michiko Ikuta

神奈川県立保健福祉大学保健福祉学部専任講師。東北大学大学院教育学研究科博士後期課程修了(教育学博士)。有資格は臨床心理士/家族心理士。日本家族心理学会常任理事,国際家族心理学会理事,日本ブリーフセラピー協会理事長。主な著書は『ブリーフセラピーで切り抜ける対人トラブル即解決力』(日総研出版),『教師のためのブリーフセラピー』(アルテ・共編著)など。

日本ブリーフセラピー協会
National Foundation of Brieftherapy, Japan

ブリーフセラピーの第一人者である小野直弘と長谷川啓三により,1980年代にSFAのド・シェイザーを二度招聘した後,「短期療法を学ぶ会」として,東京,仙台,福島,山形,千葉で発足。近年の社会的ニーズに応えるべく,2007年に統括組織として日本ブリーフセラピー協会となる。現在,ブリーフセラピーの実践者の養成と鍛錬,そして研究活動の拠点となっている。

―――― 訳者

岡田明日香	Asuka Okada	鹿児島市精神保健福祉交流センター	第6章, 19章担当
松本 宏明	Hiroaki Matsumoto	志學館大学	第13章, 第14章担当
吉田 克彦	Katsuhiko Yoshida	星槎大学	第15章担当
石井 佳世	Kayo Ishii	志學館大学	第2章, 第17章担当
浅井 継悟	Keigo Asai	東北大学大学院教育学研究科博士後期課程・臨床心理士	第15章担当
髙橋 恵子	Keiko Takahashi	東北大学大学院教育学研究科	第5章, エピローグ担当
並木 恵祐	Keisuke Namiki	神奈川県立保健福祉大学研究補助員	第22章担当
横谷 謙次	Kenji Yokotani	新潟青陵大学大学院臨床心理学研究科	第8章, 第20章担当
佐藤 宏平	Kohei Sato	山形大学地域教育文化学部	第1章担当
石井 宏祐	Kosuke Ishii	鹿児島純心女子大学	第23章担当
若島 孔文	Koubun Wakashima	東北大学大学院教育学研究科准教授・教育学博士・臨床心理士	第10章担当
赤木 麻衣	Mai Akaki	東北大学大学院教育学研究科	第3章, 第7章担当
髙橋 誠	Makoto Takahashi	東京学芸大学大学院連合学校教育研究科	第24章担当
三谷 聖也	Masaya Mitani	愛知教育大学大学院	第9章担当
三道なぎさ	Nagisa Sando	東北大学大学院教育学研究科	第4章, 第12章担当
森川 夏乃	Natsuno Morikawa	東北大学大学院教育学研究科博士後期課程・臨床心理士	第21章担当
三島 德雄	Norio Mishima	池見記念心療内科クリニック	第25章担当
花田里欧子	Ryoko Hanada	京都教育大学	第11章担当
岩本 脩平	Shuhei Iwamoto	同志社中学校・高等学校	第16章担当
宇佐美貴章	Takaaki Usami	東北大学大学院教育学研究科博士後期課程・臨床心理士	第10章, 第15章, 第21章担当
平泉 拓	Taku Hiraizumi	東北大学大学院教育学研究科博士後期課程・臨床心理士	第10章担当
山本 喜則	Yoshinori Yamamoto	東芝デジタルメディアエンジニアリング株式会社	第21章担当
伊東 優	Yu Itoh	栄仁会宇治おうばく病院／栄仁会カウンセリングセンター	第18章担当

解決志向ブリーフセラピーハンドブック
エビデンスに基づく研究と実践

印　　刷	2013年9月10日
発　　行	2013年9月20日
編　　者	シンシア・フランクリン
	テリー・S・トラッパー
	ウォレス・J・ジンジャーリッチ
	エリック・E・マクコラム

編訳者	長谷川啓三
	生田倫子
	日本ブリーフセラピー協会

発行者	立石正信
発行所	株式会社 金剛出版

〒112-0005 東京都文京区水道1丁目5番16号
電話 03-3815-6661　振替 00120-6-34848

印刷・製本	シナノ印刷

ISBN978-4-7724-1334-3 C3011　　© 2013 Printed in Japan

解決のための面接技法〈第3版〉
P・ディヤング，I・K・バーグ著　桐田弘江他訳　解決構築の技法をどう使用し，どんな言葉で面接するのかを詳述。大幅改定と増補がなされた第3版！　5,040円

ブリーフセラピー講義
若島孔文著　ソリューション・フォーカスト・アプローチとMRIアプローチから導かれた新しいブリーフセラピー・モデルを解説する。　2,730円

DV加害者が変わる
M・Y・リー，J・シーボルド，A・ウーケン著／玉真慎子，住谷祐子訳　解決志向グループワークによる新しいDV加害者治療・処遇プログラム。　4,410円

解決志向アプローチ再入門
T・ピショー，Y・M・ドラン著／三島徳雄訳　初心者にもわかりやすく，経験者にも数々のヒントが得られる，SFTの入門書にして実践の手引き書。　3,990円

解決へのステップ
バーグ，ロイス著　磯貝希久子監訳　アルコール・薬物依存症に対しソリューション・フォーカスト・セラピーを用いて解決を構築する方法を詳述。　3,990円

家族支援ハンドブック
I・K・バーグ著／磯貝希久子監訳　「家族」という視点を中心に面接の進め方とそのハウ・ツー，アイデアや注意事項を事細かに紹介したマニュアル。　4,620円

精神科医のための解決構築アプローチ
藤岡耕太郎著　多忙をきわめる精神科臨床を，効率的で人間的なものに変える，解決構築アプローチ（SBA）導入の手引き。　2,940円

解決指向フォーカシング療法
B・ジェイソン著　日笠摩子監訳　フォーカシング指向心理療法に解決指向アプローチを統合，時代が求める，短く，そして深いセラピーを提示する。　3,570円

心理療法・その基礎なるもの
S・D・ミラー他著／曽我昌祺監訳　心理療法の根底に流れる《基礎なる》有効要因を明らかにし，その実践方法を説いた刺激的な臨床実践書。　3,360円

まずい面接
J・A・コトラー，J・カールソン編／中村伸一監訳／モーガン亮子訳　22名の錚々たるマスター・セラピストたちの「生の声」が率直に語られる。　3,780円

解決が問題である
R・フィッシュ著／小森康永監訳　「ブリーフセラピー」はここからはじまった。J・ウィークランドの仕事を中心に編まれた，MRIベストセレクション。　5,040円

精神障害への解決志向アプローチ
ローワン，オハンロン著／丸山晋監訳／深谷裕訳　健康な側面や能力，可能性を強調するアプローチにより，慢性の精神障害者に希望の光をあてる。　2,730円

家族療法テキストブック
日本家族研究・家族療法学会編　家族療法全体を見はるかす，わが国初の網羅的テキスト。家族療法の歴史から，日本における展開・実践を紹介。　5,880円

認知行動療法と構成主義心理療法
M・マホーニー編／根建金男，菅村玄二，勝倉りえこ監訳　編者をはじめ錚々たる執筆者が，基本的な認知心理療法を論じ，心理療法の統合への道を探る。　3,780円

説得と治療：心理療法の共通要因
J・フランク，J・フランク著　杉原保史訳　心理療法が共有する有効成分は何なのかという，心理療法における永遠のテーマを扱った名著の邦訳！　5,670円

みんなのベイトソン
野村直樹著　グレゴリー・ベイトソンが遺したモダンクラシックス『精神の生態学』を精読し，学習論の現代的な意義をポップな語り口で探る。　2,415円

価格は消費税込み（5％）です